Conserver la Couverture

Œuvres Littéraires

de

256
8

Napoléon Bonaparte

9322

Tome IV

NAPOLÉON BONAPARTE

ŒUVRES
LITTÉRAIRES

Il a été tiré de cet ouvrage 60 exemplaires sur papier de Hollande, tous numérotés, *au prix de 7 fr. 50.*

Imprimerie générale de Châtillon-sur-Seine. — A. PICHAT.

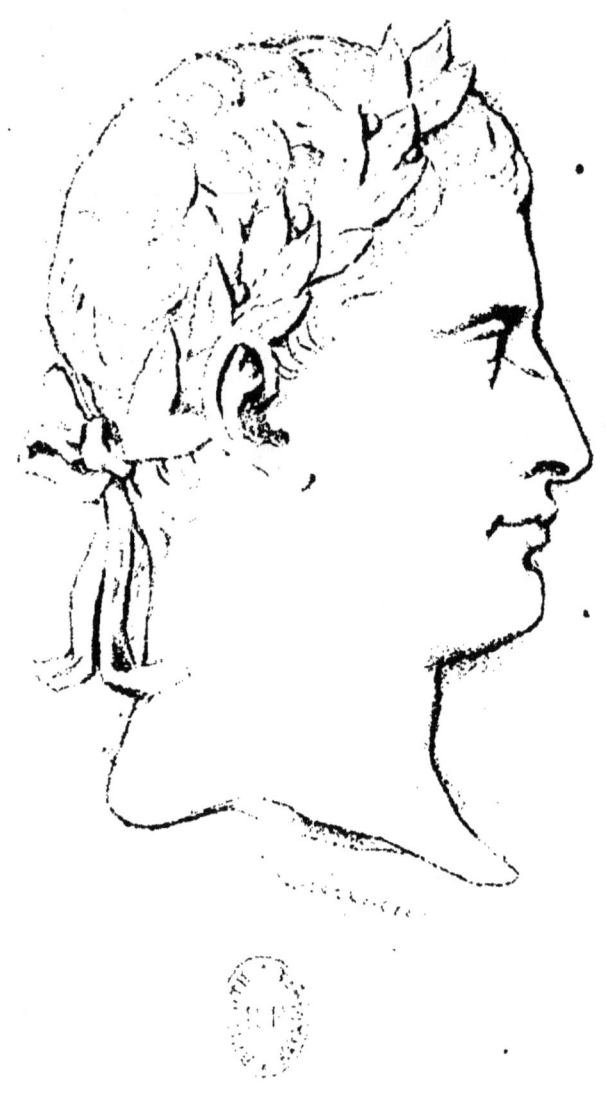

Savine Editeur.   Imp. Lemercier & Cie Paris

NAPOLÉON BONAPARTE

ŒUVRES LITTÉRAIRES

PUBLIÉES

D'APRÈS LES ORIGINAUX ET LES MEILLEURS TEXTES

AVEC UNE

INTRODUCTION, DES NOTES HISTORIQUES ET LITTÉRAIRES ET UN INDEX

PAR

TANCRÈDE MARTEL

TOME QUATRIÈME

Médaillon de l'*Empereur Napoléon*, dessiné par Th. Bérengier
d'après Thiolier

PARIS
NOUVELLE LIBRAIRIE PARISIENNE
ALBERT SAVINE, ÉDITEUR
18, RUE DROUOT, 18

1888

Tous droits réservés.

DIXIÈME PARTIE

(SUITE)

MÉMOIRES MILITAIRES

1. *Premiers écrits militaires.*
2. *Bulletins de la Grande Armée.*
3. *Précis des guerres de César.*
4. *Précis des guerres de Turenne.*
5. *Mémoires historiques et militaires* *.

* Les *Premiers écrits*, les *Bulletins*, les *Précis* sur César et Turenne, ainsi que le début des *Mémoires* figurent au Tome III° de notre édition.

V

MÉMOIRES HISTORIQUES ET MILITAIRES
(Suite)

IV

BATAILLE D'IÉNA [1].

Lorsque l'Empereur parut au milieu de son armée (1806), la guerre n'était pas déclarée entre la France et la Prusse. C'était un spectacle remarquable de voir cette dernière puissance s'agiter, s'ébran-

---

[1]. Chapitre écrit par Napoléon à Sainte-Hélène, en 1816. Les épreuves existaient au Dépôt de la Guerre. Elles ont été recueillies et publiées, après 1830, par le général baron Pelet, directeur du Dépôt de la Guerre.

Pelet, baron de l'Empire, né en 1779, entré au service en 1800.

ler en masse, réunir ses forces, les transporter sans cesse d'un lieu à un autre, leur faire faire des marches et des contre-marches, menacer la France par ses mouvements militaires, par ses écrits et par ses propos, annoncer non seulement le désir de combattre, mais même la certitude de vaincre, parler enfin de ses triomphes comme s'ils étaient certains.

Cependant la Prusse ne s'arrêtait à aucun plan fixe. Elle n'entamait aucune opération, reculait à l'instant de déclarer officiellement ses intentions hostiles, paraissait étonnée et confuse de ce que tant de bruit n'avait pas l'air d'être entendu par la France, et de voir l'armée que les Prussiens disaient être sûrs de battre, se porter tranquillement au-devant de sa ruine.

Cette conduite bizarre était l'effet du délire qui s'était emparé de toutes les têtes prussiennes, et surtout de l'irrésolution où était plongé le roi de Prusse lui-même. Ce prince se trouvait réellement entraîné à la guerre par une faction puissante, à la tête de laquelle était la reine. Mais avec son coup d'œil juste, il découvrait parfaitement les conséquen-

---

Sous-lieutenant au corps des ingénieurs-géographes, aide de camp de Masséna de 1805 à 1812, colonel en avril 1811, sous-chef d'état-major de la Grande Armée en Russie, colonel du 48e de ligne, général de brigade en avril 1813, passé dans la garde. Il publia en 1824 un livre sur la *Guerre de* 1809, fut nommé général de division et directeur du Dépôt de la Guerre après 1830. Plusieurs fois député, pair de France, puis sénateur. Grand-Officier de la Légion-d'Honneur. Mort en 1858.

ces funestes de la démarche qu'on lui faisait faire, et l'abîme qu'on ouvrait sous ses pas. Napoléon lui avait fait sentir plusieurs fois la faute qu'il commettait en se séparant de l'alliance de la France. Frédéric III n'était que trop pénétré de cette vérité ; cependant il cédait à une impulsion qui agissait continuellement sur lui, et l'empêchait de se conduire d'après sa volonté.

Du côté des Français, il régnait autant de calme et d'ordre qu'il y avait de trouble et de confusion chez les Prussiens. A la tête d'une armée superbe, constamment victorieuse et qui ne respirait que les combats, Napoléon, tranquille sur les événements, laissait néanmoins encore à son ennemi le choix de la paix ou de la guerre. Cependant il ne négligeait aucune précaution. Dès son arrivée à Würtzbourg, les ordres furent donnés pour assurer, par des réquisitions, la subsistance des troupes, et pour construire des fours à Bamberg, Cronach, Forcheim, Würtzbourg. Un ordre du jour, publié dans tous les corps, désigna les mêmes places pour devenir les dépôts où seraient renvoyés les convalescents et où devraient se rendre les hommes qui arriveraient de France, une fois que l'armée aurait commencé à se porter en avant. Il fut également prescrit aux commandants des corps d'armée de diriger sur ces places les femmes, les bagages qui ne seraient pas nécessaires, enfin toute espèce d'embarras, pour que l'armée fût plus mobile et plus légère.

Il y eut quelques changements dans l'assiette des cantonnements. Le quatrième corps eut l'ordre d'étendre les siens entre Amberg et Bayreuth ; le sixième, entre Nüremberg et Bamberg. Le cinquième dut se réunir à Schweinfurt, en tenant des piquets de cavalerie en avant d'Ummerstadt, et sur Heldburg, afin d'intercepter les communications entre Würtzbourg et la Saxe, et de favoriser les reconnaissances des officiers de l'état-major. Il fut ordonné aux généraux Milhaud et Lasalle, chefs de la cavalerie légère de la réserve, de tenir leurs brigades réunies, et d'avoir des piquets sur les communications de Cobourg. Le prince de Ponte-Corvo fut chargé de faire éclairer la communication de Leipsig. Le troisième corps était toujours à Bamberg. Il fut ordonné au septième de cantonner aux environs de Würtzbourg, sur la route de Bamberg.

Le 5 octobre, de nouveaux ordres partis du quartier général impérial imprimèrent un mouvement à toute l'armée, dans le but de la concentrer toujours davantage, et de la rapprocher des lieux où était l'ennemi. Le cinquième corps fut dirigé sur Cobourg ; arrivé là, il devait continuer sa route sur Graffenthal. Le septième corps, destiné à appuyer le cinquième, eut également sa direction assignée sur Cobourg ; et il devait être le 8 entre Bamberg et cette ville. Il fut enjoint au duc de Dalmatie d'entrer à Bayreuth le 7, avec ses forces réunies. Son ordre portait de continuer ensuite sa marche sur Hoff. Le duc d'Elchingen eut l'ordre d'appuyer ce mouvement. « Comme il n'y a qu'une chaussée dans le pays de » Bayreuth (manda le prince major général au ma- » réchal), Sa Majesté a jugé convenable que vous » marchiez toujours à une demi-journée du corps du » duc de Dalmatie ; mais vous vous réuniriez à lui » dans toutes les positions où cela serait nécessaire. » Vous observerez que la guerre ne doit pas être » considérée comme déclarée. Votre langage sera » constamment que l'Empereur fait occuper le pays » de Bayreuth, pour appuyer son aile droite menacée » par le rassemblement des Prussiens et par l'inva- » sion de la Saxe. »

La division bavaroise du général comte de Wrede suivait les quatrième et sixième corps ; elle fut destinée à s'emparer du Kulmbach, petite forteresse du pays de Bayreuth, située sur le Mein, dans une forte position. Cependant il fut mandé au comte de Wrede de ne point arrêter toute sa division devant cette place ; si elle résistait à la première sommation, il devait en faire le blocus par un ou deux régiments.

Le 6, le grand quartier général fut transporté à Bamberg, où la garde impériale arriva le même jour. Le troisième corps n'avait pas bougé de ses cantonnements près de cette ville ; et le premier était toujours en avant de toute l'armée, près de Lichtenfels et de Cronach. La réserve de cavalerie était entre le premier et le troisième corps, poussant des postes plus loin que Cronach. Dans cette position, les cinquième et septième formaient la gauche de la Grande Armée, à une demi-journée l'un de l'autre. Les premier et troisième étaient au centre, à la même distance. Les quatrième et sixième formaient la droite dans un pareil éloignement.

Ce fut le 7 octobre que l'Empereur reçut un courrier de Mayence, dépêché par le prince de Bénévent, son ministre des relations extérieures, et qui était porteur d'une longue lettre du roi de Prusse. Ce monarque, se répandant en plaintes amères contre la France, et énonçant toutes les raisons qu'il croyait avoir de recourir à la voie des armes, assignait lui-même la déclaration de guerre, au jour de la réception de sa lettre. Napoléon se tourna vers le prince de Neuchâtel. « Connétable, lui dit-il, on » nous donne un rendez-vous d'honneur pour le 8. » Jamais un Français n'y a manqué. Mais, comme on » dit qu'il y a une belle reine qui veut être témoin » du combat, soyons courtois, et marchons vers la » Saxe sans nous arrêter. » La reine de Prusse était effectivement à l'armée, habillée en amazone, excitant par ses discours l'ardeur et le courage des troupes.

A la veille de commencer cette guerre, dans laquelle le gouvernement prussien abusé croyait voir un moyen de gloire et d'agrandissement, et dont le résultat a été si complètement contraire à ses espérances, l'Empereur ayant arrêté ses dispositions, les transmit aux chefs des différents corps d'armée par l'organe de son major général.

Il fut ordonné au prince de Ponte-Corvo de porter sur-le-champ son quartier général à Cronach ; de placer deux de ses divisions en position sur les frontières de Saxe, et de laisser la troisième à Zettliz, en avant de Lichtenfels jusqu'à l'arrivée du troisième corps, qui devait occuper ce point. Le premier devait se réunir, le 6, sur les hauteurs de Lobenstein, en Saxe. Lichtenfels fut assigné pour le quartier général du prince d'Eckmühl. Ce maréchal fut averti que l'intention de l'Empereur était que le 8 tout son corps d'armée pût être réuni en masse en avant de Cronach, et être en mesure de soutenir le prince de Ponte-Corvo, qui devait, dans la journée du 9, se porter sur Lobenstein et sur la Saale.

Le roi de Naples eut l'ordre de porter son quartier général à Cronach, et de rapprocher toutes ses divisions de ce point. « Quoique l'on puisse considérer la guerre
» comme déclarée dès aujourd'hui, lui faisait mander
» l'Empereur, aucune cavalerie ne doit cependant dé-
» passer la frontière afin de ne pas instruire l'ennemi
» plus tôt qu'il ne doit l'être, du commencement des

» hostilités. Mais, demain, les deux brigades de cava-
» lerie légère de Votre Majesté, et celle du premier
» corps qui se trouve réunie à elles, passeront le Mein,
» se porteront en avant, et iront battre et éclairer le
» pays. Il sera attaché un officier du génie à cha-
» cune des brigades pour faire des reconnaissances,
» de sorte que demain, vers minuit, l'Empereur
» puisse recevoir à Cronach, où il se trouvera, des
» renseignements sur les points suivants : savoir, s'il
» y a des communications de Saalburg à Saalfeld, de
» Saalburg à Hoff, de Lobenstein à Hoff et à Graffen-
» thal; si ces communications sont propres à l'infan-
» terie, à la cavalerie et à l'artillerie ; quelle est la
» situation de l'ennemi du côté de Hoff, du côté de
» Saalburg, et particulièrement sur la grande chaus-
» sée de Leipsig ; quelle est enfin sa position sur
» Graffental et Saalfeld. L'Empereur désire que Votre
» Majesté dirige personellement cette reconnais-
» sance ; car l'Empereur veut connaître autant que
» possible la position de l'ennemi, et profiter de notre
» première irruption pour frapper un grand coup. »

Le mouvement des cinquième et septième corps, à la gauche, et des quatrième et sixième, à la droite, fut continué tel qu'il avait été prescrit par les ordres du 5. Le quartier général impérial partit le 8, à trois heures du matin, pour se transporter ce même jour à Cronach. De là, l'ordre fut envoyé à Jérôme, roi de Westphalie, de prendre le commandement de la division bavaroise qui était devant Kulmbach, ainsi que la direction du siège de cette place, que l'Empereur désirait presser vivement. Ce fut aussi de Cronach que Napoléon fit ordonner au prince de Ponte-Corvo et au duc de Montebello d'attaquer l'ennemi, le premier à Saalburg, où l'on présumait qu'il devait le rencontrer ; le second à Saalfeld, où l'on était instruit que cinq régiments avaient pris position.

L'Empereur fit écrire au duc de Montebello : « Si » les forces de l'ennemi se trouvent plus considé- » rables qu'on ne le croit, il est convenable, mon- » sieur le maréchal, que vous pressiez l'arrivée du » duc de Castiglione. Mais s'il n'y avait que 10 ou » 12,000 hommes, dans une situation qui vous » donnât l'avantage, vous pouvez les attaquer, après » les avoir reconnus, en activant seulement l'ar- » rivée du septième corps. L'intention de l'Empereur » est que, dans l'ordre de bataille, chaque division » forme une aile, et soit rangée sur plusieurs lignes » à 80 toises de distance. Vous êtes prévenu que le » quartier général de l'Empereur sera le 6 au soir à » Ebersdorf. Le prince d'Eckmühl sera à Lobenstein ; » le roi de Naples, à Schleitz ; le prince de Ponte-Corvo » entre ce dernier lieu et Saalburg ; le duc de Dal- » matie, vis-à-vis de Plauen ; et le duc d'Elchingen, » à Hoff. Si l'on apprend demain que l'ennemi » veuille défendre Saalfeld, et qu'il y ait réuni des

» forces considérables, l'intention de l'Empereur
» est de marcher avec 20 ou 25,000 hommes, dans
» la nuit du 9 au 10, pour arriver avant midi sur
» Saalfeld par Saalburg. Dans cette hypothèse, vous
» prendrez position à Graffenthal ; l'ennemi n'osera
» pas vous attaquer, ayant des forces si considérables
» sur son flanc gauche. Si cependant il le faisait,
» nul doute que vous ne dussiez battre en retraite
» pour l'engager et l'exposer à être pris par son
» flanc. Si, au contraire, l'ennemi fait sa retraite
» devant vous, arrivez le plus promptement possible
» à Saalfeld, et placez-vous-y militairement. »

Le premier engagement entre les Français et les Prussiens eut lieu à Schleitz. Ce bourg, assez considérable et fermé de murs, est situé en Saxe, dans un défilé entouré de hautes montagnes, entre Saalburg et Auma, à peu de distance de la rivière de la Saale. Le général prussien comte de Tauenzien, qui avait été quelque temps à Hoff à la tête des troupes prussiennes de la Franconie, s'était retiré à l'approche des Français, et avait dirigé sa marche sur Schleitz, pour se réunir à l'armée du prince de Hohenlohe. Il avait avec lui 6,000 hommes d'infanterie et 1,500 de cavalerie. L'ennemi fut rencontré par les troupes avancées du premier corps le 9 octobre, à cinq heures du matin, à Saalburg, où son arrière-garde était postée. Malgré la position avantageuse de Saalburg, sur un rocher qui domine la rive gauche de la Saale, où se présentaient les Français, l'ennemi ne défendit point cette ville, et se retira après avoir échangé quelques coups de canon.

Le 4ᵉ de hussards et le 27ᵉ d'infanterie légère le suivirent ; le reste du corps d'armée appuyait cette petite avant-garde. La division du comte d'Erlon, qui avait la tête de la colonne, arriva devant Schleitz, vers les quatre heures après-midi. L'ennemi occupait la ville avec de l'infanterie, et s'était établi à mi-côte, sur les hauteurs, à la rive gauche de la Wiesenthal ; il appuyait sa droite à la chapelle de Bergfried, et refusait sa gauche. Le comte d'Erlon, chargé de l'attaque, jeta des voltigeurs et des grenadiers à travers le faubourg, pour passer la Wiesenthal à gué, gagner le vallon à droite de la chapelle, et tourner la position de l'ennemi. Le reste de la division s'avançait en même temps sur la ville. L'ennemi voulut la disputer ; mais il en fut bientôt chassé. Sa droite fut culbutée au delà de la chapelle ; et, pour la seconde fois, il se mit en retraite, se dirigeant sur Ottersdorf.

Le 4ᵉ de hussards, ayant à sa tête le roi de Naples, qui arriva de sa personne sur le lieu du combat, poursuivait chaudement l'ennemi. Pour ralentir ce mouvement, et avoir le temps de filer sur Auma, le général Tauenzien prit position sur la crête, en arrière d'Ottersdorf, avec toute sa cavalerie, et porta de l'infanterie à côté du bois. Le 4ᵉ de hussards traversa ce village avec quelques compagnies du 27°. En même temps, les 94° et 95° de ligne marchaient par la gauche, menaçant toujours le flanc de l'ennemi. Celui-ci, qui avait une cavalerie très supérieure et qui se trouvait sur un terrain favorable à cette arme, repoussa trois charges du 4° hussards. Mais un bataillon du 27° d'infanterie légère, s'étant formé en colonne, marcha au-devant de la cavalerie ennemie, arrêta sa poursuite, et donna au 5° régiment de chasseurs le temps d'arriver. Ce régiment, en débouchant d'Ottersdorf, n'eut pas le temps de se déployer ; il fit en colonne une charge qui fut heureuse, et détermina la retraite de l'ennemi. Vivement poursuivis, les Prussiens se retirèrent avec précipitation, laissant 400 hommes morts sur le champ de bataille, et 5 à 600 prisonniers. Le premier corps bivouaqua le soir à Ottersdorf ; et le lendemain 10, il suivit le général Tauenzien dans sa retraite, et prit position à Auma.

Ce même jour 10 éclaira une nouvelle victoire ; et ce fut le cinquième corps qui en eut l'honneur. Suivant les ordres qu'il avait reçus, le maréchal duc de Montebello se rendit de Graffenthal à Saalfeld, où l'on avait la certitude que l'ennemi n'avait pas plus de troupes que les premiers avis n'en avaient annoncé. Saalfeld est situé en Saxe, dans une plaine d'une demi-lieue de largeur, sur les bords de la Saale, que l'on passe sur un pont de pierre. Cette ville, entourée de murs et de fossés, domine assez bien la plaine, et surtout la rive droite de la rivière, ce qui facilite la défense du pont. La vallée de Saalfeld est formée particulièrement du côté gauche de la Saale par des montagnes boisées. La situation de Saalfeld, à l'entrée de cette vallée, qui devient de plus en plus riche et fertile en descendant vers Iéna, et à l'embranchement de plusieurs chemins dont le principal mène par Neustadt sur la route de Leipsig, rend cette ville intéressante pour des armées qui doivent agir par ces deux routes; elle l'était alors pour l'armée prussienne. Saalfeld était occupée par plusieurs régiments de l'avant-garde de l'armée du prince de Hohenlohe, qui, placée entre Rudolstadt et Saalfeld, formait à ce dernier point l'extrémité de l'aile gauche de toute la ligne prussienne.

Le prince Louis-Ferdinand de Prusse, commandant cette avant-garde, réunissait sous ses ordres 9,000 hommes d'infanterie et environ 3,000 chevaux. Il lui avait été expressément recommandé par le prince de Hohenlohe de ne s'engager dans aucune action avec les Français, avant d'avoir été rejoint par le général Blücher, qui devait lui amener des renforts et prendre le commandement général de l'avant-garde. Mais la rapidité de la marche de l'armée française ayant prévenu les projets et dérangé les mesures des Prussiens, les avant-postes du prince Louis furent attaqués par l'avant-garde du duc de

Montebello et rejetés sur Saalfeld avant l'arrivée du secours que le prince prussien attendait. Ce jeune général, sans expérience, crut pouvoir se maintenir seul à son poste. Il réunit toutes ses troupes, et les rangea entre Saalfeld et le village d'Erosten, ayant devant son front une montagne couverte de bois, et derrière lui la rivière de la Saale. Ce fut dans cette position peu militaire qu'il attendit l'attaque des Français.

Le duc de Montebello fit occuper divers villages de la vallée de Saalfeld, en face de la position de l'ennemi, par une partie de la division du comte Suchet, à laquelle il joignit deux batteries légères. Pendant que ces troupes contenaient l'ennemi et que l'artillerie portait le ravage dans ses rangs, une multitude de tirailleurs gravirent les montagnes, se jetèrent dans les bois et tournèrent, sans être vus, la position de l'ennemi. Afin de lui couper la retraite, les 9º et 10º de hussards, traversant la vallée, se portèrent rapidement sur la petite rivière de la Schwarza, à la droite des Prussiens, et se rendirent maîtres des gués qui offraient à l'ennemi quelque facilité pour échapper.

Surpris et déconcerté par la promptitude des mouvements des Français, l'ennemi se battit sans ordre. Son infanterie fut bientôt rompue ; elle recula contre la Saale et la Schwarza. La difficulté qu'elle trouva pour se retirer acheva de mettre parmi elle la plus grande confusion. Le prince Louis voyant la mauvaise tournure que prenait le combat, résolut de tenter un dernier effort. Il réunit toute sa cavalerie et fondit avec impétuosité sur les hussards français qui coupaient sa retraite. Ceux-ci soutinrent le choc avec autant de courage que les Prussiens en mirent à les attaquer. La mêlée fut chaude et meurtrière. Le prince s'engagea dans un combat corps à corps avec un maréchal des logis du 10e de hussards, qui lui proposa de se rendre. Le prince ayant répondu par un coup de sabre, le maréchal des logis lui en porta un à son tour, qui le blessa et le fit chanceler. Le prince fut achevé d'un coup de pistolet. 600 hommes restés sur le champ de bataille du côté des Prussiens, 1,000 prisonniers et 30 pièces de canon enlevées à l'ennemi, furent le résultat de ce combat, à la suite duquel le cinquième corps alla bivouaquer sur la route de Géra. Les autres corps reçurent en même temps une direction générale vers Schleitz et Saalfeld, et ensuite plus avant vers Neustadt, en inclinant à gauche, du côté de l'ennemi, dont on commençait à soupçonner la vraie position.

Le 10 au soir, le quartier général impérial était à Schleitz. Ce fut de là que l'ordre fut envoyé au duc de Montebello de se porter sur Neustadt; au duc de Castiglione, de suivre à grandes marches ce mouvement; au prince d'Eckmühl, de se rendre avec tout son corps à Auma, puis à Géra. Le prince de Ponte-Corvo avait déjà reçu l'ordre de faire des efforts pour occuper, dans la journée du 11, cette dernière ville, que l'Empereur voulait décidément avoir, afin de connaître ce que faisait l'ennemi. Il était prescrit au duc de Dalmatie de se diriger aussi sur Géra, en occupant d'abord la ville de Warda, où il devait se mettre en communication avec l'avant-garde du troisième corps. Le maréchal duc d'Elchingen arrivait à Schleitz. La réserve de cavalerie était entre le troisième et le premier corps, sauf les brigades de cavalerie légère qui éclairaient, en avant de l'armée, les routes d'Iéna et de Zeitz. A cette époque, toute l'armée était concentrée entre l'Elster et la Saale, la tête du côté de Naumbourg ; elle s'avançait rapidement sur la ligne d'opération de l'ennemi.

Dans la nuit du 11 au 12, le quartier général impérial fut transféré à Auma. De nouveaux renseignements, parvenus à Napoléon, l'ayant confirmé dans l'opinion que les principales forces de l'ennemi étaient du côté d'Erfurt, l'Empereur fit sur-le-champ donner l'ordre au roi de Naples de se porter à Zeitz, de jeter des coureurs sur Leipsig et sur Naumbourg, et de s'avancer même jusqu'à cette dernière ville, si les renseignements qu'il recevrait lui apprenaient que l'ennemi n'avait pas quitté Erfurt. Il était prescrit au prince de Ponte-Corvo d'appuyer le mouvement du roi de Naples ; Naumbourg était également le point assigné au prince d'Eckmühl. Dans cette journée du 12, le duc de Dalmatie devait arriver à

Géra ; le duc d'Elchingen, à Mittel ; le duc de Montebello, à Iéna ; et le duc de Castiglione, à Eula.

Pendant que la Grande Armée avançait en Saxe, Napoléon fit rapprocher les troupes de la Confédération rhénane pour occuper les lieux abandonnés par les Français. Les troupes de Bade, celles de Würtemberg et celles de Würtzbourg eurent l'ordre de se rendre à Bayreuth. La division bavaroise, déjà formée, fut dirigée sur Schleitz. Celle qui se formait à Ingolstadt, sous les ordres du général Deroy, fut destinée à occuper le pays de Bayreuth et à fournir au blocus de Kulmbach.

Ce fut d'Auma que le prince major général écrivit au roi de Prusse, de la part de l'Empereur, la lettre suivante :

« Sire, l'Empereur Napoléon me charge d'avoir
» l'honneur de témoigner à Votre Majesté toute la
» part qu'il prend à la peine qu'a dû lui faire la
» mort glorieuse du prince Louis. »

Le 13 octobre, de grand matin, le quartier général impérial fut à Géra. Le maréchal duc de Montebello s'était rendu à Iéna et avait occupé les hauteurs en avant de cette ville. Il ne tarda pas à donner à l'Empereur l'avis que l'ennemi était en présence avec une armée nombreuse, et que tous ses mouvements annonçaient qu'il voulait attaquer Iéna. Cet avis fut transmis au prince de Ponte-Corvo et au maréchal prince d'Eckmühl ; et il leur fut mandé à l'un et à l'autre que, s'ils entendaient, pendant la soirée, le canon du côté d'Iéna, ils devaient manœuvrer sur l'ennemi et déborder sa gauche. La marche de tous les corps fut accélérée vers ce point, qui paraissait devoir devenir dans peu de temps le théâtre d'un grand événement.

Le duc de Dantzig, qui commandait les grenadiers et les chasseurs à pied de la garde, eut l'ordre d'avancer en toute diligence sur Iéna. Il fut enjoint au duc de Castiglione de venir se placer en seconde ligne derrière le duc de Montebello. L'instruction du duc de Dalmatie portait de se rendre à Kosnitz, gros village sur la Saale, à l'embranchement des routes d'Iéna et de Naumbourg. Roda fut assigné au duc d'Elchingen. La grosse cavalerie de la réserve et les dragons qui marchaient sur Naumbourg furent prévenus de ne pas dépasser Auma sans recevoir de nouveaux ordres. D'après ces dispositions, l'on fut en mesure vis-à-vis de l'ennemi, soit qu'il voulût attendre la bataille dans le poste qu'il occupait, soit qu'il essayât de forcer le passage de la Saale ou d'effectuer sa retraite sur Berlin.

Les combats de Schleitz et de Saalfeld, la marche rapide de l'armée française, l'occupation d'Iéna, de quelques points de la Saale, et particulièrement de Naumbourg qui se trouvait sur leur communication d'Erfurt à Leipsig, toutes ces circonstances firent connaître aux généraux prussiens le danger imminent où les avaient plongés le vague de leurs projets et l'irrésolution de leurs démarches.

Dans cette perplexité, le conseil du roi, qui, le 8 octobre, pensait encore à prendre l'offensive et à déboucher en trois colonnes sur Bamberg, Schweinfurt et Francfort, qui, le 11, se bornait déjà à la guerre défensive, qui prenait ses mesures pour couvrir la Saxe et fermer les routes de Dresde et de Leipzig, ne dut plus songer, dans la nuit du 12 au 13, qu'à ménager une retraite à l'armée et à lui conserver sa ligne d'opération menacée.

Dans cette nuit et dans la journée du 13, le général en chef de l'armée prussienne, qui avait déjà rassemblé tous ses corps détachés et réuni ses forces, quitta les bords de la Saale pour concentrer son armée entre Cappellendorf et Auerstaedt, dans l'intention d'employer la journée du 14 à déboucher par Naumbourg, en forçant le passage de la Saale, et à se retirer sur Magdebourg ou sur Berlin.

Le champ où allaient combattre les deux armées est une plaine ondulée, située au delà des montagnes et des défilés qui bordent la rive gauche de la Saale. Cette plaine est traversée par la rivière d'Ilm qui baigne les murs de Weymar, et vient se réunir à la Saale, non loin d'Auerstaedt. Cet espace était occupé par l'armée prussienne partagée en deux grands corps.

Le premier, fort de 45,000 hommes, était commandé par le roi et par son lieutenant, le duc de Brunswick. Ce corps, qui, dans la journée du 13, alla camper à Auerstaedt, était destiné à frayer, par Naumbourg, un passage à toute l'armée pour entrer par la Saxe dans le cœur de la monarchie.

L'autre armée, restée sous les ordres du prince de Hohenlohe, était forte de 70,000 hommes ; elle s'étendait de Weymar à Isserstadt, village situé à l'entrée de la plaine, devant le plateau d'Iéna. La droite de cette armée, sous les ordres du général Rüchel, formait comme une réserve entre Franckendorf et Weymar. Le centre était à Cappellendorf, où se trouvait aussi le quartier général du prince de Hohenlohe.

Les avant-postes de la gauche occupaient en force, à l'entrée de Mühlthal, sur la chaussée d'Iéna à Weymar, une hauteur appelée *Schneck*, qui domine ce défilé. Les ennemis étaient encore répandus dans les villages de Lutzerode, Cospoda, Closwitz, et dans tous les points qui pouvaient empêcher l'armée française de déboucher dans la plaine, de sorte qu'il paraissait que leur but était de retarder celle-ci jusqu'à ce que le roi de Prusse eût passé la Saale, et de suivre ensuite la retraite de l'armée du roi.

Par ces nouvelles dispositions, l'ordre de bataille des Prussiens était changé. Le corps du roi, qui en faisait précédemment le centre, en formait maintenant la gauche. Le corps de Hohenlohe, qui était la gauche, était devenu le centre. L'armée prussienne faisait face à la Saale, qu'elle avait auparavant sur son flanc. On pouvait évaluer à dix mille pas géométriques la distance entre l'armée prussienne du roi et celle du prince de Hohenlohe ; il y avait de petits corps intermédiaires à Apolda, Pluhrsted, Eberstadt, pour entretenir la communication.

Le 13 octobre, à deux heures après midi, Napoléon arriva à Iéna. Du haut d'un petit plateau qu'occupait l'avant-garde du cinquième corps et qui domine la plaine, l'Empereur aperçut les dispositions de l'ennemi. Sa Majesté régla en conséquence, de la manière suivante, l'ordre de la bataille qui fut transmis aux commandants des différents corps d'armée :

« Le maréchal duc de Castiglione commandera
» la gauche. Il placera sa première division en
» colonne sur la route de Weymar, jusqu'à une hau-
» teur par où le général comte Gazan a fait monter
» son artillerie sur le plateau d'Iéna. Il tiendra les
» forces nécessaires sur le plateau de gauche, à la
» hauteur de la tête de sa colonne ; il aura des tirail-
» leurs sur toute la ligne ennemie, aux différents
» débouchés des montagnes. Quand le général Gazan
» aura marché en avant, le duc de Castiglione débou-
» chera sur le plateau avec tout son corps d'armée
» et marchera ensuite, suivant les circonstances,
» pour prendre la gauche de l'armée.

» Le maréchal duc de Montebello commandera le
» centre ; il occupera le plateau d'Iéna, du côté qui
» regarde la plaine. A la pointe du jour, il aura toute
» son artillerie dans ses intervalles de bataille.

» L'artillerie de la garde sera placée sur la hauteur
» d'Iéna ; et la garde rangée sur cinq lignes, occu-
» pera le derrière du plateau qui sera couronné par
» la première ligne composée des chasseurs.

» Le village de Closwitz, sur la droite, sera fou-
» droyé par toute l'artillerie du comte Suchet, et,
» immédiatement après, attaqué et enlevé. L'Em-
» pereur donnera le signal. On doit se tenir prêt la
» pointe du jour.

» Le maréchal duc d'Elchingen marchera toute la
» nuit et tâchera d'être arrivé au jour à l'extrémité
» du plateau, pour pouvoir le monter, et se porter
» sur la droite du duc de Montebello, du moment
» que le village de Closwitz sera enlevé et qu'on
» aura de la place pour se déployer.

» Le maréchal duc de Dalmatie, arrivant du côté
» de Dornbourg, marchera jusqu'à ce qu'il soit par-
» venu à la hauteur d'Iéna ; il se liera aux autres
» corps, de manière à former la droite de l'armée,
» et s'attachera à rester toujours lié.

» L'ordre de bataille, en général, ce sera deux
» lignes, sans compter la ligne de l'infanterie légère;
» chaque ligne éloignée l'une de l'autre de cent toi-
» ses au plus.

» La cavalerie légère de chaque corps d'armée sera
» placée à la disposition de chaque général pour ser-
» vir suivant les circonstances. La grosse cavalerie
» sera placée, quand elle arrivera, sur le plateau, et
» sera en réserve derrière la garde pour se porter où
» les circonstances l'exigeront.

» Ce qui est important, c'est d'abord de se dé-
» ployer en plaine. On fera ensuite les dispositions
» que les manœuvres de l'ennemi et les forces qu'il
» montrera indiqueront, afin de le chasser des po-
» sitions qu'il occupe. »

Le maréchal prince d'Eckmühl reçut l'ordre de se porter de Naumbourg sur Kœsen pour défendre les défilés de la Saale, près de ce village, si l'ennemi voulait marcher sur Naumbourg et pour prendre l'ennemi à dos par Apolda, s'il restait dans la position où il était le 13.

Le prince de Ponte-Corvo fut destiné à déboucher de Dornbourg pour tomber sur les derrières de l'ennemi, soit qu'il se portât en force sur Naumbourg, soit qu'il se dirigeât sur Iéna.

La nuit qui précéda la bataille, Napoléon bivouaqua sur le plateau d'Iéna, au milieu de ses braves. Pendant toute la nuit, il fit travailler à un chemin dans le roc pour transporter aisément l'artillerie sur la hauteur, et il y réussit, malgré des obstacles qu'au premier coup d'œil on aurait jugés insurmontables. Il fit pratiquer aussi des débouchés dans la ville et dans les vallées voisines, pour faciliter le déploiement des troupes qui n'avaient pu être placées sur le plateau. C'était la première fois qu'une armée devait passer au travers d'un si petit débouché.

Le spectacle que les deux armées offrirent pendant cette nuit était remarquable. L'une déployait son front sur six lieues d'étendue et embrasait l'atmosphère de ses feux. Les bivouacs apparents de l'autre étaient concentrés sur un seul point.

On était à la petite portée de canon. Les sentinelles se touchaient presque, et il ne se faisait pas un mouvement qui ne fût entendu. L'activité qui régna toute la nuit dans l'une et l'autre armée était l'annonce d'un grand jour. Mais, selon toute apparence, elles attendaient l'événement avec un espoir et des sentiments bien opposés. Ce jour arrive enfin. Aussitôt qu'il paraît l'armée prend les armes.

L'Empereur passe devant plusieurs lignes ; il recommande aux soldats de se tenir en garde contre cette cavalerie prussienne qu'on peignait comme redoutable ; il les fait ressouvenir qu'il y avait un an à la même époque, ils avaient pris Ulm ; que l'armée prussienne, comme l'armée autrichienne, était cernée, avait perdu sa ligne d'opération, ses magasins ; qu'elle ne se battait plus dans ce moment pour sa gloire, mais pour sa retraite ; qu'elle voulait se faire une trouée dans quelque point, mais que les corps d'armée qui la laisseraient passer seraient perdus d'honneur et de réputation..... A ce discours, les soldats répondent par des cris de *Marchons* ! L'Empereur donne le signal : toute l'armée s'ébranle. Les tirailleurs engagent l'action ; la fusillade devient vive presque aussitôt qu'elle a commencé.

A la pointe du jour, le maréchal duc de Dantzig avait fait ranger la garde impériale en bataillon carré au sommet du plateau d'Iéna. A droite du plateau était la division du comte Suchet ; à gauche, celle du comte Gazan : chacun de ces corps avait ses canons dans les intervalles.

Précédées de leurs tirailleurs, les deux divisions du cinquième corps se portent en avant ; celle du comte Suchet se dirige sur Closwitz ; celle du comte Gazan marche, partie sur Cospoda, partie sur la route de Weymar. L'ennemi défend vivement la position du *Schneck*. Cependant il en est débusqué, et le cinquième corps, débouchant dans la plaine, commence à se déployer. Dans cette manœuvre, les 64ᵉ et 88ᵉ de ligne s'approchent du village de Lutzerode, défendu par un régiment ennemi. Ce village est enlevé presque en même temps qu'il est attaqué ; quelques compagnies du 21ᵉ d'infanterie légère s'engagent sur la route de Weymar, jusqu'à Hohlstadt. Par ce mouvement rapide, le gros du centre de l'armée ennemie placé à Isserstadt, voit déjà sa droite et sa gauche menacées.

Il était dix heures du matin.

Un brouillard épais avait, jusqu'à ce moment, obscurci le jour et caché aux ennemis les manœuvres des Français. Ce brouillard était enfin dissipé par un beau soleil d'automne. Les deux armées s'apercevaient à demi-portée de canon. Le septième corps, formant la gauche des Français, venait de traverser Iéna et débouchait sur le champ de bataille. La garde impériale était restée en réserve sur le plateau, derrière le centre. La droite, sous les ordres du duc de Dalmatie, s'étant mise en marche dès que le canon s'était fait entendre, se trouvait déjà engagée avec l'ennemi qu'elle avait rencontré dans le bois, en avant de Lobstadt. Le corps du maréchal duc d'Elchingen avait éprouvé de grandes difficultés dans sa marche de nuit ; 3,000 hommes seulement de ce corps étaient arrivés pour prendre part au combat. La cavalerie et les dragons de la réserve étaient encore fort éloignés.

Dans ces conjonctures, l'Empereur dit qu'il aurait voulu retarder de deux heures d'en venir à une action générale, afin d'attendre dans la position, prise le matin, les troupes qui devaient le joindre et surtout sa cavalerie. Mais l'ardeur française avait déjà emporté les soldats si loin, que l'ennemi, vivement alarmé de leurs progrès, lorsque la chute du brouillard lui en découvrit l'étendue, s'ébranla en masse pour chasser le cinquième corps des postes dont il s'était emparé. La bataille, loin de pouvoir être ralentie, se ranima avec une nouvelle chaleur. L'armée ennemie était nombreuse et montrait une belle cavalerie. Les manœuvres étaient exécutées avec précision et rapidité. Tous ses efforts paraissaient particulièrement dirigés vers le point d'Hohlstadt.

Napoléon ordonne au duc de Montebello de former ses divisions en échelons et de marcher pour soutenir ce village. On s'approche, on se joint, on s'attaque avec fureur. Les Prussiens, animés par la première chaleur de l'action, combattent avec intrépidité. Les Français, depuis si longtemps habitués à vaincre, ont la conviction d'être invincibles sous les yeux de leur Empereur. Dans cette lutte terrible, Vierzehnheiligen, sur la gauche d'Isserstadt, plusieurs fois pris et repris, devient la proie des flammes : bientôt il présente un affreux spectacle de décombres et de cadavres entassés.

Sur la droite de l'armée française, le maréchal duc de Dalmatie continue l'attaque du bois de Lobstadt. Une colonne, formée de la première division du quatrième corps, conduite par le comte Saint-Hilaire, attaque ce bois de front, tandis que la seconde division manœuvre pour le tourner vers Rodchen. Favorisé par les difficultés du pays, dont il a une connaissance plus parfaite que les Français, l'ennemi se défend avec une grande opiniâtreté. Le combat devient très meurtrier sur ce point.

A gauche de l'armée, le septième corps avance

pour se mettre en ligne avec le cinquième. La division commandée par le général Desjardins, gravit à travers les vignes, les montagnes qui se trouvent à gauche de la route de Weymar. Cette division se porte ensuite dans la direction de Münchenrode et de Reinderode, sur la droite de l'ennemi; celui-ci a fait, de son côté, un mouvement pour aller à la rencontre des Français. Le 16° d'infanterie légère, qui a la tête de la colonne, et le 14° de ligne, qui le suit immédiatement, attaquent chaudement les premières troupes prussiennes, les repoussent et commencent à frayer un chemin au reste de la division.

Dans cet instant la bataille est générale. Deux cent mille hommes, avec 700 pièces de canon, semant la mort dans un espace que l'œil peut facilement embrasser, présentent un de ces spectacles terribles et heureusement rares dans l'histoire. De part et d'autre on manœuvre comme à une parade. Parmi les troupes françaises, il n'y a jamais eu un instant de désordre ou d'hésitation. L'Empereur a auprès de lui, indépendamment de la garde impériale, un bon nombre de troupes de réserve, tirées des cinquième et septième corps; il peut ainsi parer à tout événement imprévu.

La seconde division du septième corps d'armée, retardée par l'artillerie qu'elle a rencontrée dans les chemins, et par les blessés qu'on rapportait à Iéna, est restée un peu en arrière de la première. Vers midi, elle sort enfin des défilés. N'éprouvant aucun obstacle de la part des Prussiens, elle se porte rapidement sur la gauche de la première division, et toutes deux arrivent à Gross et Klein-Schwabhausen sur la droite d'Isserstadt, point central de la ligne ennemie, en même temps que le duc de Montebello approchait du front de ce village.

Isserstadt se trouvait encore menacé d'un autre côté par le quatrième corps. Après deux heures d'un combat opiniâtre, le duc de Dalmatie s'était enfin emparé du bois de Lobstadt. Il avait fait aussitôt un mouvement en avant, et, passant par Krippendorf, il arrivait sur la gauche du village d'Isserstadt. Par ces mouvements simultanés, l'ennemi se voyait en péril d'être enveloppé. Il n'avait plus de retraite que sur Weymar, et la communication avec Naumbourg lui était déjà coupée.

Dans ce moment, on vient annoncer à l'Empereur que deux nouvelles divisions du duc d'Elchingen arrivent par Neuengonna, Nerkwitz et Lehcten, se placent sur le champ de bataille, en arrière du corps du duc de Dalmatie, et que la tête de la réserve de cavalerie, qui a déjà dépassé Dornbourg, descendant dans la plaine par la route de Zimmern et Stobra, prend l'ennemi à dos, entre Apolda et Isserstadt. Alors Napoléon fait avancer toutes les troupes de la réserve sur la première ligne; celle-ci, se trouvant ainsi appuyée, se précipite de nouveau sur l'ennemi, qui ne résiste pas à ce choc terrible. Il est jeté hors de sa position, et mis en pleine retraite sur Kotschau, Cappellendorf et Franckendorf.

La réserve prussienne, sous les ordres du lieutenant général Rüchel, postée auprès de ce dernier village, s'avance dans l'espoir d'arrêter les Français et de rallier les fuyards du corps d'armée principal, que les ducs de Montebello et de Castiglione poursuivent vivement. Le mouvement du général Rüchel, qui s'exécute vers Cappellendorf, le place en présence du duc de Dalmatie, qui s'avançait par Klein-Romstadt, et dont la première division avait déjà dépassé ce dernier lieu. Le duc de Dalmatie n'attend pas que l'ennemi ait pris son ordre de bataille, il l'attaque avec impétuosité et le culbute. Le général Rüchel fait sa retraite en toute hâte, repasse par Cappellendorf, et sous la protection de sa cavalerie, il se met en position à Wiegendorf.

Le duc de Dalmatie, qui le suit de près, parvient presque en même temps que lui sur le nouveau champ de bataille. Les deux divisions du quatrième corps se forment en carrés et se disposent à recevoir la charge de la cavalerie prussienne, lorsque les divisions de cuirassiers et de dragons de la réserve, ayant à leur tête le roi de Naples, arrivent sur ce même terrain. Ces braves cavaliers ne peuvent souffrir que la victoire se décide sans eux. A l'aspect de l'ennemi ils ne courent pas, mais ils se précipitent sur lui. Dans un clin d'œil le corps du général Rüchel, infanterie et cavalerie est renversé et mis dans la plus affreuse confusion. Tout ce qui ne se rend pas est sabré. La réserve de cavalerie poursuit son avantage, et prend à revers les troupes du centre qui reculaient toujours, sur Weymar, devant le cinquième et le septième corps. Vainement l'infanterie se forme en bataillons carrés : cinq ou six de ces bataillons sont enfoncés, écharpés, et leurs canons pris.

Dans moins d'une heure, la défaite du centre et de l'aile droite prussienne est totale, et sa déroute, l'une des plus désordonnées dont aucune armée ait donné l'exemple. Une partie des fuyards gagne Weymar ; l'autre se disperse au loin et couvre la campagne. En les poursuivant, les Français entrent dans Weymar, et les dragons de la réserve poussent jusqu'à la vue d'Erfurt. Le prince de Hohenlohe, son état-major et quelques pelotons de cavalerie se sauvent par Buttelstadt sur la route de Magdebourg. Le général Rüchel, grièvement blessé, est transporté dans un village voisin du lieu du combat, sur la même route.

Il était écrit que cette journée serait décisive, et que la victoire des Français serait complète. Dans le même temps qu'on se battait avec fureur dans les champs d'Iéna, le roi de Prusse et le duc de Brunswick, postés à Auerstaedt, à la tête de 45,000 hommes, parmi lesquels se trouvait toute la garde royale, avaient pris l'offensive, et avaient tenté de s'ouvrir un passage par Naumbourg. L'ennemi était arrivé le 13, à cinq heures du soir, à Auerstaedt ; mais il avait négligé de s'emparer des défilés de Kœsen et du pont de pierre sur la Saale, qui est près du village. Plus prévoyant, et se conformant d'ailleurs aux ordres qu'il avait reçus, le maréchal prince d'Eckmühl s'empara de ce poste important dans la nuit du 13 au 14, et toute la division du comte Gudin passa la rivière de Saale sur le pont de Kœsen le 14 à la pointe du jour. L'armée du roi de Prusse s'était mise en mouvement à la même heure, se dirigeant sur Kœsen.

La colonne française n'a pas fait une lieue sur le chemin de Hassenhausen, qu'elle rencontre une forte avant-garde de cavalerie commandée par le général prussien Blücher. Les 25° et 85° de ligne reçoivent avec intrépidité la charge des escadrons ennemis. Cette cavalerie repoussée se retire en désordre ; une batterie d'artillerie à cheval, qui l'accompagne, est en partie démontée, et plusieurs pièces abandonnées par l'ennemi tombent au pouvoir des deux régiments. Ceux-ci continuent d'avancer. Les 12° et 21° de ligne viennent les soutenir. Les Français occupent Hassenhausen.

En arrière de ce village, l'armée prussienne rangée en bataille, présentait une immense cavalerie.

La division du comte Gudin fait halte. Ce général jette quelques régiments dans le village, et range le reste de sa division en colonne sur la route de Kœsen. La seconde division du troisième corps, commandée par le comte Friant, va se placer, par les ordres du prince d'Eckmühl, à la droite de la division Gudin, dans la direction de Spielberg. La première division commandée par le comte Morand, longeant la chaussée de Kœsen à Rehhausen, marche pour s'appuyer à la gauche du comte Gudin.

Le centre de l'armée ennemie était placé entre Hassenhausen et Tauchwitz; il était commandé par le général baron Schmettau. Derrière, en seconde ligne, était une division commandée par le prince d'Orange. La droite, sous les ordres du général comte de Wartensleben, s'appuyait à Rehhausen. La gauche, sous le commandement du général Blücher, était entre Zeckwar et Spielberg. Le général Kalkreuth, à la tête de la réserve, occupait le terrain entre Auerstaedt et Gernstaedt.

D'après la position des deux armées, le succès de la bataille doit dépendre de la possession de Hassenhausen. Les Prussiens, qui sentent l'importance dont ce village est pour eux, dirigent sur ce point des forces considérables. Leur centre, à la tête duquel le duc de Brunswick se met lui-même, attaque et déborde ce village. Dans le même temps, leur droite se porte par la vallée entre Rehhausen et

Hassenhausen, pour venir encore tomber sur ce dernier point. La division du comte Gudin court le danger d'être enveloppée. Heureusement la première division, dirigée par le prince d'Eckmühl en personne, arrive à son secours. Mais à peine ces troupes ont-elles traversé la grande route pour se porter sur un plateau à gauche de Hassenhausen, qu'elles sont assaillies, près de Neuzalza, par un corps nombreux de cavalerie ennemie sous les ordres du prince Guillaume de Prusse, frère du roi. Ce prince charge à plusieurs reprises la division du comte Morand ; mais tous les régiments de cette division, formés en carrés, reçoivent l'ennemi avec autant de sang-froid que de courage, ils repoussent ses attaques réitérées aux cris de *Vive l'Empereur !* La cavalerie prussienne, très maltraitée, se retire sur Auerstaedt par Sonnendorf.

Dans le même moment le général Blücher, commandant l'aile gauche des Prussiens, fait une tentative semblable, entre Spielberg et Panscherau, sur les régiments de la troisième division qui occupaient la route de Kœsen, et qu'il a tournés pendant que le brouillard cachait ses mouvements. Malgré l'avantage de sa position et la persévérance qu'il met dans ses attaques, le général Blücher ne parvient pas à percer les redoutables carrés formés par l'infanterie française. Sa cavalerie est rejetée en grand désordre au delà de Spielberg. La deuxième division du troisième corps, qui vient d'arriver sur le champ de bataille, suit l'ennemi. Le 108ᵉ et le 111ᵉ s'emparent de Spielberg et débordent Zeckwar. Entre ce village et l'angle saillant d'un bois, la colonne française essuie le feu d'une batterie ennemie qui lui cause d'abord quelques pertes. Le second bataillon du brave 108ᵉ court sur cette batterie et l'enlève. Les canons des Prussiens sont tournés contre eux-mêmes. Les tirailleurs français s'avancent vers Lisdorf.

Au centre, les succès ne sont pas moindres. Les Français défendent Hassenhausen avec acharnement. Désespéré de voir plusieurs de ses tentatives infructueuses, et voulant faire un dernier effort pour emporter ce village, le duc de Brunswick réunit ses grenadiers. Il leur parle pour exalter leur audace, lorsqu'il est atteint au visage d'un coup de biscaïen qui le renverse baigné dans son sang. Quelques moments auparavant, le général Schmettau avait été blessé et avait quitté le champ de bataille. L'incertitude, avant-coureur du désordre, commençait à régner dans les rangs des Prussiens. Cependant ils tiennent encore, et le feu continue sur toute la ligne.

La division du comte Morand gagne du terrain et marche rapidement sur Rehhausen. Elle rencontre, sur les hauteurs de Sonnendorf, les régiments des gardes du roi et une partie de la réserve prussienne, qui avancent dans l'espoir d'avoir bon marché de l'infanterie française, dénuée de cavalerie. Le 30ᵉ et le 17ᵉ régiments, soutenus de l'artillerie de la division, rendent inutiles ces nouveaux efforts de l'ennemi, et repoussent victorieusement les attaques des gardes prussiennes. On établit de l'artillerie sur les hauteurs entre Gernstaedt et Auerstaedt et l'on met le feu à ce dernier village. L'ennemi prend le parti de l'évacuer. Bientôt après, il est occupé par les têtes des colonnes des trois divisions françaises qui s'avancent simultanément sur ce point, depuis Rehhausen, Hassenhausen et Poppel.

Les Prussiens, voyant leur champ de bataille perdu, se mettent en pleine retraite. Le roi ordonne d'abord qu'elle s'effectue sur Weymar. Mais, arrivé de sa personne aux environs de Marstaedt, il s'arrête en voyant des troupes sur les hauteurs d'Apolda. Apprenant bientôt que ce sont des Français qui poursuivent les débris de l'armée de Hohenlohe, il tourne à droite du côté de Zottelstaedt, et, après plusieurs détours, il parvient à Sommerda.

Dès cet instant, la retraite se fait dans un désordre affreux. Weymar, qui est le rendez-vous indiqué à l'armée du roi, vient d'être occupé par les Français. Les Prussiens, qui ne savent plus quelle direction prendre, choisissent celle que le hasard leur offre. La cavalerie se perd dans les détours des vallons, et s'embarrasse dans les chemins creux. Des bataillons, des pelotons, une foule de soldats isolés, errent dans les collines, dans les bois, dans les plaines ; ils se croisent en tous sens, s'égarent et finissent par tomber au milieu des Français, croyant se réunir à leurs camarades. Beaucoup de blessés et de fuyards prennent par les hauteurs le chemin d'Erfurt. Le maréchal Mollendorf, blessé lui-même, parvient à atteindre ce dernier point avec les grenadiers des gardes. Le prince d'Orange, avec quelques débris de sa division, se rend aussi à Erfurt.

Ainsi finit la bataille. Rien ne manqua au triomphe des Français. Avant quatre heures après midi, cette armée brillante qui, le matin, couvrait de ses nombreux bataillons un espace que l'œil ne pouvait embrasser, était battue et dispersée. Elle se trouvait sans chef, sans drapeaux, sans patrie, et, dans cette extrémité, sa dernière espérance était dans la générosité du vainqueur.

Le nombre des morts et des blessés dans l'armée prussienne fut de 18 à 20,000 hommes. Celui des prisonniers passa 25,000, dès le jour même de la bataille. Le lendemain et les jours suivants, on en ramassa encore une grande quantité. Parmi les prisonniers se trouvaient plus de vingt généraux, entre autres le lieutenant général Schmettau. Indépendamment des généraux ennemis tués ou blessés, dont il a été fait mention, l'on apprit que, parmi les blessés, se trouvaient tous les frères du roi. Le monarque lui-même eut un cheval tué sous lui. Trente drapeaux et deux cents pièces de canon tombèrent entre les mains de l'armée victorieuse.

La perte des Français fut de 1,100 hommes tués et de 3,000 blessés. On n'eut à regretter, parmi les généraux, que la perte du général de brigade Debilly, excellent militaire ; parmi les blessés se trouva le général de brigade Conrouxel. Les colonels morts furent Vergès, du 12e régiment d'infanterie de ligne; Lamotte, du 36e ; Barbanègre, du 9e de hussards ; Marigny, du 20e de chasseurs ; Dulembourg, du 1er de dragons ; Nicolas, du 61e de ligne ; Viala, du 81e ; Higonet, du 108e. Ce dernier avait été tué à la tête de son régiment, qui enleva une batterie prussienne près du bois de Zeckwar. Harispe, du 16e d'infanterie légère, fut gravement blessé.

Les services rendus par les différents corps d'armée et par les régiments, dans cette journée mémorable, sont au-dessus de tout éloge. Les hussards et les chasseurs montrèrent la plus grande audace. La cavalerie prussienne ne tint jamais devant eux, et toutes les charges qu'ils exécutèrent sur l'infanterie furent heureuses. Il est superflu de parler de l'infanterie française, reconnue depuis longtemps pour la meilleure du monde. Après l'expérience des deux campagnes de 1805 et de la bataille d'Iéna, l'Empereur déclara que la cavalerie française n'avait pas non plus d'égale.

Dans une mêlée aussi chaude, pendant que l'ennemi perdait presque tous ses généraux, les Français durent remercier la Providence, qui protégeait leur armée : aucun des principaux chefs ne fut tué ni blessé. Un biscaïen rasa la poitrine du duc de Montebello sans le blesser.

V

BATAILLE DE WATERLOO [1].

1. Ligne de bataille des Anglo-Hollandais. — 2. Ligne de bataille des Français. — 3. Projets de l'empereur; attaque de Hougomont. — 4. Le général Bulow arrive sur le champ de bataille. — 5. Attaque de la Haie-Sainte. — 6. Bulow est repoussé. — 7. Charge de la cavalerie sur le plateau. — 8. Mouvement du maréchal Grochy. — 9. Mouvement du maréchal Blücher. — 10. Mouvement de la garde impériale.

I. Pendant la nuit (17 au 18 juin 1815), l'Empereur donna tous les ordres nécessaires pour la bataille du lendemain, quoique tout lui indiquât qu'elle n'aurait pas lieu. Depuis quatre jours que

[1]. Chapitre écrit par Napoléon à Sainte-Hélène, en 1816. Publié simultanément, en 1820, à Londres par le docteur O'Méara, en France par le comte de Las Cases.

les hostilités étaient commencées, il avait, par les plus habiles manœuvres, surpris ses ennemis, remporté une victoire éclatante et séparé les deux armées. C'était beaucoup pour sa gloire, mais pas encore assez pour sa position !!! Les trois heures de retard que la gauche avait éprouvé dans son mouvement l'avaient empêché d'attaquer, comme il l'avait projeté, l'armée anglo-hollandaise dans l'après-midi du 17, ce qui eût couronné la campagne ! Actuellement il était probable que le duc de Wellington et le maréchal Blücher profitaient de cette même nuit pour traverser la forêt de Soignes, et se réunir devant Bruxelles ; après cette réunion, qui serait opérée avant neuf heures du matin, la position de l'armée française deviendrait bien délicate !!! les deux armées ennemies se renforceraient de tout ce qu'elles avaient sur leurs derrières. Six mille Anglais étaient débarqués à Ostende depuis peu de jours ; c'étaient des troupes de retour d'Amérique. Il serait impossible que l'armée française se hasardât de traverser la forêt de Soignes pour combattre au débouché des forces plus que doubles, formées et en position ; et cependant, sous peu de semaines, les armées russe, autrichienne, bavaroise, etc., allaient passer le Rhin, se porter sur la Marne. Le 5ᵉ corps, en observation en Alsace, n'était que de vingt mille hommes.

A une heure du matin, fort préoccupé de ces grandes pensées, il sortit à pied, accompagné seulement de son grand maréchal ; son dessein était de suivre l'armée anglaise dans sa retraite, et de tâcher de l'entamer, malgré l'obscurité de la nuit, aussitôt qu'elle serait en marche. Il parcourut la ligne des grand'gardes. La forêt de Soignes apparaissait comme un vaste incendie; l'horizon entre cette forêt, Braine-la-Leud, les fermes de la Belle Alliance et de la Haye, était resplendissant du feu des bivouacs; le plus profond silence régnait. L'armée anglo-hollandaise était ensevelie dans un profond sommeil, suite des fatigues qu'elle avait essuyées les jours précédents. Arrivé près des bois du château d'Hougomont, il entendit le bruit d'une colonne en marche; il était deux heures et demie. Or, à cette heure, l'arrière-garde devait commencer à quitter sa position si l'ennemi était en retraite; mais cette illusion fut courte. Le bruit cessa; la pluie tombait par torrents. Divers officiers envoyés en reconnaissance et des affidés, de retour à trois heures et demie, confirmèrent que les Anglo-Hollandais ne faisaient aucun mouvement. A quatre heures les coureurs lui amenèrent un paysan qui avait servi de guide à une brigade de cavalerie anglaise qui avait été prendre position sur l'extrême gauche au village d'Ohain. Deux déserteurs belges, qui venaient de quitter leur régiment, lui rapportèrent que leur armée se préparait à la bataille, qu'aucun mouvement rétrograde n'avait eu lieu; que la Belgique faisait vœux pour les succès de l'Empereur; que les Anglais et les Prussiens y étaient également haïs.

Le général ennemi ne pouvait rien faire de plus contraire aux intérêts de son parti et de sa nation, à l'esprit général de cette campagne, et même aux règles les plus simples de la guerre, que de rester dans la position qu'il occupait; il avait derrière lui les défilés de la forêt de Soignes; s'il était battu, toute retraite lui était impossible. Les troupes françaises étaient bivouaquées au milieu de la boue; les officiers tenaient pour impossible de donner bataille dans ce jour; l'artillerie et la cavalerie ne pourraient manœuvrer dans les terres, tant elles étaient détrempées; ils estimaient qu'il faudrait douze heures de beau temps pour les étancher. Le jour commençait à poindre; l'Empereur rentra à son quartier général plein de satisfaction de la grande faute que faisait le général ennemi, et fort inquiet que le mauvais temps ne l'empêchât d'en profiter. Mais déjà l'atmosphère s'éclaircissait; à cinq heures, il aperçut quelques faibles rayons de ce soleil qui devait avant de se coucher éclairer la perte de l'armée anglaise; l'oligarchie britannique en serait renversée! la France allait se relever dans ce jour, plus glorieuse, plus puissante et plus grande que jamais!

L'armée anglo-hollandaise était en bataille sur la chaussée de Charleroi à Bruxelles, en avant de la forêt de Soignes couronnant un assez beau plateau.

La droite, composée des 1ʳᵉ et 2ᵉ divisions anglaises et de la division de Brunswick, commandées par les généraux Cook et Clinton, s'appuyait à un ravin au delà de la route de Nivelles; elle occupait en avant de son front le château d'Hougomont par un détachement. Le centre, composé de la 3ᵉ division anglaise et des 1ʳᵒ et 2ᵉ divisions belges, commandées par les généraux Alten, Collaert et Chassé, était en avant de Mont-Saint-Jean; sa gauche était appuyée à la chaussée de Charleroi, et occupait la ferme de la Haie-Sainte par une de ses brigades. La gauche, composée des 5ᵉ et 6ᵉ divisions anglaises, et de la 3ᵉ division belge, commandées par les généraux Picton, Lambert et Perchoncher, avait sa droite appuyée à la chaussée de Charleroi, sa gauche en arrière du village de la Haye, qu'elle occupait par un fort détachement. La réserve était à Mont-Saint-Jean, intersection des chaussées de Charleroi et de Nivelles à Bruxelles. La cavalerie, rangée sur trois lignes à la hauteur de Mont-Saint-Jean, garnissait tous les derrières de la ligne de bataille de l'armée, dont l'étendue était de deux mille cinq cents toises. Le front de l'ennemi était couvert par un obstacle naturel. Le plateau était légèrement concave à son centre, et le terrain finissait en pente douce par un ravin plus profond. La 4ᵉ division anglaise, commandée par le général Colville, occupait en flanqueurs de droite tous les débouchés depuis Hal jusqu'à Braine-la-Leud. Une brigade de cavalerie anglaise occupait en flanqueurs de gauche tous les débouchés depuis le village d'Ohain. Les forces que l'ennemi montrait étaient diversement évaluées; mais les officiers les plus exercés les estimaient, en y comprenant les corps de flanqueurs, à quatre-vingt-dix mille hommes, ce qui s'accordait avec les renseignements généraux. L'armée française n'était que de soixante-neuf mille hommes, mais la victoire n'en paraissait pas moins certaine. Ces soixante-neuf mille hommes étaient de bonnes troupes; et dans l'armée ennemie, les Anglais seuls, qui étaient au nombre de quarante mille hommes au plus pouvaient être comptés comme tels.

A huit heures, on apporta le déjeuner de l'Empereur, où s'assirent plusieurs généraux. Il dit : « L'ar-
» mée ennemie est supérieure à la nôtre de près d'un
» quart; nous n'en avons pas moins quatre-vingt-dix
» chances pour nous, et pas dix contre. — Sans
» doute, dit le maréchal Ney, qui entrait dans ce
» moment, si le duc de Wellington était assez
» simple pour attendre Votre Majesté; mais je
» viens lui annoncer que déjà ses colonnes sont
» en pleine retraite, elles disparaissent dans la
» forêt. — Vous avez mal vu, lui répondit ce prince,
» il n'est plus à temps, il s'exposerait à une
» perte certaine, il a jeté les dés, et ils sont pour
» nous !!! » Dans ce moment des officiers d'ar-

tillerie, qui avaient parcouru la plaine, annoncèrent que l'artillerie pouvait manœuvrer, quoique avec quelques difficultés, qui, dans une heure, seraient bien diminuées. Aussitôt l'Empereur monta à cheval; il se porta aux tirailleurs vis-à-vis la Haie-Sainte, reconnut de nouveau la ligne ennemie, et chargea le général du génie Haxo, officier de confiance, de s'en approcher davantage, pour s'assurer s'il avait été élevé quelques redoutes ou retranchements. Ce général revint promptement rendre compte qu'il n'avait aperçu aucune trace de fortification. L'Empereur réfléchit un quart d'heure, dicta l'ordre de bataille, que deux généraux écrivaient assis par terre. Les aides de camp le portèrent aux divers corps d'armée, qui étaient sous les armes, pleins d'impatience et d'ardeur. L'armée s'ébranla et se mit en marche sur onze colonnes.

II. Ces onze colonnes étaient destinées, quatre à former la première ligne, quatre la seconde ligne, trois la troisième. Les quatre colonnes de la première ligne étaient : celle de gauche formée par la cavalerie du 2e corps; la deuxième, par trois divisions d'infanterie du 2e corps; la troisième, par les quatre divisions d'infanterie du 1er corps; la quatrième, par la cavalerie légère du 1er corps. Les quatre colonnes de la seconde ligne étaient : celle de gauche formée par le corps de cuirassiers de Kellermann; la deuxième, par les deux divisions d'infanterie du 6ᵉ corps ; la troisième, par deux divisions de cavalerie légère, l'une du 6ᵉ corps, commandée par le général de division Daumont, l'autre détachée du corps de Pajol et commandée par le général de division Subervie ; la quatrième par le corps de cuirassiers de Milhaud. Les trois colonnes de la troisième ligne étaient : celle de gauche formée par la division de grenadiers à cheval et de dragons de la garde, commandée par le général Guyot ; la seconde, par les trois divisions de la vieille, moyenne et jeune garde, commandées par les lieutenants généraux Friant, Morand et Duhesme ; la troisième, par les chasseurs à cheval et les lanciers de la garde, commandés par le lieutenant général Lefèvre-Desnouettes. L'artillerie marchait sur les flancs des colonnes ; les parcs et les ambulances à la queue.

A neuf heures, les têtes des quatre colonnes formant la première ligne arrivèrent où elles devaient se déployer. En même temps on aperçut plus ou moins loin les sept autres colonnes qui débouchaient des hauteurs ; elles étaient en marche, les trompettes et tambours sonnaient au champ, la musique retentissait des airs qui retraçaient aux soldats le souvenir de cent victoires. La terre paraissait orgueilleuse de porter tant de braves. Ce spectacle était magnifique ; et l'ennemi, qui était placé de manière à découvrir jusqu'au dernier homme, dut en être frappé : l'armée dut lui paraître double en nombre de ce qu'elle était réellement.

Ces onze colonnes se déployèrent avec tant de précision qu'il n'y eut aucune confusion ; et chacun occupa la place qui lui était désignée dans la pensée du chef ; jamais de si grandes masses ne se remuèrent avec tant de facilité. La cavalerie légère du 2º corps, qui formait la première colonne de gauche de la première ligne, se déploya sur trois lignes à cheval sur la chaussée de Nivelles à Bruxelles, à peu près à la hauteur des premiers bois du parc d'Hougomont, éclairant par la gauche toute la plaine, et ayant des grand'gardes sur Braine-la-Leud ; sa batterie d'artillerie légère sur la chaussée de Nivelles. Le 2º corps, sous les ordres du général Reille, occupa l'espace compris entre la chaussée de Nivelles et celle de Charleroi ; c'était une étendue de neuf cents à mille toises ; la division du prince Jérôme, tenant la gauche près la chaussée de Nivelles et le bois d'Hougomont, le général Foy le centre, et le général Bachelu la droite, qui arrivait à la chaussée de Charleroi près la ferme de la Belle-Alliance. Chaque division d'infanterie était sur deux lignes, la 2º à trente toises de la première, ayant son artillerie sur le front, et ses parcs en arrière près la chaussée de Nivelles. La troisième colonne, formée par le 1er corps, et commandée par le lieutenant-général comte d'Erlon, appuya sa gauche à la Belle-Alliance sur la droite de la chaussée de Charleroi, et sa droite vis-à-vis la ferme de la Haye, où était la gauche de l'ennemi. Chaque division d'infanterie était sur deux lignes; l'artillerie, dans les intervalles des brigades. Sa cavalerie légère, qui formait la quatrième colonne se déploya à sa droite sur trois lignes, observant la Haye, Frischermont, et jetant des postes sur Ohain, pour observer les flanqueurs de l'ennemi; son artillerie légère était sur sa droite.

La première ligne était à peine formée, que les têtes des quatre colonnes de la deuxième ligne arrivèrent au point où elles devaient se déployer; les cuirassiers de Kellermann s'établirent sur deux lignes à trente toises l'une de l'autre, appuyant leur gauche à la chaussée de Nivelles, à cent toises de la deuxième ligne du 2ᵉ corps, et leur droite à la chaussée de Charleroi. L'espace était de onze cents toises. Une de leurs batteries prit position sur la gauche, près la chaussée de Nivelles; l'autre sur la droite, près la chaussée de Charleroi. La deuxième colonne, commandée par le lieutenant général comte de Lobau, se porta à cinquante toises derrière la deuxième ligne du 2ᵉ corps; elle resta en colonne serrée par division, occupant une centaine de toises de profondeur, le long et sur la gauche de la chaussée de Charleroi, avec une distance de dix toises entre les deux colonnes de division, son artillerie sur son flanc gauche. La troisième colonne, celle de sa cavalerie légère, commandée par le général de division Daumont, suivie par celle du général Subervie, se plaça en colonne serrée par escadron, la gauche appuyée à la chaussée de Charleroi, vis-à-vis son infanterie, dont elle n'était séparée que par cette chaussée; son artillerie légère était sur son flanc droit. La quatrième colonne, le corps de cuirassiers Milhaud, se déploya sur deux lignes à trente toises d'intervalle et à cent toises derrière la deuxième ligne du 1ᵉʳ corps, la gauche appuyée à la chaussée de Charleroi, la droite dans la direction de Frischermont; il occupait une étendue d'environ neuf cents toises; ses batteries étaient sur sa gauche, près la chaussée de Charleroi, et sur son centre.

Avant que cette deuxième ligne fût formée, les têtes des trois colonnes de la réserve arrivèrent à leurs points de déploiement. La grosse cavalerie de la garde se plaça à cent toises derrière Kellermann, en bataille sur deux lignes, à trente toises d'intervalle; la gauche du côté de la chaussée de Nivelles, la droite du côté de celle de Charleroi, l'artillerie au centre. La colonne du centre, formée par l'infanterie de la garde, se déploya sur six lignes, chacune de quatre bataillons, à distance de dix toises l'une de l'autre, à cheval sur la route de Charleroi et un peu avant la ferme de Rossomme. Les batteries d'artillerie appartenant aux différents régiments se placèrent sur la gauche et la droite;

celle à pied et à cheval de la réserve derrière les lignes. La troisième colonne, les chasseurs à cheval et les lanciers de la garde, se déploya sur deux lignes à trente toises d'intervalle, à cent toises derrière le général Milhaud, la gauche à la chaussée de Charleroi, et la droite du côté de Frischermont, son artillerie légère sur son centre. A dix heures et demie, ce qui paraît incroyable, tout le mouvement était achevé, toutes les troupes étaient à leur position, le plus profond silence régnait sur le champ de bataille. L'armée se trouvait rangée sur six lignes formant la figure de six V ; les deux premières d'infanterie ayant la cavalerie légère sur les ailes ; la troisième et la quatrième de cuirassiers ; la cinquième et la sixième de cavalerie de la garde, avec six lignes d'infanterie de la garde, perpendiculairement placées au sommet des six V, et le 6ᵉ corps, en colonne serrée, perpendiculairement aux lignes qu'occupait la garde. L'infanterie sur la gauche de la route, sa cavalerie sur la droite. Les chaussées de Charleroi et de Nivelles étaient libres, c'étaient les moyens de communication pour que l'artillerie de réserve pût arriver rapidement sur les divers points de la ligne.

L'Empereur parcourut les rangs ; il serait difficile d'exprimer l'enthousiasme qui animait tous les soldats ; l'infanterie élevait ses schakos au bout des baïonnettes ; les cuirassiers, dragons et cavalerie légère, leurs casques ou schakos au bout de leurs sabres. La victoire paraissait certaine ; les vieux soldats qui avaient assisté à tant de combats admirèrent ce nouvel ordre de bataille ; ils cherchaient à pénétrer les vues ultérieures de leur général ; ils discutaient le point et la manière dont devait avoir lieu l'attaque. Pendant ce temps, l'Empereur donna ses derniers ordres, et se porta à la tête de sa garde au sommet des six V, sur les hauteurs de Rossomme, mit pied à terre ; de là il découvrait les deux armées ; la vue s'étendait fort au loin à droite et à gauche du champ de bataille.

Une bataille est une action dramatique qui a son commencement, son milieu et sa fin. L'ordre de bataille que prennent les deux armées, les premiers mouvements pour en venir aux mains sont l'exposition ; les contre-mouvements que fait l'armée attaquée forment le nœud, ce qui oblige à de nouvelles dispositions et amène la crise d'où naît le résultat ou dénoûment. Aussitôt que l'attaque du centre de l'armée française aurait été démasquée, le général ennemi ferait des contre-mouvements, soit par ses ailes soit derrière sa ligne, pour faire diversion ou accourir au secours du point atttaqué ; aucun de ces mouvements ne pouvait échapper à l'œil exercé de Napoléon dans la position centrale où il s'était placé, et il avait dans sa main toutes les réserves pour les porter à volonté où l'urgence des circonstances exigerait leur présence.

III. Dix divisions d'artillerie, parmi lesquelles trois divisions de douze, se réunirent, la gauche appuyée à la chaussée de Charleroi sur les monticules au delà de la Belle-Alliance et en avant de la division de gauche du 1ᵉʳ corps. Elles étaient destinées à soutenir l'attaque de la Haie-Sainte, que devaient faire deux divisions du 1ᵉʳ corps et les deux divisions du 6ᵉ, dans le temps que les deux autres divisions du 1ᵉʳ corps se porteraient sur la Haye. Par ce moyen, toute la gauche de l'ennemi serait tournée. La division de cavalerie légère du 6ᵉ corps, en colonne serrée, et celle du 1ᵉʳ corps qui était sur ses ailes, devaient participer à cette attaque, que les 2ᵉ et 3ᵉ lignes de cavalerie soutiendraient, ainsi que toute la garde à pied et à cheval. L'armée française, maîtresse de la Haye et de Mont-Saint-Jean, couperait la chaussée de Bruxelles à toute la droite de l'armée anglaise, où étaient ses principales forces. L'Empereur avait préféré tourner la gauche de l'ennemi plutôt que sa droite, 1° afin de le couper d'avec les Prussiens, qui étaient à Wavres, et de s'opposer à leur réunion s'ils l'avaient préméditée; et quand même ils ne l'eussent pas préméditée, si l'attaque se fût faite par la droite, l'armée anglaise, repoussée, se serait repliée sur l'armée prussienne ; au lieu que faite sur la gauche, elle en était séparée et jetée dans la direction de la mer ; 2° parce que la gauche parut beaucoup plus faible; 3° enfin, que l'Empereur attendait à chaque instant l'arrivée d'un détachement du maréchal Grouchy pour sa droite, et ne voulait pas courir les chances de s'en trouver séparé.

Pendant que tout se préparait pour cette attaque décisive, la division du prince Jérôme sur la gauche engagea la fusillade au bois d'Hougomont. Bientôt elle devint très vive. L'ennemi ayant démasqué près de quarante pièces d'artillerie, le général Reille fit avancer la batterie d'artillerie de sa deuxième division, et l'Empereur envoya l'ordre au général Kellermann de faire avancer ses douze pièces d'artillerie légère; la canonnade devint bientôt fort vive. Le prince Jérôme enleva plusieurs fois le bois d'Hougomont, et plusieurs fois en fut repoussé; il était défendu par la division des gardes anglaises, les meilleures troupes de l'ennemi, qu'on vit avec plaisir être sur sa droite, ce qui rendait plus facile la grande attaque sur la gauche. La division Foy soutint la division du prince Jérôme; il se fit de part et d'autre des prodiges de valeur; les gardes anglaises couvrirent de leurs cadavres le bois et les avenues du château, mais non sans vendre chèrement leur sang. Après diverses vicissitudes qui occupèrent plusieurs heures de la journée, le bois tout entier resta aux Français; mais le château, où s'étaient crénelés plusieurs centaines de braves, opposait une résistance invincible. L'Empereur ordonna de réunir une batterie de huit obusiers, qui mirent le feu aux granges et aux toits, et rendirent les Français maîtres de cette position.

Le maréchal Ney obtint l'honneur de commander la grande attaque du centre ; elle ne pouvait pas être confiée à un homme plus brave et plus accoutumé à ce genre d'affaire. Il envoya un de ses aides de camp prévenir que tout était prêt, et qu'il n'attendait plus que le signal. Avant de le donner, l'Empereur voulut jeter un dernier regard sur tout le champ de bataille, et aperçut dans la direction de Saint-Lambert un nuage qui lui parut être des troupes. Il dit à son major général : « Maréchal, que voyez-» vous sur Saint-Lambert ? — J'y crois voir cinq à » six mille hommes ; c'est probablement un déta-» chement de Grouchy. » Toutes les lunettes de l'état-major furent fixées sur ce point. Le temps était assez brumeux. Les uns soutenaient, comme il arrive en pareille occasion, qu'il n'y avait pas de troupes, que c'étaient des arbres ; d'autres que c'étaient des colonnes en position ; quelques-uns que c'étaient des troupes en marche. Dans cette incertitude, sans plus délibérer, il fit appeler le lieutenant général Daumont, et lui ordonna de se porter avec sa division de cavalerie légère et celle du général Subervie pour éclairer sa droite, communiquer promptement avec les troupes qui arrivaient sur Saint-Lambert, opérer la réunion si elles appartenaient au maréchal Grouchy, les contenir si elles étaient ennemies. Ces trois mille hommes de cavalerie n'eurent qu'à faire un à droite par quatre pour être hors des lignes de l'armée; ils se portèrent rapidement et sans confusion à trois mille toises, et s'y rangèrent en bataille en potence sur toute la droite de l'armée.

IV. Un quart d'heure après, un officier de chasseurs amena un hussard noir prussien qui venait d'être fait prisonnier par les coureurs d'une colonne volante de trois cents chasseurs, qui battait l'estrade entre Wavres et Planchenoit. Ce hussard était porteur d'une lettre ; il était fort intelligent, et donna de vive voix tous les renseignements que l'on pût désirer. La colonne qu'on apercevait à Saint-Lambert était l'avant-garde du général prussien Bulow, qui arrivait avec trente mille hommes : c'était le quatrième corps prussien, qui n'avait pas donné à Ligny. La lettre était effectivement l'annonce de l'arrivée de ce corps ; ce général demandait au duc de Wellington des ordres ultérieurs. Le hussard dit qu'il avait été le matin à Wavres, que les trois autres corps de l'armée prussienne y étaient campés, qu'ils y avaient passé la nuit du 17 au 18, qu'ils n'avaient aucun Français devant eux, qu'il supposait que les Français avaient marché sur Planchenoit, qu'une patrouille de son régiment avait été dans la nuit jusqu'à deux lieues de Wavres sans rencontrer aucun corps français. Le duc de Dalmatie expédia sur-le-champ la lettre interceptée et le rapport du hussard au maréchal Grouchy, auquel il réitéra l'ordre de marcher de suite sur Saint-Lambert, et de prendre à dos le corps du général Bulow. Il était onze heures; l'officier n'avait au plus que quatre ou cinq lieues à faire, toujours sur de bons chemins, pour atteindre le maréchal Grouchy. Il promit d'y être à une heure. Par la dernière nouvelle reçue de ce maréchal, on savait qu'il devait à la pointe du jour se porter sur Wavres. Or de Gembloux à Wavres il n'y a que trois lieues : soit qu'il eût ou non reçu les ordres expédiés dans la nuit du quartier impérial, il devait être indubitablement engagé à l'heure qu'il était devant Wavres. Les lunettes dirigées sur ce point n'apercevaient rien ; on n'entendait aucun coup de canon. Peu après, le général Daumont envoya dire que quelques coureurs bien montés qui le précédaient avaient rencontré des patrouilles ennemies dans la direction de Saint-Lambert ; qu'on pouvait tenir pour sûr que les troupes que l'on y voyait étaient ennemies ; qu'il avait envoyé dans plusieurs directions des patrouilles d'élite pour communiquer avec le maréchal Grouchy et lui porter des avis et des ordres.

L'Empereur fit ordonner immédiatement au comte de Lobau de traverser la chaussée de Charleroi par un changement de direction à droite par division, et de se porter pour soutenir la cavalerie légère du côté de Saint-Lambert ; de choisir une bonne position intermédiaire où il pût, avec dix mille hommes, en arrêter trente mille si cela devenait nécessaire ; d'attaquer vivement les Prussiens aussitôt qu'il entendrait les premiers coups de canon des troupes que le maréchal Grouchy avait détachées derrière eux. Ces dispositions furent exécutées sur-le-champ. Il était de la plus haute importance que le mouvement du comte Lobau se fît sans retard. Le maréchal Grouchy devait avoir de Wavres détaché six à sept mille hommes sur Saint-Lambert, lesquels se trouveraient compromis, puisque le corps du général Bulow était de trente mille hommes ; tout comme le corps du général Bulow serait compromis et perdu si, au moment qu'il serait attaqué en queue par six mille hommes, il était attaqué en tête par un homme du caractère du comte de Lobau. Dix-sept à dix-huit mille Français disposés et commandés ainsi étaient d'une valeur bien supérieure à trente mille Prussiens ; mais ces événements portèrent du changement dans le premier plan de l'Empereur. Il se trouva affaibli sur le champ de bataille de dix mille hommes qu'il était obligé d'envoyer contre le général Bulow ; ce n'était plus que cinquante-neuf mille hommes qu'il avait contre quatre-vingt-dix mille. Ainsi, l'armée ennemie contre laquelle il avait à lutter venait d'être augmentée de trente mille hommes déjà rendus sur le champ de bataille ; elle était de cent vingt mille hommes contre soixante-neuf mille : c'était un contre deux. *« Nous avions ce matin quatre-vingt-dix chances » pour nous,* dit-il au duc de Dalmatie, *l'arrivée de » Bulow nous en fait perdre trente, mais nous en » avons encore soixante contre quarante et si Grou- » chy répare l'horrible faute qu'il a commise hier » de s'amuser à Gembloux, et envoie son détachement » avec rapidité, la victoire en sera plus décisive, » car le corps de Bulow sera entièrement perdu. »*

On était sans inquiétude pour le maréchal Grouchy ; après le détachement qu'il aurait pu faire sur Saint-Lambert, il lui restait encore vingt-sept à vingt-huit mille hommes. Or les trois corps que le maréchal Blücher avait à Wavres, qui devant Ligny étaient de quatre-vingt-dix mille hommes, étaient réduits à quarante mille, non seulement par la perte de trente mille qu'il avait éprouvée dans la bataille, mais aussi par celle de vingt mille hommes qui s'étaient débandés et ravageaient les bords de la Meuse, et par quelques détachements auxquels ce maréchal avait été obligé pour les couvrir, ainsi que les bagages qui se trouvaient dans la direction de Namur et de Liége. Or quarante mille ou quarante-cinq mille Prussiens, battus, découragés, ne pouvaient pas en imposer à vingt-huit mille Français bien placés et victorieux.

V. Il était midi : les tirailleurs étaient engagés sur toute la ligne ; mais le combat n'avait réellement lieu que sur la gauche, dans le bois et au château d'Hougomont. Du côté de l'extrême droite, les troupes du général Bulow étaient encore stationnaires; elles paraissaient se former et attendre que leur artillerie eût passé le défilé. L'Empereur envoya l'ordre au maréchal Ney de commencer le feu de ses batteries, de s'emparer de la ferme de la Haie-Sainte et d'y mettre en position une division d'infanterie; de s'emparer également du village de la Haye et d'en déposter l'ennemi, afin d'intercepter toute communication entre l'armée anglo-hollandaise et le corps du général Bulow. Quatre-vingts bouches à feu vomirent bientôt la mort sur toute la gauche de la ligne anglaise: une de ses divisions fut entièrement détruite par les boulets et la mitraille. Pendant que cette attaque était démasquée, l'Empereur observait avec attention quel serait le mouvement du général ennemi. Il n'en fit aucun sur sa droite; mais il s'aperçut qu'il préparait sur la gauche une grande charge de cavalerie. Il s'y porta au galop. La charge avait eu lieu; elle avait repoussé une colonne d'infanterie qui s'avançait sur le plateau, lui avait enlevé deux aigles et désorganisé sept pièces de canon. Il ordonna à une brigade de cuirassiers du général Milhaud, de la deuxième ligne, de charger cette cavalerie. Elle partit aux cris de Vive l'Empereur! La cavalerie anglaise fut rompue; la plus grande partie resta sur le champ de bataille; les canons furent repris, l'infanterie protégée. Diverses charges d'infanterie et de cavalerie eurent lieu ; le détail en appartient plus à l'histoire de chaque régiment qu'à l'histoire générale de la bataille, où ces récits multipliés ne porteraient que du désordre. Il suffit de dire qu'après trois heures de combat la ferme de la Haie-Sainte, malgré la résistance des régiments écossais, fut occupée par l'infanterie française, et le but que s'était promis le général français obtenu. Les 6° et 5° divisions anglaises furent détruites : le général Picton resta mort sur le champ de bataille.

L'Empereur parcourut pendant ce combat la ligne d'infanterie du 1er corps, la ligne de cavalerie des cuirassiers Milhaud et celle en troisième ligne de la garde au milieu des boulets, de la mitraille et des obus ; ils ricochaient d'une ligne à l'autre. Le brave général Devaux, commandant l'artillerie de la garde, qui était à ses côtés, fut enlevé par un boulet : perte sensible, surtout dans ce moment, puisqu'il savait mieux que personne les positions qu'occupaient les réserves de l'artillerie de la garde, fortes de quatre-vingt-seize bouches à feu. Le général de brigade Lallemand lui succéda, et fut blessé peu après.

Le désordre était dans l'armée anglaise : les bagages, les charrois, les blessés, voyant les Français s'approcher de la chaussée de Bruxelles et du principal débouché de la forêt, accouraient en foule pour opérer leur retraite. Tous les fuyards anglais, belges, allemands, qui avaient été sabrés par la cavalerie, se précipitaient sur Bruxelles. Il était quatre heures : la victoire aurait dès lors été décidée ; mais le corps du général Bulow opéra dans ce moment sa puissante diversion. Dès deux heures après midi, le général Daumont avait fait prévenir que le général Bulow débouchait sur trois colonnes, et que les chasseurs français tiraillaient tout en se retirant devant l'ennemi, qui lui paraissait très nombreux. Il l'évaluait à plus de quarante mille hommes ; il disait de plus que ses coureurs, bien montés, avaient fait plusieurs lieues dans diverses directions, n'avaient rapporté aucune nouvelle du maréchal Grouchy ; qu'il ne fallait donc pas compter sur lui. Dans ces mêmes moments, l'Empereur reçut de Gembloux des nouvelles bien fâcheuses. Le maréchal Grouchy, au lieu d'être parti de Gembloux à la petite pointe du jour, comme il l'avait annoncé par sa dépêche de deux heures après minuit, n'avait pas encore quitté ce camp à dix heures du matin. L'officier l'attribuait à l'horrible temps qu'il faisait : motif ridicule. Cette inexcusable lenteur, dans des circonstances si délicates, de la part d'un officier aussi zélé, ne se pouvait expliquer.

VI. Cependant la canonnade tarda peu à s'engager entre le général Bulow et le comte de Lobau.

L'armée prussienne marchait en échelons, le centre en avant. Sa ligne de bataille était perpendiculaire sur le flanc droit de l'armée, parallèlement à la chaussée de la Haie-Sainte à Planchenoit. L'échelon du centre démasqua une trentaine de bouches à feu; l'artillerie lui en opposa un pareil nombre. Après une heure de canonnade, le comte de Lobau, s'apercevant que le premier échelon n'était pas soutenu, marcha à lui, l'enfonça et le repoussa fort loin; mais les deux autres lignes, qui paraissaient avoir été retardées par les mauvais chemins, rallièrent le premier échelon, et sans essayer d'enfoncer la ligne française, elles cherchèrent à la déborder par un à gauche en bataille. Le comte de Lobau, craignant d'être tourné, exécuta sa retraite en échiquier en s'approchant de l'armée. Les feux des batteries prussiennes doublèrent, on compta jusqu'à soixante bouches à feu; les boulets tombaient sur la chaussée en avant et en arrière de la Belle-Alliance, où se trouvait l'Empereur avec la garde : c'était la ligne d'opération de l'armée. Au moment le plus critique, l'ennemi s'était tellement approché que sa mitraille labourait cette chaussée; l'Empereur ordonna alors au général Duhesme, qui commandait la jeune garde, de se porter sur la droite du 6ᵉ corps avec ses deux brigades d'infanterie et vingt-quatre bouches à feu de la garde. Un quart d'heure après, cette formidable batterie commença le feu; l'artillerie française ne tarda pas à acquérir la supériorité, elle était mieux servie et mieux placée. Aussitôt que la jeune garde fut engagée, le mouvement des Prussiens parut arrêté : on remarqua du flottement dans leur ligne ; mais cependant ils continuèrent encore à la prolonger par leur gauche, débordant la droite française arrivant jusqu'à la hauteur de Planchenoit. Le lieutenant général Morand se porta alors avec quatre bataillons de vieille garde et seize pièces de canon à la droite de la jeune garde ; deux régiments de vieille garde prirent position en avant de Planchenoit ; la ligne prussienne se trouva débordée, le général Bulow fut repoussé, sa gauche fit un mouvement en arrière, convergea, et insensiblement toute sa ligne recula. Le comte de Lobau, le général Duhesme et le général Morand marchèrent en avant ; ils occupèrent bientôt les positions qu'avait occupées l'artillerie du général Bulow. Non seulement ce général avait épuisé son attaque, démasqué toutes ses réserves, mais d'abord contenu, il était à présent en retraite. Les boulets prussiens non seulement n'arrivaient plus sur la chaussée de Charleroi, mais n'atteignaient pas les positions qu'avait occupées le comte de Lobau ; il était sept heures du soir.

VII. Il y avait deux heures que le comte d'Erlon s'était emparé de la Haye, avait débordé toute la gauche anglaise et la droite du général Bulow. La cavalerie légère du 1er corps, poursuivant l'infanterie ennemie sur le plateau de la Haye, avait été ramenée par une cavalerie supérieure en nombre ; le comte Milhaud gravit alors la hauteur avec ses cuirassiers et fit prévenir le général Lefebvre-Desnouettes, qui se mit aussitôt au trot pour le soutenir. Il était cinq heures : c'était le moment où l'attaque du général Bulow était la plus menaçante, où, loin d'être contenu, il montrait toujours de nouvelles troupes qui étendaient sa ligne sur la droite. La cavalerie anglaise fut repoussée par les intrépides cuirassiers et les chasseurs de la garde. Les Anglais abandonnèrent tout le champ de bataille entre la Haye-Sainte et Mont-Saint-Jean, celui qu'avait occupé toute leur gauche, et furent acculés sur leur droite. A la vue de ces charges brillantes, des cris de victoire se firent entendre sur le champ de bataille. L'Empereur dit : « *C'est trop tôt d'une heure ;* » *cependant il faut soutenir ce qui est fait.* » Il envoya l'ordre aux cuirassiers Kellermann, qui étaient toujours en position sur la gauche, de se porter au grand trot pour appuyer la cavalerie sur le plateau. Le général Bulow menaça dans ce moment le flanc et les derrières de l'armée ; il était important de ne faire aucun mouvement rétrograde nulle part, et de se maintenir dans la position, quoique prématurée, qu'avait prise la cavalerie. Ce mouvement au grand trot de trois mille cuirassiers qui défilaient aux cris de Vive l'Empereur ! et sous la canonnade des Prussiens fit une diversion heureuse dans ce moment de crise. La cavalerie marchait comme à la pousuite de l'armée anglaise, et l'armée du général Bulow faisait encore des progrès sur le flanc et les derrières. Pour savoir si on était vainqueur ou en danger, le soldat, l'officier même cherchaient à deviner dans le regard du chef, mais il ne respirait que la confiance. C'était depuis vingt ans la cinquantième bataille rangée qu'il commandait. Cependant la division de grosse cavalerie de la garde, sous les ordres du général Guyot, qui était en deuxième ligne derrière les cuirassiers Kellermann, suivait au grand trot et se portait sur le plateau. L'Empereur s'en aperçut ; il envoya le comte Bertrand pour la rappeler : c'était sa réserve. Quand ce général arrive, elle était déjà engagée et tout mouvement rétrograde eût été dangereux. Dès cinq heures du soir l'Empereur se trouva ainsi privé de sa réserve de cavalerie, de cette réserve qui, bien employée, lui avait donné tant de fois la victoire. Cependant ces douze mille hommes de cavalerie d'élite firent des miracles ; ils culbutèrent toute la cavalerie plus nombreuse de l'ennemi qui voulut s'opposer à eux, enfoncèrent plusieurs carrés d'infanterie, désorganisèrent, s'emparèrent de soixante bouches à feu, et prirent au milieu des carrés six drapeaux que trois chasseurs de la garde et trois cuirassiers présentèrent à l'Empereur devant la Belle-Alliance. L'ennemi, pour la seconde fois de la journée, crut la bataille perdue, et voyait avec effroi combien le mauvais champ de bataille qu'il avait choisi allait apporter de difficultés à sa retraite. La brigade Ponsonby, chargée par les lanciers rouges de la garde, commandés par le général Colbert, fut enfoncée; son général fut percé de sept coups de lance et tomba mort. Le prince d'Orange, sur le point d'être pris, fut blessé grièvement. Mais, n'étant pas soutenue par une forte masse d'infanterie qui était encore retenue par l'attaque du général Bulow, cette brave cavalerie dut se borner à conserver le champ de bataille qu'elle avait conquis. Enfin, à sept heures, lorsque l'attaque du général Bulow eut été repoussée et que la cavalerie se maintenait toujours sur le plateau qu'elle avait conquis, la victoire était gagnée; soixante-neuf mille Français avaient battu cent vingt mille hommes. La joie était sur toutes les figures et l'espoir dans tous les cœurs. Ce sentiment succédait à l'étonnement qu'on avait éprouvé pendant la durée de cette attaque de flanc, faite par une armée tout entière, et qui pendant une heure avait menacé la retraite même de l'armée. Dans ce moment on entendit distinctement la canonnade du maréchal Grouchy; elle avait dépassé Wavres dans le point le plus éloigné et dans le point le plus près : elle était derrière Saint-Lambert.

VIII. Le maréchal Grouchy n'était parti qu'à dix heures du matin de son camp de Gembloux, se trouvant entre midi et une heure à mi-chemin de Wavres. Il entendit l'épouvantable canonnade de Waterloo. Aucun homme exercé ne pouvait s'y tromper ; c'étaient plusieurs centaines de bouches à feu, et dès lors deux armées qui s'envoyaient réciproquement la mort. Le général Excelmans, qui commandait la cavalerie, en fut vivement ému ; il se rendit près du maréchal et lui dit : « L'Empereur est aux mains avec l'armée
» anglaise ; cela n'est pas douteux, un feu aussi terrible
» ne peut pas être une rencontre. Monsieur le ma-
» réchal, il faut marcher sur le feu. Je suis un vieux
» soldat de l'armée d'Italie ; j'ai cent fois entendu
» le général Bonaparte prêcher ce principe. Si nous
» prenons à gauche, nous serons dans deux heures
» sur le champ de bataille. — Je crois, lui dit le ma-
» réchal, que vous avez raison ; mais si Blücher dé-
» bouche de Wavres sur moi, et me prend en flanc,
» je serai compromis pour n'avoir point obéi à mon
» ordre qui est de marcher contre Blücher. » Le comte Gérard joignit dans ce moment le maréchal, et lui donna le même conseil que le général Excelmans. « Votre ordre porte, lui dit-il, d'être hier à Wavres,
» et non aujourd'hui ; le plus sûr est d'aller sur le
» champ de bataille. Vous ne pouvez vous dissimuler
» que Blücher a gagné une marche sur vous ; il était
» hier à Wavres, et vous à Gembloux, et qui sait

» maintenant où il est ! S'il est réuni à Wellington,
» nous le trouverons sur le champ de bataille, et dès
» lors votre ordre est exécuté à la lettre ! s'il n'y est
» pas, votre arrivée décidera de la bataille ! Dans deux
» heures nous pouvons prendre part au feu, et si
» nous avons détruit l'armée anglaise, que nous fait
» Blücher déjà battu ? » Le maréchal parut convaincu ; mais dans ce moment il reçut le rapport que sa cavalerie légère était arrivée à Wavres et était aux mains avec les Prussiens ; que toutes leurs forces y étaient réunies, et qu'elles consistaient au moins en quatre-vingt mille hommes. A cette nouvelle, il continua son mouvement sur Wavres ; il y arriva à quatre heures après midi. Croyant avoir devant lui toute l'armée prussienne, il mit deux heures pour se ranger en bataille et faire ses dispositions. C'est alors qu'il reçut l'officier expédié du champ de bataille à dix heures du matin. Il détacha le général Pajol avec douze mille hommes pour se porter sur Limate, pont sur la Dyle à une lieue derrière Saint-Lambert. Ce général y arriva à sept heures du soir ; il traversa la rivière : pendant ce temps le maréchal Grouchy attaqua Wavres.

IX. Le maréchal Blücher avait passé la nuit du 17 au 18 à Wavres avec les quatre corps de son armée, formant soixante-quinze mille hommes. Instruit que le duc de Wellington était décidé à recevoir la bataille en avant de la forêt de Soignes, s'il pouvait compter sur son concours, il détacha dans la matinée son 4º corps, qui passa la Dyle à Limate et se réunit à Saint-Lambert. Ce corps était entier; c'était celui qui n'avait pas donné à Ligny. La cavalerie légère du général Blücher, qui battait l'estrade à deux lieues de son camp de Wavres, n'avait encore aucune nouvelle du maréchal Grouchy; à sept heures du matin, elle ne voyait que quelques piquets de coureurs. Blücher en conclut que toute l'armée était réunie devant Mont-Saint-Jean, il mit en mouvement le 2º corps commandé par le général Pirch. Ce corps était réduit à dix-huit mille hommes. Il marcha lui-même avec le 1ᵉʳ corps du général Zietten, réduit à treize mille hommes, et laissa le général Thielman avec le 3º corps en position à Wavres.

Le 2º corps du général Pirch marcha par Lasne; et Blücher avec le 1ᵉʳ corps marcha sur Ohain, où il se réunit à six heures du soir à la brigade de cavalerie anglaise qui était en flanqueurs. Il y reçut le rapport que le maréchal Grouchy, avec des forces considérables, s'était présenté devant Wavres à quatre heures; qu'il faisait des dispositions d'attaque, que le 3º corps n'était pas en mesure de lui résister. Le maréchal Blücher n'avait pas deux partis à prendre. Il appuya sur ses principales forces, le général Bulow et les Anglais, et envoya l'ordre au général Thielman de tenir aussi longtemps que possi ble, et de se retirer sur lui s'il y était forcé. Effectivement, il n'était plus en mesure de retourner sur Wavres. Il n'y serait arrivé qu'à la nuit close; et si l'armée anglo-hollandaise était battue, il se serait trouvé entre deux feux : tandis que s'il continuait sur l'armée anglo-hollandaise et qu'elle eût la victoire, il serait toujours à temps de retourner contre le maréchal Grouchy. Son mouvement fut fort lent, ses troupes étaient très fatiguées et les chemins tout à fait défoncés et pleins de défilés. Ces deux colonnes, fortes ensemble de trente-un mille hommes, ouvrirent la communication entre le général Bulow et les Anglais. Le premier, qui était en pleine retraite, s'arrêta; Wellington, qui était au désespoir et n'avait devant lui que la perspective d'une défaite assurée, vit son salut. La brigade de cavalerie anglaise, qui était à Ohain, le rejoignit, ainsi qu'une partie de la 4º division des flanqueurs de droite. Si le maréchal Grouchy eût couché devant Wavres, comme il le devait et en avait l'ordre, le soir du 17, le maréchal Blücher y fût resté en observation avec toutes ses forces, se croyant poursuivi par toute l'armée française. Si le maréchal Grouchy, comme il l'avait écrit à deux heures après minuit, de son camp de Gembloux, eût pris les armes à la pointe du jour, c'est-à-dire à quatre heures du matin, il ne fût pas arrivé à Wavres à temps pour empêcher le détachement du général Bulow, mais il eût arrêté les trois autres corps du maréchal Blüche r. La victoire était encore certaine. Mais le maréchal Grouchy n'arriva qu'à quatre heures et demie devant Wavres, et n'attaqua qu'à six heures ; il n'était plus temps ! L'armée française, forte de soixante-neuf mille hommes, qui, à sept heures du soir, était victorieuse d'une armée de cent vingt mille hommes, occupait la moitié du champ de bataille des Anglo-Hollandais et avait repoussé le corps du général Bulow, se vit arracher la victoire par l'arrivée du général Blücher avec trente mille hommes de troupes fraîches, renfort qui portait l'armée alliée en ligne à près de cent cinquante mille hommes, c'est-à-dire deux et demi contre un.

X. Aussitôt que l'attaque du général Bulow eut été repoussée, l'Empereur donna des ordres au général Drouot, qui faisait les fonctions d'aide-major général de la garde, pour rallier toute sa garde en avant de la ferme de la Belle-Alliance, où il était avec huit bataillons qui étaient rangés sur deux lignes ; les huit autres avaient marché pour soutenir la jeune garde et défendre Planchenoit. Cependant la cavalerie, qui continuait à occuper la position sur le plateau d'où elle dominait tout le champ de bataille, s'étant aperçue du mouvement du général Bulow, mais prenant confiance dans les réserves de la garde qu'elle voyait là pour les contenir, n'en conçut pas d'inquiétude et poussa des cris de victoire lorsqu'elle vit ce corps repoussé. Elle n'attendait que l'arrivée de l'infanterie de la garde pour décider de la victoire ; mais elle éprouva de l'étonnement lorsqu'elle aperçut l'arrivée des colonnes nombreuses du maréchal Blücher. Quelques régiments firen un mouvement en arrière : l'Empereur s'en aperçut. Il était de la plus haute importance de redonner contenance à la cavalerie ; et voyant qu'il lui fallait encore un quart d'heure pour rallier toute sa garde, il se mit à la tête de quatre bataillons, et s'avança sur la gauche en avant de la Haie-Sainte, envoyant des aides de camp parcourir la ligne pour annoncer l'arrivée du maréchal Grouchy, et dire qu'avec un peu de contenance la victoire allait se décider. Le général Reille réunit tout son corps sur la gauche en avant du château d'Hougomont, et prépara son attaque. Il était important que la garde s'engageât toute à la fois ; mais les huit autres bataillons étaient encore en arrière. Maîtrisé par les événements, voyant la cavalerie décontenancée, et qu'il fallait une réserve d'infanterie pour la soutenir, il ordonna au général Friant de se porter avec ces quatre bataillons de la moyenne garde au-devant de l'attaque de l'ennemi ; la cavalerie se rassit et marcha en avant avec son intrépidité accoutumée. Les quatre bataillons de la garde repoussèrent tout ce qu'ils rencontrèrent ; des charges de cavalerie portèrent la terreur dans les rangs anglais. Dix minutes après, les autres bataillons de la garde arrivèrent. L'Empereur les rangea par brigades; deux bataillons en bataille et deux en colonnes sur la droite et la gauche ; la 2e brigade en échelons, ce qui réunissait l'avantage des deux ordres. Le soleil était couché ; le général Friant, blessé, passant dans ce moment, dit que tout allait bien, que l'ennemi paraissait former son arrière-garde pour appuyer sa retraite, mais qu'il serait entièrement rompu aussitôt que le reste de la garde déboucherait. Il fallait un quart d'heure ! C'est dans ce moment que le maréchal Blücher arriva à la Haye et culbuta le corps français qui la défendait ; c'était la 4e division du 1er corps, elle se mit en déroute et ne rendit qu'un léger combat. Quoiqu'elle fût attaquée par des forces quadruples, pour peu qu'elle eût montré quelque résolution, ou qu'elle se fût crénelée dans les maisons, il était nuit, le maréchal Blücher n'aurait pas eu le temps de forcer le village. C'est là où l'on dit avoir entendu le cri de sauve qui peut. La trouée faite, la ligne rompue par le peu de vigueur des troupes de la Haye, la cavalerie ennemie inonda le champ de bataille. Le général Bulow marcha en avant, le comte de Lobau fit bonne contenance. La cohue devint telle qu'il fallut ordonner un changement de front à la garde, qui était formée pour se porter en avant. Ce mouvement s'exécuta avec ordre : la garde fit face en arrière, la gauche du côté de la Haie-Sainte, et la droite du côté de la Belle-Alliance, faisant front aux Prussiens et à l'attaque de la Haie ; immédiatement après, chaque bataillon se forma en carré. Les quatre escadrons de service chargèrent les Prussiens. Dans ce moment la brigade de cavalerie anglaise, qui arrivait d'Ohain, marcha en avant. Ces deux mille chevaux pénétrèrent entre le général Reille et la garde. Le désordre devint épouvantable sur tout le champ de bataille; l'Empereur n'eut que le temps de se mettre sous la protection d'un des carrés de la garde. Si la division de cavalerie de réserve du général Guyot ne se fût pas engagée sans ordres à la suite des cuirassiers Kellermann, elle eût repoussé cette charge, empêché la cavalerie anglaise de pénétrer sur le champ de bataille, et la garde à pied eût alors pu contenir tous les efforts de l'ennemi. Le général Bulow marcha par sa gauche, débordant toujours tout le champ de bataille. La nuit augmentait le désordre et s'opposait à tout ; s'il eût fait jour, et que les troupes eussent pu voir l'Empereur, elles se fussent ralliées ; rien n'était possible dans l'obscurité. La garde se mit en retraite ; le feu de l'ennemi était déjà à quatre cents toises sur les derrières, et les chaussées coupées. L'Empereur, avec son état-major, resta longtemps avec les régiments de la garde sur un mamelon. Quatre pièces de canon qui y étaient tirèrent vivement dans la plaine ; la dernière décharge blessa lord Paget, général de la cavalerie anglaise. Enfin, il n'y avait plus un moment à perdre. L'Empereur ne put faire sa retraite qu'à travers champs : cavalerie, artillerie, infanterie, tout était pêle-mêle. L'état-major gagna la petite ville de Gennapes, il espérait pouvoir y rallier un corps d'arrière-garde ; mais le désordre était épouvantable, tous les efforts qu'on fit furent vains. Il était onze heures du soir. Dans l'impossibilité d'organiser une défense, il mit son espoir dans la division Girard, 3º du 2º corps, qu'il avait laissée sur le champ de bataille de Ligny, et à laquelle il avait envoyé l'ordre de se porter aux Quatre-Bras pour soutenir la retraite.

Jamais l'armée française ne s'est mieux battue que dans cette journée, elle a fait des prodiges de valeur ; et la supériorité des troupes françaises, infanterie, cavalerie, artillerie, était telle sur l'ennemi, que, sans l'arrivée des 1ᵉʳ et 2º corps prussiens, la victoire aurait été remportée et eût été complète contre l'armée anglo-hollandaise et le corps du général Bulow : c'est-à-dire un contre deux (soixante-neuf mille hommes contre cent vingt mille).

ONZIÈME PARTIE

HISTOIRE
DES
CAMPAGNES D'ÉGYPTE ET DE SYRIE

1. *Prise de Malte.*
2. *Bataille des Pyramides.*
3. *Bataille navale du Nil.*
4. *Insurrection du Caire.*
5. *Conquête de la Haute-Égypte.*
6. *Conquête de la Palestine.*
7. *Siège de S. Jean d'Acre.*
8. *Bataille d'Aboukir.*

I

PRISE DE MALTE

1. Projet de guerre contre l'Angleterre pour la campagne de 1798. — 2. Préparatifs et composition de l'armée d'Orient. — 3. Départ de la flotte de Toulon (19 mai). — 4. De l'île de Malte et de l'Ordre de Saint-Jean de Jérusalem. — 5. Moyens de défense de Malte. — 6. Perplexité du grand maître et de son conseil. — 7. Combat et suspension d'armes (11 juin). — 8. Capitulation (12 juin). — 9. Entrée des Français à Malte. — 10. Départ de l'île (19 juin).

I. Le traité de Campo-Formio avait rétabli la paix sur le continent. L'empereur d'Allemagne était satisfait des conditions qui lui avaient été accordées. La France était rentrée dans l'héritage des Gaulois.

1. *Les Campagnes d'Égypte et de Syrie* sont la plus belle œuvre de Napoléon dans le genre historique, et l'un des chefs-d'œuvre de notre langue. L'ouvrage, dicté à Sainte-Hélène au général Bertrand, en 1817 et 1818, a été publié en 1847 par les

Elle avait reconquis ses limites naturelles. La première coalition qui avait menacé d'étouffer la République à son berceau était vaincue et dissoute. L'Angleterre restait seule armée. Elle avait profité des calamités du continent pour s'emparer des deux Indes et s'arroger la tyrannie sur les mers. Le Directoire avait rompu les négociations de Lille, convaincu que l'on ne pouvait espérer le rétablissement de l'équilibre aux Indes et la liberté des mers qu'en faisant une campagne heureuse sur mer et dans les colonies.

Plusieurs projets de campagne furent discutés pour l'année 1798. On parla de descente en Angleter avec des bateaux plats partant de Calais et sous la protection d'un mouvement combiné des escadres françaises et espagnoles. Mais il fallait pour les préparatifs une centaine de millions que l'état dérangé des finances ne permettait pas d'espérer. D'ailleurs une invasion en Angleterre exigeait l'emploi des principales forces de la France, ce qui était prématuré dans

---

fils du -général Bertrand. (Voyez *Lundis*, t. Ier, p. 179-198) ce que dit Sainte-Beuve de cet admirable livre.

Les mots en italique ont été ajoutés de la main même de l'empereur sur le manuscrit original, qu'il révisa en 1820.

Henri-Gratien Bertrand, comte de l'Empire, né à Châteauroux en 1770. Entré dans l'arme du génie, lieutenant en 1796, capitaine en 1798, employé à l'armée d'Égypte, chef de bataillon en 1799. Colonel en 1800, général de brigade, aide de camp de l'Empereur, général de division en 1809, grand-maréchal du palais en 1813. Il suivit Napoléon à l'île d'Elbe et à Sainte-Hélène où il lui ferma les yeux. Mort en 1846.

l'état d'agitation où se trouvait encore le continent. Le gouvernement adopta le plan de tenir dans des camps, sur les côtes de la Manche, cent cinquante mille hommes, menaçant l'Angleterre d'une invasion imminente, mais en effet prêts à se porter sur le Rhin si cela devenait nécessaire, pendant que deux petites armées, chacune de trente mille hommes, agiraient offensivement. L'une serait embarquée sur l'escadre de Brest et opérerait une descente en Irlande, où cent mille insurgés l'attendaient ; l'autre opérerait dans l'Orient, traversant la Méditerranée, où dominait l'escadre de Toulon. Les établissements anglais aux Indes en seraient ébranlés. Tippoo-Saïb, les Mahrattes, les Seïkhs n'attendaient qu'un signal. Napoléon parut nécessaire à l'armée d'Orient. L'Egypte, la Syrie, l'Arabie, l'Irack attendaient un homme. Le gouvernement turc était tombé en décrépitude. Les suites de cette expédition pouvaient être aussi étendues que la fortune et le génie du chef qui la dirigerait.

Une ambassade solennelle, avec les moyens nécessaires pour réussir, devait être rendue à Constantinople en même temps que l'armée aborderait en Orient. En 1775, les mameluks avaient conclu un traité de commerce avec la compagnie des Indes anglaises. Depuis ce moment les maisons françaises avaient été insultées et couvertes d'avanies. Sur les plaintes de la cour de Versailles, la Porte avait envoyé en 1786 le capitan-pacha Hassan contre les beys; mais depuis la révolution, le commerce français était maltraité de nouveau. La Porte avait déclaré qu'elle ne pouvait rien, que les beys étaient *gens avides, irréligieux et rebelles,* et laissa entrevoir qu'elle tolérerait une expédition contre l'Egypte, comme elle avait toléré celles contre Alger, Tunis et Tripoli.

II. Les escadres anglaises avaient évacué la Méditerranée à la fin de 1796, après que le roi de Naples eut fait sa paix. Depuis ce temps le drapeau tricolore dominait dans l'Adriatique, dans le Levant et jusqu'au détroit de Gibraltar. Le succès de la marche de l'armée d'Orient dépendait du secret avec lequel seraient faits les préparatifs. Napoléon, comme général en chef de l'armée d'Angleterre, visita d'abord les camps de la Manche, paraissant s'en occuper uniquement, mais ne s'occupant effectivement que de l'armée d'Orient. Des villes de la Flandre et de la Belgique où il séjourna, il expédia des courriers pour porter ses ordres sur les côtes de la Méditerranée. Il s'était chargé de diriger tous les préparatifs de terre et de mer. La flotte, les convois, l'armée, tout fut prêt en peu de semaines. Il correspondait avec les généraux Caffarelli à Toulon, Reynier à Marseille, Baraguey-d'Hilliers à Gênes, Desaix à Civita-Vecchia, Vaubois en Corse. Ces cinq commissaires firent confectionner les vivres, réunir et armer les bâtiments avec une telle activité que le 15 avril les troupes étaient embarquées dans ces cinq ports. Les commandants n'attendaient plus que les ordres de mouvement. L'état de situation de ces expéditions était le suivant:

13 vaisseaux de ligne, 9 frégates, 11 corvettes et avisos, 232 flûtes, 32,300 hommes à bord, et 680 chevaux à bord.

Sur les treize vaisseaux de ligne qui composaient l'escadre, *l'Amiral* était de 120 canons, trois étaient de 80 et neuf de 74. Parmi ceux-ci, *le Guerrier* et *le Conquérant* étaient vieux et mauvais ; ils n'étaient armés que de pièces de 18. Parmi les flûtes du convoi il y avait deux vaisseaux vénitiens de 64, quatre frégates de 40 canons, et dix corvettes avisos qui lui servaient d'escorte. Le vice-amiral Brueys, officier de l'ancienne marine qui avait commandé l'année précédente dans l'Adriatique, passait pour un des meilleurs marins de la République. Les deux tiers des vaisseaux étaient bien commandés, mais l'autre tiers l'était par des officiers incapables. L'escadre et l'armée étaient approvisionnées pour cent jours en vivres et quarante jours d'eau.

L'armée de terre était composée de quinze demi-brigades d'infanterie, de sept régiments de cavalerie et de vingt-huit compagnies d'artillerie, d'ouvriers, de sapeurs, de mineurs, savoir : des 2e, 4e, 21e, 22e demi-brigades d'infanterie légère; des 9e, 18e, 19e,

25⁰, 32⁰, 61⁰, 69⁰, 71⁰, 80⁰, 85⁰, 88⁰ demi-brigades d'infanterie de ligne, chacune de trois bataillons, chaque bataillon de neuf compagnies ; des 7⁰ de hussards, 22⁰ de chasseurs, 3⁰, 14⁰, 18⁰, 20⁰ de dragons ; de seize compagnies d'artillerie, huit compagnies d'ouvriers, de sapeurs, de mineurs, quatre compagnies du train d'artillerie. La cavalerie avait ses selles et brides, et seulement trois cents chevaux ; l'artillerie avait triple approvisionnement, beaucoup de boulets, de poudre, d'outils, un équipage de siège et tout ce qui est propre à l'armement d'une grande côte, douze mille fusils de rechange, des équipements, des harnais pour six mille chevaux. La commission des sciences et arts avait des ouvriers, des bibliothèques, des imprimeries française et arabe, turque, grecque, et des interprètes de toutes ces langues. Infanterie, vingt-quatre mille trois cents. Cavalerie, quatre mille. Artillerie, trois mille. Non-combattants, mille. Total, trente-deux mille trois cents hommes.

Le général Berthier était chef de l'état-major de l'armée. Le général Caffarelli du Falga commandait le génie et avait sous ses ordres un bon nombre d'officiers les plus distingués de cette arme. Le général Dommartin commandait l'artillerie, sous lui les généraux Songis et Faultrier. Les généraux Desaix, Kléber, Menou, Reynier, Bon, Dugua étaient les lieutenants généraux. Parmi les maréchaux de camp, on citait les généraux Murat, Lannes, Lanusse, Vial,

Vaux, Rampon, Junot, Marmont, Davoust, Friant, Belliard, Leclerc, Verdier, Andréossy.

Desaix était l'officier le plus distingué de l'armée ; actif, éclairé, aimant la gloire pour elle-même. Il était d'une petite taille, d'un extérieur peu prévenant, mais capable à la fois de combiner une opération et de la conduire dans les détails d'exécution. Il pouvait commander une armée comme une avant-garde. La nature lui avait assigné un rôle distingué, soit dans la guerre, soit dans l'état civil. Il eût su gouverner une province aussi bien que la conquérir ou la défendre.

Kléber était le plus bel homme de l'armée. Il en était le Nestor. Il était âgé de cinquante ans. Il avait l'accent et les mœurs allemandes. Il avait servi huit ans dans l'armée autrichienne en qualité d'officier d'infanterie. En 1790, il avait été nommé chef d'un bataillon de volontaires de l'Alsace, sa patrie. Il se distingua au siège de Mayence, passa avec la garnison de cette place dans la Vendée, où il servit un an, fit les campagnes de 1794, 1795, 1796 à l'armée de Sambre-et-Meuse. Il en commandait la principale division, s'y distingua, y rendit des services importants, y acquit la réputation d'un général habile. Mais son esprit caustique lui fit des ennemis. Il quitta l'armée pour cause d'insubordination. Il fut mis à la demi-paye. Il demeurait à Chaillot pendant les années 1796 et 1797. Il était fort gêné dans ses affaires, lorsqu'en novembre 1797 Napoléon arriva à Paris. Il se jeta dans ses bras. Il fut accueilli avec distinction. Le Directoire avait une grande aversion pour lui, et celui-ci le lui rendait complètement. Kléber avait dans le caractère on ne sait quoi de nonchalant qui le rendait facilement dupe des intrigants. Il avait des favoris. Il aimait la gloire comme le chemin des jouissances. Il était homme d'esprit, de courage, savait la guerre, était capable de grandes choses, mais seulement lorsqu'il y était forcé par la nécessité des circonstances ; alors les conseils de la nonchalance et des favoris n'étaient plus de saison.

Le général Bon était de Valence en Dauphiné. Il avait servi à l'armée des Pyrénées-Orientales, où il avait acquis tous ses grades. C'était un intrépide soldat. Il s'était distingué à l'armée d'Italie dans les campagnes précédentes. Il commandait la gauche de l'armée à la bataille de Saint-Georges.

Le général Caffarelli était d'une activité qui ne permettait pas de s'apercevoir qu'il eût une jambe de moins. Il entendait parfaitement les détails de son arme. Mais il excellait par les qualités morales et par l'étendue de ses connaissances dans toutes les parties de l'administration publique. C'était un homme de bien, brave soldat, fidèle ami, bon citoyen. Il périt glorieusement au siège de Saint-Jean-d'Acre en prononçant un très éloquent discours sur l'instruction publique. Il était chargé de la direction de la commission des savants et artistes qui étaient à la suite de l'armée. Il était plus propre que personne à les contenir, diriger, utiliser et à les faire concourir au but du chef. Cette commission était composée des académiciens Monge et Berthollet, Dolomieu, Denon; des ingénieurs en chef des ponts et chaussées Lepère, Girard; des mathématiciens Fourier, Costaz, Corancez ; des astronomes Nouet, Beauchamp et Méchain; des naturalistes Geoffroy, Savigny; des chimistes Descostils, Champy et Delile ; des dessinateurs Dutertre, Redouté; du musicien Villoteau, du poète Parseval, des architectes Lepère, Protain, Norry ; enfin de Conté, qui était à la tête des aéronautes, homme universel, ayant le goût, la connaissance et le génie des arts, précieux dans un pays éloigné, bon à tout, capable de créer les arts de la France au milieu des déserts de l'Arabie. A la suite de cette commission étaient une vingtaine d'élèves de l'École polytechnique ou de celle des Mines, parmi lesquels se sont fait remarquer Jomard, Dubois aîné, Lancret, Chabrol, Rozière, Cordier, Regnault, etc.

III. Comme tous les préparatifs étaient achevés, arriva l'événement de Bernadotte à Vienne, qui fit craindre le renouvellement de la guerre continentale. Le départ de l'armée fut retardé de vingt jours, ce qui devait la compromettre. Le secret s'était divulgué et tous les préparatifs faits en Italie avaient eu le temps d'être connus à Londres. Cependant, ce ne fut que le 16 mai que l'amirauté fit partir une escadre de la Tamise pour la Méditerranée. Elle arriva le 12 juin devant Toulon. La flotte française en était partie le 19 mai. Elle avait une avance de vingt-cinq jours. Cette avance eût été de quarante-cinq jours sans l'incartade si folle de Bernadotte.

Napoléon arriva à Toulon le 9 mai 1798. Il passa la revue de l'armée ; il lui dit en substance par l'ordre du jour : « Soldats, vous êtes une des ailes de l'ar- » mée d'Angleterre... Les légions romaines, que » vous avez imitées, mais pas encore égalées, com- » battaient Carthage tour à tour sur cette même » mer et aux plaines de Zama... L'Europe a les yeux » sur vous... Vous avez de grandes destinées à rem- » plir... Soldats, matelots, la plus grande sollicitude » de la République est pour vous... Vous serez di- » gnes de l'armée dont vous faites partie !... » Le convoi de Marseille appareilla sous la protection de deux frégates. Il mouillla le 15 dans la rade de Toulon. Napoléon monta sur *l'Orient*, de cent vingt canons. C'était un des plus beaux vaisseaux, ayant toutes les qualités qu'on pouvait souhaiter. Le 18, la croix des Sablettes signala des vaisseaux anglais. C'était la division légère de Nelson, de trois vaisseaux. Le 19, la flotte mit à la voile. Dans la nuit du 20 au 21, elle doubla le cap Corse et y essuya un coup de vent. Le convoi de Gênes rallia le lendemain, celui de Corse le 26, par le travers du détroit de Bonifacio. Le 2 juin, elle reconnut le cap Carbonara, à l'extrémité de la Sardaigne. Une corvette envoyée à Cagliari y apprit que la division légère de trois vaisseaux anglais, commandée par Nelson, avait eu des avaries; qu'elle était à les réparer dans la rade de Saint-Pierre. L'amiral aurait été l'y attaquer, mais un brick anglais, poursuivi par l'aviso *le Corcyre*, fut obligé de se jeter à la côte de Sardaigne. L'équipage fut fait prisonnier. Il donna la nouvelle que Nelson attendait dix vaisseaux d'Angleterre. La flotte croisa trois jours pour attendre le convoi de Civita-Vecchia qui avait manqué le premier rendez-vous. Le 4, elle continua sa route, reconnut l'île de Maretimo. Le 5, un aviso communiqua avec la Sicile et rassura le gouverneur, qui était fort alarmé. Une frégate fut expédiée à Naples, une à Tunis, une à Tripoli et une devant Messine.

L'escadre naviguait dans le plus bel ordre, sur trois colonnes, deux de quatre vaisseaux, celle du centre de cinq vaisseaux. Le capitaine de vaisseau Decrès éclairait la marche avec une escadre légère composée de frégates et de corvettes bonnes marcheuses. Le convoi, escorté par les deux vaisseaux vénitiens de soixante-quatre, par les quatre frégates et un grand nombre de petits bâtiments, s'éclairait de son côté dans tous les sens. Il avait ordre, si l'escadre était attaquée par une flotte ennemie, de gagner un port ami. Des troupes d'élite étaient distribuées sur tous les vaisseaux de guerre. Elles étaient exercées trois fois par jour aux manœuvres du canon. Napoléon avait le commandement de l'armée de terre et mer. Il ne se faisait rien que par son ordre; il dirigeait la marche. Il se plaignait souvent que les vaisseaux de guerre se tinssent trop éloignés les uns des autres ; mais il ne se mêla jamais d'aucun détail qui eût supposé des connaissances et l'expérience de la mer. A la hauteur du cap Carbonara, l'amiral Brueys soumit, le 3 juin, à son approbation, un ordre pour détacher quatre vaisseaux et trois frégates à la rencontre du convoi de Civita-Vecchia ; il écrivit en marge : « Si, vingt-quatre heures après » cette séparation, on signalait dix vaisseaux anglais, » je n'en aurais que neuf au lieu de treize. » L'amiral n'eut rien à répliquer. Le 8 juin, à la pointe du jour, on signala Gozzo et le convoi de Civita-Vecchia. L'armée se trouva ainsi toute réunie.

IV. Sur sept langues qui composaient l'Ordre de Saint-Jean de Jérusalem, trois étaient françaises. La République ne pouvant reconnaître chez elle un Ordre fondé sur les distinctions de naissance, l'avait supprimé, assimilé ses biens à ceux des autres Ordres religieux et admis à la pension les chevaliers. Le grand maître Rohan, en représailles, avait refusé de recevoir un chargé d'affaires de France. Les bâtiments marchands français n'étaient reçus dans le port qu'en masquant le pavillon tricolore. Aucune relation diplomatique n'existait entre la République et l'Ordre. Les Anglais y étaient reçus et favorisés ; les secours leur étaient prodigués ; les autorités constituées veillaient au recrutement et à l'approvisionnement de leurs escadres. Vingt milliers de poudre avaient été fournis des magasins du grand maître au vice-roi de Corse Elliot. Mais ce qui décida du sort de cet Ordre, c'est qu'il s'était mis sous la protection de l'empereur Paul, ennemi de la France. Un prieuré grec avait été créé, ce qui blessait la religion et les puissances du rit romain. La Russie visait à la domination de cette île si importante par sa situation, la bonté et la sûreté de son port, la force de ses remparts. En cherchant une protection dans le nord, l'Ordre avait méconnu et compromis les intérêts des puissances du midi. Napoléon était résolu de s'emparer de l'île, si toutefois il pouvait le faire sans compromettre son objet principal.

Malte est située à vingt lieues de la Sicile et à soixante des côtes d'Afrique. Cette île a six à sept lieues de long, quatre de large et vingt de circonférence. Les côtes ouest et sud sont escarpées, mais celles du nord et de l'est ont un très grand nombre de cales et de très bons mouillages. L'île de Comino, qui a trois cents toises de circuit, est située entre Malte et Gozzo. Gozzo a quatre lieues de longueur, deux de largeur, dix de circonférence. La population des trois îles était de cent mille âmes. Le sol de Malte est un rocher couvert de huit à dix pouces de terre végétale. La principale production est le coton, qui est le meilleur du Levant. L'ancienne capitale de Malte était la ville noble ou Citta-Vecchia, qui est au centre de l'île. La ville de La Valette, bâtie en 1566, a été assiégée plusieurs fois par les Turcs. Elle possède le meilleur port de la Méditerranée, a trente mille habitants, de jolies maisons, de beaux quais, de superbes magasins de blé, de belles fontaines. Les fortifications sont bien entendues, construites en pierres de taille, tous les magasins à l'abri de la bombe. Les ouvrages, les batteries et les forts sont nombreux et entassés les uns sur les autres. Le général Caffarelli dit plaisamment, en les visitant le lendemain de la reddition: « Il est heureux qu'il y ait eu du monde dedans pour nous ouvrir les portes. » Il faisait allusion au grand nombre de fossés, d'escarpes, de contre-escarpes qu'il eût fallu franchir si les portes fussent restées fermées.

L'Ordre jouissait en 1789 de dix-huit à vingt millions de rente dans les divers pays de la chrétienté; de sept millions de rente en France. Il avait hérité dans le quatorzième siècle des biens des Templiers. Après son expulsion de Rhodes, Charles-Quint lui céda les trois îles de Malte, Comino et Gozzo. Ce fut avec la condition qu'il protégerait les côtes d'Espagne et d'Italie contre les pirateries des Barbaresques. Cela lui eût été facile. Il pouvait avoir six à sept vaisseaux de guerre de soixante-quatorze, autant de frégates et le double de petits bâtiments, en tenir constamment le tiers à la mer en croisière devant Alger, Tunis et Tripoli. Il aurait fait cesser les pirateries des Barbaresques, qui auraient été contraints de vivre en paix. L'Ordre aurait alors bien mérité de toute la chrétienté. La moitié de ses revenus eût été suffisante pour remplir ce grand et bienfaisant résultat. Mais les chevaliers, à l'exemple des autres moines s'étaient approprié les biens qui leur avaient été donnés pour l'utilité publique et le service de la chrétienté. Le luxe des prieurs, des baillis, des commandeurs, scandalisait toute l'Europe. Les moines au moins, disait-on, administrent les sacrements, ils sont utiles au spirituel ; mais ces chevaliers ne sont bons à rien, ne font rien, ne rendent aucun service. Ils étaient obligés de faire leurs caravanes. A cet effet, quatre ou cinq galères se promenaient tous les ans dans la Méditerranée et allaient recevoir des fêtes dans les ports d'Italie, d'Espagne ou de France, évitant soigneusement les Barbaresques. Ils avaient raison ; ils montaient des bâtiments qui n'étaient pas propres à lutter contre les frégates algériennes. Les Barbaresques insultaient impunément la Sicile, la Sardaigne et les côtes de l'Italie. Ils ravageaient les plages vis-à-vis de Rome. L'Ordre s'était rendu inutile. Lorsque les Templiers, institués pour la garde du Temple de Jérusalem et pour escorter les pèlerins sur les routes d'Antioche, de Ptolémaïs, de Joppé au Saint-Sépulcre, furent transportés en Europe, l'Ordre n'eut plus de but, tomba et dut tomber.

V. Le grand maître Hompesch avait succédé depuis peu de mois au grand maître Rohan. C'était un homme âgé, malade, irrésolu. Les baillis, commandeurs, sénéchaux, officiers de l'Ordre, étaient des vieillards qui n'avaient point fait la guerre, de vieux garçons ayant passé leur vie dans les sociétés les plus aimables. Se trouvant à Malte comme dans un lieu d'exil, ils désiraient mourir dans le pays où ils avaient pris naissance. Ils n'étaient animés par aucun des motifs qui portent les hommes à courir de grands dangers. Qui pouvait les porter à exposer leur vie pour la conservation d'un rocher stérile au milieu des mers ? Les sentiments de religion ? Ils en avaient peu. La conscience de leur utilité ? Ce sentiment d'orgueil qui porte l'homme à faire des sacrifices parce qu'il protège sa patrie et son semblable ? Ils ne faisaient rien et n'étaient utiles à personne. Malte avait, pour sa défense : huit ou neuf cents chevaliers peu propres à faire la guerre, divisés entre eux comme les mœurs et les intérêts des nations auxquelles ils appartenaient ; quinze à dix-huit cents hommes de mauvaises troupes, Italiens, Allemands, Français, Espagnols, la plupart déserteurs ou aventuriers, qui voyaient avec une secrète joie l'occasion d'attacher leur destinée au plus grand nom militaire de l'Europe ; et huit à neuf cents hommes de milice. Ces miliciens, fiers comme tous les insulaires, étaient depuis longtemps blessés de l'arrogance et de la supériorité qu'affectaient les nobles chevaliers. Ils se plaignaient d'être étrangers dans leur pays, éloignés de toutes les places honorifiques et lucratives. Ils n'étaient point affectionnés à l'Ordre ; ils voyaient dans les Français les défenseurs de leurs droits. Le service des milices même était depuis longtemps négligé, parce que depuis longtemps l'Ordre ne craignait plus l'invasion des Turcs et qu'il redoutait au contraire la prépondérance des naturels. Si les fortifications, les moyens matériels de résistance étaient immenses, les ressorts moraux les rendaient nuls. La capitulation de Mantoue, le traitement honorable qu'avait reçu Wurmser étaient présents à tous les esprits. Si l'heure de capituler était arrivée, on préférait se rendre à un guerrier qui avait donné une grande idée de la générosité de son caractère. La ville de Malte ne pouvait, ne voulait, ne devait pas se défendre. Elle ne pouvait résister vingt-quatre heures de bombardement. Napoléon s'assura qu'il pouvait oser, et il osa !!!

VI. Le 8 juin, lorsque le convoi de Civita-Vecchia parut devant Gozzo, le grand maître pressentit les dangers qui menaçaient l'Ordre, et rassembla le grand conseil pour délibérer sur des circonstances aussi importantes. « L'escadre française se rallie à la vue de nos côtes. Si elle demande à entrer dans le port, quel parti devons-nous prendre ? » Les opinions furent partagées. Les uns pensèrent : « Qu'il fallait donner le signal d'alarme, tendre la chaîne, courir aux armes, déclarer l'île en état de guerre ; que cet appareil en imposerait au général français; qu'il craindrait de se compromettre contre la plus forte place de l'Europe ; qu'il fallait en même temps ne rien épargner de tout ce qui pouvait rendre favorables à l'Ordre le général et ses premiers officiers ; que c'était le seul moyen pour conjurer cet orage. » D'autres au contraire dirent : « Que la destination de l'Ordre était de faire la guerre aux Turcs ; qu'ils ne devaient montrer aucune défiance à l'approche d'une flotte chrétienne ; que donner à sa vue le signal de l'alarme que l'on n'était accoutumé de donner qu'à la vue du Croissant, c'était provoquer et faire éclater sur la cité cet orage qu'on voulait conjurer ; le général français n'a peut-être aucune intention hostile ; si nous ne lui montrons aucune méfiance, peut-être continuera-t-il sa route sans nous inquiéter. » Pendant ces délibérations toute la flotte arriva. Le 9, à midi, elle se présenta à l'entrée du port, à portée de canon. Un aide de camp français demanda l'entrée pour faire de l'eau. Les membres du conseil qui étaient d'opinion qu'il fallait se défendre, représentèrent alors avec une nouvelle chaleur « l'imprudence qu'il y aurait de se livrer les pieds et les mains liés, à la disposition d'une force étrangère dont on ignorait les intentions ; il ne pouvait rien leur arriver de pis ; qu'on serait toujours à temps de se rendre à discrétion ; qu'on n'avait aucune relation diplomatique avec la République ; qu'on ne savait même pas si l'on était en guerre ou en paix ; et qu'enfin, s'il fallait périr, il valait mieux périr les armes à la main que par lâcheté. » Le parti opposé représentait « qu'on n'avait pas les moyens de se défendre ; que c'était une extrême imprudence que de provoquer cette redoutable armée, qui déjà était à portée de canon ; qu'en peu d'heures, après les hostilités déclarées, elle serait maîtresse des campagnes de Malte et de Gozzo ; qu'on n'aurait d'autre ressource que de fermer les portes de la capitale, et que la capitale bloquée par terre et par mer ne pourrait pas se défendre par défaut de vivres ; qu'on avait, il est vrai, du blé, mais qu'on manquait de tous les autres objets de consommation ; qu'il fallait moins de vingt-quatre heures aux Français pour construire plusieurs batteries de mortiers et bombarder la place par terre et par mer ; qu'il fallait s'attendre alors à la révolte des milices qui, déjà mal disposées, ne resteraient pas témoins indifférents de l'incendie de leurs foyers ; que les hostilités mettraient en évidence l'extrême faiblesse de l'Ordre, et qu'on perdrait tout ; au lieu qu'on était en position, s'il le fallait absolument, de négocier avec avantage et de stipuler des conditions honorables pour l'Ordre et avantageuses pour les individus ! » Les débats furent vifs ; la majorité du conseil adopta le parti des armes. Le grand maître fit appeler le sieur Carusson, négociant de la ville, qui faisait les affaires des Français. Il le chargea de faire connaître cette volonté au général en chef. En même temps il donna le signal d'alarme. Les portes furent fermées, les grils à boulets rouges allumés, les commandants distribués. Toutes les milices prirent les armes, se portèrent aux batteries. Le commandeur Boisredon de Ransuyet, de la langue d'Auvergne, protesta contre ces mesures. Il déclara que, Français, il ne porterait jamais les armes contre la France. Plusieurs chevaliers se rangèrent de son opinion. Ils furent arrêtés et mis en prison. Le prince Camille de Rohan prit le commandement des milices de l'île, ayant sous ses ordres le bailli de Cluny. Le commandeur de Mesgrigny se porta dans l'île de Gozzo. Le chevalier Valin dans l'île de Comico. Les chevaliers se distribuèrent dans les diverses batteries et tours qui environnaient l'île. Toute la journée et toute la nuit l'agitation fut extrême.

Le 9, à dix heures du soir, le sieur Carusson rendit compte au général en chef de sa mission. Il reçut l'ordre de répondre au grand maître dans les termes suivants : « Le général en chef a été indigné de ce que vous ne vouliez accorder la permission de faire de l'eau qu'à quatre bâtiments à la fois ; et en effet quel temps ne faudra-t-il pas à quatre ou cinq cents voiles pour se procurer de cette manière l'eau et d'autres choses dont elles ont un pressant besoin ? Ce refus a d'autant plus surpris le général, qu'il n'ignore pas la préférence accordée aux Anglais et la proclamation faite par votre prédécesseur. Le général est résolu à se procurer de force ce qu'on aurait dû lui accorder en suivant les principes de l'hospitalité qui sont la base de votre Ordre. J'ai vu les forces considérables qui sont à ses ordres, et je prévois l'impossibilité où se trouve l'île de résister... Le général n'a pas voulu que je retournasse dans une ville qu'il se croit obligé désormais de traiter en ennemie... Il a donné des ordres pour que la religion, les mœurs et les propriétés des Maltais fussent respectées. » Le vaisseau *l'Orient* donna en même temps le signal des hostilités. Le général Reynier se mit en mouvement avec le convoi de Marseille, pour débarquer au point du jour à l'île de Gozzo. Le général Desaix, avec le convoi de Civita-Vecchia, sous l'escorte du contre-amiral Bianquet du Chayla, mouilla dans la cale de Marsa-Siroco. Le convoi de Gênes mouilla dans la cale de Saint-Paul.

On attendit à Malte, toute la nuit, l'arrivée du consul avec la plus grande impatience. Quand on connut qu'il était resté à bord, que les hostilités étaient commencées, la consternation et le mécontentement fut général. Un seul sentiment domina tous les esprits : l'impossibilité et les dangers de la défense.

VII. Le 10, à la pointe du jour, *l'Orient* donna le signal de débarquement. Napoléon débarqua avec trois mille hommes entre la ville et la cale de Saint-Paul. Le capitaine de frégate Mutard commanda les chaloupes de débarquement. Aussitôt que l'on fut à portée des tours et des batteries, elles commencèrent le feu. Quelques canonnières armées de vingt-quatre y répondirent. Les chaloupes continuèrent à s'avancer dans le plus bel ordre. La mer était calme; cela était nécessaire, car le débarquement s'opéra sur des rochers. L'infanterie ennemie s'opposa à la descente. Les tirailleurs s'engagèrent. En une heure de temps les batteries, les tours furent prises, et l'ennemi chassé dans la ville. Le général Baraguey-d'Hilliers s'empara des cales de Saint-Paul et de Malte. Après une légère résistance, il se rendit maître des batteries, des tours et de tout le midi de l'île; il fit cent cinquante prisonniers et eut trois hommes tués. Le général Desaix fit débarquer le général Belliard avec la 21° légère. Il s'empara de toutes les batteries de Marsa-Siroco. A midi, Malte était cerné de tous côtés. Les troupes françaises étaient sous ses formidables remparts, à mi-portée de canon. La place tirait contre les tirailleurs qui s'approchaient trop. Le général Vaubois se porta à la ville noble, qui a une enceinte, et s'en rendit maître sans résistance. Le général Reynier s'empara de toute l'île de Gozzo, qui était défendue par deux mille cinq cents hommes, la plupart naturels du pays, et fit prisonniers tous les chevaliers qui la défendaient. A une heure, les chaloupes commencèrent à débarquer douze bouches à feu et tout ce qui était nécessaire pour l'établissement de trois plates-formes de mortiers, six bombardes, douze canonnières ou tartanes armées de vingt-quatre. Plusieurs frégates prirent position devant le port. Le 11 au soir, la ville aurait été bombardée avec vingt-quatre mortiers par cinq côtés à la fois. Le général en chef, accompagné du général du génie Caffarelli, alla reconnaître l'emplacement des batteries qu'il fit tracer sous ses yeux. Entre quatre et cinq heures, les assiégés firent une sortie. L'aide de camp Marmont les repoussa et leur fit quelques prisonniers. Il fut fait, en cette occasion, général de brigade. A sept heures du soir, un peu avant la nuit, un nombreux essaim de peuple se présenta pour sortir. Le cas avait été prévu, le passage lui fut refusé. Au signal du canon d'alarme, une grande partie des habitants de l'île étaient accourus se réfugier avec leurs familles et leurs bestiaux dans les remparts de la capitale, ce qui avait augmenté le désordre,

Le général en chef retourna le soir à bord de *l'Orient.* Une heure après, il reçut la lettre suivante du consul batave : «... Le grand maître et son conseil m'ont » chargé de vous marquer, citoyen général, que » lorsqu'ils vous ont refusé l'entrée des ports,... ils » avaient prétendu seulement savoir en quoi vous » désiriez qu'ils dérogeassent aux lois que leur neu- » tralité leur impose... Le grand maître et son con- » seil demandent donc la suspension des hostilités, » et que vous donniez à connaître quelles sont vos » intentions, qui seront sans doute conformes à la » générosité de la nation française et aux sentiments » connus du célèbre général qui la représente. » Le général Junot, son premier aide de camp, partit à l'heure même pour Malte, et signa, à deux heures du matin, la suspension d'armes suivante : « Il est » accordé pour vingt-quatre heures, à compter de- » puis six heures du soir d'aujourd'hui 11 juin 1798, » jusqu'à six heures du soir demain 12 du même « mois, une suspension d'armes entre l'armée de la » République française, commandée par le général » Bonaparte, représenté par le chef de brigade Ju- » not, premier aide de camp dudit général, et entre » le grand maître de Saint-Jean de Jérusalem.

» *Signé* : JUNOT, HOMPESCH. »

VIII. Le 11, à la pointe du jour, les plénipoten- tiaires du grand maître se présentèrent à bord de *l'Orient* avec les pouvoirs nécessaires pour traiter de la reddition de la place. Ils avaient à leur tête le commandeur Boisredon de Ransuyet, qui avait été tiré des prisons, porté en triomphe par le peuple et accueilli par le grand maître. Pendant toute la journée du 10 le désordre avait été croissant dans Malte. A chaque nouvelle que l'on recevait de la prise des tours et batteries, des progrès des assiégeants, les habitants se livraient au plus grand désordre. Les préparatifs du bombardement excitaient le mécontentement des milices. Plusieurs chevaliers furent tués dans les rues, et ce levain de haine qui fermentait depuis longtemps dans le cœur des habitants, éclata sans contrainte. Les membres du Conseil qui avaient le plus provoqué à la résistance furent ceux qui sollicitèrent davantage la protection du général français, parce qu'ils étaient le plus en butte à l'indignation du peuple. La capitulation fut signée à bord de *l'Orient*, le 12 juin, à deux heures du matin.

« ARTICLE 1er. Les chevaliers de l'Ordre de Saint-
» Jean de Jérusalem remettront à l'armée française
» la ville et les forts de Malte. Ils renoncent, en fa-
» veur de la République française, aux droits de sou-
» veraineté et de propriété qu'ils ont, tant sur cette
» ville que sur les îles de Malte, de Gozzo et Co-
» mino.

» ART. II. La République emploiera son influence

» au congrès de Rastadt pour faire avoir au grand
» maître, sa vie durant, une principauté équivalente
» à celle qu'il perd, et en attendant elle s'engage à
» lui faire une pension de trois cent mille francs. Il
» lui sera donné, en outre, la valeur de deux années
» de ladite pension à titre d'indemnité pour son
» mobilier. Il conservera, pendant le temps qu'il res-
» tera à Malte, les honneurs militaires dont il jouis-
» sait.

» Art. iii. Les chevaliers de l'Ordre de Saint-Jean
» de Jérusalem qui sont Français, actuellement à
» Malte, et dont l'état sera arrêté par le général en
» chef, pourront rentrer dans leur patrie; et leur ré-
» sidence à Malte leur sera comptée comme une
» résidence en France.

» La République française emploiera ses bons of-
» fices auprès des Républiques cisalpine, ligurienne,
» romaine et helvétique, pour que le présent article
» soit déclaré commun aux chevaliers de ces diffé-
» rentes nations.

» Art. iv. La République française fera une pen-
» sion de sept cents francs aux chevaliers français
» actuellement à Malte, leur vie durant. Cette pen-
» sion sera de mille francs pour les chevaliers sexa-
» génaires et au-dessus.

» La République française emploiera ses bons of-
» fices auprès des Républiques cisalpine, ligurienne,
» romaine et helvétique, pour qu'elles accordent la

» même pension aux chevaliers de ces différentes
» nations.

» Art. v. La République française emploiera ses
» bons offices auprès des autres puissances de l'Europe pour qu'elles conservent aux chevaliers de leur
» nation l'exercice de leurs droits sur les biens de
» l'ordre de Malte situés dans leurs Etats.

» Art. vi. Les chevaliers conserveront les propriétés qu'ils possèdent dans les îles de Malte et Gozzo,
» à titre de propriété particulière.

» Art. vii. Les habitants des îles de Malte et de
» Gozzo continueront à jouir, comme par le passé,
» du libre exercice de la religion catholique, apostolique et romaine ; ils conserveront les privilèges
» qu'ils possèdent ; il ne sera mis aucune contribution extraordinaire.

» Art. viii. Tous les actes civils passés sous le
» gouvernement de l'Ordre seront valables et auront leur exécution. »

En exécution des articles conclus le 12 juin (24 prairial) entre la République française et l'Ordre de Malte, ont été arrêtées les dispositions suivantes :

» Art. 1er. Aujourd'hui 12 juin, le fort Manoël, le
» fort Tigni, le château Saint-Ange, les ouvrages de
» la Bormola, de la Cottonara et de la Cité-Victorieuse, seront remis à midi aux troupes françaises.

» Art. ii. Demain 13 juin, le fort de Riccazoli, le

» château Saint-Elme, les ouvrages de la Cité-Valette,
» ceux de la Florianne et tous les autres, seront re-
» mis à midi aux troupes françaises.

» Art. III. Des officiers français se rendront au-
» jourd'hui à 10 heures du matin, chez le grand
» maître, afin d'y prendre les ordres pour les gou-
» verneurs qui commandent dans les différents ports
» et ouvrages qui doivent être mis au pouvoir des
» Français. Ils seront accompagnés d'un officier
» maltais. Il y aura autant d'officiers qu'il sera remis
» de forts.

» Art. IV. Il sera fait les mêmes dispositions que
» ci-dessus pour les forts et ouvrages qui doivent
» être mis au pouvoir des Français demain 13 juin.

» Art. V. En même temps que l'on consignera
» les ouvrages de fortifications, l'on consignera l'ar-
« tillerie, les magasins et les papiers du génie.

» Art. VI. Les troupes de l'île de l'Ordre de Malte
» pourront rester dans les casernes qu'elles occupent
» jusqu'à ce qu'il y soit autrement pourvu.

» Art. VII. L'amiral commandant la flotte française
» nommera un officier pour prendre possession au-
» jourd'hui des vaisseaux, galères, bâtiments, maga-
» sins et autres effets de marine appartenant à l'Or-
» dre de Malte. »

La publication de cette capitulation rassura les esprits, calma l'insurrection et rétablit l'ordre. Napoléon écrivit à l'évêque de Malte pour tranquilliser les

prêtres, qui étaient fort alarmés. Il leur disait : « J'ai
» appris avec un véritable plaisir, Monsieur l'évêque,
» la bonne conduite que vous avez tenue et l'ac-
» cueil que vous avez fait aux troupes françaises
» à leur entrée à Civita-Noble. Vous pouvez as-
» surer vos diocésains que la religion catholique,
» apostolique et romaine sera non seulement
» respectée, mais que ses ministres seront spé-
» cialement protégés... Je ne connais pas de ca-
» ractère plus respectable et plus digne de la véné-
» ration des hommes qu'un prêtre qui, plein du vé-
» ritable esprit de l'Evangile, est persuadé que ses
» devoirs lui ordonnent de prêter obéissance au pou-
» voir temporel et de maintenir la paix, la tranquil-
» lité et l'union parmi ses ouailles... Je désire,
» Monsieur l'évêque, que vous vous rendiez sur-
» le-champ dans la ville de La Valette, et que, par
» votre influence, vous mainteniez le calme et la
» tranquillité parmi le peuple. Je m'y rendrai moi-
» même ce soir. Dès mon arrivée, vous me présen-
» terez tous les curés et les chefs des ordres reli-
» gieux... Soyez persuadé, Monsieur l'évêque, du
» désir que j'ai de vous donner des preuves de l'es-
» time et de la considération que j'ai pour votre
» personne. »

IX. A huit heures du matin, le 12, les ports et
les forts de Malte furent remis aux troupes françaises.
L'entrée du général en chef fut annoncée pour le

lendemain. Mais à une heure après-midi il débarqua incognito, fit le tour des remparts, visita tous les forts et se rendit chez le grand maître pour lui faire une visite, à la grande surprise de celui-ci. Le 13, à la pointe du jour, l'escadre entra. Ce fut un superbe coup d'œil. Ces trois cents voiles se placèrent sans confusion. Il en aurait tenu le triple dans ce beau port. Les magasins de Malte étaient abondamment fournis. L'Ordre avait un vaisseau de guerre de soixante-quatre dans la rade, un sur le chantier. L'amiral prit, pour augmenter les bâtiments légers de la flotte, deux demi-galères et deux chebecs. Il fit embarquer à bord de ses vaisseaux les matelots qui étaient au service de l'Ordre. Huit cents Turcs, qui étaient esclaves au bagne, furent habillés et répartis entre les vaisseaux de ligne. Une légion des bataillons dits maltais suivit l'armée. Elle fut formée par les soldats qui étaient au service de l'Ordre. Les grenadiers de la garde du grand maître, plusieurs chevaliers, prirent du service. Des habitants parlant arabe s'attachèrent aux généraux et aux administrations. Trois compagnies de vétérans, composées de tous les vieux soldats de l'Ordre, furent envoyées à Corfou et en Corse. Il y avait dans la place douze cents pièces de canon, quarante mille fusils, un million de poudre. L'artillerie fit embarquer, de ces objets, tout ce qu'elle jugea lui être nécessaire pour compléter et augmenter son matériel. L'escadre fit son eau et ses vivres. Les magasins de blé étaient très considérables, il y en avait pour nourrir la ville pendant trois ans. La frégate *la Sensible* porta en France les trophées et plusieurs objets rares que le général en chef envoya au gouvernement. Le général Baraguey-d'Hilliers, par inconstance de caractère, ayant désiré retourner à Paris, en reçut la permission et fut chargé de porter le grand drapeau de l'Ordre. Tous les chevaliers de Malte, Français et Italiens, reçurent des passe-ports pour se rendre en France et en Italie. Conformément à la capitulation, tous les autres évacuèrent l'île. Le 18 juin il n'y avait plus un chevalier dans Malte. Le grand maître partit le 17 pour Trieste. Un million d'argenterie trouvé dans le trésor servit à alimenter la monnaie du Caire.

Le général Vaubois prit le commandement de l'île avec quatre mille hommes de garnison. Il en fallait huit mille pour la défendre. Le général Berthier donna des ordres pour que six mille hommes des dépôts de l'armée qui étaient à Toulon s'y rendissent ; que mille hommes y fussent envoyés de Corse ; mille cinq cents de Civita-Vecchia ; mille cinq cents de Gênes. Pour compléter les vivres, il manquait de viandes salées et de médicaments. Il le fit connaître à l'administration de la marine à Toulon. Napoléon fit sentir au Directoire la nécessité de faire passer à Malte ces renforts et les approvisionnements qui manquaient, afin d'assurer le service de cette place importante. Huit mille hommes pourraient se maintenir maîtres de l'île, et se trouveraient alors en position de recevoir des rafraîchissements. La mer fut libre pendant juin, juillet, août, septembre. Mais, selon sa coutume, le Directoire ne pourvut à rien. Vaubois fut abandonné à ses propres forces.

X. La conquête de Malte excita le plus vif enthousiasme en France et beaucoup de surprise en Europe. L'armée s'affaiblit de quatre mille hommes, mais elle se renforça de deux mille de la légion maltaise. Le vaisseau amiral donna le signal du départ le 19 juin, juste un mois après avoir quitté la rade de Toulon. La prise de Malte ne retarda la marche de l'armée que de dix jours. Il fut connu qu'on se dirigeait d'abord sur Candie. Les opinions se partagèrent sur la destination ultérieure. Allait-on relever Athènes ou Sparte ! Le drapeau tricolore allait-il flotter sur le sérail ou sur les Pyramides et les ruines de l'antique Thèbes ! Ou allait-on d'Alep se diriger sur l'Inde !!! Ces incertitudes entretinrent celles de Nelson.

II

BATAILLE DES PYRAMIDES

1. Navigation de Malte aux côtes d'Égypte ; débarquement au Marabout ; marche sur Alexandrie (1er juillet). — 2. Assaut d'Alexandrie (2 juillet) ; Arabes Bédouins ; l'escadre mouille à Aboukir (5 juillet). — 3. Marche de l'armée sur le Caire ; combat de Rahmaniéh (10 juillet.) — 4. Bataille de Chobrakhit (13 juillet). — 5. Marche de l'armée jusqu'à Embabéh. — 6. Bataille des Pyramides (21 juillet). — 7. Passage du Nil ; entrée au Caire (23 juillet). — 8. Combat de Salhéyéh ; Ibrahim-Bey chassé de l'Egypte (11 août). — 9. Retour de Napoléon au Caire ; il apprend le désastre de l'escadre (15 août). — 10. Si les Français s'étaient conduits en Egypte, en 1250, comme ils l'ont fait en 1798, ils auraient réussi ; si en 1798 ils se fussent conduits comme en 1250, ils auraient été battus et chassés du pays.

I. Après sept jours d'une navigation fort douce, l'escadre arriva devant Candie. Cette célèbre Crète excita toute la curiosité française. Le lendemain, la frégate qui avait été détachée sur Naples rejoignit l'amiral, et porta la nouvelle que Nelson, avec treize vaisseaux de soixante-quatorze, avait paru devant cette capitale le 20 juin, d'où il s'était dirigé sur Malte. A ces nouvelles, Napoléon ordonna de naviguer de manière à attaquer l'Afrique à trente lieues à l'ouest, vers le cap d'Aras, au vent d'Alexandrie, afin de ne se présenter devant ce port qu'après avoir reçu les rapports de ce qui s'y passait. Une frégate y fut envoyée pour prendre le consul français. Si elle était chassée, elle devait faire fausse route. Le 29 juin, l'escadre légère signala le cap d'Aras. Un chebec arraisonna un caboteur sorti le 28 d'Alexandrie. Il annonça qu'il n'y avait rien de nouveau dans cette ville. Le 31 on signala la tour des Arabes, le 1ᵉʳ juillet la colonne de Pompée et Alexandrie. Le consul de France fit connaître que Nelson, avec treize vaisseaux de soixante-quatorze et une frégate, avait paru le 28 juin devant Alexandrie, annonçant qu'il était à la recherche d'une armée française; qu'il avait continué sa navigation pour se porter sur les côtes de Caramanie; que les Turcs, fort alarmés, travaillaient jour et nuit à réparer les brèches de leurs murailles; que les chrétiens étaient sous le couteau. Les officiers de marine ne redoutaient pas la rencontre d'une escadre si inférieure en force, mais ils craignaient d'être attaqués pendant qu'ils seraient occupés à débarquer l'armée de terre ou après son débarquement. Leur confiance se reposait spécialement sur le courage de ces vieux vétérans d'Italie couverts de tant de trophées.

Napoléon ordonna le débarquement pour le soir même. Le convoi s'approcha de terre à la hauteur du Marabout. Le vaisseau amiral, ayant abordé un autre vaisseau, fut obligé de mouiller à trois lieues de la côte. La mer était grosse, les soldats éprouvèrent beaucoup de difficulté à entrer dans les chaloupes et à traverser les rochers qui ferment la rade

d'Alexandrie et se trouvent en avant de la plage où s'opérait le débarquement. Dix-neuf hommes se noyèrent. L'amiral donna la main au général en chef pour l'aider à descendre dans son canot, et le voyant s'éloigner, il s'écria : « *Ma fortune m'abandonne.* » Ces paroles étaient prophétiques !!! Avant le débarquement, l'ordre du jour dit : « Soldats...
» vous portez à l'Angleterre le coup le plus sensible
» en attendant que vous lui donniez le coup de mort...
» vous réussirez dans toutes vos entreprises... les
» destins vous sont favorables... dans quelques jours
» les mameluks qui ont outragé la France n'existe-
» ront plus... les peuples au milieu desquels vous
» allez vivre tiennent pour premier article de foi :
» *qu'il n'y a pas d'autre Dieu que Dieu, et que Mahomet est son prophète* ! Ne les contredisez pas...
» Les légions romaines aimaient toutes les religions...
» Le pillage déshonore les armées et ne profite qu'à
» un petit nombre... La ville qui est devant vous,
» et où vous serez demain, a été bâtie par Alexan-
» dre !!! »

Le général Menou débarqua le premier, à neuf heures du soir, au Marabout. Il était conduit par un pilote provençal qui avait la pratique de ces parages. Le général en chef, après quelques fatigues et des risques, mit pied à terre à une heure après minuit près du Santon-sidi-el-Palabri. A trois heures, il fit battre au ralliement et passa la revue de ce qui était débarqué. Il y avait quatre mille cinq cents hommes de tous les régiments. La lune brillait de tout son éclat. On voyait comme en plein jour le sol blanchâtre de l'aride Afrique. Après une longue et périlleuse traversée, on se trouvait sur la plage de la vieille Égypte, habitée par des nations orientales, bien étrangères à nos mœurs, à nos habitudes et à notre religion ; cependant, pressé par les circonstances, il fallait, avec une poignée d'hommes, sans artillerie, sans cavalerie, attaquer et prendre une place défendue par une population sous les armes et fanatisée. Que de périls, que d'événements, que de chances, que de fatigues on avait encore à essuyer !... Desaix, avec six cents hommes de sa division, resta pour garder le débarcadère et organiser les troupes à mesure qu'elles toucheraient terre. La petite armée marcha sur trois colonnes. Menou, à la gauche, avait dix-huit cents hommes ; Kléber, au centre, neuf cents hommes ; Bon, à la droite, douze cents hommes ; total, trois mille neuf cents hommes. Le général en chef marchait à pied ; aucun cheval n'était encore débarqué.

La vue d'une flotte de près de trois cents voiles, parmi lesquelles on en comptait un grand nombre de premier rang, fut un spectacle qui agita vivement les habitants d'Alexandrie pendant toute la soirée du 1er juillet. Si cette armée était destinée à s'emparer de leur ville, ils s'attendaient qu'elle irait mouiller dans la rade d'Aboukir, et que le temps qu'il lui faudrait pour effectuer son débarquement leur donnerait plusieurs jours de répit. Ils redoublèrent d'activité pour compléter leur armement. Mais, à une heure après minuit, Koraïm, commandant de la ville, apprit par un Arabe Bédouin que les infidèles s'étaient emparés du fort du Marabout, que la mer était couverte de leurs chaloupes et la plage toute noire des hommes qui débarquaient. Il monta à cheval à la tête de vingt mameluks. Il se rencontra au jour avec une compagnie de tirailleurs français qui étaient en flanqueurs, la chargea, coupa la tête du capitaine qui la commandait et la promena en triomphe dans les rues d'Alexandrie. Cette vue électrisa la population. A cinq heures les premiers Bédouins furent aperçus sur les flancs de l'armée, et peu après on en vit quatre ou cinq cents. C'était la tribu des Henâdy, Arabes les plus féroces de ces déserts. Ils étaient presque nus, noirs et maigres ; leurs chevaux paraissaient des haridelles ; au casque près, c'était don Quichotte tel que le représentent les gravures ; mais ces haridelles se mouvaient avec la rapidité de l'éclair ; lancées au galop, elles s'arrêtaient court, qualité particulière au cheval de ces contrées. S'apercevant que l'armée n'avait pas de cavalerie, ils s'enhardirent et se jetèrent dans les intervalles et derrière les colonnes. Il y eut un moment d'alarme. La communication avec le débarcadère fut interceptée. On fit halte pour se former. De son côté, Desaix plaça ses postes et se mit sous les armes. Si ces cinq cents Arabes eussent été des mameluks, ils auraient pu obtenir de grands succès dans ce premier moment d'étonnement où l'imagination du soldat était éveillée et en disposition de recevoir toutes les impressions. Mais ces Arabes étaient aussi lâches que les mameluks, qui avaient chargé une heure avant, étaient braves. Les tirailleurs français se rallièrent quatre à quatre et se portèrent contre cette cavalerie sans hésiter. La marche de l'armée devint lente ; elle craignait des embûches. Au lever du soleil, la chaleur fut insupportable. Le vent du nord-ouest, si rafraîchissant dans cette saison, ne se leva que sur les neuf heures. Ces Arabes firent une douzaine de prisonniers, qui excitèrent vivement leur curiosité. Ils admirèrent leur blancheur, et plusieurs de ces prisonniers, qui furent rendus quelques jours après, donnèrent des détails grotesques et horribles des mœurs de ces hommes du désert.

II. A six heures, Napoléon découvrit la colonne de Pompée ; peu après, la muraille dentelée de l'enceinte des Arabes, et successivement les minarets de la ville, les mâts de la caravelle turque qui était mouillée dans le port. A huit heures, se trouvant à la portée du canon, il monta sur le piédestal de la colonne de Pompée pour reconnaître la place.

Les murailles étaient hautes et fort épaisses ; il aurait fallu du vingt-quatre pour les ouvrir ; mais il existait beaucoup de brèches réparées à la hâte. Ces murailles étaient couvertes de peuple qui paraissait dans une grande agitation. C'étaient des cavaliers, des fantassins armés de fusils et de lances, des femmes, des enfants, des vieillards, etc. Napoléon donna ses ordres. Menou attaqua la droite de l'enceinte, près du fort triangulaire ; Kléber, le centre ; Bon se porta sur le chemin d'Aboukir pour pénétrer par la porte de Rosette. La fusillade s'engagea. Quoique mal servi, le canon des assiégés fit quelque impression sur les assiégeants, qui n'en avaient pas. Les tirailleurs français, avec cette intelligence qui leur est propre, se logèrent sur les monticules de sable. Les trois attaques réussirent ; la muraille fut franchie. Les généraux Kléber et Menou furent blessés, comme ils montaient à l'assaut, à la tête de leurs grenadiers. La division Bon éprouva moins d'obstacles, et quoique la plus éloignée, arriva la première sur la seconde enceinte, celle qui ferme l'isthme où est la ville actuelle. Il l'enleva au pas de charge. Les tirailleurs pénétrèrent à la tête des rues. Les maisons étaient crénelées. Une vive fusillade s'engagea. Le général en chef se porta sur la hauteur du fort Caffarelli. Il envoya le capitaine de la caravelle turque, qui l'avait joint, faire des propositions d'accommodement. Cet officier fit comprendre aux cheyks, aux ulémas et aux notables le danger que courait la ville d'une entière destruction. Ils se soumirent.

Napoléon entra au milieu d'eux dans la ville et descendit à la maison du consul de France ; il était midi. Comme il tournait une rue, une balle partie d'une fenêtre rasa la botte de sa jambe gauche. Les chasseurs de sa garde montèrent sur le toit, entrèrent dans la maison et trouvèrent un Turc seul, barricadé dans sa chambre, ayant autour de lui six fusils. Il fut tué sur la place. La perte des Français fut de trois cents hommes tués ou blessés, celle des Turcs de sept ou huit cents. Le commandant Koraïm se retira dans le Phare avec les plus braves de sa maison. Il y fut bloqué. Toute la nuit se passa en négociations qui eurent une heureuse issue. Koraïm capitula, s'attacha au général français, se reconnut son esclave, lui prêta serment. Il fut chargé de la police des habitants, car l'anarchie est le plus grand ennemi qu'ait à redouter un conquérant, surtout dans un pays si différent par la langue, les mœurs et la religion. Koraïm rétablit l'ordre, fit opérer le désarmement, procura à l'armée tout ce qui lui était nécessaire. Un personnage important par le crédit dont il jouissait, qui s'attacha aussi à Napoléon et lui fut constamment fidèle, le cheyk El-Messiri, était uléma, schérif et chef de la ville, fort honoré par son savoir et sa sainteté. Plus éclairé que ses compatriotes, il avait des idées de justice et de bon gouvernement, ce qui contrastait avec tout ce qui l'environnait. Koraïm avait de l'influence par son audace, la bravoure de ses principaux esclaves, et ses grandes richesses ; le cheyk El-Messiri, par ses vertus, sa piété et la justice qui guidait toutes ses actions.

Dans la soirée du 2, le convoi entra dans le port vieux, les deux vaisseaux de soixante-quatre et les frégates d'escorte en tête ; l'artillerie, le génie, l'administration choisirent leurs magasins, leurs emplacements ; ils travaillèrent toute la nuit à débarquer les chevaux, les bagages et le matériel. Le général Desaix sortit le soir même de la ville, et alla prendre position à une lieue et demie sur la route de Damanhour, la gauche appuyée au lac Madieh. Berthier fit afficher dans la ville, en français, en arabe, en turc, et il répandit avec profusion, une proclamation qui disait en substance : « Cadis, cheyks, » ulémas, imans, tchorbadgis, peuple d'Egypte!! » depuis assez longtemps les beys insultent à » la France : l'heure de les châtier est arrivée... » Dieu, de qui tout dépend, a dit : Le règne des » mameluks est terminé... On vous dira que je viens » détruire la religion de l'islamisme... répondez » que j'aime le prophète et le Coran, que je viens » pour vous restituer vos droits... Nous avons dans » tous les siècles été les amis du grand sultan...

» Trois fois heureux ceux qui se déclareront pour
» nous ! Heureux ceux qui resteront neutres, ils au-
» ront le temps de nous connaître. Malheur aux in-
» sensés qui s'armeront contre nous, ils périront !!!
» Les villages qui voudront être protégés arboreront
» au haut du minaret de la principale mosquée le pa-
» villon du Grand Seigneur et celui de l'armée... Les
» villages dont les habitants commettront des hosti-
» lités seront traités militairement ; ils seront brûlés
» s'il y a lieu. Les cheyks-el-beled, les imans, les
» mouezzins, sont confirmés dans leurs places... »

Le général en chef écrivit au pacha, et lui fit porter au Caire la lettre par un officier turc de la caravelle. Il lui disait : « Le Gouvernement français s'est
» adressé plusieurs fois à la Sublime Porte pour de-
» mander le châtiment des beys, et qu'elle fît ces-
» ser les outrages qu'éprouvait la nation en Egypte ;
» la Sublime Porte a déclaré que les mameluks
» étaient des gens avides et capricieux..., qu'elle
» leur ôtait sa protection impériale... La République
» française envoie une puissante armée pour répri-
» mer le brigandage des beys d'Egypte, ainsi qu'elle
» l'a fait plusieurs fois contre Alger et Tunis... Viens
» donc à ma rencontre. »

Les sept cents esclaves turcs délivrés à Malte furent renvoyés par terre dans leur patrie. Il y en avait de Tripoli, d'Alger, de Tunis, de Maroc, de Damas, de la Syrie, de Smyrne, de Contantinople même. Ils avaient été bien nourris, bien habillés, traités avec distinction. On leur avait distribué des sommes d'argent suffisantes pour faire leur route. Leurs cœurs étaient pleins de reconnaissance. Ils répandirent dans tout l'empire turc la nouvelle de la victoire des Français, l'opinion de leur puissance, de leurs bonnes intentions pour les musulmans; ils ne tarirent pas sur la générosité de Napoléon; leur langue suffisait à peine à l'expression de tous les sentiments dont ils étaient pleins. Ils produisirent dans tout l'Orient la plus heureuse sensation.

Il fallait à l'armée des chevaux pour remonter sa cavalerie, des chameaux pour porter ses bagages et ses vivres. Les ressources qu'offrait Alexandrie étaient peu considérables. Les Arabes du Baheireh pouvaient seuls satisfaire à tout. Il était important d'ailleurs de se les concilier, afin de maintenir libres les communications et les derrières de l'armée. Koraïm leur expédia des sauf-conduits par des dromadaires. Il était leur protecteur, ils accoururent à sa voix. Le 4 juillet, trente cheyks des tribus des Henâdy, des Oulad-A'ly et des Beny-Aounous se présentèrent au quartier général. La vue de ces hommes du désert excita vivement la curiosité du soldat, et tout ce qu'eux voyaient de l'armée française excitait vivement la leur. Ils touchaient à tout. Ils signèrent un traité par lequel ils s'engagèrent à maintenir libre la route d'Alexandrie à Damanhour, même pour les hommes isolés ; à livrer dans quarante-huit heures, pour le prix de deux cent quarante livres, trois cents chevaux, et pour le prix de cent vingt livres, cinq cents dromadaires ; de louer mille chameaux avec leurs conducteurs ; de restituer tous les prisonniers qu'ils avaient faits. Ils mangèrent et burent avec le général. Ils reçurent comme arrhes et en présent mille louis d'or. L'armée se félicita de cet heureux événement, qui parut d'un heureux présage. Le lendemain ils rendirent les douze soldats qu'ils avaient faits prisonniers, livrèrent quatre-vingts chevaux et une centaine de chameaux. Le reste fut promis pour les jours suivants.

Cependant l'escadre n'était pas encore entrée dans le port, elle tenait la mer. Les pilotes turcs s'étaient refusés à diriger les vaisseaux de soixante-quatorze, et à plus forte raison ceux de quatre-vingts. Le capitaine Barré fut chargé de vérifier et de sonder les passes. Mais l'escadre se trouvant encombrée d'une grande quantité d'artillerie et autres effets appartenant à l'armée, l'amiral désira aller mouiller dans la rade d'Aboukir pour se débarrasser et s'alléger. Il représenta qu'il lui faudrait huit jours pour le faire à la voile, tandis qu'il le ferait en trois jours au mouillage. Cependant le capitaine Barré fit son rapport le 13 juillet. Il déclara que l'escadre pouvait entrer sans crainte. Napoléon en expédia sur-le-champ l'ordre à l'amiral. Mais le rapport du capitaine Barré fut critiqué. L'amiral assembla ses contre-amiraux et ses capitaines de vaisseaux. Ce conseil maritime décida qu'il fallait une vérification. Dans ce temps, le général en chef partit d'Alexandrie pour se diriger sur le Caire. En partant, il réitéra à l'amiral l'ordre d'entrer dans le port d'Alexandrie; si cela était reconnu impossible, il lui ordonna de se rendre à Corfou, où il trouverait des ordres du ministre de France à Constantinople, et, dans le cas où il n'en trouverait pas, de faire route pour Toulon et d'y prendre sous son escorte le convoi qui se trouverait prêt à partir, sur lequel étaient six mille hommes appartenant aux régiments de l'armée, et qui étaient restés en arrière pour cause de maladie, de congé, la marche des troupes sur Toulon ayant été secrète et rapide.

Le général Kléber, ayant besoin de repos pour soigner sa blessure, fut laissé à Alexandrie comme commandant de la place et de la province, avec une garnison de huit ou neuf mille hommes [1]. Le colonel Cretin, un des meilleurs officiers du corps du génie, reçut des instructions pour les fortifications de la place. Il y avait beaucoup d'obstacles; il les surmonta tous, et en peu de mois il occupa les trois hauteurs dominantes par des forts; il déploya dans

---

1. Dans ce nombre étaient compris les marins qui pouvaient être retirés des bâtiments du convoi.

(*Note du général Bertrand.*)

ces travaux tous les secrets de son art. Le Marabout, le Phare et les avenues des forts furent garnis de batteries de trente-six et de mortiers à grande portée. Toutes les fois que les Anglais voulurent depuis s'en approcher, ils eurent lieu de s'en repentir.

III. L'armée se mit en marche sur le Caire. Elle était forte de cinq divisions sous les ordres des généraux Desaix, Reynier, Bon, Dugua et Vial; d'une réserve de deux mille six cents hommes sous les ordres du général Murat; et de deux brigades de cavalerie à pied, chacune de mille cinq cents hommes, sous les généraux de brigade Zayoncheck et Andréossy. L'artillerie était composée de quarante-deux bouches à feu, à pied et à cheval, six forges, six affûts de rechange, cinquante caissons attelés par cinq cents chevaux ou mulets; le reste des approvisionnements était porté à dos de mulets. La force totale était de vingt et un mille hommes de toutes armes.

Le contre-amiral Perrée, intrépide marin, du port de Saint-Valery-sur-Somme, prit le commandement de la flottille du Nil, composée de deux demi-galères, trois demi-chebecs, quatre avisos et six djermes armés, total : quinze bâtiments, montés par six cents marins français. Il n'y avait pas de temps à perdre pour arriver dans la capitale, afin de profiter du premier moment d'étonnement, et de ne pas permettre aux ennemis d'armer et de se retrancher dans cette grande ville. Le 5 juillet, le général Dugua partit pour Rosette avec sa division et les deux brigades de cavaliers à pied. Le contre-amiral Perrée avec la flottille se porta au lac Madiéh pour y passer les troupes. Le 6, le général Dugua, suivant les bords de la mer, arriva à l'embouchure du Nil et s'empara du fort Julien, en même temps que le contre-amiral Perrée passait le Boghaz, et mouillait vis-à-vis de Rosette. Le général Menou prit le commandement de la province. Sa blessure exigeait du repos. Il eut pour garnison un bataillon d'infanterie, une batterie d'artillerie non attelée, cinq cents cavaliers à pied ayant leurs selles avec l'ordre de les monter, et deux bâtiments armés. Le contre-amiral Perrée réunit les barques nécessaires pour embarquer les deux brigades de cavalerie à pied, leurs selles et bagages, des vivres et des munitions de guerre. Il prit ce convoi sous son escorte. Le 9, il appareilla de Rosette et remonta le Nil. Le général Dugua, avec sa division, suivit son mouvement, en remontant par la rive gauche.

Les quatre autres divisions et la réserve marchèrent sur Damanhour. Desaix se mit en marche le 4 et y arriva le 6. Reynier se mit en marche le 5, Bon le 6, Vial le 7, à la pointe du jour. Le général en chef, avec la réserve, partit le même jour à cinq heures de l'après-midi. Il y a d'Alexandrie à Damanhour quinze lieues; cette plaine est ordinairement fertilisée par les inondations du Nil, mais par divers accidents elle ne l'avait pas été en 1797. On était au moment de l'année où le Nil est le plus bas. Tous les puits étaient secs, et depuis Alexandrie, l'armée ne trouva de l'eau qu'au puits de Beda. Elle n'était pas organisée pour marcher dans un pareil pays. Elle souffrit beaucoup de l'ardeur du soleil, du manque d'ombre et de la privation d'eau. Elle prit du dégoût pour ces immenses solitudes, et surtout pour les Arabes Bédouins.

Ceux-ci, comme ils se mettaient en marche pour livrer les chevaux et les chameaux qu'ils s'étaient engagés à fournir par leur traité d'Alexandrie, reçurent un fetfa des ulémas et des cheykhs du Caire, qui leur ordonnait de courir aux armes pour la défense de la religion du prophète menacée par les infidèles. Cela changea leurs bonnes dispositions. Ils firent déclarer à Koraïm que leur religion étant compromise, ils considéraient le traité comme nul. Cinq de leurs tribus, ayant mille huit cents chevaux disponibles, entrèrent en campagne et commencèrent, le 7, les hostilités. Ces Arabes étaient sans cesse sur les flancs, sur les derrières et à la vue de l'armée. Ils se cachaient avec la plus grande habileté derrière les moindres plis du terrain, d'où ils s'élançaient comme l'éclair sur tous les soldats qui s'écartaient des rangs. La cavalerie de l'armée était peu nombreuse, les chevaux harassés de fatigue, et d'une qualité d'ailleurs fort inférieure au cheval arabe. Les colonnes françaises, enveloppées par les Bédouins, semblaient des escadres suivies par des requins; ou, comme disait le soldat : « C'était la maréchaussée qui faisait la police. » Cette police était sévère, mais elle concourut à l'ordre. Le soldat s'y accoutuma. Il perdit l'habitude de traîner, de quitter ses rangs. Il n'avança plus sans s'être éclairé sur les flancs. Les bagages marchaient en ordre au milieu des colonnes. Les camps furent pris avec le plus grand soin, et sans oublier aucune règle de la castramétation. *Les Francs*, chez qui les soldats avaient cherché des renseignements à Alexandrie, s'étaient plu à leur faire la peinture la plus séduisante : ils allaient trouver à Damanhour tout le luxe de l'Orient, les commodités de la vie, les richesses du commerce d'une grande ville, capitale d'une grande province; c'était tout autre chose qu'Alexandrie.

Napoléon marcha toute la nuit. Il traversa les bivouacs de plusieurs divisions. A trois heures après minuit, la lune était couchée, il faisait extrêmement obscur, le feu des grand'gardes de la division Bon était éteint; les chasseurs d'escorte donnèrent dans ces bivouacs; la sentinelle tira..... un seul cri : *Aux armes!* mit toute la division sur pied. Le feu de deux rangs commença et dura assez longtemps; enfin on se reconnut. L'armée était saisie d'une espèce de terreur, les imaginations étaient fort échauffées, tout était nouveau et tout lui déplaisait.

A huit heures du matin, après une marche de seize heures, Napoléon aperçut enfin Damanhour. La ville était environnée d'une forêt de palmiers. Les mosquées paraissaient nombreuses, les minarets se dessinaient avec grâce. Plusieurs monticules voisins étaient couverts de santons. La ville se présentait à son avantage : c'était Modène, Crémone ou Ferrare. Il y eut du mécompte. Desaix se porta à la rencontre du général en chef, et le mena dans une espèce de grange sans fenêtres, sans porte. Là étaient réunis les cheykhs-el-beled, le chaheb, le serraf, les imans, les principaux cheykhs, qui lui offrirent une tasse de lait et des galettes cuites sous les cendres. Quel régal pour l'état-major de l'armée d'Italie ! ! ! Ce n'était pas ainsi qu'il était reçu à Milan, à Brescia, à Vérone, dans la docte Bologne ; mais il fallut bien prendre le parti d'en rire. Les *Francs* qui suivaient l'armée, et surtout Magallon [1], devinrent l'objet des brocards du soldat. Les pauvres gens, ils ne connaissaient de l'Egypte que le Caire, Rosette et Alexandrie. Descendant le Nil sur des djermes, sous les yeux inquiets des Turcs, ils n'étaient entrés

---

[1]. Magallon, négociant français, avait demeuré longtemps au Caire, où il était consul de France. Parti de Toulon avec l'armée, et embarqué à bord de *l'Orient*, il était attaché au quartier général, et avait constamment fait de l'Egypte le tableau le plus brillant.

(Général Bertrand.)

dans aucun village, et s'étaient fait des idées du pays sur le pittoresque du tableau qui se présentait à leur vue du haut des mâts.

Le quartier général s'établit dans une prairie artificielle, sur la lisière d'un très beau bois d'acacias. L'eau était bonne et abondante. Les bivouacs étaient à l'ombre ; la paille, les légumes, la viande ne manquaient pas. On avait encore du biscuit de mer. Les hommes et les chevaux avaient également besoin de repos. On séjourna le 9. Le général de brigade Muireur se rendant d'un bivouac à un autre, malgré les observations que lui firent les grand'gardes, fut surpris dans une petite vallée à cent pas d'elles par quatre Arabes et percé de coups de lance. C'était un officier distingué, l'armée le regretta. Le 10, avant le jour, l'armée se remit en marche. Elle rencontra le Nil, à Rahmaniéh, à neuf heure du matin, et salua par des cris de joie la vue de ce fleuve miraculeux. Généraux et soldats, tous s'y précipitèrent tout habillés pour se rafraîchir. Rahmaniéh était un grand bourg, moins grand que Damanhour, mais plus fertile et plus riche.

Cependant la nouvelle arriva au Caire le 5 juillet qu'une armée d'infidèles était débarquée, qu'elle avait attaqué et pris Alexandrie, qu'elle était fort nombreuse en infanterie, mais qu'elle n'avait pas de cavalerie. Les beys et leurs kiachefs poussèrent des cris de joie, le Caire fut illuminé. « *Ce sont des pastèques à couper,* » disaient-ils. Il n'était aucun mameluk qui ne se promît de porter une centaine de têtes ; cette armée, fût-elle de cent mille hommes, serait anéantie, puisqu'il faudrait qu'elle traversât les plaines qui bordent le Nil ! les infortunés, c'est avec ces illusions qu'ils se préparèrent à marcher à la rencontre de l'armée française ! ! ! Un bey partit, le 5 au soir, avec six cents mameluks pour se porter sur Damanhour, rallier les Arabes du Baheireh et retarder la marche de l'armée. Il arriva le 10 à Damanhour comme la division Desaix qui formait l'arrière-garde quittait ses bivouacs. Desaix marchait, en colonne serrée, par division, son artillerie à la tête et à la queue, ses bagages au centre, entre ses deux brigades. A la vue de l'ennemi, il fit prendre les distances de peloton et continua sa marche, côtoyé, escarmouchant avec cette belle cavalerie, qui enfin se décida à le charger. Aussitôt Desaix commanda : *Par peloton, à droite et à gauche en bataille, feu de deux rangs !* Il serait difficile de peindre l'étonnement et le mécompte qu'éprouvèrent les mameluks, quand ils virent la contenance de cette infanterie et l'épouvantable feu de mitraille et de mousqueterie qui leur portait la mort, si loin, dans toutes les directions. Quelques braves moururent sur les baïonnettes. Le gros de la troupe s'éloigna hors de la portée du canon. Desaix rompit alors son carré, continua sa marche, n'ayant perdu dans ce combat que quatre hommes. Quand Mourad-Bey apprit cet étrange événement qu'il ne pouvait s'expliquer, il s'emporta contre le bey et ses kiachefs et les traita de lâches, qui s'étaient laissé imposer par le nombre, comme si des mameluks devaient jamais compter pour quelque chose des piétons en plaine.

L'armée séjourna le 10, le 11 et le 12 à Rahmaniéh. La flottille et la division Dugua la joignirent le 12 au matin. La flottille était nécessaire pour pouvoir manœuvrer sur les deux rives, et pour combattre celle des mameluks, qui était nombreuse et bien armée. Le nombre des Bédouins s'accroissait chaque jour. Les Français se trouvaient dans le camp de Rahmaniéh comme bloqués. Les Bédouins avaient des postes à portée de fusil des grand'gardes. Ils s'étaient aperçus que les chevaux français ne valaient rien, ce qui leur avait inspiré le plus grand mépris pour notre cavalerie.

L'armée se trouvait alors placée de la manière suivante: Kléber était à Alexandrie avec le convoi et l'escadre qu'on supposait entrés dans le port; il tenait garnison dans le château d'Aboukir; il avait un régiment d'infanterie, le 69°; mille canonniers, sapeurs et ouvriers; deux mille hommes des corps d'infanterie et de cavalerie à pied; total, six mille cinq cents de la ligne et trois mille cinq cents hommes formant les équipages des bâtiments de transport organisés en garde nationale, ce qui lui formait, indépendamment de l'escadre, une garnison de neuf à dix mille hommes. Menou était à Rosette avec mille deux cents hommes et trois avisos. Le camp de Rahmaniéh était de vingt mille hommes. Le génie avait retranché une mosquée située sur la hauteur de Damanhour; elle contenait trois cents hommes et deux pièces de canon, qui furent relevés par la garnison d'Alexandrie. Une redoute, jugée nécessaire à Rahmaniéh, fut construite pour trois cents hommes et trois pièces de canon. Le contre-amiral Perrée y laissa une barque armée pour la police du Nil.

IV. Mourad-Bey était parti le 6 du Caire avec trois mille mameluks, deux mille janissaires à pied, et une flottille nombreuse composée d'une soixantaine de bâtiments, dont vingt-cinq armés. Il avait convoqué tous les Arabes du Faïoum. Il espérait arriver à temps à Damanhour pour soutenir son avant-garde. Il était suivi par Ibrahim-Bey avec une force plus considérable encore. Il apprit à Terranéh l'événement de Rahmaniéh, la prise de Rosette, et la marche de l'armée sur le Caire. Il se porta sur Chobrakhit, y construisit deux batteries de neuf pièces de canon, et fit travailler à retrancher le village où il posta ses janissaires. Sa flottille prit position, la gauche appuyée au village et la droite au Delta.

Le 12, à sept heures du soir, l'armée française

campa au village de Miniéh, à une lieue de Rahmaniéh. Elle eut ordre de prendre les armes à une heure du matin. Il était de la plus grande importance de ne pas donner à Mourad-Bey le temps d'achever ses retranchements et de compléter le ralliement de ses troupes. Aussitôt que la lune fut levée, l'armée se mit en marche. A huit heures elle se trouva en présence de Mourad-Bey, qui avait sa droite toute composée de mameluks, appuyée au village de Chobrakhit; sa gauche, formée par deux mille Arabes, prolongeait sa ligne dans le désert. Ce coup d'œil frappa d'étonnement. Chaque mameluk avait trois ou quatre hommes pour le servir, et les Arabes étaient dans un continuel mouvement. La ligne parut être de quinze à dix-huit mille hommes.

Les Bédouins du Baheiréh avaient, selon leur coutume, coupé les communications avec Rahmaniéh, et caracolaient sur nos derrières et sur nos flancs. Ils étaient aussi autour d'Alexandrie, de Damanhour et de Rosette. L'armée se rangea en bataille, et se déploya sur un espace de mille huit cents toises : la gauche appuyée à un petit village près du Nil, la droite à un gros village près du désert. Desaix formait la droite; il fit barricader ce village, y laissa un bataillon et trois pièces de canon; il rangea sa division en un seul carré de cent cinquante toises de front sur vingt-cinq de flanc. A cent toises en arrière du village, la gauche, formée par le général

Vial, fit les mêmes dispositions ; les trois autres divisions se placèrent dans l'intervalle à environ trois cents toises l'une de l'autre, se flanquant entre elles, le centre un peu en arrière. La cavalerie, divisée en cinq poletons, fut placée au milieu des carrés ; la réserve, dans deux villages à mille toises en arrière de la ligne et éloignés entre eux de huit à neuf cents toises, chaque village étant barricadé et ayant une demi-batterie. Si les ennemis surent juger ces dispositions, elles durent leur paraître redoutables. Sur trente-six pièces de canon qui étaient en ligne, dix-huit pouvaient battre au même point.

Les deux armées s'observèrent pendant plusieurs heures. Les Français attendaient leur flottille, mais elle était encore à l'ancre devant Rahmaniéh ; elle ne pouvait remonter le fleuve qu'avec le vent du nord, qui ne s'éleva qu'à huit heures. Le soleil, qui donnait sur les casques et les cottes de mailles des mameluks, faisait briller cette belle troupe de tout son éclat. Un grand nombre de combats singuliers se livrèrent, à la mode des Orientaux, entre les plus braves des mameluks et les intrépides tirailleurs des Alpes. Le mameluk déployait toute son adresse et son courage ; il excitait notre admiration. Il était lié à son cheval, qui paraissait partager toutes ses passions ; le sabre pendant au poignet, il tirait sa carabine, son tromblon, ses quatre pistolets, et après avoir ainsi déchargé six armes à feu, il tournait le peloton de tirailleurs, et passait entre eux et la ligne avec une merveilleuse dextérité. Mais on vit les sept queues, avec les pelotons d'hommes d'élite qui leur servaient de garde, se réunir en un point central sur un petit tertre : c'étaient les beys qui tenaient conseil. Un moment après, cette belle cavalerie s'ébranla, les sept beys à la tête, perça entre le carré du général Reynier et celui du général Dugua, où était le général en chef; espérant sans doute les trouver ouverts par derrière et les prendre à dos. La mitraille et la fusillade du front des carrés, et immédiatement après des flancs, et enfin de l'arrière, en tuèrent et en blessèrent un bon nombre. Quelques braves lancés sur les derrières des carrés périrent sur les baïonnettes. Mais lorsque Mourad-Bey s'aperçut que le feu était aussi vif derrière que de front, il s'éloigna rapidement et donna dans les deux villages retranchés où était placée la réserve. Il en essuya la mitraille, fit alors un à gauche au grand galop, et se porta à une demi-lieue sur le flanc droit de l'armée. Soixante mameluks restèrent sur le champ de bataille. Leurs dépouilles réjouirent le soldat. Leur habitude est de porter tout leur or dans leur ceinture lorsqu'ils vont au combat. Indépendamment de cela, le cheval, l'habillement, l'armement étaient d'un grand prix, ce qui fit comprendre qu'un pays qui avait des défenseurs aussi riches ne pouvait pas cependant être aussi misérable qu'on le pensait.

La ligne française resta fixe. Elle s'attendait à une seconde charge. Enfin elle aperçut les mâts de la flottille. Il était une heure après midi. Une épouvantable canonnade s'engagea un quart d'heure après sur le Nil. Le contre-amiral, en tête, avait formé sa ligne de bataille et dépassé le village de Chobrakhit. Il donna au milieu de la ligne des bâtiments ennemis ; accablée par le nombre, une de ses demi-galères fut prise à l'abordage, lui-même fut en danger mais il sauva sa flottille par d'habiles manœuvres. Aussitôt que Napoléon s'aperçut du péril que courait son armée navale, il ordonna à la ligne d'infanterie de marcher en avant. La division de gauche aborda le village de Chobrakhit. Les batteries turques avaient été démontées. Les deux mille janissaires, menacés d'être coupés et tournés par le mouvement de l'armée, prirent la fuite après quelque résistance. Les mameluks, effrayés et ne comprenant rien à tout ce qu'ils voyaient, se tenaient hors de portée du canon, et reculaient à mesure que la ligne avançait. Le feu des tirailleurs placés dans les maisons de Chobrakhit et répartis le long de la digue, celui des pièces de douze, de huit et des obusiers réunis sur le bord du Nil, firent changer promptement le sort du combat naval. Les marins turcs les plus habiles comprirent le danger de leur position, virèrent de bord, et profitèrent du vent pour s'éloigner et refouler le courant. Les autres le firent plus tard, mais il n'était plus temps ; ils furent contraints de mettre le feu à leurs bâtiments. Le vent du nord cesse habituellement dans cette saison à quatre ou cinq heures après midi. D'ailleurs, avant d'arriver à Chabour, le Nil forme un coude. Il était donc possible de s'emparer du reste de la flottille. Les cinq divisions de l'armée se mirent en colonnes et marchèrent sur cinq directions, à distance de déploiement, à travers champs. Mourad-Bey, s'apercevant de la frayeur et du découragement de ses gens quitta la vue de l'armée et se rendit en toute hâte devant le Caire.

A six heures après midi, l'armée campa à Chabour. Les équipages turcs se voyant coupés se réfugièrent dans le Delta, après avoir mis le feu à leurs bâtiments; on parvint à en sauver quelques-uns. Le camp fut établi dans un bois de sycomores. A la nuit le contre-amiral Perrée mouilla à la hauteur du village. La perte des Français fut dans cette journée de trois à quatre cents hommes tués ou blessés, les trois quarts matelots. Monge, Berthollet, le secrétaire Bourienne, qui étaient embarqués sur la flottille, montrèrent du sang-froid et de la résignation au moment du danger. Les mameluks perdirent trois cents de leurs plus braves cavaliers, tués, blessés ou prisonniers; quatre à cinq cents fantassins ou hommes des équipages de leur flottille, neuf mauvaises pièces de canon de fer sur affûts marins qu'ils avaient mis en batterie à Chobrakhit, et toute leur flottille.

Dès ce moment, Mourad-Bey désespéra de son salut. Il comprit qu'il n'y avait pas égalité d'armes, que la bravoure n'était pas suffisante pour vaincre, et que l'infanterie n'était pas aussi méprisable qu'il se l'était imaginé jusqu'alors. Au fait, les dix mille mameluks n'eussent pas craint d'attaquer en plaine une armée de cinquante mille Ottomans. Ils répandirent au Caire mille bruits. Tout ce qu'ils voyaient, tout ce qu'ils avaient ouï raconter ou appris par leur propre expérience bouleversait tellement leurs idées que cela les portait à croire au sortilège. Le sultan français était un sorcier qui tenait tous ses soldats liés par une grosse corde blanche, et selon qu'il la tirait d'un côté ou d'un autre, ils allaient à droite ou à gauche, se remuant tout d'une pièce ; ils le nommaient le père du feu pour exprimer la vivacité du feu de la mitraille et de la fusillade de son infanterie.

Cependant les Arabes inquiétaient les marches, empêchaient les détachements de s'écarter, ce qui rendait les vivres très difficiles. Le général Zayonchek et le général Andréossy débarquèrent avec leur brigade dans le Delta, et marchèrent parallèlement à l'armée sur la rive droite, n'ayant ni Arabes ni ennemis à combattre ; ils firent des vivres en abondance et en fournirent à l'armée. En peu de jours ils se procurèrent une centaine de chevaux, ce qui les mit à même de s'éclairer. La bataille de Chobrakhit fut glorieuse pour l'armée française. Elle avait, il est vrai, vingt mille hommes et quarante-deux pièces de canon sur-le-champ de bataille, où son ennemi n'avait réellement que huit mille combattants; mais c'était la première fois qu'elle se trouvait vis-à-vis de cette belle et redoutable cavalerie.

V. La journée du 13 avait fatigué l'armée. Elle avait fait sept grandes lieues, indépendamment des mouvements de la bataille. Le temps avait été fort chaud, la marche, au travers des terres gercées, très difficile. La flottille ne pouvait pas appareiller avant neuf heures; c'est à cette heure que s'élevait le vent du nord. Or il fallait marcher de concert, afin de maintenir ses communications avec la rive droite et de s'appuyer réciproquement. L'armée partit fort tard le 14, et arriva à la nuit à Koum-Cherif, à la prise d'eau d'un canal d'irrigation qui porte les eaux du Nil dans la province de Mariout. Les soldats trouvaient en abondance des pastèques ou melons d'eau, fruit extraordinairement rafraîchissant, et, quoiqu'ils en mangeassent avec excès, ils n'en éprouvèrent pas d'inconvénient. Le 15, l'armée campa à Al-Kam, village arabe; elle ne fit ce jour-là que trois lieues et demie. Le 16, elle arriva à Abou-Néchabéh; elle fit quatre lieues et demie. Là, le désert s'approchait fort du Nil. Le 17, elle campa à

Wardân, à l'ombre d'une forêt de palmiers. Elle reçut un convoi de vivres de la rive droite. Elle marchait à petites journées ; elle partait à deux heures du matin et était campée à neuf heures. La cause en était l'excessive chaleur, la difficulté de se procurer des vivres, l'incommodité des Arabes qui obligeaient les colonnes à marcher doucement afin que tout le monde pût suivre, la nécessité d'attendre la flottille sur laquelle on plaçait les malades et les hommes fatigués, ce qui dispensait d'occuper des points intermédiaires qui l'eussent affaiblie. Enfin, il fallait se trouver à toute heure en mesure de combattre, car on recevait tous les jours des nouvelles des préparatifs formidables qui se faisaient au Caire.

Les beys, les janissaires, les Arabes, les milices, avaient quitté la ville et marchaient à la rencontre des infidèles. Le général Zayonchek prit position au point où le Nil se divise en deux branches pour former le Delta, point dit *le Ventre de la Vache*. Les Hébreux, dans le désert *l'Egarement*, regrettaient les marmites d'Egypte, pleines de viandes, d'oignons et de toutes sortes de légumes dont ils pouvaient manger tout leur soûl, disaient-ils ; les Français ne cessaient d'appeler à grands cris les délices de l'Italie, depuis quinze jours leur mécontentement avait été en augmentant, ils comparaient ce peuple barbare qu'ils ne pouvaient pas entendre, les demeures de ces misérables fellahs aussi abrutis que

leurs buffles, ces arides plaines découvertes et sans ombre, ce Nil, chétif ruisseau qui charriait une eau sale et bourbeuse, enfin ces horribles hommes du désert, si laids, si féroces, et leurs femmes plus sales encore, aux plaines fleuries et abondantes de la Lombardie, au peuple sociable, doux et éclairé des Etats vénitiens. Ils se plaignaient d'être dans un pays où ils ne pouvaient se procurer ni pain ni vin. On leur répondait que, loin d'être misérable, ce pays était le plus riche du monde; qu'ils auraient du pain, du vin, aussitôt qu'ils seraient au Caire; que le pays où ils étaient avait été le grenier de Rome, et était encore celui de Constantinople. Rien ne pouvait calmer les imaginations effarouchées. Quand les *Francs* racontaient les beautés et l'opulence du Caire, les soldats répondaient tristement : « Vous nous avez dit la même
» chose de Damanhour. Le Caire sera peut-être
» deux ou trois fois plus grand ; mais ce sera un ra-
» massis de cabanes dépourvues de tout ce qui peut
» rendre la vie supportable. » Napoléon s'approchait souvent des soldats : il leur dit : « *Que ce Nil qui*
» *répondait si peu, dans ce moment, à sa réputa-*
» *tion, commençait à grossir, et que bientôt il jus-*
» *tifierait tout ce qu'ils en avaient ouï raconter ;*
» *qu'ils campaient sur des monceaux de blé, et que*
» *sous peu de jours ils auraient des moulins et des*
» *fours ; que cette terre si nue, si triste, si mono-*
» *tone sur laquelle ils marchaient avec tant de*

» *difficulté serait bientôt couverte de moissons et de*
» *riches cultures, qui leur représenteraient l'abon-*
» *dance et la fertilité des rives du Pô ; qu'ils avaient*
» *des lentilles, des fèves, des poules, des pigeons ; que*
» *leurs plaintes étaient exagérées ; que la chaleur*
» *était excessive, sans doute, mais serait supportable*
» *quand ils se trouveraient en repos et seraient or-*
» *ganisés ; que, pendant les campagnes d'Italie, les*
» *marches, au mois de juillet et d'août, étaient*
» *aussi bien fatigantes.* » Mais ces discours ne produisaient qu'un effet passager. Les généraux et les officiers murmuraient plus haut que les soldats. Ce genre de guerre était encore plus pénible pour eux, et contrastait davantage avec les commodités des palais et des casins d'Italie.

L'armée était frappée d'une mélancolie vague que rien ne pouvait surmonter; plusieurs soldats se jetèrent dans le Nil pour y trouver une mort prompte ; elle était attaquée du spleen. Tous les jours, après que les bivouacs étaient pris, son premier besoin était de se baigner. En sortant du Nil, les soldats commençaient à faire de la politique, à s'exaspérer, à se lamenter sur la fâcheuse position des choses : « *Que sommes-nous venus faire ici ? Le Directoire nous a déportés !...* » Quelquefois ils s'apitoyaient sur leur chef, qui bivouaquait constamment sur les bords du Nil, était privé de tout comme le dernier soldat; le dîner de l'état-major consistait souvent en

un plat de lentilles. « *C'est de lui qu'on voulait se
» défaire, disaient-ils ; mais, au lieu de nous con-
» duire ici, que ne nous faisait-il un signal ! nous
» eussions chassé ses ennemis du palais, comme nous
» avons chassé les Clichiens.* » S'étant aperçus que
partout où il y avait quelques traces d'antiquités,
les savants s'y arrêtaient et faisaient des fouilles,
ils supposèrent que c'étaient eux qui, pour chercher des antiquités, avaient conseillé l'expédition.
Cela les indisposa contre eux. Ils appelaient les
ânes, des savants. Caffarelli était à la tête de cette
commission. Ce brave général avait une jambe de
bois. Il se donnait beaucoup de mouvement. Il parcourait les rangs pour prêcher le soldat. Il ne parlait que de la beauté du pays, des grands résultats de
cette conquête. Quelquefois, après l'avoir entendu,
les soldats murmuraient ; mais la gaieté française reprenait le dessus. « « *Pardi*, lui dit un jour
un grenadier, *vous vous moquez de cela, général,
vous qui avez un pied en France !!!* » Ce mot répété
de bivouac en bivouac fit rire tous les camps. Jamais
cependant le soldat ne manqua aux membres de la
commission des arts, qu'au fond il respectait ; et, ce
premier mouvement passé, Caffarelli et les savants
furent l'objet de leur estime. L'industrie française
venait aussi à l'aide des circonstances. Les uns
broyaient le blé pour se procurer de la farine ; les
autres en faisaient d'abord rôtir le grain dans une

poêle, et, ainsi rôti, le faisaient bouillir, et en obtenaient une nourriture saine et satisfaisante.

Le 19, l'armée arriva à Omm-Dinar, vis-à-vis de la pointe du Delta, et à cinq lieues du Caire. Elle aperçut pour la première fois les Pyramides. Toutes les lunettes furent braquées sur ces plus grands et ces plus anciens monuments qui soient sortis de la main des hommes. Les trois Pyramides bordaient l'horizon du désert. Elles paraissaient comme trois énormes rochers. Mais, en les regardant avec attention, la régularité des arêtes décelait la main des hommes. On apercevait aussi la mosquée du Mokattam. Au pied était le Caire. L'armée séjourna le 20 et reçut l'ordre de se préparer à la bataille. L'ennemi avait pris position sur la rive gauche du Nil, vis-à-vis le Caire, entre Embabéh et les Pyramides. Il était nombreux en infanterie, en artillerie et en cavalerie. Une flottille considérable parmi laquelle il y avait même une frégate, protégeait son camp. La flottille française était restée en arrière. Elle était d'ailleurs fort inférieure en nombre. Le Nil étant très bas, il fallut renoncer aux secours de toute espèce qu'elle portait, et aux services qu'elle pouvait rendre. Les mameluks, les agas, les marins, fiers de leur nombre, et de la belle position qu'ils occupaient, encouragés par les regards de leurs pères, de leurs mères, de leurs femmes, de leurs enfants, étaient pleins d'ardeur et de confiance. Ils disaient : « *qu'au*

» *pied de ces Pyramides, bâties par leurs ancêtres,*
» *les Français trouveraient leurs tombeaux et fini-*
» *raient leurs destins !!!* »

VI. Le 21, à deux heures du matin, l'armée se mit en marche. Au jour, elle rencontra une avant-garde de mameluks, qui disparut après avoir essuyé quelques coups de canon. A huit heures, les soldats poussèrent mille cris de joie, à la vue des quatre cents minarets du Caire. Il leur fut donc prouvé qu'il existait une grande ville qui ne pouvait pas être comparée à ce qu'ils avaient vu depuis qu'ils étaient débarqués. A neuf heures, ils découvrirent la ligne de bataille de l'armée ennemie. La droite composée de vingt mille janissaires, Arabes et milices du Caire, était dans un camp retranché en avant du village d'Embabéh, sur la rive gauche du Nil, vis-à-vis Boulac; ce camp retranché était armé de quarante pièces de canon. Le centre et la gauche étaient formés par un corps de cavalerie de douze mille mameluks, agas, cheykhs et autres notables de l'Egypte, tous à cheval et ayant chacun trois ou quatre hommes à pied pour le servir, ce qui formait une ligne de cinquante mille hommes. La gauche était formée par huit mille Arabes Bédouins à cheval, et s'appuyait aux Pyramides. Cette ligne avait une étendue de trois lieues. Le Nil, d'Embabéh à Boulac et au vieux Caire, était à peine suffisant pour contenir la flottille, dont les mâts apparaissaient comme une forêt. Elle était de trois cents voiles. La rive droite était couverte de toute la population du Caire, hommes, femmes et enfants, qui étaient accourus pour voir cette bataille d'où allait dépendre leur sort. Ils y attachaient d'autant plus d'importance que, vaincus, ils deviendraient esclaves de ces infidèles.

L'armée française prit le même ordre de bataille dont elle s'était si bien trouvée à Chobrakhit, mais parallèlement au Nil, parce que l'ennemi en était maître. Les officiers d'état-major reconnurent le camp retranché. Il consistait en de simples boyaux qui pouvaient être de quelque effet contre la cavalerie, mais étaient nuls contre l'infanterie. Le travail était mal tracé, à peine ébauché. Il avait été commencé depuis deux jours seulement. L'artillerie était de fer, sur affût marin; elle était fixe et ne pouvait pas se remuer. L'infanterie paraissait mal en ordre et incapable de se battre en plaine. Son projet était de se battre derrière ses retranchements. Elle était peu redoutable, ainsi que les Arabes, si nuls un jour de bataille. Le corps des mameluks était seul à craindre, mais hors d'état de résister. Desaix, en tête, marchant par la droite, passa à deux portées de canon du camp retranché, lui prêtant le flanc gauche, et se porta sur le centre de la ligne des mameluks. Reynier, Dugua, Vial et Bon le suivirent à distance. Un village se trouvait vis-à-vis du point de la ligne ennemie qu'on voulait percer. C'était le point de direction. Il y avait une demi-heure que l'armée s'avançait dans cet ordre et dans le plus grand silence, lorsque Mourad-Bey, qui commandait en chef, devina l'intention du général français, quoiqu'il n'eût aucune expérience des manœuvres des batailles. La nature l'avait doué d'un grand caractère, d'un brillant courage, et d'un coup d'œil pénétrant. Il saisit la bataille avec une habileté qui aurait honoré le général le plus consommé. Il sentit qu'il était perdu s'il laissait l'armée française achever son mouvement, et qu'avec sa nombreuse cavalerie, il devait attaquer l'infanterie, pendant qu'elle était en marche. Il partit comme l'éclair avec sept à huit mille chevaux, passa entre la division Desaix et celle de Reynier, et les enveloppa. Ce mouvement se fit avec une telle rapidité, qu'on craignit un moment que le général Desaix n'eût pas le temps de se mettre en position. Son artillerie était embarrassée au passage d'un bois de palmiers. Mais les premiers mameluks qui arrivèrent sur lui étaient peu nombreux. Une décharge en jeta la moitié par terre. Le général Desaix eut le temps de former son carré. La mitraille et la fusillade s'engagèrent sur les quatre côtés. Le général Reynier ne tarda pas à prendre position et à commencer le feu de tous côtés. La division Dugua, où était le général en chef, changea de direction, et se porta entre le Nil et le général Desaix, coupant, par cette manœuvre, l'ennemi du camp d'Embabéh, et lui barrant la rivière; elle se trouva bientôt à portée de commencer la canonnade sur la queue des mameluks. Quarante-cinq ou cinquante hommes des plus braves, beys, kachefs, mameluks, moururent dans les carrés. Le champ de bataille fut couvert de leurs morts et de leurs blessés. Ils s'obstinèrent, pendant une demi-heure, à caracoler, à portée de mitraille, passant d'un intervalle à l'autre au milieu de la poussière, des chevaux, de la fumée, de la mitraille, de la fusillade et des cris des mourants. Mais enfin, ne gagnant rien, ils s'éloignèrent, et se mirent hors de portée. Mourad-Bey avec trois mille chevaux opéra sa retraite sur Gizéh, route de la haute Egypte. Le reste, se trouvant sur les derrières des carrés, appuya sur le camp retranché, au moment où la division Bon l'aborda. Le général Rampon, avec deux bataillons, occupa un fossé et une digue qui interceptaient la communication entre Embabéh et Gizéh. La cavalerie qui se trouvait dans le camp, étant repoussée par la division Bon, voulut regagner Gizéh. Mais, arrêtée par Rampon et par la division Dugua, qui l'appuyait, elle hésita, flotta plusieurs fois, et enfin, par un mouvement naturel, s'appuya sur la ligne de moindre résistance, et se jeta dans le Nil, qui en engloutit plusieurs milliers. Aucun ne put gagner l'autre rive. Le camp retranché ne fit aucune résistance. L'infanterie, voyant de la cavalerie, abandonna le combat, se jeta dans de petites barques ou à la nage. Le plus grand nombre descendit le Nil, le long de la rive gauche, et se sauva dans la campagne, à la faveur de la nuit. Les canons, les chameaux, les bagages tombèrent au pouvoir des Français.

Mourad-Bey avait fourni plusieurs charges dans l'espoir de rouvrir la communication avec son camp, et de lui faciliter la retraite. Toutes ces charges manquèrent. A la nuit, il opéra sa retraite, et donna le signal par l'incendie de la flotte. Le Nil fut sur-le-champ couvert de feu. Sur ces navires étaient les richesses de l'Egypte, qui périrent au grand regret de l'armée. De douze mille mameluks, trois mille seulement, avec Mourad-Bey, se retirèrent dans la haute Egypte ; douze cents qui étaient restés pour contenir le Caire, avec Ibrahim-Bey, firent, depuis, leur retraite sur la Syrie ; sept mille périrent dans cette bataille, si fatale à cette brave milice, qui ne s'en releva jamais. Les cadavres des mameluks portèrent, en peu de jours, à Damiette, à Rosette, et dans les villages de la basse Egypte, la nouvelle de la victoire de l'armée française. Au moment de la bataille, Napoléon avait dit à ses troupes, en leur montrant les Pyramides : « *Soldats, quarante siècles vous regardent.* » Les Arabes, suivant leur coutume, voyant la bataille perdue, s'éloignèrent et se dispersèrent dans les déserts.

Si la flottille française eût pu arriver, la journée

eût été plus decisive. Elle eût fait des prisonniers, elle eût sauvé des bagages. Elle avait entendu toute la journée la canonnade de la bataille. Le vent du nord qui soufflait en amortissait le bruit. Mais, sur le soir, comme s'il s'était calmé, le bruit du canon devint plus fort, le feu parut s'approcher. Les équipages crurent que la bataille était perdue. Ils ne furent détrompés que par le grand nombre de cadavres turcs que le Nil charriait.

Le quartier général arriva à Gizéh à neuf heures du soir. Il n'était resté aucun esclave à la belle maison de campagne de Mourad-Bey. Rien de sa distribution intérieure ne ressemblait aux palais d'Europe. Cependant les officiers virent avec plaisir une maison bien meublée, des divans des plus belles soieries de Lyon ornées de franges d'or, des vestiges du luxe et des arts d'Europe. Le jardin était rempli des plus beaux arbres, mais il n'était percé d'aucune allée. Un grand berceau couvert de vignes et chargé des plus excellents raisins fut une ressource précieuse. Le bruit s'en répandit dans le camp, qui accourut en masse ; la vendange fut bientôt faite. Les divisions qui avaient pris le camp d'Embabéh étaient dans l'abondance ; elles y avaient trouvé les bagages des beys et des kachefs, des cantines pleines de confitures et de sucreries. Les tapis, les porcelaines, l'argenterie étaient en grande abondance. Pendant toute la nuit, au travers des tourbillons de flammes des trois cents bâtiments égyptiens en feu, se dessinaient les minarets du Caire. La lueur se réfléchissait jusque sur les parois des Pyramides. Pendant les jours qui suivirent la bataille, les soldats furent occupés à pêcher les cadavres ; beaucoup avaient deux ou trois cents pièces d'or sur eux. La perte de l'armée française fut de trois cents hommes tués ou blessés. Celle de l'ennemi, en tués, blessés, noyés ou prisonniers, se monta à dix mille mameluks, Arabes, janissaires, Azabs, etc.

VII. A la pointe du jour, la division Vial passa dans l'île de Roudah et mit un bataillon dans le mékias. Les tirailleurs franchirent le canal et se logèrent dans la maison de campagne d'Ibrahim-Bey. Le vent du nord soufflait avec force, cependant la flottille n'arrivait pas. Le contre-amiral Perrée fit enfin connaître qu'on ne devait plus compter sur lui ; que les bâtiments étaient échoués ; qu'il ne pourrait arriver que quand le Nil aurait monté d'un pied. Cette contrariété était extrême. Le Caire était fort agité. Une partie de la population pillait les maisons des beys devenues désormais propriétés françaises ; une autre partie était vivement sollicitée par Ibrahim-Bey, qui travaillait à donner du courage et une impulsion de défense à la population. Mais les milices du Caire avaient été battues, comme les mameluks, à la bataille des Pyramides ; tout ce que cette ville comptait d'hommes en état de porter les armes y avait pris part. Ils étaient consternés et découragés. Les Français leur paraissaient plus que des hommes.

La lettre au pacha, écrite d'Alexandrie, et traduite en arabe, fut répandue dans la ville. Un drogman fut envoyé aux ulémas et aux cheyks de Gama-el-Azhar. Ceux-ci se rassemblèrent, prirent le gouvernement de la ville, et résolurent de se soumettre. Ibrahim-Bey et le pacha se retirèrent à Birket-el-Hadji. Une députation des cheyks se rendit à Gizéh, ayant à sa tête le kiaya du pacha. Elle prit confiance dans la clémence du vainqueur. La ville attendait avec la plus vive inquiétude son retour. La députation se loua de l'accueil qu'elle avait reçu et des bonnes dispositions du sultan Kébir. Le général Dupuis entra au Caire comme commandant d'armes, prit possession de la citadelle et des principales positions. Il afficha la proclamation suivante du général en chef: « Peuple du Caire, je suis content de » votre conduite... Je suis venu pour détruire la » race des mameluks, protéger le commerce et les » naturels du pays. Que tous ceux qui ont peur se » tranquillisent; que ceux qui se sont éloignés re- » viennent. Que la prière ait lieu aujourd'hui comme » à l'ordinaire... Ne craignez rien pour vos familles, » vos maisons, vos propriétés et surtout pour la re- » ligion du prophète, que j'aime... Il y aura un di-

» van composé de sept personnes qui se réuniront
» à la mosquée de Ver[1]... »

Pendant la journée du 23 et du 24, tout ce que le Caire avait de distingué passa le Nil et se rendit à Gizéh pour voir le sultan Kébir et lui faire ses soumissions. Napoléon n'oublia rien de ce qui pouvait les rassurer, leur inspirer de la confiance et des sentiments favorables. Il était parfaitement secondé par son interprète, le citoyen Venture, qui avait passé quarante ans à Constantinople et dans différents pays musulmans ; c'était le premier orientaliste d'Europe ; il rendait tous ses discours avec élégance, facilité, et de manière à produire l'effet convenable.

Le 25, le général en chef fit son entrée dans le Caire et descendit à la maison d'Elfi-Bey, située sur la place d'Ezbekiéh, à une extrémité de la ville. Elle avait un très beau jardin et communiquait par la campagne avec Boulac et le vieux Caire. Les maisons des Français, des Vénitiens et des Anglais établis au Caire, fournirent au quartier général des lits, des chaises, des tables et autres meubles à l'usage des Européens. Plus tard, l'architecte Lepère bâtit un très bel escalier, et changea toute la distribution de la maison, afin de la rendre propre aux mœurs et aux usages français.

1. Il n'y a que ces trois lettres dans le manuscrit.
(Note de Las Cases.)

Les femmes des mameluks étaient effrayées. Un des premiers soins du général en chef fut de les rassurer. Il employa à cet effet l'influence de la femme de Mourad-Bey, qui était la principale. Cette femme avait été à Aly-Bey. Elle jouissait dans la ville d'une haute considération. Il lui envoya le capitaine Beauharnais, son beau-fils, pour la complimenter et lui porter un firman qui lui confirmait la propriété de tous ses villages. Elle était extrêmement riche, avait un grand train de maison, et le sérail à la tête duquel elle se trouvait était composé d'une cinquantaine de femmes de tous les pays et de toutes les couleurs. Les officiers de son palais eurent beaucoup de peine à les contenir; toutes ces esclaves voulaient voir le jeune et joli Français. Sitti-Néfiséh reçut le messager du sultan Kébir avec dignité et grâce. Elle le fit entrer dans le sérail, lui fit, avec beaucoup de gentillesse, les honneurs d'une élégante collation, et lui offrit une bague d'une assez grande valeur. Cependant, comme les trésors des mameluks étaient dans les mains de leurs femmes, et que le trésor de l'armée éprouvait beaucoup de difficultés à faire face aux besoins du soldat, elles durent, selon l'usage du pays, racheter les richesses des maris en les soumettant à une contribution proportionnée à leur fortune.

Rassurés sur leurs personnes et leurs propriétés, les habitants le furent bientôt sur l'article si essentiel de leur religion. Les imans continuèrent à faire la lecture dans les mosquées, les mouezzins continuèrent leurs cris, au haut des minarets, à toutes les heures de la nuit. Les ulémas et les grands cheyks furent l'objet spécial de l'attention, des cajoleries de Napoléon. Il leur confirma tous leurs villages, tous leurs privilèges, et les environna d'une plus haute considération que celle dont ils avaient joui jusqu'alors. Ils formèrent le divan. C'est d'eux dont il se servit pour le gouvernement du pays.

Malgré l'ordre de remettre les armes, un grand nombre de fusils existaient encore dans l'intérieur des harems. Un pacha ou un bey ne faisait pas difficulté de faire arrêter, bâtonner, sans aucune formalité, l'habitant qui lui avait déplu, même de lui faire couper la tête ; mais jamais il ne violait l'intérieur du harem. Le mameluk est esclave du maître partout ailleurs que dans l'intérieur de la maison, où il est inviolable ; cet usage fut respecté. La confiance s'établit. Mourad-Bey fut très sensible aux égards que l'on eut pour ses femmes, et laissa dès lors entrevoir des dispositions pacifiques.

La nouvelle de la bataille des Pyramides se répandit avec une singulière rapidité dans tous les déserts et dans toute la basse Egypte. Les circulaires des ulémas du Caire et des chefs de la religion furent lues et affichées dans toutes les mosquées. Cela rétablit les communications sur les derrières de l'armée avec Alexandrie et Rosette. L'état-major reçut des nouvelles du général Kléber, commandant à Alexandrie ; du général Menou, commandant à Rosette, et de l'amiral Brueys, commandant l'escadre. Celle-ci était encore mouillée à Aboukir, ce qui excita l'étonnement et le mécontentement du général en chef.

VIII. L'armée était depuis dix jours au Caire, elle restait immobile. Mourad-Bey réorganisait ses débris dans la haute Egypte. De Belbeis, Ibrahim-Bey exerçait son influence sur toute la basse Egypte : il commandait dans le Charkièh, dans une partie du Kélioubièh, à Damiette, et dans une partie du Delta. Il se renforçait tous les jours par de nouvelles levées. Il était de la plus haute importance, afin de pouvoir jouir tranquillement de la basse Egypte, de le chasser au delà du désert. Mais les soldats s'accoutumaient difficilement au pays, quoique leur position se trouvât fort améliorée.

Le 2 août, le général Leclerc se porta à El-Khancah pour observer de plus près Ibrahim-Bey. El-Khancah est à six lieues du Caire. Il avait ordre d'y organiser une manutention. Le général Murat marcha sur le Kélioubièh pour soumettre cette partie et lever des chevaux. Le général Reynier campa à la Coubbé. Le 5 août, Ibrahim-Bey partit de Belbeis, dans la nuit, et cerna l'avant-garde à El-Khancah. La fusillade et la mitraille le tinrent en respect. Les généraux Murat et Reynier, au bruit du canon, marchèrent sans perdre de temps sur El-Khancah. Ils arrivèrent à temps pour recueillir l'avant-garde, qui opérait sa retraite. Ils repoussèrent Ibrahim-Bey et le jetèrent sur Belbeis. Napoléon donna le commandement du Caire à Desaix ; il lui recommanda d'activer les préparatifs pour l'expédition de la haute Egypte, et se mit aussitôt en opération avec l'armée. Celle-ci, dès qu'elle sut qu'elle allait quitter le Caire, fit entendre des murmures. Le mécontentement prit une couleur de sédition et de complot inconnue jusqu'alors. Les régiments se firent des députations ; plusieurs généraux se concertèrent entre eux. « Il était inouï qu'on prétendît, dans le fort de la canicule, faire marcher des troupes dans des déserts sans eau, et les exposer, sans ombre, au soleil brûlant du tropique. » Cependant le 7, à la pointe du jour, les divisions prirent les armes. La 9ᵉ de ligne devait ouvrir la marche : c'était celle qui avait le plus mauvais esprit. Le général en chef se porta sur son front, lui témoigna son mécontentement, et ordonna au colonel de faire demi-tour à droite et de rentrer dans la ville, disant avec dureté : « *Soldats de la 9ᵉ, je n'ai pas besoin de vous.* » Il ordonna à la 32ᵉ de rompre par peloton et d'ouvrir la marche. Cela fut suffisant pour déjouer le complot. La 9ᵉ obtint, après de longues sollicitations, de faire partie de l'expédition. Elle marcha la dernière. L'armée coucha le 7 à El-Khancah ; le 8, à Belbeis. Elle suivit la lisière du désert, mais ayant à sa gauche le pays cultivé, un grand nombre de villages et presque une forêt continuelle de palmiers. Belbeis est une grosse bourgade ayant plusieurs milliers d'habitants : c'est un chef-lieu. Ibrahim-Bey en était parti depuis douze heures et s'était retiré sur Salhéyéh. On campa le 9 dans la forêt de palmiers de Koraïm. La caravane de la Mecque était arrivée depuis plusieurs jours sur les frontières de l'Egypte. L'Emir-Aga, avec son escorte, s'était joint à Ibrahim-Bey. Les Arabes Houâtat et Billis crurent pouvoir, sans courir aucun danger, profiter de cette occasion pour la dépouiller : ils s'emparèrent de toutes les marchandises. El-Marouki, un des principaux négociants, vint se jeter aux pieds du général avec deux de ses femmes, et implora sa protection. On lui avait enlevé deux de ses esclaves et pour cent mille écus de marchandises. Cette famille malheureuse fut accueillie. Elle fut touchée des égards et de la courtoisie française. Les femmes, autant que l'on en put juger par la délicatesse de leurs jolies mains, la grâce de leur démarche, l'accent de leur voix et leurs grands yeux noirs, étaient jolies. Les enquêtes furent faites avec tant de soin et de zèle, que toutes les marchandises furent retrouvées. La caravane fut réorganisée et renvoyée sous bonne escorte au Caire, ce qui excita vivement la reconnaissance de la ville et du commerce.

Le 10, à deux heures après midi, l'avant-garde entra dans le bois de palmiers de Salhéyéh, et la cavalerie, forte de trois cent cinquante chevaux, arriva près de la mosquée. Elle y trouva encore Ibrahim-Bey avec sa maison ; il venait de recevoir l'alarme et était occupé à faire charger les chameaux qui portaient ses femmes et ses richesses. Il fit bonne contenance ; il avait douze cents mameluks et cinq cents Arabes. L'infanterie était encore à deux lieues. Deux pièces d'artillerie à cheval et soixante officiers montés joignirent la cavalerie. Mais la chaleur était étouffante. L'infanterie avait peine à suivre dans ces sables mobiles. Cependant les pièces engagèrent bientôt la canonnade. La cavalerie française exécuta alors quelques charges. Elle prit deux chameaux qui portaient deux petites pièces de canon légères, et cent cinquante autres chameaux chargés d'effets de peu de valeur, qu'Ibrahim-Bey abandonna pour accélérer sa marche. Désespéré de voir ce beau convoi échapper, le colonel Lasalle exécuta une nouvelle charge, où il perdit une trentaine d'hommes tués ou blessés, sans pouvoir forcer l'arrière-garde ennemie, qui était composée de six cents mameluks. Ibrahim-Bey continua sa retraite, s'enfonçant dans le désert ; il séjourna à Katiéh, d'où il gagna El-Arich et la Syrie ; il fut accueilli par Djezzar-Pacha. Pendant le combat de Salhéyéh, les cinq cents Arabes se séparèrent d'Ibrahim-Bey ; ils prirent une position sur ses flancs, et envoyèrent une députation aux Français pour leur demander la permission de charger de concert avec la cavalerie française. Mais ils se gardèrent bien d'affronter ces terribles mameluks : un de ceux-ci faisait fuir vingt Arabes. Les aides de camp Sulkouski, Duroc, Beauharnais, le colonel Destrées, qui fut grièvement blessé, se distinguèrent dans cette charge. Salhéyéh est à trente lieues du Caire et à soixante-seize lieues de Gaza ; c'est le dernier point où arrive aujourd'hui l'inondation du Nil. Au delà des palmiers de Salhéyéh commence le désert aride qui sépare l'Afrique de l'Asie. Il était nécessaire d'y établir un fort ; ce serait à la fois une vedette pour observer le désert et une place de dépôt pour l'armée qui serait obligée de manœuvrer sur cette frontière ou même qui voudrait se porter en Syrie. Le général Caffarelli du Falga donna les instructions convenables pour le système de fortifications qu'il fallait suivre.

Le 12, la division Dugua se porta sur Damiette, dont elle s'empara sans difficulté. Première ville de la basse Egypte après le Caire, elle était le centre d'un grand commerce. Sa douane rendait autant que celle d'Alexandrie. Le général Dugua trouva des magasins très considérables de riz appartenant aux beys. Il fit établir une batterie pour défendre le Bogaz. Il s'empara du lac Menzaleh, du château de Tinéh. Une brigade d'officiers du génie, une avant-garde de trois bataillons d'infanterie, d'un escadron de cavalerie et d'une batterie d'artillerie, prirent position à Salhéyôh. Le reste de l'armée repartit pour le Caire. Le 12, dans la nuit, des hommes arrivés de Damiette donnèrent vaguement la nouvelle qu'un grand combat naval avait eu lieu à Alexandrie, que les Français avaient été vainqueurs, qu'un grand nombre de vaisseaux avaient été brûlés ; on n'y prêta aucune attention.

IX. A mi-chemin de Koraïm à Belbeis, un courrier d'Alexandrie remit au général Berthier des nouvelles de France apportées par un aviso qui était heureusement entré dans le port. Une lettre du ministre de la guerre lui faisait connaître la loi du 22 floréal, et ordonnait qu'elle fût mise à l'ordre du jour. Le Directoire et le Corps Législatif avaient cassé une partie des élections faites par les conseils électoraux. Ils attentaient ainsi à la souveraineté du peuple. Cela fit le plus mauvais effet dans l'armée. « *Ils sont à Paris*, disait-on, *une poignée d'avocats qui parlent sans cesse de principes, mais qui ne veulent que le pouvoir; ils se moquent de nous.* » Ce courrier portait une nouvelle plus importante pour l'armée : Kléber rendait compte de la destruction de l'escadre. Ce malheureux événement avait eu lieu à Aboukir le 1er août. Le courrier avait mis douze jours en route, ayant été obligé de marcher avec des escortes d'infanterie. « En arrivant devant Alexan-

» drie, dit Napoléon, je demandais à la fortune
» qu'elle préservât mon escadre pour cinq jours ;
» elle en a accordé trente, et l'amiral n'a pas voulu
» mettre ses vaisseaux en sûreté dans le port. Il ne
» lui fallait cependant que six heures pour cela. Une
» implacable fatalité poursuit notre marine. Ce
» grand événement aura des conséquences qui se
» feront sentir ici et loin d'ici. » Les habitants du
Caire témoignèrent une véritable satisfaction du retour de l'armée. Les ulémas de Gama-el-Azhar présentèrent au lever les principaux négociants ; ils témoignèrent leur gratitude pour la protection accordée à la caravane ; ils exprimèrent le désir de voir bientôt occuper la haute Égypte, qui était nécessaire pour les approvisionnements et le bien-être du Caire.

La catastrophe de l'escadre avait consterné les Français. « *Nous voilà donc*, disait-on, *abandonnés* » *dans ce pays barbare, sans communication sans* » *espérance de retourner chez nous.* » Le général en chef parla aux officiers et aux soldats : « Eh bien !
» dit-il, nous voilà dans l'obligation de faire de
» grandes choses, nous les ferons ; de fonder un
» grand empire, nous le fonderons. Des mers, dont
» nous ne sommes pas maîtres, nous séparent
» de la patrie ; mais aucune mer ne nous sépare ni
» de l'Afrique ni de l'Asie. Nous sommes nombreux,
» nous ne manquerons pas d'hommes pour recru-

» ter nos cadres. Nous ne manquerons pas de mu-
» nitions de guerre, nous en avons beaucoup ; au
» besoin Champy et Conté nous en fabriqueront. »
Les esprits s'électrisèrent. On cessa de se plaindre.
On s'occupa à s'établir sérieusement. Tous les Français s'exhortèrent les uns les autres à être dignes
de leur propre renommée ! Le plus grand obstacle
que l'on éprouva fut la rareté de l'argent et la difficulté de s'en procurer.

L'administration s'organisa dans toutes les provinces de la basse Égypte. Des remontes nombreuses
arrivèrent dans le dépôt central du Caire. Les contributions se perçurent. Trois chaloupes canonnières
à fond plat, portant chacune une pièce de vingt-quatre et quatre pièces de quatre, ne tirant que
deux pieds d'eau, furent construites sur les chantiers du Caire. Une descendit dans le lac Bourlos, et
les deux autres dans le lac Menzaléh. Chacune de
ces chaloupes pouvait porter jusqu'à deux cents
hommes. Elles avaient quatre caïques ne tirant qu'un
pied d'eau et portant une pièce de trois. Ces lacs
furent, par là, entièrement maîtrisés. Les officiers
du génie firent travailler avec activité au rétablissement du canal d'Alexandrie ; le Nil y entra ; la place
fut approvisionnée d'eau, les trois citernes remplies,
et la navigation qui eut lieu pendant six semaines,
permit de garnir les magasins de blé, de riz et d'autres denrées nécessaires sur ce point important. Les

officiers commandant les provinces portèrent la plus grande activité à réprimer les insurrections suscitées par la turbulence des Arabes. Cela donna lieu à quelques combats peu importants où la supériorité de l'armée française s'établit dans l'esprit des Orientaux.

Le 28 août, Desaix partit enfin pour la haute Égypte avec quatre ou cinq mille hommes de toutes armes, dont cinq cents de cavalerie, montés sur d'excellents chevaux, et une flottille qui lui assurait la supériorité sur le Nil et les canaux. Mourad-Bey évacua toute la province de Gizéh et de Beni-Soueif, et, en peu de jours, le pavillon tricolore fut arboré sur les deux rives jusqu'à quarante lieues du Caire. L'arsenal, les salles d'artifice, les magasins d'artillerie furent réunis à Gizéh, et l'enceinte, qui consistait en une grande muraille, fut fortifiée par des redoutes, des flèches et de bonnes batteries. La citadelle du Caire fut mise dans un état respectable. La communication avec Alexandrie, Rosette et Damiette n'éprouvait aucun obstacle. La maison de campagne d'Ibrahim-Bey, située sur la rive droite du Nil, forma une tête de pont à l'île de Roudah, et fut transformée en un grand hôpital qui contenait six cents malades. Deux autres des plus grandes maisons du Caire furent destinées au même service. Toutes les parties de l'administration s'organisèrent avec une singulière activité, pendant les mois d'août et de septembre. L'Institut établit ses bibliothèques, ses imprimeries, ses mécaniques, son cabinet de physique dans un des plus beaux palais de la ville.

X. En 1798, l'escadre française arrive devant Alexandrie, le 1ᵉʳ juillet à dix heures du matin. Elle opère le même jour son débarquement. Elle est, le lendemain, maîtresse d'Alexandrie. Le 10, elle arrive à Rahmaniéh sur le Nil. Le 13, elle donne une bataille. Le 21, elle en donne une autre. Le 23, elle entre au Caire ; les mameluks sont détruits. Toute la basse Egypte et la capitale sont soumises en vingt-trois jours.

Saint Louis paraît devant Damiette le 5 juin 1250. Il débarque le lendemain. L'ennemi évacue la ville de Damiette, il y entre le même jour. Du 6 juin au 6 décembre, c'est-à-dire pendant six mois, il ne bouge point de la ville. Au commencement de décembre il se met en marche. Il arrive, le 17, vis-à-vis de Mansourah, sur les bords du canal d'Achmoun. Ce canal, qui a été un ancien bras du Nil, est fort large et plein d'eau dans cette saison ; il y y campe deux mois. Le 12 février (1251), les eaux sont basses, il passe le canal, et livre une bataille huit mois après son débarquement à Damiette.

Si, le 6 juin 1250, les Français eussent manœuvré comme ils ont fait en 1798, ils seraient arrivés, le 12 juin, devant Mansourah, ils auraient trouvé le canal d'Achmoun à sec, car c'est le moment où les eaux du Nil sont le plus basses ; ils fussent arrivés le 25 juin au Caire ; le grand bras du Nil, à cette époque, n'a que cinq pieds d'eau ; ils auraient conquis la basse Egypte et la capitale dans le mois de leur arrivée. Lorsque le premier pigeon porta au Caire la nouvelle du débarquement de saint Louis à Damiette, la consternation fut générale ; on ne voyait aucun moyen de résister. La dépêche, lue aux mosquées, fit répandre des torrents de larmes. A chaque instant on s'attendait à apprendre la nouvelle de l'arrivée des Français à Mansourah et aux portes du Caire. Mais, en huit mois, les musulmans eurent le temps de revenir de tout étonnement et d'appeler des secours. Des troupes accoururent de la haute Egypte, de l'Arabie et de la Syrie. Saint Louis fut battu, fait prisonnier et chassé de l'Egypte.

Si, en 1798, les Français eussent manœuvré comme saint Louis, s'ils eussent passé juillet, août, septembre, octobre, novembre et décembre, sans quitter les environs d'Alexandrie, ils auraient trouvé en janvier et février des obstacles insurmontables. Damanhour, Rahmanich et Rosette auraient été retranchés, couverts de canons et de troupes, ainsi que le Caire et Gizéh. Douze mille mameluks, quinze ou vingt mille Arabes à cheval, et quarante ou cinquante mille janissaires, Azabs ou milices, eussent été réunis et retranchés dans ces positions. Le pacha de Jérusalem, celui d'Acre, celui de Damas, le bey de

Tripoli, eussent envoyé des secours aux fidèles. Quelques succès que l'armée française eût pu avoir dans des rencontres, la conquête eût été impossible, et il eût fallu se rembarquer. En 1250, l'Egypte était moins en état de se défendre, et plus dépourvue de défenseurs qu'en 1798 ; mais saint Louis ne sut pas en profiter. Il passa huit mois à prier, lorsqu'il eût fallu les passer à marcher, combattre et s'établir dans le pays.

III

BATAILLE NAVALE DU NIL

1. Mouvement des escadres anglaises dans la Méditerranée, en mai, juin
Juillet 1798. — 2. L'escadre française reçoit l'ordre d'entrer dans le port
vieux ; elle le peut, elle ne le fait pas. — 3. L'amiral s'embosse dans la
rade d'Aboukir; mécontentement du général en chef. — 4. Bataille navale (1er août). — 5. Effet de la bataille navale sur le peuple d'Egypte. —
6. Effet de la perte de l'escadre française sur la politique de l'Europe.

I. En février 1798, le ministre anglais fut instruit que des armements considérables se préparaient à Brest, à Rochefort, à Toulon, à Gênes, au Ferrol et à Cadix ; que cent cinquante mille hommes étaient campés sur les côtes de la Normandie et de la Flandre ; que Napoléon, général en chef de l'armée d'Angleterre, environné de plusieurs des officiers les plus distingués de l'ancienne marine, parcourait les ports de l'Océan. Il pensa que la France voulait profiter de la paix qu'elle venait de conclure avec le continent pour terminer sa querelle avec l'Angleterre par une lutte corps à corps, et que les escadres réunies de Cadix et de Brest porteraient des armées en Angleterre et en Irlande. Mais il apprit le 12 mai que Napoléon était parti le 4 pour Toulon. Il donna aussitôt l'ordre à l'amiral Roger de se rendre avec dix vaisseaux de guerre devant Cadix pour renforcer l'escadre de l'amiral Saint-Vincent qui était devant ce port.

Cet amiral, parti le 16 mai des côtes de l'Angleterre, arriva le 24 à Cadix. Lord Saint-Vincent envoya sans délai dix vaisseaux renforcer la division légère de Nelson, composée de trois vaisseaux qui croisaient dans la Méditerranée. Nelson, avec treize vaisseaux et deux frégates, se présenta le 12 juin devant Toulon. Il y apprit que la flotte en était partie depuis fort longtemps. Il se rendit successivement devant la rade de Talamone, sur les côtes de Toscane, et devant Naples, où il arriva le 18 juin. Lord Saint-Vincent était resté avec vingt vaisseaux devant Cadix, admettant qu'il était possible que l'escadre française s'y présentât pour se réunir à l'escadre espagnole. Son ordre à Nelson était de ne respecter la neutralité d'aucune puissance, et soit que l'escadre française se portât devant Constantinople, dans la mer Noire ou au Brésil, de l'attaquer partout où il croirait pouvoir le faire avec avantage. Dans ces instructions qui ont été imprimées, il n'est pas question de l'Egypte. Nelson apprit à Naples que l'armée française assiégeait Malte. Il fit voile pour Messine. Lorsqu'il eut appris que l'escadre française, après s'être emparée de Malte, en était partie et paraissait se diriger sur Candie, il passa le détroit de Messine le 22 juin, et se dirigea sur Alexandrie, où il arriva le 28, au moment même où la flotte française reconnaissait le cap d'Aras, à trente lieues à l'ouest et au vent. Ne trouvant à Alexandrie aucun renseignement, il se dirigea sur Alexandrette, reconnut les Dardanelles, l'entrée de la mer Adriatique, et mouilla le 18 juillet à Syracuse en Sicile pour y faire de l'eau, croyant que l'escadre française avait passé dans l'Océan. Cependant il se porta le 24 juillet à Coron dans la Morée. Il interrogea un bâtiment grec venu d'Alexandrie, et en apprit que, trois jours après que l'escadre anglaise s'était présentée devant ce port, une flotte française y était arrivée, avait débarqué une armée nombreuse, qui le 2 juillet s'était emparée de la ville et depuis avait marché sur le Caire; que cette flotte était mouillée dans le port vieux. Il fit voile pour les côtes d'Egypte, où il arriva le 1er août.

II. Nous avons dit que l'amiral Brueys avait voulu mouiller à Aboukir pour opérer plus promptement le débarquement des effets de l'armée pendant que le capitaine Barré faisait l'inspection du port vieux. Cette inspection avait été terminée le 12 juillet. Le capitaine Barré s'exprimait dans les termes suivants :

« Alexandrie, le (sans date) an VI (1798).

» *Au général Bonaparte.*

» J'ai été chargé, de votre part et de celle de Brueys, de lever le plan et les sondes du port vieux. Je suis entré le 19 messidor (7 juillet) dans la rade de ce port, et j'ai commencé mes opérations, qui ont duré jusqu'au 24 dudit mois (12 juillet), où j'adressai le rapport du résultat de mon ouvrage au général Brueys et au commandant de division Dumanoir, qui, approuvant les dispositions que j'avais prises pour faire entrer l'escadre, en fit part officiellement à l'amiral, lequel me répondit le 2 thermidor (20 juillet). Je joins copie de sa lettre à mon rapport.

» *Signé* BARRÉ. »

Rapport fait par le capitaine de frégate Barré, commandant la frégate de la République l'Alceste, au général Brueys, commandant les forces navales de la République dans la Méditerranée, sur les moyens d'entrer dans le port vieux, à Alexandrie.

« Alexandrie, le 25 messidor an VI (13 juillet 1798).

» Les trois passes d'Alexandrie sont susceptibles, général, d'obtenir de la profondeur en faisant briser quelques roches qui se trouvent dans le milieu et sur les côtés, ce qui pourrait se faire aisément, ces roches étant très friables. D'ailleurs il n'existe dans la grande passe qu'un seul endroit où il serait nécessaire d'employer ce moyen, le rocher se trouvant dans le milieu de la passe, quoiqu'il y ait un passage de six brasses tribord et bâbord, et assez large pour passer des vaisseaux de ligne de premier rang.

» La passe du Marabout est large de trois cents toises et longue de cinq cents, et est très difficultueuse à raison de l'inégalité de ces fonds, qui ne donnent que quatre brasses, quatre brasses et demie. Mais celle du milieu, qui est la meilleure et celle où il y a le plus d'eau, a deux cents toises de large dans l'endroit le plus étroit sur six cent soixante de long, et donne dans toute son étendue six et sept brasses, excepté à l'entrée, où il n'y en a que cinq, et dans le milieu cinq et demie ; et je dois observer qu'il y a passage de chaque côté de ces hauts fonds et qu'alors il n'y a plus que le milieu qui n'offre que cinq brasses et demie à basse mer, les marées donnant tous les jours deux pieds et demi, et davantage dans les pleines lunes, et surtout dans le débordement du Nil.

» Il y a louvoyage dans les deux passes en portant la bordée dans la passe du Marabout et dans l'ouest du banc où s'est perdu *le Patriote*; et comme l'on rencontre alors la grande passe, on se trouve au large de tout danger, et l'on doit prendre pour remarque à terre, lorsque l'on sort, le château par la pointe de l'île du Phare bien effacé. Alors on est en dehors de tout, la sonde rapportant dix et douze brasses.

» Ces passes m'étant connues, j'ai mouillé des barriques goudronnées et bien étalinguées dans les deux principales passes; sur lesquelles barriques j'ai mis des pavillons rouges à tribord en entrant et des jaunes à bâbord. Il est essentiel, comme il y a plus d'eau sur tribord, de ranger la première bouée rouge, le fond donnant six brasses, et de continuer à gouverner à l'aire de vent indiquée dans le plan, conservant toujours le milieu des bouées, et alors venir en arrondissant pour éviter le banc qui est au sud-ouest des récifs. D'ailleurs on peut approcher la terre d'Alexandrie, le fond étant, jusque par le travers des Figuiers, de neuf et dix brasses.

» La troisième passe, à l'est de la pointe des Figuiers, peut recevoir des bâtiments du commerce, y ayant trois et quatre brasses dans toute la longueur de cette passe; et même dans un cas pressé, de fortes corvettes ou de petites frégates.

» Le port est sain partout, ainsi qu'il est aisé de le vérifier dans le plan que je vous adresse, et, s'il était nettoyé, il pourrait recevoir des bâtiments encore plus forts; cependant toutes les sondes rapportent neuf, dix et onze brasses.

» Je pense aussi qu'on pourrait pratiquer une passe du port vieux au port neuf, ce qui faciliterait beaucoup l'entrée et la sortie de ces deux ports ; mais elle ne peut encore avoir lieu, ainsi il n'y faut plus penser.

» Je dois encore vous faire observer qu'il serait essentiel que vous donnassiez l'ordre qu'on fabriquât des plateaux en fer pour établir des balises que rien ne puisse déranger, les bouées ayant l'inconvénient de chasser lorsqu'il y a beaucoup de mer.

» Je désire, général, avoir rempli vos intentions, ainsi que celles du général en chef, et mon avis en dernière analyse est que les vaisseaux peuvent passer avec les précautions d'usage que vous connaissez mieux que moi.

» *Signé* BARRÉ. »

Rien ne devait donc plus s'opposer à l'exécution de l'ordre précis que Napoléon avait donné à l'amiral Brueys, de faire entrer l'escadre dans le port vieux d'Alexandrie. Mais l'amiral était résolu à rester dans la rade d'Aboukir.

Cependant, pour mettre sa responsabilité à couvert, car l'ordre de Napoléon était positif et avait été réitéré plusieurs fois, d'entrer sans délai dans le port vieux, il feignit de n'ajouter aucune foi au rapport du capitaine Barré, et lui adressa la lettre suivante :

Lettre de l'amiral Brueys au citoyen Barré commandant l'Alceste, *en date du 2 thermidor an* VI (20 juillet 1798).

« J'ai reçu, citoyen, votre lettre du 30 messidor, et je ne peux que donner des éloges aux soins et aux peines que vous vous êtes donnés pour trouver une passe au milieu des récifs qui forment l'entrée du port vieux, et qui puisse permettre aux vaisseaux de guerre d'y aller mouiller sans courir aucun danger. Ce que vous me dites ne me paraît pas encore assez satisfaisant, puisqu'on est obligé de passer sur un fond de vingt-cinq pieds, et que nos vaisseaux de soixante-quatorze en tirent au moins vingt-deux ; qu'il faudrait par conséquent un vent fait exprès et une mer calme pour hasarder d'y passer sans courir les plus grands risques d'y perdre un vaisseau, d'autant que le passage est étroit, et que l'effet du gouvernail est moins prompt lorsqu'il y a peu d'eau sous la quille.

» Peut-être vos recherches vous feront-elles trouver quelque chose de plus avantageux, et je vous engage à ne les abandonner qu'après vous être assuré que l'espace compris entre la tour du Marabout et la côte de l'Est n'offre rien de mieux que l'endroit que vous avez fait baliser. Soyez persuadé que je ne négligerai pas de faire valoir la nouvelle preuve de zèle que vous aurez donnée dans cette occasion ;

ce qui, ajouté aux services distingués que vous avez déjà rendus, doit vous être un sûr garant des éloges et des récompenses que vous recevrez du gouvernement.

» Lorsque votre travail sera fini, il sera nécessaire que vous en fassiez part au général en chef, et, en lui envoyant un plan exact de vos sondes, vous lui ferez part de votre façon de penser sur la qualité des vaisseaux qu'on peut se permettre de faire entrer dans le port vieux avec la certitude de ne pas les risquer.

» *Signé* Brueys. »

III. La bataille des Pyramides, la soumission du Caire et les proclamations des ulémas avaient pacifié toute la basse Égypte. Les communications avaient été rétablies avec Rosette et Alexandrie. Le 30 juillet, le quartier général en reçut pour la première fois des nouvelles depuis le départ de Damanhour, c'est-à-dire depuis vingt jours. De trois lettres de l'amiral, une était du 10 juillet ; elle disait que la commission chargée de vérifier le travail du capitaine Barré, était occupée à sonder une nouvelle passe qui paraissait préférable à la passe ordinaire. Par une seconde, datée du 15, il rendait compte de diverses escarmouches qui avaient eu lieu au puits d'Aboukir entre les matelots et les Arabes, quelques matelots avaient été tués ; la communication avec Alexandrie et Rosette était interceptée par terre. Par la troisième, du 20 juillet, il donnait des nouvelles de Nelson, qui avait été aperçu par des bâtiments grecs entrés dans Alexandrie ; il disait : qu'il paraissait que l'escadre anglaise croisait entre Corfou et la Sicile ; qu'inférieure en forces à l'escadre française, elle n'osait s'en approcher ; que cependant, pour plus grande précaution, il avait vérifié son embossage, et qu'il occupait une position inexpugnable ; que sa gauche était couverte par l'île d'El-Bequier, avancée dans la mer à six cents toises du port ; qu'il avait fait occuper cette île par cinquante soldats d'infanterie et deux pièces de douze de campagne, jugeant prudent de la mettre à l'abri des tentatives de l'ennemi ; que ses deux plus mauvais vaisseaux, *le Guerrier* et *le Conquérant*, formaient la gauche de sa ligne d'embossage ; que, couvert par l'île, ils étaient hors de toute atteinte ; qu'il avait placé à son centre *le Franklin*, *l'Orient* et *le Tonnant*, un vaisseau de cent vingt et deux vaisseaux de quatre-vingts ; que des vaisseaux de soixante-quatorze ne se placeraient pas impunément sous cette redoutable batterie ; que sa droite était en l'air, et fort éloignée de terre, mais qu'il était impossible à l'ennemi de la tourner sans perdre le vent, qui, dans cette saison, souffle constamment du nord-ouest ; que, si ce cas arrivait, il appareillerait avec sa gauche et son centre, et attaquerait l'ennemi à la voile.

Le général en chef, extrêmement étonné et fort mécontent de ces dispositions de l'amiral, dépêcha sur-le-champ le capitaine Julien, son aide de camp, avec ordre de s'embarquer sur *l'Orient*, et de ne pas débarquer qu'il n'eût vu toute l'escadre mouillée dans le port vieux ; il écrivit à l'amiral que, depuis vingt jours, il avait eu le temps de s'assurer si son escadre pouvait, ou non, entrer dans le port vieux ; pourquoi donc n'y était-il pas entré ? ou pourquoi n'avait-il pas, conformément à ses ordres, appareillé pour Corfou ou pour Toulon ? Qu'il lui réitérait l'ordre de ne point rester dans cette mauvaise position et de lever l'ancre immédiatement ; qu'Aboukir était une rade foraine, puisque son aile droite ne pouvait être protégée par la terre ; que le raisonnement qu'il faisait serait plausible, s'il était attaqué par des forces égales ; mais les manœuvres de l'amiral anglais, depuis un mois, indiquaient assez qu'il attendait un renfort de devant Cadix, et qu'aussitôt que les renforts l'auraient joint, il se présenterait devant Aboukir peut-être avec dix-huit, vingt ou vingt-cinq vaisseaux ; qu'il fallait éviter toute bataille navale, et ne mettre sa confiance que dans le port vieux d'Alexandrie. Le capitaine Julien fut attaqué près d'Al-Kam par un parti d'Arabes ; le bâtiment sur lequel il était fut pillé, et ce brave officier assassiné en défendant ses dépêches. Il ne pouvait d'ailleurs arriver que le lendemain du désastre qu'il était chargé de prévenir.

Tous les rapports d'Alexandrie contenaient des plaintes contre l'escadre ; elle était sans discipline, les matelots descendaient à terre et sur la plage, les ports d'Alexandrie et de Rosette étaient encombrés des chaloupes des vaisseaux ; à bord on avait cessé les exercices, on ne faisait jamais de branle-bas ; aucune escadrille légère n'était à la voile, pas même une frégate ; des bâtiments suspects paraissaient tous les jours à l'horizon sans qu'ils fussent chassés, et, de la manière dont se faisait le service, l'escadre pouvait être surprise d'un moment à l'autre. Le général en chef écrivit à l'amiral pour lui témoigner son mécontentement de toutes ces négligences ; il ne concevait pas comment il ne profitait point de la protection du port vieux d'Alexandrie ; l'île qui appuyait la gauche de la ligne d'embossage, n'étant pas occupée par une trentaine de bouches à feu, lui était inutile, il eût fallu y placer douze pièces de trente-six en fer, quatre de seize ou dix-huit, de bronze, avec un gril à boulets rouges et sept ou huit mortiers à la Gomer de douze pouces ; alors vraiment la gauche eût été en sûreté ; il ne pouvait pas pénétrer les raisons qui avaient porté l'amiral à laisser les deux vaisseaux de soixante-quatre dans le port d'Alexandrie ; ces deux vaisseaux étaient neufs et d'une très bonne construction ; ils tiraient beaucoup moins d'eau que les vaisseaux de soixante-quatorze ; ils pouvaient être placés avec avantage entre la gauche de sa ligne et l'île ; ces vaisseaux étaient préférables au *Conquérant*, vieux vaisseau condamné depuis longtemps, qu'on n'avait armé à Toulon qu'avec du dix-huit ; toute la ligne d'embossage aurait pu également être renforcée d'une frégate par vaisseau, l'amiral en avait onze en tout [1]; les frégates vénitiennes étaient très bonnes, plus grandes et plus larges que les frégates françaises de quarante-quatre, elles pouvaient porter du vingt-quatre, elles tiraient moins d'eau, ce qui était un inconvénient pour leur marche, mais était un avantage pour la ligne d'embossage ; enfin six bombardes, dix chaloupes canonnières ou tartanes armées de vingt-quatre, étaient dans le convoi. Pourquoi ne pas les employer à fortifier la droite de la ligne d'embossage? Mille cinq cents matelots étaient dans le port d'Alexandrie sur le convoi ; l'amiral pouvait en renforcer les équipages, ce qui les aurait portés à cent hommes de plus que leur complet. Toutes ces réflexions faisaient naître des idées fort tristes et tourmentaient le général en chef. Mais, le 2 août au soir, il fut entièrement rassuré par l'arrivée d'une dépêche datée du

---

[1]. Quatre frégates se trouvèrent à la bataille ; les autres, au nombre de sept, dont deux armées en guerre et cinq armées en flûte, restèrent dans le port d'Alexandrie, ainsi que les deux vaisseaux de soixante-quatre dont il vient d'être parlé.

(*De Las Cases.*)

30 juillet. L'amiral lui écrivait : qu'il venait d'apprendre officiellement la nouvelle de la bataille des Pyramides et la prise du Caire ; qu'elle avait influé sur les Arabes, qui avaient sur-le-champ fait leur soumission ; qu'il avait trouvé une passe pour entrer dans le port vieux, qu'il la faisait baliser, que sous peu de jours, son escadre serait en sûreté, et qu'il demandait la permission de pouvoir immédiatement après se rendre au Caire ; qu'il avait fait reconnaître les batteries qui défendaient le port vieux, qu'il n'avait que les plus grands éloges à faire des officiers d'artillerie et du génie, que tous les points étaient parfaitement défendus ; qu'une fois l'escadre mouillée dans le port vieux on pourrait dormir tranquille.

IV. Le 1ᵉʳ août, à deux heures et demie après midi, l'escadre anglaise apparut à l'horizon d'Aboukir, toutes voiles dehors. Il ventait grand frais nord-ouest. L'amiral était à table avec ses officiers. Une partie des équipages et des chaloupes étaient à Alexandrie, à Rosette ou à terre sur la plage d'Aboukir. Son premier signal fut d'ordonner le branle-bas ; son second, ordre aux chaloupes qui étaient à Alexandrie, à Rosette et à terre, de rejoindre leurs vaisseaux ; le troisième, ordre aux équipages des bâtiments de transport qui étaient à Alexandrie, de se rendre par terre à bord de ses vaisseaux pour en renforcer les équipages ; le quatrième, ordre de se tenir prêt à combattre ; le cinquième, ordre de se tenir prêt à appareiller ; le sixième, à cinq heures dix minutes, ordre de commencer le feu. L'escadre anglaise arrivait avec la plus grande rapidité, mais elle ne montrait que onze vaisseaux de soixante-quatorze, un de cinquante et une petite corvette. Il était cinq heures après midi, il ne paraissait pas possible qu'avec des forces si inférieures, l'amiral anglais voulût attaquer la ligne. Mais deux autres vaisseaux étaient à l'ouest d'Alexandrie hors de vue. Ils n'arrivèrent sur le champ de bataille qu'à huit heures du soir. La ligne d'embossage de l'armée française était composée : la gauche, par *le Guerrier, le Conquérant, le Spartiate* et *l'Aquilon*, tous les quatre de soixante-quatorze ; *la Sérieuse*, frégate de trente-six, était derrière *le Guerrier* ; le centre, par *le Peuple-Souverain* de soixante-quatorze, le *Franklin* de quatre-vingts, *l'Orient* de cent vingt, *le Tonnant* de quatre-vingts, *l'Artémise*, frégate de quarante, *l'Alerte* et *le Castor*, deux petites corvettes, mouillaient derrière l'amiral ; la droite était composée de *l'Heureux* de soixante-quatorze, *le Timoléon* de soixante-quatorze, *le Guillaume-Tell* de quatre-vingts, que montait l'amiral Villeneuve, *le Mercure* de soixante-quatorze, *le Généreux* de soixante-quatorze ; derrière *le Généreux* étaient mouillées les frégates *la Diane* et *la Justice*, chacune de quarante-quatre, les meilleures de la flotte. L'escadre anglaise marchait dans l'ordre suivant : 1° *le Culloden* en tête, 2° *le Goliath*, 3° *le Zélé*, 4° *l'Orion*, 5° *l'Audacieux*, 6° *le Thésée*, 7° *le Vanguard*, vaisseau amiral, 8° *le Minotaure*, 9° *le Bellérophon*, 10° *la Défense*, 11° *le Majestueux*, tous de soixante-quatorze, 12° *le Léandre* de cinquante, et *la Mutine*, corvette de quatorze canons, 13° *l'Alexandre*, 14° *le Swiftsure*, ces deux vaisseaux étaient hors de vue, à l'ouest d'Alexandrie.

L'opinion générale, dans l'escadre française, était que la bataille serait remise au lendemain, si toutefois d'autres vaisseaux ne venaient renforcer l'ennemi dans la nuit; car il ne paraissait pas possible que Neslon risquât une bataille avec ceux qu'il montrait. Le branle-bas fut fort mal fait. On laissa subsister sur *l'Orient* les cabanes construites pour les passagers. *Le Guerrier* et *le Conquérant* ne dégagèrent qu'une seule batterie et encombrèrent la batterie du côté de terre. Il paraît que Brueys avait le projet d'appareiller, mais qu'il attendait les matelots d'Alexandrie, qui n'arrivèrent qu'à neuf heures du soir. Cependant l'escadre ennemie était à portée de canon, et au grand étonnement des deux armées, l'amiral français ne faisait pas le signal de commencer le feu. L'ordre de Nelson fut d'attaquer vaisseau par vaisseau, chaque vaisseau jetant l'ancre et se plaçant par le travers de la proue du vaisseau français. *Le Culloden*, destiné à attaquer *le Guer-*

rier, qui formait l'extrême gauche de l'armée française, voulant passer entre *le Guerrier* et l'île d'El-Bequier, toucha et s'échoua. Si cette île eût été armée de gros canon, il eût été obligé d'amener; du moins il fut inutile pendant toute la bataille. *Le Goliath*, qui le suivait, passa entre lui et la ligne française. Il voulut jeter l'ancre et mouiller par le travers de la proue du *Guerrier*, mais il fut entraîné par le vent et le courant; il doubla *le Guerrier* qui, ayant sa batterie de tribord embarrassée, ne put s'en servir. Le capitaine du *Goliath* fut surpris de ne recevoir aucune bordée ni du *Guerrier* ni du *Conquérant*, pendant que le pavillon français y flottait; il ne connut depuis qu'avec étonnement la raison de cette contradiction. Si *le Guerrier* eût été mouillé sur quatre ancres, plus près de l'île, il eût été impossible de le doubler. *Le Zélé* imita la manœuvre du *Goliath*; *l'Orion* suivit; mais il fut attaqué par la frégate française *la Sérieuse*. Cette attaque audacieuse retarda son mouvement; il mouilla entre *le Franklin* et *le Peuple-Souverain*. *Le Vanguard*, vaisseau amiral anglais, jeta l'ancre par le travers du *Spartiate*, troisième vaisseau de la ligne française. *La Défense*, *le Bellérophon*, *le Majestueux*, *le Minotaure*, suivirent son mouvement, et toute la gauche et le centre de la ligne française se trouvèrent engagés, jusqu'au huitième vaisseau *le Tonnant*. Les cinq vaisseaux de la droite ne prirent aucune part à l'action. L'amiral français et ses deux *matelots*[1], fort supérieurs par leur échantillon aux vaisseaux ennemis, firent des merveilles. Le vaisseau anglais *le Bellérophon* fut dégréé, démâté et obligé d'amener. Deux autres soixante-quatorze furent démâtés, obligés de s'éloigner; et si, dans ce moment, le contre-amiral Villeneuve eût appareillé avec la droite et fût tombé sur la ligne anglaise, avec les cinq vaisseaux et les deux frégates sous ses ordres, la victoire était aux Français. Le vaisseau anglais *le Culloden* avait échoué, *le Léandre* était occupé à le relever, *l'Alexandre* et *le Swiftsure*, il est vrai, paraissaient en vue, mais étaient encore loin du champ de bataille, et *le Bellérophon* avait amené. Nelson ne soutenait le combat qu'avec dix vaisseaux. *Le Léandre*, voyant le danger que courait la flotte anglaise, abandonna *le Culloden*, et se jeta au milieu du feu. *L'Alexandre* et *le Swiftsure* arrivèrent enfin, se portèrent sur *le Franklin* et *l'Orient*. La bataille n'était rien moins que décidée et se soutenait avec assez d'égalité. Du côté des Français, *le Guerrier* et *le Conquérant* ne tiraient plus, mais c'étaient leurs plus mauvais vaisseaux; et du côté des Anglais *le Culloden* et *le Bellérophon* étaient aussi hors de combat. Les vaisseaux anglais avaient plus souffert

---

1. C'est-à-dire les deux vaisseaux mouillés à côté.
(*Général Bertrand.*)

que les vaisseaux français par la supériorité du feu de *l'Orient*, du *Franklin* et du *Tonnant*. Il était probable que le feu se soutiendrait ainsi toute la nuit, et qu'enfin l'amiral Villeneuve prendrait part à l'action. Mais, sur les neuf heures du soir, le feu prit à *l'Orient*. A dix heures il sauta, ce qui décida la victoire en faveur des Anglais. Son explosion fut épouvantable, pendant une demi-heure le combat cessa. La ligne française recommença le feu. *Le Spartiate*, *l'Aquilon*, *le Peuple-Souverain*, *le Franklin*, *le Tonnant*, soutinrent l'honneur de leur pavillon. La canonnade fut vive jusqu'à trois heures du matin, de trois à cinq elle se ralentit des deux côtés, à cinq heures elle recommença avec une nouvelle fureur. Qu'eût-ce été si *l'Orient* y avait pris part? A midi, le 2 août, le décret du destin était prononcé. Alors seulement l'amiral Villeneuve parut s'apercevoir qu'on se battait depuis dix-huit heures. Il coupa ses câbles et gagna le large avec *le Guillaume Tell* de quatre-vingts, *le Généreux* et les frégates *la Diane* et *la Justice*. Les autres vaisseaux de sa droite s'étaient jetés à la côte sans presque rendre de combat.

La perte et le désordre des Anglais furent tels, que, vingt-quatre heures après le commencement de la bataille, le pavillon tricolore flottait encore sur *le Tonnant*, et Nelson n'avait aucun vaisseau en état de l'attaquer, tant était grand le délabrement de son escadre. Il vit avec plaisir *le Guillaume Tell* et *le*

Généreux se sauver. Il ne fut pas tenté de les faire suivre. Il dut sa victoire à l'ineptie et à la négligence des capitaines du *Guerrier* et du *Conquérant*, à l'accident de *l'Orient*, et à la mauvaise conduite de l'amiral Villeneuve. Brueys déploya le plus grand courage. Plusieurs fois blessé, il refusa de descendre à l'ambulance. Il mourut sur son banc de quart, et son dernier soupir fut un ordre de combattre. Casabianca, capitaine de *l'Orient*, Thévenard, Dupetit-Thouars, officiers distingués, périrent avec gloire. Casabianca avait avec lui son fils. Quand il vit le feu gagner le vaisseau, il chercha à sauver cet enfant; il l'attacha sur un mât de hune qui flottait; mais cet intéressant enfant fut englouti par l'explosion. Casabianca sauta avec *l'Orient*, tenant à la main le grand pavillon national. L'opinion des marins des deux escadres est unanime: Villeneuve a toujours pu décider la victoire en faveur des Français, il l'a pu à huit heures du soir, il l'a pu à minuit après la perte de *l'Orient*, il l'a pu encore à la pointe du jour. Cet amiral a dit, pour sa justification, qu'il attendait le signal de l'amiral; mais au milieu des tourbillons de fumée, le signal ne put être aperçu. Est-il besoin d'un signal pour secourir ses camarades et prendre part au combat? D'ailleurs, *l'Orient* a sauté à dix heures du soir, le combat a fini le lendemain à midi, Villeneuve a donc commandé l'escadre pendant quatorze heures. Cet officier général ne manquait pas d'expérience de la mer, il manquait de résolution et de vigueur. Il avait le mérite d'un capitaine de port, mais non les qualités d'un soldat. A la hauteur de Candie, *le Guillaume Tell* et *le Généreux* se séparèrent. *Le Guillaume Tell* entra dans Malte avec les deux frégates ; *le Généreux*, commandé par le brave Lejoille, entra dans l'Adriatique, et donna la chasse au *Léandre*, le vaisseau de cinquante, qui était à la bataille d'Aboukir et allait en mission. Il le prit, après un combat de quatre heures, et le mena à Corfou. Les Anglais perdirent dans cette bataille huit cents hommes tués ou blessés. Ils prirent sept vaisseaux ; deux vaisseaux et une frégate échouèrent et furent pris ; un vaisseau et une frégate s'échouèrent et furent brûlés à la côte par leur équipage ; un vaisseau sauta en l'air ; deux vaisseaux et deux frégates se sauvèrent. Le nombre des prisonniers ou tués fut de près de trois mille hommes. Trois mille cinq cents entrèrent dans Alexandrie, dont neuf cents blessés rendus par les Anglais. Les capitaines du *Guerrier*, du *Conquérant*, de *l'Heureux*, du *Mercure*, du *Timoléon*, se couvrirent de honte. Les capitaines de la frégate *la Sérieuse*, du *Spartiate*, de *l'Aquilon*, du *Peuple-Souverain*, du *Franklin*, du *Tonnant*, méritèrent les plus grands éloges.[1]

---

[1] *La Sérieuse*, capitaine Martin. *Le Spartiate*, commandant Émériau, chef de division, blessé. *L'Aquilon*, commandant

V. Mille hommes, soldats de marine ou matelots, sauvés de l'escadre, furent incorporés dans l'artillerie et l'infanterie de l'armée; mille cinq cents formèrent une légion maritime, composée de trois bataillons; mille servirent à compléter les équipages des deux vaisseaux de soixante-quatre, des sept frégates et des bricks, corvettes ou avisos qui se trouvaient dans Alexandrie. L'ordonnateur de la marine Le Roy s'employa avec activité au sauvetage. Il sauva des pièces de canon, des boulets, des mâts, des pièces de bois. Le capitaine Ganteaume, chef d'état-major de l'escadre, qui s'était jeté à l'eau lorsqu'il avait vu *l'Orient* en flammes, et avait gagné terre, fut nommé contre-amiral et prit le commandement de la marine de l'armée.

L'amiral Brueys avait réparé autant qu'il avait été en lui, par son sang-froid et son intrépidité, les fautes dont il s'était rendu coupable : 1° d'avoir désobéi à l'ordre de son chef et de ne pas être entré dans le port vieux d'Alexandrie; il le pouvait dès le 8 juillet; 2° d'être resté mouillé à Aboukir, sans prendre les précautions convenables. S'il eût tenu une escadre légère à la voile, il eût été prévenu à la pointe du jour

---

Thévenard, chef de division, tué. Le *Peuple-Souverain*, commandant Racord, capitaine de vaisseau, blessé. Le *Franklin*, contre-amiral Blanquet-Duchayla, et Gilet, capitaine de vaisseau, tous les deux blessés. Le *Tonnant*, commandant Dupetit-Thouars, chef de division, tué.

(De *Las Cases*.)

de l'approche de l'ennemi, et n'aurait pas été surpris; s'il eût armé l'île d'El-Bequier, et s'il se fût servi des deux vaisseaux de soixante-quatre, des sept frégates, des bombardes, des canonnières, qui étaient dans le port d'Alexandrie, et des matelots qui étaient à sa disposition, il se fût donné de grandes chances de victoire; s'il avait maintenu une bonne discipline, qu'il eût fait faire tous les jours le branle-bas, deux fois par jour l'exercice du canon, que deux fois par semaine au moins il eût inspecté lui-même ses vaisseaux, *le Guerrier* et *le Conquérant* n'auraient pas encombré leurs batteries de tribord. Cependant, malgré toutes ces fautes, si *l'Orient* n'eût pas sauté ou si l'amiral Villeneuve eût voulu prendre part au combat, et ne pas rester spectateur oisif, les Français pouvaient encore espérer la victoire. L'action de Nelson a été une action désespérée qui ne saurait être proposée pour modèle, mais où il a déployé, ainsi que les équipages anglais, toute l'habileté et la vigueur possibles, tandis que la moitié de l'escadre française a montré autant d'ineptie que de pusillanimité.

Peu de jours après la bataille, Nelson abandonna les parages d'Egypte et cingla vers Naples. Il laissa devant Alexandrie une croisière de trois vaisseaux de guerre. Quarante bâtiments napolitains qui faisaient partie du convoi, demandèrent à retourner à Naples; ils eurent quelques pourparlers avec la croisière anglaise. On leur permit de sortir ; mais à la sortie du port ils furent pris, amarinés et brûlés ; leurs équipages furent faits prisonniers. Cet événement eut le plus heureux effet pour l'armée. Il excita au plus haut point l'indignation des Génois et des autres matelots des côtes d'Italie qui faisaient partie du convoi ; ils firent, depuis, cause commune, et servirent l'armée de tout leur zèle.

Après le combat de Salhéyéh, le général en chef avait entamé une négociation avec Ibrahim-Bey. Ce bey comprit parfaitement tout ce que sa situation avait de déplorable. Il était à la disposition de Djezzar-Pacha, avec la réputation de posséder un grand trésor. Il se trouvait environné de dangers. On lui fit proposer de lui laisser, à lui et à tous ses mameluks, la propriété de tous leurs villages, celle de leurs maisons, de les prendre à la solde de la République, les beys comme généraux, les kachefs comme colonels ; de lui accorder le titre et les honneurs de prince. Cette proposition avait été écoutée. Un kachef de confiance s'était rendu au Caire. Mais huit jours après son arrivée, il reçut une lettre d'Ibrahim-Bey qui le rappelait. Ibrahim lui disait : que la destruction de l'escadre avait changé la situation des choses ; que, ne pouvant plus recevoir de secours et ayant des ennemis de tous côtés, les Français finiraient par être vaincus.

Quelques jours après la bataille des Pyramides, le

général en chef écrivit à Mourad-Bey et lui envoya le négociant Rosetti, homme habile, ami des mameluks, et consul de Venise. Il lui faisait les mêmes propositions qu'à Ibrahim-Bey. Il y ajoutait l'offre du gouvernement d'une des provinces de la haute Egypte, jusqu'à ce qu'il pût être revêtu d'une souveraineté en Syrie. Mourad-Bey, qui avait la plus haute estime pour l'armée française, accéda à ces propositions, et dit qu'il s'en remettait entièrement à la générosité du général français, dont il connaissait et estimait la nation ; qu'il se retirerait à Esné et aurait la jouissance de la vallée, depuis les *deux montagnes* jusqu'à Syène, avec le titre d'émir ; qu'il se regarderait comme sujet de la nation française et fournirait un corps de huit cents mameluks, à la disposition du général, pour être employé où il le jugerait nécessaire ; que tous les villages ou propriétés appartenant à lui ou à ses mameluks, lui seraient confirmés, et que, si le général étendait son pouvoir sur la Syrie, il acceptait la proposition éventuelle qu'il lui faisait d'y recevoir un établissement, mais qu'il s'entendrait sur cette question avec le général, qu'il désirait vivement voir. Rosetti partit avec cette dépêche. Il fut retardé fort longtemps à Beni-Soueif, et avant de quitter cette ville, il reçut une nouvelle lettre de Mourad-Bey, qui lui faisait connaître que, venant d'être instruit par le commandant de la croisière anglaise du désastre de l'escadre française à

Aboukir, il ne pouvait prendre aucuns engagements ; que, s'il les avait signés, il les tiendrait ; mais que, se trouvant encore libre, il voulait courir toutes les chances de sa fortune.

Koraïm, ce commandant d'Alexandrie, qui, le premier, s'était soumis aux armes françaises et avait alors rendu des services importants, eut des correspondances avec le commandant de la croisière anglaise. Il fut traduit devant une commission militaire et condamné à mort. Pendant quelques jours, le général en chef hésita ; mais il sacrifia la prédilection qu'il avait pour cet homme à l'urgence des circonstances qui voulaient un exemple. Des agents anglais débarquèrent à Gaza, communiquèrent avec Ibrahim-Bey, Djezzar-Pacha et les Arabes du désert de Suez. D'autres débarquèrent du côté de la tour des Arabes, agitèrent les tribus du Baheiréh, du désert, de la grande et de la petite Oasis, correspondirent avec Mourad-Bey, fournirent de l'argent, des munitions et des armes aux Arabes. Dans le courant de novembre, un régiment de cavalerie française fut surpris de se trouver au milieu d'Arabes armés de fusils anglais avec des baïonnettes. Le mauvais effet de la bataille d'Aboukir se faisait sentir au Caire même. Les amis des Anglais y propageaient avec exagération les conséquences de leur victoire. Mais l'escadre de Nelson ayant quitté les côtes d'Egypte, on parvint à convaincre les cheykhs qu'elle avait été poursuivie par une autre escadre française. D'ailleurs l'armée gagnait à vue d'œil. La cavalerie se remontait avec activité sur de superbes chevaux ; l'infanterie reposée s'accoutumait au pays. Bientôt elle fut tout autre dès que les chaleurs de la canicule furent passées. Les remontes des attelages d'artillerie étaient aussi nombreuses qu'il était nécessaire. Le mouvement de toutes les troupes, les fréquentes revues et exercices, confirmèrent tous les jours davantage la puissance française dans l'opinion des Arabes, et, en peu de semaines le sentiment qu'avait produit le désastre d'Aboukir ne laissa plus aucune trace.

VI. Nelson se rendit dans le port de Naples et y fut reçu en triomphe. Le roi et surtout la reine laissèrent voir à découvert la haine qui les animait contre la nation française : la guerre en fut une conséquence. Le roi de Naples entra dans Rome à la tête de soixante mille hommes en novembre 1798 ; mais il fut battu, repoussé, chassé de Naples, obligé de se réfugier en Sicile. La Russie et l'Autriche s'unirent à l'Angleterre et recommencèrent la guerre de la seconde coalition en mars 1799. Aussitôt que la Porte avait été instruite de l'invasion de l'Egypte, elle en avait témoigné du mécontentement, mais avec modération. Djezzar-Pacha, ayant expédié Tartare sur Tartare pour demander des secours et des pouvoirs, il lui avait été répondu de se défendre en Syrie si on l'y attaquait, mais de n'entreprendre aucune hostilité et de garder du sang-froid ; que le Grand Seigneur attendait des explications de Paris, et qu'il n'avait pas oublié que les Français étaient les plus anciens alliés de l'empire. L'Angleterre, l'Autriche, la Russie et Naples, firent de concert des démarches pour pousser la Porte à la guerre contre la République ; l'empereur Sélim s'y refusa constamment. Il attendait, disait-il, des explications ; mais, dans le fait, il n'avait garde de s'engager dans une guerre contre la France, ennemie de ses ennemis naturels, la Russie et l'Autriche. Il comprenait parfaitement qu'une fois que ses armées seraient engagées dans les déserts de l'Arabie, Constantinople serait exposée à la haine et à l'ambition des Russes.

Un officier du sérail, ayant la confiance particulière de Sélim, arriva au Caire par la voie de Derne avec la caravane des pèlerins. Il vit le général en chef ; il lui fit connaître les vraies dispositions de la Porte ; il demanda, ce qu'il obtint sur l'heure, que toutes les propriétés de la ville de la Mecque lui fussent confirmées, qu'un Ottoman fût nommé pour Emir-Aga, et qu'un corps de troupes musulmanes fût levé pour l'escorte de la caravane de la Mecque ; enfin, que le général donnât des explications sur ses projets, l'assurant que la Porte était résolue à ne rien faire avec précipitation, et à ne se laisser emporter par aucune passion. Cet officier séjourna plus de quarante jours au quartier général; il eut lieu d'être satisfait de ce que lui dirent les cheykhs du Caire des dispositions du sultan Kébir et des Français ; il s'embarqua sur la mer Rouge sous prétexte d'aller à la Mecque, et arriva à Constantinople dans le courant de décembre. Mais alors la Porte était entraînée ; la destruction de l'escadre d'Aboukir la laissait à la merci des escadres anglaise et russe. Les lettres des officiers français, interceptées par la croisière, et communiquées à la Porte par les ministres anglais, eurent aussi de l'influence sur ses dispositions. Ces officiers y montraient tant de mécontentement, ils y peignaient la disposition de l'armée comme tellement critique, que le Divan crut qu'il serait facile aux alliés de reprendre l'Egypte, et craignit qu'une fois maîtres de ce pays les Anglais ne le gardassent comme ils l'en menaçaient. Ce fut cette considération surtout qui le détermina à déclarer la guerre à la République.

IV

INSURRECTION DU CAIRE

1. Réunion du grand divan d'Egypte. — 2. La Porte déclare la guerre à la France. — 3. Fermentation de la ville. — 4. Insurrection du peuple. — 5. Restitution des livres saints. — 6. Fortifications. — 7. Suez (10 novembre). — 8. Passage de la mer Rouge. — 9. Canal des deux mers. — 10. Divers objets.

I. Les trois quarts des villages étaient sans moultezims. Ceux-ci avaient péri sur le champ de bataille des Pyramides. La circonstance paraissait favorable pour changer le système qui régissait les propriétés et y introduire les lois de l'Occident. Les avis étaient cependant partagés. Ceux qui ne voulaient aucune innovation disaient qu'il ne fallait pas se priver des moyens de récompenser les officiers de l'armée et d'accroître le nombre des partisans de la France ; que la nature des circonstances particulières à l'Egypte ne permettait d'imposer que le produit net ; que le territoire productif variait tous les ans selon le plus ou moins d'étendue de l'inondation, ce qui obligeait de le constater tous les ans par un cadastre ; que le produit d'un même champ étant différent selon la nature de la culture, il fallait à chaque récolte faire un inventaire des produits ; que l'intervention et l'autorité des moultezims était indispensable pour diriger et surveiller ces opérations, de leur nature si délicates ; qu'il était d'ailleurs plus important de s'attacher la classe intermédiaire, qui est susceptible de reconnaissance, que la multitude plus ignorante, plus crédule, plus ingrate encore en Orient que dans l'Occident ; enfin qu'il était surtout essentiel de ne favoriser aucun intérêt, et de n'autoriser aucune de ces injustices dont les effets se font longtemps sentir sur le crédit et sur l'esprit des sociétés. Il est vrai que tout ce qui était relatif aux propriétés et aux impositions était encore environné d'obscurité.

D'autres faisaient observer que sur trois millions d'habitants que contenait l'Egypte, deux millions six cent mille étaient paysans et éprouveraient une grande amélioration dans leur état et dans leur bien-être par l'affranchissement des terres dites atar, ce qui les attacherait d'affection à la France ; que tout ce qu'on disait sur la nécessité de n'imposer que le produit net était vrai partout, et sans doute plus particulièrement en Egypte, mais que l'intervention des moultezims n'y était nécéssaire en rien, et qu'une bonne direction des contributions qui embrasserait tout le pays ferait mieux et opérerait plus justement.

Depuis soixante ans que les mameluks avaient usurpé tous les pouvoirs, les institutions qui protégeaient le peuple avaient été abrogées. L'opinion réclamait des lois et des tribunaux réguliers pour assurer aux habitants la jouissance de deux grands bienfaits de l'état social, la sûreté des personnes et celle des propriétés. Dans la position où l'on se trouvait, il y avait quelques avantages à placer le peuple de ce pays dans une situation où il dévoilât lui-même son caractère et ses secrètes pensées, ce qui mettrait les Français à même de pouvoir s'assurer de ce qu'ils devaient espérer ou de ce qu'ils avaient à craindre du jeu de ses passions. Cela donna l'idée de réunir un grand divan composé de tous les notables et des députés des provinces, et de provoquer ses délibérations sur toutes ces importantes questions d'intérêt public.

Le grand divan tint sa première séance le 1er octobre, et se montra animé des meilleurs sentiments pour le nouvel ordre de choses. Il haïssait également les mameluks et les Osmanlis. Le gouvernement des uns et des autres était également contraire aux préceptes du Coran. Les premiers, nés infidèles, n'étaient pas sincèrement convertis à l'islamisme : les seconds étaient cupides, capricieux et ignorants. Les hommes instruits sentaient l'excellence des principes qui régissaient les nations de l'Europe ; ils étaient séduits par la perspective du bonheur qui devait résulter pour eux d'un bon gouvernement et d'une justice civile et criminelle fondée sur les saines idées. La gloire et le bonheur de la patrie arabe étaient chers à tous ; c'était une fibre de laquelle on pouvait un jour tout espérer.

La marche des discussions dans l'assemblée fut fort lente, soit par l'effet du caractère calme et silencieux des Orientaux, soit par le peu d'habitude qu'ils en avaient, soit à cause de la diversité des usages qui régissaient les provinces et de la difficulté de consulter le passé dans un pays où il ne s'imprime rien. Mais peu à peu les choses se réglèrent et on perdit moins de temps. Consulté sur la grande question s'il valait mieux conserver les lois et les usages qui régissaient les propriétés ou bien s'il était préférable qu'on y adaptât les lois de l'Occident, où les propriétés sont incommutables et transmissibles soit par des actes de dernière volonté, soit par des donations entre vifs, soit par des ventes librement consenties, le tout en suivant les lois et les formes établies, le grand divan n'hésita pas. Il déclara unanimement que les lois d'Occident étaient conformes à l'esprit du livre de vérité ; que c'était par ces principes qu'avait été régie l'Arabie du temps des califes ommiades, abassides et fatimites ; que le principe féodal que toute terre appartient au sultan avait été apporté par les Mongols, les Tartares et les Turcs ; que leurs ancêtres ne s'y étaient soumis qu'avec répugnance. Il discuta chaudement sur la suppression des moultezims et l'affranchissement des terres atar. Les imans craignirent pour les biens des mosquées, les moultezims étaient en majorité dans l'assemblée, les cheykhs-el-beled qui étaient députés des villages insistèrent seuls pour leur affranchissement. On désintéressa d'abord les imans en convenant que toutes les terres appartenant aux mosquées, de quelque nature qu'elles fussent, seraient louées à bail emphytéotique pour quatre-vingt-dix-neuf ans : les moultezims se récrièrent sur l'injustice dont on se rendrait coupable en les dépouillant. Mais il en restait peu, et on leur offrit la conservation des terres dites ousyéh qu'ils possédaient dans leurs villages, et une indemnité pour ce qu'ils perdraient par l'affranchissement des atar, laquelle serait prise sur les terres ousyéh des autres communes. Dans ce nouvel état de choses, quelle devait être la quotité du myry ? les uns dirent qu'on pouvait l'élever jusqu'à moitié du produit net, les autres pensaient qu'on ne pouvait point, sans faire souffrir l'agriculture, dépasser le quart. D'autres questions furent discutées dans cette assemblée, pendant vingt jours qu'elle fut réunie. Les lumières se propageaient, lorsque des événements extraordinaires vinrent détourner de ces grandes pensées qui devaient tant influer sur le bonheur de ces peuples, sur son esprit public, et le lier pour toujours à l'Occident.

II. Le gouvernement français avait contremandé l'expédition d'Irlande. Les Irlandais, à qui on avait promis de puissants secours, s'étaient insurgés ; après avoir longtemps tenu tête aux forces anglaises, ils avaient succombé. La Porte ne recevant aucune explication, l'ambassadeur français qui lui avait été annoncé ne venant pas, elle s'abandonna à l'impulsion de l'Angleterre et de la Russie, et déclara la guerre à la République. Pendant que Paris oubliait ou négligeait tout ce qui avait été convenu lorsqu'on avait arrêté le plan de campagne de 1798, Napoléon exécutait ponctuellement ce qu'il avait promis. Arrivé à Alexandrie, il se concilia l'amour des officiers de la caravelle turque; il écrivit au pacha, l'engagea à rester au Caire ; mais celui-ci obligé de suivre Ibrahim-Bey, y laissa seulement son kiaya ; il fit partout arborer le pavillon du Grand Seigneur avec le pavillon français; il fit continuer les prières dans les mosquées pour le sultan de Constantinople ; il satisfit aux désirs de la Porte en confiant la charge d'émir-aga à un Osmanli; il en revêtit le kiaya lui-même. La caravelle ayant reçu du capitan-pacha l'ordre de retourner à Constantinople, il fit réparer ses avaries, lui fournit des vivres à ses frais, et y fit embarquer le sieur

Beauchamp, savant astronome qui avait longtemps séjourné à Constantinople et dans la mer Noire; il lui confia une mission diplomatique; il ouvrit aussi plusieurs communications par Damas avec le reis-effendi. Mais toutes ces opérations furent contrariées par le silence et l'inertie du cabinet du Luxembourg.

La Porte avait déjà étendu le pouvoir de Djezzar-Pacha sur toute la Syrie. Alep, Tripoli, Damas, Jérusalem et Jaffa étaient sous ses ordres. A la fin d'octobre, elle le nomma sérasquier d'Egypte. Celui-ci expédia au cheykh Sadah le firman qui contenait la déclaration de guerre du Grand Seigneur contre la France. Napoléon alla dîner chez le cheykh. Quand il se trouva seul avec lui, il lui commanda impérieusement de lui remettre l'original du firman. Sadah nia en avoir connaissance, hésita, se contredit, et enfin le remit. Cependant mille bruits circulaient dans la ville; le capitan-pacha, disait-on, avait mouillé à Jaffa et avait débarqué une armée d'Osmanlis qui, accrue de l'armée de Djezzar, tirée d'Alep, de Damas, de Jérusalem, était innombrable; elle tarissait tous les puits de la Syrie. Ces nouvelles consternèrent le divan; il fut effrayé de voir les armes de la Porte réunies aux armes anglaises et russes, et commença à douter de l'issue de la guerre. Les plus zélés se refroidirent, ceux qui étaient froids et timides devinrent ennemis. De leur côté, Ibrahim-Bey, en Syrie, et Mourad-Bey, dans la haute Egypte, ne restaient pas oisifs. Les mameluks inondaient les provinces de menaces contre les cheykhs-el-beled qui avaient pris le parti des Français et cessaient de leur payer le fayz.

III. Les ingénieurs français travaillaient sans discontinuer aux fortifications et à l'armement de la citadelle. Ils avaient d'abord réparé les fronts du côté de la campagne, ce qui n'avait point excité l'attention du peuple; mais lorsqu'en continuant l'ordre de leur travail, ils arrivèrent au front de fortifications du côté de la ville, qu'ils firent démolir une grande quantité de kiosques, de maisons et une mosquée qui obstruaient les remparts; que sur les décombres ils élevèrent de fortes batteries, les habitants témoignèrent hautement leurs inquiétudes : « Pourquoi braque-t-on des canons contre nous? ne sommes-nous pas des amis? nourrirait-on contre nous de méchants desseins ? »

La ville était séparée en cinquante quartiers, fermés par des enceintes particulières. Les portes s'en ouvraient ou s'en fermaient, suivant la volonté des chefs de quartiers. La moindre négligence dans le service interrompait les communications et donnait lieu à beaucoup de rixes avec les soldats. Cela formait des barricades perpétuelles qui étaient dangereuses pour l'autorité française et excitaient la confiance et l'insolence du peuple. La circonstance de la réunion du grand divan, dont les dispositions étaient très bienveillantes, parut favorable pour la destruction de toutes les barrières. Les ingénieurs, qui étaient préparés, s'y portèrent avec la plus grande activité. Les propriétaires des okels, les malveillants, se récrièrent sur ces nouveautés : « Pourquoi changer ce qui existe de tout temps ? » Ils firent remarquer la coïncidence de la destruction de ces enceintes avec l'armement de la citadelle et la levée de la contribution extraordinaire. Les esprits s'aigrirent ; en peu de jours la fermentation devint apparente. « On nous demande de l'argent, disaient-ils : la somme, quoique forte, peut cependant être payée ; mais, en même temps, on détruit nos barrières et on braque contre nous des canons. Quels sont donc les projets que nourrissent ces hommes de l'Occident ? Ils ont réuni les principaux de l'Egypte sous prétexte d'un divan ; mais ne sont-ce pas des otages qu'ils ont voulu mettre sous leurs mains, pour pouvoir tout d'un coup détruire tout ce que l'Egypte a de grand et de capable de servir de ralliement au peuple ? »

Le général Dupuis était commandant d'armes. C'était un bon et brave militaire, mais d'un caractère vif et très emporté. Il était de Toulouse. La pétulance gasconne cadrait mal avec la gravité orientale. Il n'attachait aucune conséquence à ses propos, et souvent il menaçait assez légèrement les habitants de leur faire infliger des peines afflictives.

On sait en Europe que de pareilles menaces ne veulent rien dire, puisqu'elles passent le pouvoir de celui qui les fait ; que, pour infliger des peines afflictives, il y a des formes publiques nécessaires ; mais sous un gouvernement arbitraire, où les agents de l'autorité peuvent tout se permettre, tout homme menacé se tenait pour perdu, et vivait en proie aux plus vives alarmes.

Le 6 octobre, après le lever du sultan Kébir, le cheykh El-Cherkaoui dit qu'il était arrivé un homme de Smyrne à Gama-el-Azhar, qu'il y était demeuré dix jours, qu'il l'avait fait observer, et lui avait arraché l'aveu qu'il avait une mission de Djezzar pour engager le combat sacré contre le chef des Français ; qu'il avait pris le parti de ne faire aucun éclat, pour ne point s'ôter les moyens de prévenir une autre fois de pareils crimes ; qu'il s'était contenté de renvoyer ce fanatique en Syrie, le faisant accompagner par deux de ses affidés ; mais qu'il était convenable de prendre plus de précautions, car d'autres individus étaient peut-être actuellement dans d'autres mosquées, nourrissant de semblables desseins.

IV. Le grand divan avait réparti une somme de six millions, en forme d'emprunt, entre les divers corps de marchands du Caire. La répartition excita de grandes réclamations qui occupèrent l'audience du cadi, ce qui y attira beaucoup de monde. Elle devint un rendez-vous de mode ; elle s'ouvrait au soleil levant, on y passait une partie de la matinée. Le 22 octobre, la foule fut plus considérable qu'à l'ordinaire; les escaliers et les cours du palais étaient remplis de curieux, attirés par une corporation qui avait dénoncé son syndic. L'aga de la police s'y rendit; il fit prévenir le commandant d'armes qu'il y avait beaucoup de malintentionnés qui travaillaient le public. Mais, comme les habitants du Caire sont parleurs, d'un caractère remuant et extrêmement curieux de nouvelles, le général Dupuis était accoutumé à de pareilles alarmes. Il se rendit pourtant au palais, mais trop tard. Il laissa son piquet de dragons dans la cour, et monta chez le cadi. Voyant que les esprits étaient fort agités, il conseilla à ce magistrat d'ajourner l'audience au lendemain, ce qu'il fit. Dupuis eut de la peine à regagner son cheval au milieu de la foule. Les dragons furent pressés. Un cheval foula un Maugrabin; cet homme féroce, et qui arrivait de la Mecque, tira un coup de pistolet, tua le cavalier et monta sur son cheval. Le détachement français chargea et dissipa le peuple. Le général Dupuis, sortant de la cour, reçut, comme il entrait dans la rue à la tête de son piquet, un coup de lance d'un homme qui était là à poste fixe; il tomba mort. Le bruit se répandit sur-le-champ dans la ville que le sultan Kébir avait été tué, que les Français avaient jeté le masque et massacraient les fidèles. Les mouezzins, du haut de leurs minarets, appelèrent les vrais croyants à la défense des mosquées et de la ville. Les marchands fermèrent leurs boutiques. Les soldats se précipitèrent de tous côtés pour gagner leurs quartiers. Les malveillants firent fermer celles des barrières qui n'étaient pas encore démolies. Les femmes, montées sur leurs terrasses, faisaient entendre d'horribles hurlements. La population se porta à la maison du général du Falga, qui imprudemment s'était logé près de la grande mosquée. On en voulait beaucoup aux officiers du génie, parce que c'était eux qui démolissaient les barrières, qui dirigeaient les travaux et les fortifications de la citadelle, et que souvent ils avaient profané des tombeaux pour construire leurs ouvrages. En un moment la maison fut dévastée, les livres et les instruments pillés, et cinq ou six individus qui s'y trouvaient massacrés. Leurs têtes furent promenées dans les rues, et ensuite suspendues à la porte de la grande mosquée. La vue du sang anime les fanatiques. Les grands, épouvantés, s'étaient enfermés chez eux; mais le peuple court les arracher à leur domicile et les mène en triomphe à Gama-el-Azhar; il crée un divan de défense, il organise les milices, il déterre les armes, il n'oublie rien de ce qui peut assurer l'impunité de la rébellion.

Par un événement fortuit, à la petite pointe du jour, Napoléon avait passé le Nil pour visiter l'arsenal

de Gizéh. Il retourna à la ville à neuf heures. A la contenance des habitants du quartier qu'il traversa, il ne lui fut pas difficile de s'apercevoir de ce qui se passait. Il fit appeler les grands ulómas, mais déjà tous les chemins étaient interceptés. Des corps de garde d'insurgés étaient placés au coin de toutes les rues, des épaulements et des murs étaient déjà commencés, l'armée était sous les armes, chacun était à son poste. Les grands cheykhs avaient cherché à éclairer le peuple sur les suites immanquables qu'aurait la conduite qu'il tenait ; ils ne purent rien obtenir ; ils furent contraints de se taire et de suivre le mouvement, qui était irrésistible. Le cheykh Sadah fut choisi pour présider le divan des insurgés ; cette assemblée était composée d'une centaine d'imans, de mouezzins, de chefs de Maugrabins, tous gens de la basse classe. Elle fit une proclamation dans laquelle elle annonça « que la Porte avait déclaré la
» guerre à la France ; que Djezzar-Pacha, nommé
» sérasquier, était déjà arrivé à Belbeis avec son
» armée ; que les Français se disposaient à se sauver,
» mais qu'ils avaient démoli les barrières afin
» de piller au moment de leur départ. » Du haut des quatre cents minarets du Caire, on entendit toute la nuit la voix aigre des mouezzins faisant retentir l'air d'imprécations contre les ennemis de Dieu, les infidèles et les idolâtres. Toute la journée du 22, toute la nuit du 22 au 23, se passa de cette manière.

Les insurgés l'employèrent à s'organiser. On entendait quelques coups de fusil, mais peu vifs. Les affaires prenaient un aspect fort sérieux; la soumission du Caire pouvait être très difficile. Mais ce qui donnait plus à penser encore, c'était la suite que cela devait nécessairement avoir. Il fallait soumettre cette grande ville, en évitant tout ce qui pouvait porter les choses à l'extrême, rendre le peuple d'Égypte irréconciliable avec l'armée. Une proclamation fut affichée en turc et en arabe, afin d'éclairer les habitants sur les fausses nouvelles dont les malveillants se servaient pour les égarer. « Il n'était pas vrai que Djezzar eût
» passé le désert; la destruction des barrières était
» conforme aux règles d'une bonne police; l'arme-
» ment de la citadelle du côté de la ville n'était que
» l'exécution d'une règle militaire; on rappelait aux
» habitants la bataille des Pyramides, la conduite que
» le sultan Kébir avait tenue envers eux; on finissait
» par proposer de s'en remettre au jugement du
» divan. » Cette proclamation fit un mauvais effet. Les meneurs s'en servirent pour persuader au peuple que les Français avaient peur, ce qui le rendit insolent. Les muphtis firent dire qu'on n'avait rien à espérer, qu'il fallait sans délai employer la force, que les Arabes du désert étaient en marche, que les tribus qui étaient les plus près arriveraient dans la journée. Effectivement, une heure après, on apprit que les *Billis* et les *Térabins,* au nombre de sept ou huit

cents hommes, commettaient des hostilités et infestaient les communications de Boulac. L'aide de camp Sulkouski partit avec deux cents chevaux, passa le canal sur le petit pont, chargea les Bédouins, en tua quelques-uns, et les poursuivit pendant plusieurs lieues. Il nettoya tous les environs de la ville, mais il fut blessé un moment après. Son cheval ayant été tué, il tomba et fut percé de dix coups de lance. Sulkouski était Polonais, bon officier; il était de l'Institut d'Égypte. Sa mort fut une perte vivement sentie.

Le général d'artillerie Dommartin, avec une batterie de quatre mortiers et de six obusiers, était parti de Boulac pour s'établir sur les hauteurs du fort Dupuis. A une heure après midi, trente mortiers et obusiers de la citadelle et de la batterie du fort Dupuis donnèrent le signal de l'attaque. Plusieurs bombes éclatèrent dans la mosquée de Gama-el-Azhar; une heure après le feu se manifesta dans divers quartiers de la ville. A trois heures, les insurgés débouchèrent par la porte des Victoires pour enlever la batterie du fort Dupuis. Ils étaient sept ou huit mille tirailleurs, dont sept à huits cents à cheval. Les minarets et toute la coupole de la mosquée de Hassan se couvrirent de tirailleurs pour faire taire les canonniers de la citadelle, mais vainement. Le général Dommartin avait trois bataillons et trois cents chevaux pour protéger ses batteries. Il les fit charger, la baïonnette au bout du fusil. Les insurgés furent repoussés : la cavalerie leur fit quatre cents prisonniers. Le général en chef donna sur le-champ le signal aux quatre colonnes d'attaque qui étaient préparées. Elles étaient composées chacune de deux bataillons, et conduites par des Coptes, des Syriens et des janissaires, restés fidèles. Elles arrivèrent toutes les quatre à la mosquée de Gama-el-Azhar, comme les fuyards de l'attaque du fort Dupuis y entraient épouvantés. La mosquée fut enlevée au pas de charge. A sept heures du soir, tout était tranquille : le feu avait cessé. Les agas de la police arrêtèrent quatre-vingts des cent membres qui composaient le divan de défense. Ils furent enfermés dans la citadelle. Toute la nuit fut silencieuse et sombre. Les grands, retirés au fond de leurs harems, étaient fort inquiets de leur position. Ils ignoraient de quelle manière on jugerait leur conduite et si on ne les rendrait pas responsables de la révolte du peuple. Près de quatre mille hommes partirent avant le jour, traversèrent le désert et se réfugièrent à Suez. Trois maisons seulement furent consumées par les flammes, une vingtaine furent endommagées ; la mosquée de Gama-el-Azhar souffrit peu. La perte des Français se monta à trois cents hommes, parmi lesquels une centaine de tués. Trente malades qui arrivaient de Belbeis traversaient la ville au moment où l'insurrection éclata ; ils furent massacrés. La perte la plus sensible fut une vingtaine d'officiers d'état-major, du génie ou de membres de la commission des arts, qui furent égorgés au premier moment de l'insurrection. Ils étaient isolés dans les divers quartiers. Bon nombre de Français furent sauvés par les honnêtes gens de la ville. Tout ce qui avait de la fortune, de l'éducation, resta fidèle et rendit des services importants aux Européens. Le 24, à six heures du matin, une commission militaire constata que les quatre-vingts prisonniers de la citadelle avaient fait partie du divan de défense, et les fit passer par les armes. C'étaient des hommes d'un esprit violent et irréconciliable.

V. Au soleil levant les soixante cheykhs et imans de la grande mosquée se rendirent au palais. Depuis trois jours ils ne s'étaient pas couchés. Leur contenance était celle de coupables et d'hommes rongés d'inquiétudes. Il n'y avait pas cependant de reproches à leur faire. Ils avaient été fidèles, mais n'avaient pas pu lutter contre le torrent de l'opinion populaire. Le cheykh Sadah se fit excuser, prétextant son état de maladie. On pouvait ignorer sa mauvaise conduite ; si on paraissait en être instruit, il faudrait lui faire couper la tête. Dans la situation des esprits, cette mort aurait plus d'inconvénients que d'avantages ; son nom était vénéré de tout l'Orient ; c'eût été en faire un martyr. Le général en chef lui fit dire qu'il n'était pas surpris qu'au milieu d'événements si étranges, à son âge, il se trouvât incommodé ; mais qu'il désirait le voir le lendemain si, cela lui était possible. Napoléon accueillit les cheykhs comme à l'ordinaire et leur dit : « Je sais que beaucoup de vous ont été faibles, mais j'aime à croire qu'aucun n'est criminel ; ce que le prophète condamne surtout, c'est l'ingratitude et la rébellion... Je ne veux pas qu'il se passe un seul jour où la ville du Caire soit sans faire les prières d'usage ; la mosquée de Gama-el-Azhar a été prise d'assaut, le sang y a coulé : allez la purifier. Tous les saints livres ont été pris par mes soldats ; mais, pleins de mon esprit, ils me les ont apportés ; les voilà, je vous les restitue. Ceux qui sont morts satisfont à ma vengeance. Dites au peuple du Caire que je veux continuer à être clément et miséricordieux pour lui. Il a été l'objet spécial de ma protection ; il sait combien je l'ai aimé, qu'il juge lui-même de sa conduite ! Je pardonne à tous ; mais dites-leur bien que ce qui arrive et arrivera est depuis longtemps écrit, et qu'il n'est au pouvoir de personne d'arrêter ma marche ; ce serait vouloir arrêter le destin... Tout ce qui arrive et arrivera est dans le livre de la vérité. » Ces vieillards se jetèrent à genoux, baisèrent les livres du Coran ; il y en avait de la plus grande antiquité. Un exemplaire avait appartenu à Hassan, d'autres à Saladin. Ils exprimèrent leur reconnaissance plus par leur contenance que par leur langage. Ils se rendirent à Gama-el-Azhar. La mosquée était remplie d'un peuple transi de peur.

Elle fut purifiée. Les cadavres furent ensevelis. Des ablutions et d'autres cérémonies conformes à l'usage précédèrent les prières ordinaires. Le cheykh El-Cherkaoui monta dans la chaire et répéta ce que le sultan Kébir leur avait dit. Le peuple fut rassuré. L'intercession du prophète, les bénédictions de Dieu, furent appelées sur ce prince grand et clément. Pendant la journée du 24 on enleva les barrières, on nettoya les rues et on rétablit l'ordre.

Le 25, le cheykh Sadah se rendit au lever, il y fut reçu comme à l'ordinaire. Il n'était pas difficile de voir à sa contenance la frayeur qui le maîtrisait. Il divagua et prononça des paroles sans suite. Voulant complimenter le sultan Kébir sur les dangers auxquels il avait échappé, il remercia Dieu d'avoir enchaîné la sédition et d'avoir donné la victoire à la justice ; par un mouvement convulsif et comme voulant davantage assurer son pardon, il prit et baisa la main du sultan Kébir. Toute la journée du 25 se passa, de la part du peuple, en observation ; mais il parut enfin rassuré et se livra à la joie. Il avoua que tous avaient mérité la mort, et que, sous un prince moins clément, le Caire aurait vu sa dernière journée.

L'armée française ne partagea pas la joie et la satisfaction des habitants. Officiers et soldats murmuraient et témoignaient leur mécontentement. Ils blâmaient cette extrême indulgence. « Pourquoi tou-

» jours caresser ces vieux cheykhs, ces cafards ?...
» C'étaient eux les auteurs de tout, c'était sur eux
» qu'il fallait venger le sang des Français aussi traî-
» treusement massacrés. Qu'avait-on besoin de tant
» les cajoler ? Il ne restait plus qu'à donner à ces
» vieillards hypocrites des récompenses pour l'hor-
» rible conduite qu'ils avaient tenue. » Napoléon
resta insensible aux murmures de l'armée, qui ne
reconnut que beaucoup plus tard combien sa conduite avait été sage. Comme le cheykh Sadah bai-
sait la main du général en chef, Kléber, qui arrivait
d'Alexandrie, lui demanda quel était ce vieillard qui
paraissait si interdit et dont les traits étaient si bou-
leversés ? « C'est le chef de la révolte, lui répondit-
» il. — Eh ! quoi ! vous ne le faites pas fusiller ? —
» Non, ce peuple est trop étranger à nous, à nos ha-
» bitudes ; il lui faut des chefs. J'aime mieux qu'il
» ait des chefs d'une espèce pareille à celui-ci, qui
» ne peut ni monter à cheval ni manier le sabre, que
» de lui en voir comme Mourad-Bey et Osman-Bey.
» La mort de ce vieillard impotent ne produirait au-
» cun avantage et aurait pour nous des conséquences
» plus funestes que vous ne pensez. » Les événements qui sont arrivés longtemps après ont fait revenir sur cette conversation [1].

---

1. C'est ce même cheykh que, plus tard, le général Kléber
fit bâtonner ; ce qui fut une des principales causes de la mort
de ce général.

Les ulémas firent des proclamations ; elles calmèrent les révoltes qui s'étaient déjà déclarées sur divers points. Plusieurs d'entre eux envoyés en mission dans les provinces parlèrent avec chaleur, leur cœur était plein de reconnaissance pour la généreuse conduite qu'on avait tenue à leur égard. Ils furent persuadés plus que jamais que Napoléon aimait le Coran, le prophète, et qu'il était sincère dans toutes les protestations qu'il leur avait faites sur le désir qu'il avait de voir heureux le peuple de l'Arabie. Mille bruits se répandirent dans la ville et dans les provinces : Mahomet avait apparu au sultan Kébir au moment de la révolte et lui avait dit: « Le peu-
» ple du Caire est criminel, car tu as été bon pour
» lui, ainsi tu seras victorieux ; tes troupes entre-
» ront dans Gama-el-Azhar; mais aie soin de res-
» pecter les choses saintes et les livres de la loi ; car,
» si tu n'es pas généreux après la victoire, je cesse-
» rai d'être avec toi, et tu n'éprouveras plus que
» des défaites. » Tout ceci était un mélange de superstition et d'orgueil : c'était le prophète qui avait tout fait et qui continuait à les protéger. Cet événement, qui pouvait être si malheureux, consolida le pouvoir des Français dans le pays. Jamais, depuis, les habitants n'ont manqué de fidélité, ni trahi les sentiments de reconnaissance qu'ils conservaient pour un si généreux pardon. Mais le divan général fut congédié, on crut la présence des membres qui

le composaient utile dans les provinces. On remit l'exécution des projets que l'on avait conçus au moment où la paix serait rétablie avec le sultan de Constantinople, ou bien au moment où quelques événements militaires d'importance auraient dissipés cet orage qui menaçait encore.

Pendant octobre, novembre et une partie de décembre, la ville du Caire, pour punition, resta sans divan. Enfin le général en chef se rendit aux sollicitations réitérées des habitants. Il leur dit dans une proclamation : « J'ai été mécontent de vous, je vous ai pri-
» vés de votre divan ; je suis aujourd'hui content de
» votre repentir et de votre conduite... Je vous le
» rends. Aucun pouvoir humain ne peut rien contre
» moi. Mon arrivée de l'Occident sur les bords du
» Nil a été prédite dans plus d'un passage du Coran.
» Un jour tout le monde en sera convaincu. » Le lendemain, au lever, les cheykhs se prosternèrent, et le cheykh Fayoumi, portant la parole, demanda la grâce des malheureux imans et mouezzins qui étaient détenus dans la citadelle. Le général en chef leur répondit sans s'émouvoir : « Ils ont été condamnés et exé-
» cutés avant le lever du soleil qui a suivi la fin de
» la révolte. » Les cheykhs levèrent alors les yeux au ciel, firent une courte prière et dirent « que Dieu
» l'avait ordonné ainsi ; qu'ils étaient bien coupables
» et l'avaient bien mérité ; que Dieu était juste, que
» Dieu était partout, que Dieu disposait de tout, que

» tout venait de Dieu, que tout allait à Dieu ; que
» Dieu était grand, très grand, que tout ce qui
» arrivait dans ce monde et dans les sept cieux ve-
» nait de Dieu. ».

VI. Sur le monticule où l'artillerie avait établi sa batterie de mortiers et d'obusiers, le capitaine du génie Bertrand [1] construisit un fort en maçonnerie ; ce fort dominait le quartier le plus mutin, il croisait son feu avec celui de la citadelle, il battait le grand chemin qui aboutit à la porte des Victoires et la gorge qui sépare la citadelle du Mokattam. Une grande mosquée ayant des murs très élevés, située sur le canal du Prince des Fidèles sur la route de Belbeis, qui couvrait l'enceinte de la ville du côté du nord, fut convertie en fort sous le nom de Sulkouski ; ce fort pouvait contenir plusieurs bataillons et des magasins ; peu d'hommes suffisaient pour le défendre. Sur la hauteur qui dominait la ville du côté du nord-ouest, à demi-chemin de Boulac, on établit une tour qu'on appela le fort Camin ; il protégeait la place Ezbekiéh et défendait les avenues de la ville. Sur le monticule près du jardin de l'Institut s'éleva le fort appelé de l'Institut ; il battait toute l'esplanade entre le Caire, le vieux Caire et le Nil, assurait les communications avec l'île de Roudah ; il protégeait l'hôpital établi dans la maison

---

1. C'est le général Bertrand, éditeur de ces mémoires.
(*De Las Cases.*)

d'Ibrahim-Bey. Cet hôpital était couvert par un mur crénelé, en forme d'ouvrage à cornes qui était une tête de pont en avant de l'île de Roudah. On plaça des batteries au mékias, on convertit en fort la prise d'eau de l'aqueduc au vieux Caire. Il y eut ainsi une série de positions retranchées depuis le Caire jusqu'à l'île de Roudah et Gizéh, situé vis-à-vis, sur la rive gauche du Nil. Cette grande ville se trouvait cernée par des forts contenant des batteries incendiaires, qui pouvaient jeter des bombes et des obus à la fois dans tous les quartiers, qui défendaient les approches, et que cinq cents hommes pouvaient garder. On organisa une troupe de gens du pays pour prêter main-forte aux agas de la police et des marchands, afin de surveiller, suivant l'usage de ces contrées, les cafés, les rassemblements, les places publiques, les marchés.

La suppression de toutes les barrières intérieures donna une tout autre physionomie à la ville. Les boutiques, cafés, auberges et petites manufactures établies par des Européens reçurent une nouvelle extension et procurèrent à l'armée des jouissances qui lui rendirent moins pénible son éloignement d'Europe.

VII. Les insurgés échappés du Caire, établis dans la ville de Suez, troublaient la tranquillité du pays. Ils servaient d'intermédiaire à la correspondance d'Ibrahim-Bey, qui était en Syrie, avec Mourad-Bey, qui était dans le Saïd. Ils remuaient par leur correspondance toutes les tribus du désert. Il était nécessaire d'ailleurs d'occuper cette ville importante, ce qui avait été négligé jusqu'alors, parce que pour y arriver il faut traverser un désert très aride, sans eau, sans ombre, de quarante-deux heures de marche, trajet extraordinairement fatigant pendant l'été. On devait éviter tout ce qui pouvait exciter le mécontentement du soldat. Mais, à la fin d'octobre, les chaleurs cessèrent d'être incommodes; les belles journées de l'automne répandirent la satisfaction dans l'armée. Elle était enfin accoutumée au pays; elle avait de très bon pain, du riz, du vin de Chypre, de l'eau-de-vie de dattes, de la bière, de la viande, des volailles, des œufs et toute espèce d'herbages. La solde des officiers et des soldats, payée sur le même pied qu'en France, était d'une valeur quadruple, vu le bon marché de toutes les denrées. L'ordonnateur Daure faisait donner régulièrement des distributions de café moka, chaque escouade avait sa cafetière. Pour remplacer les fourgons et les voitures d'équipages militaires, il avait donné à chaque bataillon des chameaux en suffisance pour porter l'eau, les vivres, les ambulances et les équipages. Les officiers généraux et supérieurs avaient leurs lits, leurs tentes, leurs chameaux; tout le monde était enfin organisé selon la mode du pays. Le soldat était revenu à son esprit naturel; il était plein d'ardeur et du désir d'entreprendre. S'il faisait entendre quelque plainte, c'était sur l'oisiveté dans laquelle il vivait depuis plusieurs mois. Ce changement dans ses dispositions en avait opéré un plus grand encore dans sa manière de voir le pays. Il était convaincu de sa fertilité, de son abondance, de sa salubrité et de tout ce qu'un établissement solide pouvait offrir d'avantageux aux individus et à la République.

Le général de division Bon partit le 8 novembre avec douze cents hommes d'infanterie, deux cents chevaux et deux pièces de canon. Il porta son camp à Birket-el-Hadji au bord d'un lac d'eau du Nil, à cinq lieues du Caire sur la route de Suez. Il fut joint par tout ce qui lui était nécessaire pour traverser le désert. Un chameau porte deux outres pleines d'eau qui suffisent pour abreuver quatre cents hommes pendant un jour ou pour quarante chevaux. Il était nécessaire de porter du bois pour faire la soupe ; et quoique la traversée du désert jusqu'à Suez ne soit que de trois jours, il était prudent de porter des vivres pour vingt jours, de l'eau et du bois pour dix jours, ce qui exigea un millier de chameaux. Le général Bon n'éprouva aucun obstacle, entra dans Suez, fit travailler sur-le-champ aux fortifications pour mettre à couvert la petite garnison qu'il voulait y laisser. Les ingénieurs de la marine avaient mis sur le chantier au Caire quatre chaloupes canonnières portant des pièces de 24. Ils les avaient démontées; des chameaux les portèrent à Suez, où elles furent remontées et calfatées. Le pavillon tricolore flotta sur la mer Rouge. Elles naviguèrent dans le nord de cette mer jusqu'à Cosséir et Iambo.

La mer Rouge, au nord, se divise en deux bras : l'un, appelé la mer de Suez, a de cinq à dix lieues de large et cinquante lieues de long; l'autre, appelé Akaba, entre dans les terres d'une trentaine de lieues, et a trois à cinq lieues de large. A l'extrémité est la ville d'Ælana ou Aïlah, située à soixante lieues de Suez sur le chemin des caravanes de la Mecque. Il existe à Aïlah un fort dont la petite garnison est turque, des puits dont l'eau est bonne et abondante. Ce port a appartenu aux Iduméens, qui rivalisèrent avec Tyr; il était le port de Jérusalem. Le désert de Tor est entre Suez, El-Akaba et le mont Sinaï. Il est habité par trois tribus d'Arabes de Tor, de quatre à cinq mille âmes. On y trouve des ruines qui ne laissent aucun doute sur les villes qui y ont existé. Dans la vallée de Pharan, il y a des bois et des broussailles dont les Arabes font du charbon.

A la fin de décembre, le général en chef partit du Caire avec les académiciens Monge et Berthollet, l'ingénieur des ponts et chaussées Lepère, son état-major, deux cents gardes à cheval et quatre cents dromadaires. Il voulait visiter lui-même les bords de la mer Rouge, et reconnaître les traces du canal des deux mers. Depuis la révolte du Caire, il ne s'était pas absenté. Il était bien aise d'accoutumer cette grande ville à son absence. Pour se rendre du Caire à Suez, il y a trois chemins ; le premier passe par le village de Baçatin à deux lieues au sud du Caire, d'où il se dirige à l'est, entre dans la vallée de l'Egarement ; à huit lieues rencontre les puits de Gandéli ; ces puits sont au nombre de huit ; l'eau y est un peu saumâtre ; les caravanes, qui de Syrie se rendent dans la haute Egypte, séjournent à ces puits. Des puits de Gandéli on chemine pendant seize lieues jusqu'aux bords de la mer Rouge ; là on côtoie la mer pendant neuf lieues, et on arrive à Suez : total du Caire à Suez par cette route trente-cinq lieues, et seulement vingt-six jusqu'à la mer Rouge. Il pleut dans ce désert. Il serait facile de construire des citernes toutes les quatre lieues pour les besoins des voyageurs, et d'organiser une aiguade au bord de la mer pour les bâtiments. Cette route était la plus fréquentée par les habitants de Memphis. La deuxième route va du Caire au lac dit Birket-el-Hadji, cinq lieues ; de Birket-el-Hadji où elle entre dans le désert que l'on traverse sans rencontrer d'eau jusqu'au château d'Adjéroud, qui est la troisième station de la caravane de la Mecque, il y vingt-trois lieues ; d'Adjéroud à Suez il y a cinq lieues ; total trente-trois lieues. La troisième route est par Belbeis. Du Caire à Belbeis douze lieues ; par le désert jusqu'à Adjéroud dix-neuf lieues ; à Suez cinq lieues ;

total trente-six lieues, mais seulement dix-neuf lieues de désert. La distance astronomique de Suez au Caire est de vingt-sept lieues et demie ; de Suez à la grande pyramide de Gizéh il y a trente et une lieues. Toutes ces lieues sont de vingt-cinq au degré.

Le 24 décembre, le camp fut dressé sur les bords du lac dit Birket-el-Hadji. Plusieurs négociants qui avaient affaire à Suez s'y joignirent. Le 25, à deux heures avant le jour, le camp se remit en route. La caravane marcha toute la journée au milieu d'un sable aride ; le temps était beau ; la chaleur du soleil n'était pas désagréable. La marche dans le désert est monotone ; elle inspire une douce mélancolie. Les Arabes qui servaient de guide s'orientaient sans suivre aucune trace. La caravane fit dans la journée deux haltes chacune d'une demi-heure, et la nuit elle prit position à l'arbre de Hamra, à quatorze lieues de Birket-el-Hadji. Le Hamra est l'objet du culte des Arabes ; la malédiction et les anathèmes sont lancés contre ceux qui seraient assez impies pour toucher à ce prodige du désert. Le soldat n'avait pas apporté de bois pour le bivouac ; il souffrit du froid ; il ne fut que médiocrement soulagé par le feu qu'il essaya d'allumer avec des os et quelques plantes sèches de sept ou huit pouces de hauteur, qu'il trouva dans une vallée à portée du camp. Ces plantes forment la nourriture des chameaux. A deux heures avant le jour, le 26, la caravane se remit en marche. Il n'était pas encore jour quand elle passa près du puits El-Bétar. C'est un trou de cinquante toises de profondeur extrêmement large ; les Arabes l'ont creusé dans l'espérance d'y trouver de l'eau ; ils ont été obligés d'y renoncer. Près de là on distingua, mais seulement au clair de lune, un vieil acacia ; il était couvert d'écrits [1]......... et autres témoignages de dévotion des pèlerins qui, en revenant de la Mecque, rendent hommage à cette première végétation qui leur annonce les eaux du Nil. A deux heures après midi, Napoléon arriva à Adjéroud. Le chemin en passe à cinq cents toises. Adjéroud est un petit fort placé sur une petite éminence qui domine au loin. Il a deux enceintes en maçonnerie, un puits très profond. L'eau y est abondante, mais saumâtre ; elle devient moins saumâtre si elle reste plusieurs heures exposée à l'air ; elle est excellente pour les chevaux, les hommes ne s'en servent qu'à la dernière extrémité. Il y a dans ce fort une mosquée, un caravansérail et des logements pour cent cinquante hommes. Napoléon y plaça un commandant d'armes, quinze hommes de garnison et deux pièces de canon. On arriva à Suez à la nuit obscure ; le général en chef préféra rester dans sa tente, et refusa une maison qui lui avait été préparée.

---

1. Ce mot n'a pu être lu dans le manuscrit.

(*De Las Cases.*)

Suez est au bord de la mer Rouge, située à deux mille six cents toises de l'extrémité du golfe et à quatre ou cinq cents toises de l'embouchure de l'ancien canal. La ville a joui d'une assez grande prospérité. Les géographes arabes la décrivent comme une oasis. L'eau provenait probablement du canal. Il y pleut assez pour qu'en recueillant l'eau dans des réservoirs on puisse en avoir suffisamment, non seulement pour les besoins de la ville, mais encore pour la culture. Aujourd'hui il n'y a rien; les citernes sont peu spacieuses et mal entretenues; l'eau, pour les hommes, vient des fontaines de Moïse, pour les chevaux et les chameaux, de la fontaine de Suez, située à une lieue sur le chemin du fort Adjeroud. La ville contient un beau bazar, quelques belles mosquées, des restes de beaux quais, une trentaine de magasins, et des maisons pour une population de deux à trois mille âmes. Dans le temps du séjour des caravanes et des bâtiments de Djeddah, Suez contient en effet cette population; mais quand les affaires sont terminées, elle ne reste habitée que par deux ou trois cents malheureux. La rade est à une lieue de la ville; les navires y mouillent par huit brasses d'eau; elle a une lieue de tour; elle communique à la ville par un chemin qui a soixante ou quatre-vingts toises de largeur, et à basse mer dix pieds d'eau, ce qui fait quinze ou seize à haute mer. Le fond est bon; les ancres y tiennent; c'est un fond de sable vaseux. La rade est couverte par des récifs et par des bancs de sable. Son vent traversier est le sud-est, qui règne rarement dans ces parages.

VIII. Napoléon employa la journée du 27 à visiter la ville et à donner quelques ordres pour l'établissement d'une batterie qui pût protéger le chenal et le port. Le 28, il partit à cheval pour se rendre aux fontaines de Moïse. Il traversa, à trois heures du matin, le Madiôh, bras de mer guéable à marée basse, qui a trois quarts de lieue de large. Le contre-amiral Ganteaume monta une chaloupe canonnière, embarqua des sapeurs, les ingénieurs, plusieurs savants, et s'y rendit par mer. Les fontaines de Moïse sont à trois lieues de Suez ; on en compte neuf. Ce sont des sources d'eau sortant de mamelons élevés de quelques toises au-dessus de la surface du sol. Elles proviennent des montagnes qui sont à quatre lieues de là. Ces sources sont à sept cents toises de la mer. On y voit les ruines d'un aqueduc et de plusieurs magasins qui avaient été construits par les Vénitiens dans le quinzième siècle, lorsqu'ils voulurent intercepter aux Portugais la route des Indes. Les sapeurs commencèrent à fouiller ; ils travaillèrent jusqu'à la nuit. Le général en chef monta à cheval pour retourner à Suez. Ceux qui étaient venus par mer s'embarquèrent sur la canonnière. A neuf heures du soir, les chasseurs d'avant-garde crièrent qu'ils enfonçaient. On appela les guides; les soldats s'étaient amusés à les griser avec de l'eau-de-vie, et il fut impossible d'en tirer aucun renseignement. On était hors de route. Les chasseurs s'étaient guidés sur un feu qu'ils avaient pris pour les lumières de Suez ; c'était le fanal de la chambre de la chaloupe canonnière, ce que l'on remarqua promptement, il changeait de place à chaque instant. Les chasseurs s'orientèrent et déterminèrent la position de Suez. Ils se mirent en marche à cinquante pas l'un de l'autre ; mais après avoir fait deux cents toises, le chasseur de tête cria qu'il enfonçait. Il fallut replier cette ligne, et en tâtonnant ainsi dans plusieurs directions, ils eurent le bonheur de trouver la véritable. A dix heures du soir, l'escadron était rangé en bataille au milieu du sinus, les chevaux ayant de l'eau jusqu'au ventre ; le temps était noir, la lune ne se levait cette nuit-là qu'à minuit ; la mer était un peu agitée, et le vent paraissait vouloir fraîchir ; la marée montait : il y avait autant de danger à aller en avant qu'à reculer. La position devint assez critique pour que Napoléon dît : « Serions-nous venus ici pour périr comme Pharaon ? Ce sera un beau texte pour les prédicateurs de Rome. » Mais l'escorte était composée de soldats de huit à dix ans de service fort intelligents. Ce furent les nommés Louis, maréchal des logis, et Carbonel, brigadier, qui découvrirent le passage. Louis revint à la rencontre ; il avait touché bord,

mais il n'y avait pas un moment à perdre. L'eau montait à chaque moment. Du Falga était plus embarrassant que les autres à cause de sa jambe de bois ; deux hommes de cinq pieds dix pouces, nageant parfaitement bien, se chargèrent de le sauver : c'étaient des hommes d'honneur, dignes de toute confiance. Rassuré sur ce point, le général en chef se hâta pour gagner la terre. Se trouvant sous le vent, il entendit derrière lui une vive dispute et des cris. Il supposa que les deux sous-officiers avaient abandonné du Falga. Il retourna sur ses pas ; c'était l'opposé : celui-ci ordonnait aux deux hommes de l'abandonner. « Je ne veux pas, leur disait-il, être
» la cause de la mort de deux braves ; il est impos-
» sible que je m'en puisse tirer ; vous êtes en ar-
» rière de tout le monde ; puisque je dois mourir,
» je veux mourir seul. » La présence du général en chef fit finir cette querelle. On se hâta, on toucha la terre : Caffarelli en fut quitte pour sa jambe de bois, ce qui lui arrivait au reste toutes les semaines. La perte fut légère, quelques carabines et quelques manteaux. L'alarme était au camp. Des officiers eurent la pensée d'allumer des feux sur le rivage ; mais ils n'avaient pas de bois. Ils démolirent une maison, ce qui demanda du temps. Cependant le premier feu était allumé sur le rivage lorsqu'on prit terre. Les plus vieux soldats qui avaient appris leur catéchisme racontaient la fuite de Moïse, la catastrophe de Pha

raon, et ce fut pendant longtemps l'objet de leurs entretiens.

Le 19, les Arabes de Tor, qui, ayant reçu la visite des chaloupes canonnières françaises, avaient appris l'arrivée du sultan Kébir dans leurs parages, vinrent demander sa protection. Tor est situé sur le bord de la mer : c'est le port du mont Sinaï. Ces Arabes portent au Caire du charbon, de très beaux fruits, et en rapportent tout ce qui leur est nécessaire. Les moines du mont Sinaï montrèrent au général en chef le livre sur lequel était la signature de Mahomet, de Saladin et de Sélim pour recommander le couvent aux détachements de leur armée. A leur demande, il fit la même recommandation, pour leur servir de sauvegarde auprès des patrouilles françaises.

IX. Le 30, l'état-major partit de Suez. Les tentes, les bagages et l'escorte se dirigèrent sur Adjéroud, où on dressa le camp à quatre heures après midi. Napoléon avec l'académicien Monge, plusieurs généraux et officiers d'état-major, côtoya la mer Rouge, fit le tour du sinus. Il retournait sur ses pas, dans la direction de Suez, lorsqu'à quatre ou cinq cents toises de cette ville il découvrit quelques restes de maçonnerie qui fixèrent son attention. Il marcha dans cette direction perpendiculairement à la mer, soixante ou quatre-vingts toises, et il se trouva au milieu des vestiges de l'ancien canal, qu'il suivit pendant l'espace de cinq heures. La nuit approchant et ayant sept lieues à faire pour gagner le camp à travers le désert, il s'y dirigea au grand galop. Après quelques incertitudes, il le rejoignit, n'ayant avec lui que trois ou quatre personnes les mieux montées ; les autres étaient en arrière. Il fit allumer de grands feux sur un monticule, et sur le minaret de la mosquée du fort Adjéroud ; il fit tirer tous les quarts d'heure un coup de canon jusqu'à onze heures du soir, moment où tout le monde avait heureusement rejoint : personne n'était égaré.

Les ruines du canal des deux mers sont bien marquées. Les deux berges sont éloignées de vingt-cinq toises. Un homme à cheval est caché et couvert au milieu du canal. Le 31, le camp fut établi dans une vallée, à dix lieues d'Adjéroud, où il y avait assez abondamment de ces petites plantes épineuses qu'affectionnent les chameaux. Plusieurs centaines de ces jeunes animaux y paissaient sans être gardés. Le 1er janvier 1790, le camp fut placé à une portée de fusil des fortifications de Belbeis ; les travaux de Belbeis étaient fort avancés. A défaut de pierre, les officiers du génie avaient employé des briques séchées au soleil faites avec le limon du Nil, qui est très propre à cet usage. Le 3, le général en chef partit avec deux cents dromadaires et chevaux dans la direction de l'Ouady de Tomilât. A quatre heures après midi, il arriva au milieu du désert, au puits de Saba-Biar ; la chaleur était extrême, l'eau du puits peu abondante ; elle avait le goût des eaux de Barèges. Pendant qu'on faisait la distribution de cette eau détestable, un chasseur vit arriver un dromadaire qui, apercevant trop tard les troupes françaises, voulut s'éloigner. Il était porteur des dépêches d'Ibrahim-Bey et de Djezzar-Pacha pour la haute Egypte. Il donna la nouvelle que les hostilités avaient commencé sur la frontière de Syrie, que l'armée de Djezzar-Pacha était entrée sur le territoire d'Egypte, que son avant-garde occupait l'oasis d'El-Arich, et qu'elle travaillait à mettre le fort en état de défense. La nuit, on bivouaqua dans l'oasis au milieu d'un taillis ; elle fut assez froide. Des chacals, espèce de loups du désert, dont les cris ressemblent à ceux de l'homme, firent que plusieurs vedettes crièrent aux armes ; elles se crurent attaquées par les Bédouins. Le lendemain, Berthier retrouva les vestiges du canal qui traversait l'Ouady pour prendre les eaux du Nil à Bubaste sur la branche Pelusiaque. Les vestiges de ce canal ont les mêmes dimensions que du côté de Suez.

Pendant ce temps, la flotte de Djeddah était arrivée à Suez, portant une très grande quantité de café et de marchandises des Indes. Napoléon traversa le désert et retourna dans cette ville. Les bâtiments étaient de quatre à cinq cents tonneaux,

Une caravane était arrivée du Caire ; Suez avait pris de la vie et la physionomie d'une ville indienne. Napoléon y reçut des agents qui revenaient des Indes. De là il traversa l'isthme dans une autre direction et se rendit à Salhéyéh ; les fortifications étaient à l'abri d'un coup de main, les magasins abondamment approvisionnés d'orge, de riz, de fèves et de munitions de guerre. Il envoya deux bataillons avec de l'artillerie à Katiéh ; les puits étaient en bon état. Les officiers du génie construisirent une bonne redoute, en palissades de cinquante toises de côté, y établirent des plates-formes, le canon battant tous les puits, qui furent nettoyés peu de semaines après. Des blockhaus préparés au Caire furent montés dans la redoute pour servir de magasins. Des convois de chameaux chargés de riz, de farine, d'orge, de fèves, venus du Caire et de Damiette, approvisionnèrent les magasins de cette oasis. Lorsque Djezzar apprit que de l'infanterie française arrivait à Katiéh et qu'on y construisait une redoute, il renonça à s'avancer davantage, de peur de compromettre ses troupes. Le général Reynier, dont le quartier général était à Belbeis, envoya une forte avant-garde à Salhéyéh pour soutenir le poste de Katiéh.

Le général en chef arriva au Caire quinze jours après en être parti. Il trouva tout dans un état satisfaisant. On savait le mouvement de Djezzar sur l'Egypte, mais on n'en était pas inquiet; la confiance était entière. Les Anglais se montrèrent avec quelques bâtiments de transport et quelques canonnières devant Alexandrie. Cela n'imposa pas davantage. Plusieurs bombardes furent coulées par les batteries d'Alexandrie. Mourad-Bey était chassé de la haute Egypte; le pavillon tricolore flottait sur la cataracte de Syène; tout le pays était soumis; la grande et la petite oasis et le pays des Barâbras étaient les seuls refuges que les mameluks eussent dans leurs malheurs.

X. Napoléon était décidé à porter la guerre en Syrie. Les préparatifs se faisaient avec activité sur tous les points. Avant de quitter l'Egypte, il voulut aller voir de près et mesurer ces fameuses Pyramides. Il y campa plusieurs jours, fit plusieurs courses dans le désert, dans la direction de la petite oasis. La haute et la basse Egypte étaient tranquilles. Le divan était en pleine activité, et les habitants du Caire ne conservaient plus de leur révolte que le souvenir de la clémence à laquelle ils devaient leur salut.

Les Arabes n'avaient jamais soutenu le feu de l'infanterie française. Les mameluks, qui d'abord l'avaient bravé, avaient fini par reconnaître leur infériorité et l'impossibilité de l'enfoncer. L'expérience de Chobrakhit, des Pyramides, de Sédiman, leur servit à ne plus mépriser les troupes à pied.

Cent hommes d'infanterie purent, dès cette époque, parcourir le pays dans toutes les directions ; eussent-ils été rencontrés par sept ou huit cents mameluks, ceux-ci se seraient bien gardés de les attaquer. Aux trois batailles, les carrés français avaient été rangés sur six de hauteur ; pendant longtemps chaque soldat porta un pieu de quatre pieds de long et d'un pouce de diamètre, garni en fer, avec deux chaînettes de huit pouces de chaque côté ; ces pieux servaient à couvrir l'infanterie. Mais lorsque sa supériorité eut imposé aux ennemis, on renonça à ces précautions. Les carrés ne se formèrent plus que sur trois rangs : souvent même les soldats se plaçaient sur deux de hauteur. Les officiers avaient l'ordre de faire commencer le feu de deux rangs lorsque la cavalerie était à cent vingt toises, parce que si l'on attendait qu'elle fût trop près, comme cela était l'opinion de quelques-uns, les chevaux étant lancés, on n'était plus à même de les arrêter. La cavalerie, si elle est bonne, ne met que [1]..... à parcourir cette distance ; pendant ce temps le soldat ne peut tirer que [2]..... Les tirailleurs contre les Bédouins ou les mameluks marchaient toujours par quatre, et formaient leurs bataillons carrés, ce qui

---

1. Il y a un espace laissé en blanc dans le manuscrit.
(*De Las Cases.*)

2. Il y a un espace laissé en blanc dans le manuscrit.
(*De Las Cases.*)

déconcertait la cavalerie. Ce n'est pas qu'il y ait eu bien des exemples qu'un seul tirailleur, de pied ferme, ait jeté à terre le cavalier d'un coup de fusil, mais cela ne doit pas servir de règle.

Les Arabes n'avaient jamais attendu la cavalerie française, à moins qu'ils ne fussent quatre contre un. Les mameluks au contraire faisaient parade de la mépriser. Mais lorsqu'elle fut montée sur des chevaux du pays elle leur tint tête. Un mameluk était plus fort qu'un Français; il était plus exercé et mieux armé. Cent mameluks se battaient avec probabilité de succès contre cent cavaliers français; mais dans une rencontre de deux corps d'un nombre supérieur à deux cents chevaux, la probabilité était pour les Français. Les mameluks se battent sans ordre; ils forment un tourbillon sur les ailes pour tourner les flancs et se jeter sur les derrières de la ligne. Un régiment de trois cents Français se plaçait sur trois lignes, se portait par division à droite et à gauche, sur la droite et la gauche de la première ligne, et la cavalerie ennemie, déjà en mouvement pour tourner les flancs de la première ligne, s'arrêtait pour tourner les flancs de cette nouvelle ligne; la troisième faisait le même mouvement, et au même moment toute la ligne chargeait; les mameluks étaient alors mis en déroute et cédaient le champ de bataille. Les cavaliers français, comme les mameluks, avaient leurs pistolets attachés au pommeau de la selle par une courroie. Leur sabre pendait au poignet par une dragonne. Les feux à cheval des dragons furent quelquefois utiles ; mais cela a bien des inconvénients, si l'escadron n'est pas séparé de l'ennemi par un obstacle qui l'empêche d'être chargé. L'infanterie, la cavalerie, l'artillerie françaises, avaient également une grande supériorité. La cavalerie française ne marchait jamais en nombre sans avoir du canon servi par l'artillerie à cheval. Les mameluks, avant de charger, faisaient feu de six armes : d'un fusil, d'un tromblon, de deux paires de pistolets qu'ils portent, une à l'arçon, une sur la poitrine. La lance était portée par un de leurs saïs qui les suivait à pied. C'était une brave et belle milice.

V

CONQUÊTE DE LA HAUTE ÉGYPTE

1. Plan de campagne. — 2. Soumission des provinces de Beni-Soueif et du Faïoum ; bataille de Sediman (7 octobre) ; combat de Miniéh-el-Faïoum. (8 novembre). — 3. Siout et Gizéh, les deux provinces de la haute Egypte sont soumises ; combat de Saouaki (3 janvier) ; combat de Tahtah (8 janvier). — 4. Desaix s'empare de Syène : les mameluks sont chassés de l'Egypte ; combat de Samhoud (22 janvier) ; combat de Thèbes (12 février) ; combat de Kénéh (12 février) ; combat de Aboumanah (17 février). — 5. Mourad-Bey marche sur le Caire ; combat de Saouâmah (5 mars). — perte de la flottille française (6 mars) ; combat de Coptos (8 mars). — 6. Le vieux Hassan est cerné dans le désert de la Thébaïde ; combat de Bir-el-Bar (2 avril) ; combat de Girgéh (6 avril) ; combat de Gehinéh (10 avril) ; — 7. Pillage et incendie de Beni-Adin (18 avril) ; combat de Syène (16 mai) ; le vieux Hassan est tué. — 8. Prise de Cosseir (29 mai).

I. Si, le lendemain de la bataille des Pyramides, une division de l'armée française eût poursuivi Mourad-Bey, elle n'aurait éprouvé de résistance nulle part ; elle se serait emparée en quinze jours de toute la haute Egypte. Mais il fallait attendre que la cavalerie fût remontée et que les eaux du Nil fussent assez hautes pour que la navigation devînt praticable. Les ennemis profitèrent de ce moment de relâche, qui dura deux mois. Ils revinrent de leur extrême consternation. L'impression de cette bataille s'affaiblit. Ils reçurent des secours de diverses tribus et des protestations de fidélité de diverses provinces. Depuis la perte de l'escadre française, les subsides qu'ils reçurent par l'intermédiaire de la croisière anglaise devant Alexandrie, leur rendirent l'espérance, ce premier mobile de toute action et de toute énergie.

En septembre, Mourad-Bey avait une armée de terre et une flottille considérables. Les kachefs qu'il avait envoyés dans la péninsule Arabique pour appeler les musulmans au secours des fidèles, et implorer l'assistance des schérifs au turban vert, étaient de retour. Ils avaient réussi. Ils lui annoncèrent que de nombreuses cohortes d'Arabes d'Iambo, renommés par leur bravoure, allaient traverser la mer Rouge et débarquer à Cosseir.

Hassan-Bey, depuis dix-huit ans, était exilé à Esné avec sa maison, vivant du chétif revenu de la première zone de la vallée du Nil. Il était misérable, mais il s'était allié par des mariages avec les deux grandes tribus d'Arabes du pays de Sennaar. Il jouissait d'un grand crédit parmi les tribus de la Thébaïde et les Bédouins du désert de la grande Oasis. Les deux cent cinquante mameluks qui lui restaient en état de monter à cheval, étaient des hommes d'élite qui joignaient à la connaissance du pays un courage éprouvé, une âme trempée dans le malheur, et les ruses de l'âge avancé. Ce vieillard resta implacable. Ni l'occupation du Caire par les infidèles, ni les soumissions de Mourad-Bey ne purent diminuer sa haine. Il se plaisait à voir des vengeurs dans les Français. Il en attendait une amélioration dans son sort, car il ambitionnait d'étendre sa domination sur tout le Saïd.

Le 25 août, Desaix, avec cinq mille hommes, dont six cents de cavalerie, trois cents d'artillerie ou de sapeurs, et quatre mille trois cents d'infanterie, une escadrille de huit bâtiments, demi-galères, avisos ou demi-chebecs, montés par des marins français, partit du Caire. C'était à la fois une opération militaire importante et un voyage scientifique d'un grand intérêt. Pour la première fois, depuis la chute de l'empire romain, une nation civilisée et cultivant les sciences et les arts, allait visiter, mesurer, fouiller ces superbes ruines qui occupent depuis tant de siècles la curiosité du monde savant. Personne n'était plus propre à diriger une pareille opération que Desaix : personne ne le désirait avec plus d'ardeur. Jeune, la guerre était sa passion ; insatiable de gloire, il connaissait toute celle qui était attachée à la conquête de ce berceau des arts et des sciences. Au seul nom de Thèbes, de Coptos, de Philæ, son cœur palpitait d'impatience. Les généraux Friand et Belliard, l'adjudant commandant Donzelot, le colonel d'artillerie La Tournerie, étaient sous ses ordres. Le 21ᵉ léger, les 61ᵉ et 88ᵉ de ligne, excellents régiments qui s'étaient embarqués à Civita-Vecchia, étaient les plus nombreux de l'armée. Ils occupaient le même camp, au sud de Gizéh, depuis deux mois, et Desaix les avait employés à se préparer à cette campagne. La cavalerie était montée sur des chevaux arabes, aussi bons que ceux des mameluks, provenant des remontes et des prises, mais elle n'était pas nombreuse. Les remontes se faisaient avec difficulté, le pays était encore mal soumis. Des savants et des artistes désiraient suivre Desaix. Cela eût eu le double inconvénient d'exposer aux périls de la guerre des hommes précieux et de porter du retard dans les opérations militaires. Denon seul eut la permission de suivre comme volontaire le quartier général de la division.

Desaix a mis cinq mois à la conquête de la haute Egypte : septembre, octobre, novembre, décembre, janvier. Au 2 février, il était maître de Syène. Il employa cinq autres mois à réprimer les insurrections et affermir ses conquêtes. Sa campagne se divise en six opérations : la première comprend cent jours; l'événement militaire le plus important est la bataille de Sédiman; la conquête de la province de Beni-Soueif et du Faïoum en a été le résultat. La deuxième comprend cinquante jours, de décembre et de janvier; les combats de Saouaki et de Tahtah sont les seuls événements militaires; il a fait la conquête des provinces de Miniéh, de Siout et de Girgéh. La troisième comprend trente jours de janvier et de février 1799; le combat de Samhoud est l'événement le plus important; les mameluks chassés de la vallée, ayant tout perdu, se réfugièrent dans les Oasis, dans le pays des Barâbras au delà des cataractes, et dans les déserts de la Thébaïde; le pavillon tricolore flotta sur toute l'Egypte. La quatrième comprend quarante jours de février et mars 1799; Mourad-Bey, Elfi-Bey, Hassan-Bey, Hassan d'Iambo, profitant de la marche de l'armée en Syrie, rentrent dans la vallée, marchent sur le Caire, projettent de s'y réunir, et de reconquérir d'un seul coup la haute et la basse Egypte; ils échouent dans leur entreprise; la destruction d'une partie de la flottille française de la haute Egypte, le combat de Coptos, sont des faits d'armes importants. Dans la cinquième époque, les débris des schérifs d'Iambo infestent les provinces de Siout et de Girgéh; ils sont poursuivis. La sixième comprend mai et juin; la haute Egypte est complètement soumise; Mourad-Bey et Elfi-Bey, peu accompagnés, errent dans les déserts ; le combat de Beni-Adin entraîne la perte de cette belle ville ; Cosseir est occupé par le général Belliard. L'armée de Syrie rentre au Caire. Toute l'Égypte, haute et basse, est parfaitement tranquille.

L'instruction que Napoléon donna au général Desaix pour cette guerre fut: de marcher à Mourad-Bey, de le battre, de profiter de sa défaite pour le poursuivre l'épée dans les reins et le jeter au delà des cataractes et dans les Oasis ; de faire, à mesure qu'il s'avancerait, fortifier sur les points les plus importants des mosquées qui domineraient le Nil en protégeant la navigation. Si, après cette marche triomphante, des révoltes partielles avaient lieu, comme il fallait s'y attendre, il les réprimerait dans des combats particuliers qui amèneraient enfin la soumission sincère du pays. Mais d'abord il fallait occuper toute la vallée. Une division de mille deux cents chevaux qui était occupée à se remonter, et de mille cinq cents hommes d'infanterie des troisièmes bataillons qui restaient au Caire, ainsi que huit barques installées par les ingénieurs de la marine pour cette expédition, seraient prêtes sous peu pour le soutenir, lui servir de réserve, et réparer ses pertes.

II. Desaix arriva le 30 août à Beni-Soueif. Les mameluks ne lui opposèrent aucune résistance. Ils se concentrèrent dans le Faïoum, au nombre de dix-huit mille hommes, à pied et à cheval, ayant une flottille de cent quatre-vingts bâtiments, dont douze armés de canons. Elle était mouillée dans le canal de Joseph. De Beni-Soueif, Desaix pouvait marcher sur le Faïoum, qui était à quatre lieues sur sa droite, et combattre Mourad-Bey. Mais il pensa qu'en continuant de remonter le Nil il arriverait à Daroût-el-Chérif, petite ville où est la prise d'eau du canal de Joseph, qu'il intercepterait la flottille ennemie et l'enfermerait dans le canal ; que, descendant alors ce canal avec son armée et ses bâtiments, il obtiendrait par une seule victoire le Faïoum et les richesses des beys portées sur leurs navires, ce qui serait un coup décisif, à moins que, pour éviter cette catastrophe, Mourad-Bey ne le prévînt avec sa flottille et son armée sur Siout; mais alors le Faïoum évacué tomberait de lui-même et n'aurait pas retardé sa marche. En conséquence de ce plan, il continua de remonter le fleuve, et arriva à Abou-Girgéh le 4 septembre. Mourad-Bey, ayant pénétré le projet de son ennemi, fit remonter à sa flottille le canal de Joseph, la fit entrer dans le Nil à Daroût-el-Chérif, et lui donna l'ordre de mouiller vis-à-vis Siout. Mais il resta immobile dans le Faïoum avec son armée, maître de la rive gauche du canal de Joseph, le long de laquelle il étendit sa droite communiquant avec Siout, ayant perpendiculairement derrière lui la petite Oasis. Le 5 au soir, Desaix eut des nouvelles à

Abou-Girgéh de ce mouvement de la flottille. Il partit avec un bataillon du 21ᵉ léger, le 6 à la pointe du jour, marcha sur sa droite et fit huit grandes lieues. Il arriva à Bahnacéh, coupant le canal de Joseph ; mais il arriva trop tard. Les bâtiments ennemis avaient passé, hormis douze bateaux chargés de bagages, qu'il prit après une légère fusillade. Une de ces barques portait sept pièces de canon. Le 7, il rentra à Abou-Girgéh ; il y séjourna plusieurs jours. Il se persuada que, puisque Mourad-Bey avait fait évacuer sa flottille, lui-même se rendrait par le désert dans la haute Egypte. Il se confirma dans le parti de continuer son mouvement en remontant le Nil, et se porta d'un trait à Siout, où il arriva le 14 septembre. A son approche, la flottille ennemie, pour éviter un engagement, continua de remonter le fleuve jusqu'à Girgéh. Mourad-Bey resta tranquille dans le Faïoum ; mais lorsqu'il vit que les Français étaient à soixante lieues en avant de lui, il coupa leurs communications avec le Caire, insurgea les provinces de Miniéh et de Siout, ce qui rendit la position de Desaix critique. Celui-ci ne pouvait pas manœuvrer sur les flancs de l'ennemi, qui conservait sa communication avec la haute Egypte par le désert, et qui d'ailleurs avait derrière lui l'Oasis. Que faire dans cette position ? Persister dans son projet ? C'était tout risquer. Le plus sage était de céder et d'obéir à la combinaison de son ennemi. C'est ce qu'il fit. Il rétrograda sur Daroût-el-Chérif, entra dans le canal de Joseph, descendit dans le Faïoum. La flottille ennemie redescendit sur Daroût-el-Chérif, sur Abou-Girgéh, et jusque vis-à-vis de Beni-Soueif ; tout le pays l'accueillit avec des cris de victoire. Les Français, puisqu'ils reculaient, étaient donc battus ! Cependant l'armée française éprouvait les plus grandes difficultés. Les bâtiments s'engravaient à chaque pas. Elle surmonta tout. Le 3 octobre, elle arriva au bourg d'El-Lahoun, à l'entrée du Faïoum, s'empara du pont de pierre qui est sur le canal et qui lui permettait de manœuvrer sur les deux rives. Après deux mois de fatigues, pendant lesquels elle avait parcouru deux cents lieues de terrain, elle se trouvait aussi peu avancée que les premiers jours.

Après quelques légères escarmouches, quelques marches et contre-marches, impatienté, Desaix marcha droit à Mourad-Bey, qui était animé de la même résolution. Les deux armées se rencontrèrent. Celle des mameluks couronnait toutes les hauteurs de Sédiman, au milieu du désert, et à une lieue du canal de Joseph. Elle comptait deux mille mameluks, dont le sabre était redoutable, huit mille Arabes à cheval, autant à pied, et quatre pièces de canon. Les Français avaient trois mille quatre cents hommes d'infanterie, six cents de cavalerie et huit pièces de canon, en tout quatre mille cinq cents hommes. Desaix forma un seul carré de son infanterie et de sa cavalerie; il se fit éclairer par un petit carré de trois compagnies de voltigeurs. La canonnade s'engagea. Le petit carré de voltigeurs s'étant imprudemment éloigné, Mourad-Bey saisit l'à-propos, le chargea. Cinq à six mille chevaux entourèrent sur-le-champ toute l'armée française. Le capitaine Valette, qui commandait le petit carré, officier intrépide, ordonna à ses voltigeurs de ne faire feu qu'à bout portant. Ils exécutèrent cet ordre imprudent avec sang-froid. Quarante des plus braves mameluks tombèrent morts au bout des baïonnettes. Mais les chevaux étaient lancés, le carré fut enfoncé, les soldats sabrés; ils eussent été tous perdus si le grand carré ne s'était approché pour les protéger. La mitraille et le feu de la mousqueterie continrent les mameluks, les obligèrent à s'éloigner à la portée du boulet. Cependant l'artillerie ennemie, soutenue par l'infanterie, s'avança et prit une position qui incommoda les Français. Pour s'en débarrasser, ils marchèrent droit aux pièces. L'infanterie arabe lâcha pied après une vive mais courte fusillade, les pièces furent enlevées. Mourad-Bey alarmé partit au galop pour reprendre son canon, il fut repoussé, les Arabes s'éloignèrent dans le désert. La bataille fut gagnée, mais la perte de Desaix avait été considérable; quatre cents tués, blessés ou prisonniers : c'était un sur neuf. Les mameluks perdirent cinq cents hommes d'élite, dont trois beys et plusieurs kachefs.

Les Arabes en perdirent autant. Les Arabes Bédouins, dégoûtés, abandonnèrent Mourad-Bey. Celui-ci se rallia derrière le lac de Garaq, projetant de se retirer dans la petite Oasis, s'il était poursuivi. Desaix s'arrêta au village de Sédiman, où il prit une partie des bagages de l'ennemi. Le lendemain, il rétrograda sur le Faïoum. Peu de jours après, les habitants de cette province se soumirent. Mourad-Bey fut déçu de ses espérances. Lorsque la charge réussit sur le petit carré, il crut un moment au retour de la fortune !!! Vaine espérance. La perfide l'avait abandonné pour toujours.

Desaix passa tout le mois d'octobre à organiser le Faïoum. Il envoya au Caire une grande quantité de barques chargées de blé, de légumes et de fourrages, et reçut en échange des munitions de guerre, des effets d'habillement. Il y avait beaucoup d'ophthalmies ; il évacua tous ses malades sur l'hôpital d'Ibrahim-Bey. Ses régiments reçurent de leurs dépôts un même nombre d'hommes en bon état. Mais il ne poursuivit pas les mameluks, il les laissa respirer. Revenus de leur première consternation, ils se portèrent à Bahnacéh, sur le canal de Joseph, ayant sur leur gauche leur flottille mouillée à Abou-Girgéh. Ainsi ils étaient maîtres de toute la haute Egypte depuis Beni-Soueif, et de tout le canal de Joseph depuis Bahnacéh. Desaix occupait sur la gauche Beni-Soueif, par sa droite le Faïoum.

Sur la fin d'octobre, la nouvelle arriva dans la haute Egypte que la Porte avait déclaré la guerre à la France, que Djezzar-Séraskier marchait sur le Caire, que cette grande ville s'était révoltée, que les Français étaient tous tués. Les esprits fermentaient. Mourad-Bey, habile à profiter de tout, envoya sur plusieurs points des mameluks qui insurgèrent à la fois la plus grande partie du Faïoum. Desaix partit de cette capitale, marcha sur les villages qui avaient levé l'étendard de l'insurrection. Il se croisa dans sa marche avec les insurgés, qui, de leur côté, s'étaient de plusieurs points donné rendez-vous sur Miniéh. Le 8 novembre, ils s'emparèrent des premières maisons de cette ville; il y avait trois cents Français de garnison et cent cinquante malades. Le colonel Heppler commandait la place. Le général Robin était à l'hôpital. L'usage des malades de l'armée d'Orient était de conserver leur fusil au chevet de leur lit. Dans ce moment, un grand nombre d'entre eux étaient affectés d'ophthalmie plus ou moins avancée, mais ils pouvaient se battre. Les ennemis s'étaient emparés de la ville sans éprouver une grande résistance. Ils se livrèrent au pillage et s'y dispersèrent sans ordre. Le général Robin en profita. Il rallia d'abord tout le monde à l'hôpital, de là déboucha sur l'ennemi en deux colonnes au pas de charge, en tua deux à trois cents. Une terreur panique se saisit du reste, qui se sauva. Les habitants, pour se venger, se joignirent aux Français. Lorsque Desaix apprit qu'il s'était croisé avec les insurgés, il rebroussa chemin et marcha toute la nuit sur leurs traces. Il était vivement alarmé pour son hôpital de Miniéh. Il y arriva le lendemain à la pointe du jour pour apprendre la bonne conduite de la garnison et des malades, et la victoire qu'ils avaient remportée.

Cependant le général en chef était mécontent de cette lenteur. « Voilà près de trois mois, disait-il à Desaix, que vous êtes partis du Caire, et vous êtes encore au Faïoum. » Celui-ci n'avait pas assez de cavalerie. Les combats, comme ceux de Sédiman, lui offraient pour perspective, s'il était battu, une ruine totale, et, s'il était vainqueur, de ne pouvoir pas profiter de la victoire. Le renfort de mille deux cents chevaux étant prêt, partit enfin du Caire avec une batterie d'artillerie légère, six bâtiments de guerre bien bastingués et bien armés, le tout commandé par le général Davoust, excellent officier, depuis maréchal, prince d'Eckmuhl. Parmi les bâtiments armés était *l'Italie*, qui contenait plusieurs salons meublés en soieries de Lyon, pour servir au quartier général.

III. A l'arrivée de ces renforts, Desaix remonta par terre la rive droite du canal de Joseph, qui ressemblait en ce moment aux plus belles parties du cours de la Seine. La terre était couverte de fruits;

les pois, les fèves étaient en graines, l'oranger en fleur. Les villages y étaient si nombreux qu'on en découvrait trente à quarante à la vue. Mourad-Bey se refusa à tout combat, et gagna d'abord Siout; les Français le poursuivirent vivement. Ils arrivèrent à Miniéh le 20 décembre. Cette ville est située sur la rive gauche du Nil, elle est grande et assez belle. Ils y prirent quatre djermes qui étaient restées engravées, dont une contenait une pièce de douze, un mortier et quinze pièces en fer. Le lendemain, ils couchèrent à Melaoui-el-Arich. C'est une ville plus jolie que Miniéh; elle a dix mille habitants. Les antiquaires visitèrent en passant les ruines d'Hermopolis. Le 24, Desaix fit son entrée dans Siout; le 29, dans Girgéh, capitale du Saïd. La province de Siout est riche; il y a des citernes d'une construction solide et élégante, qui servent pour abreuver les hommes et les chevaux, et une belle écluse, la seule qui soit en Egypte, où il en faudrait un millier. Le village de Beni-Adin est très populeux. Les caravanes de Dârfour y séjournent. Les habitants, fiers et fanatiques, présentèrent au vainqueur des figures menaçantes. C'était le présage de l'insurrection qui, quelques mois après, a causé leur ruine. Les infortunés étaient loin de prévoir qu'ils seraient dans peu à la discrétion de ces mêmes soldats qu'ils recevaient avec tant d'arrogance et d'inhospitalité.

Girgéh est située à égale distance du Caire et de

Syène; elle est moins grande que Siout, mais plus grande que Miniéh. Il règne dans le pays une telle abondance que, malgré le séjour et la consommation de l'armée, une livre de pain s'y vendait un sou, douze œufs deux sous, deux pigeons un sou, un canard pesant douze livres, dix sous.

Mourad-Bey fuyait toujours en proie à la plus sombre mélancolie. Son dépit éclatait toutes les fois qu'il faisait prisonniers quelques voltigeurs. « Quoi ! » s'écriait-il, voilà mes vainqueurs ! Ne pourrai-je » jamais battre ces petits hommes ? » Passant sur son champ de gloire de [1]....., à quelques lieues de Girgéh, il s'y arrêta une heure ; il pleura, dit-on, sur les vicissitudes de sa fortune actuelle ; en 1788, sur ce même terrain, à la tête de cinq mille mamelucks, il avait battu Hassan, capitan-pacha de la Porte, qui comptait sous ses ordres seize mille hommes des meilleurs soldats ottomans, soutenus par deux mille mameluks de Hassan-Bey. La présence d'esprit de Mourad-Bey, son coup d'œil, son intrépidité, lui avaient donné une victoire complète. Peu après, il était rentré triomphant au Caire. Et aujourd'hui, poussé jusqu'aux confins de la terre habitable, il n'aura bientôt plus, comme le malheureux Bédouin d'autre refuge que le désert ! Existence affreuse ; il invoque en vain la mort ; son heure n'était pas sonnée !

1. Il y a un espace laissé en blanc dans le manuscrit.
(*De Las Cases.*)

Cependant la flottille était retenue par les vents contraires à vingt lieues sur les derrières ; elle était exposée ; on pouvait la brûler, ce qui ferait échouer ou retarderait pour longtemps la marche de Desaix. Mourad-Bey chargea de cette entreprise Osman, qui fit un crochet avec trois cents mameluks, et se rendit par le désert derrière l'armée française, intercepta la communication entre Siout et Girgéh, souleva les populations, les anima par l'espérance de trouver des richesses immenses dans ces bâtiments. Il réussit à interrompre les communications de Girgéh avec la flottille.

Ces nouvelles plongèrent Desaix dans la plus vive inquiétude. S'il perdait sa flottille, il fallait qu'il retournât au Caire, en évacuant toute la haute Égypte. Il délibéra s'il abandonnerait Girgéh pour descendre lui-même le Nil, portant son camp sous le canon de ses bâtiments. Ce mouvement rétrograde, qui aurait été suivi par Mourad-Bey, aurait accru l'insurrection. Il prit le parti plus sage de rester à Girgéh avec son infanterie, et d'envoyer le général Davoust avec douze cents chevaux et six pièces de canon pour rouvrir ses communications.

Davoust arriva le 3 janvier aux portes du village de Saouaki, où s'était formé le premier rassemblement d'insurgés. Plusieurs milliers d'hommes armés en défendaient les avenues, qu'ils avaient barricadées. Après un combat d'une heure, la cavalerie française força la ligne des ennemis, en jeta un grand nombre dans le Nil, en passa trois cents par les armes, détruisit les barricades, désarma la population, et soumit tous les villages des environs. De là il se porta au gros village de Tahtah. Il y arriva le 8 janvier. Après quelques dispositions préalables, il força les barricades, jeta une partie des défenseurs dans la rivière et en tua un bon nombre. Attaqué lui-même, pendant ce temps, par un détachement d'un millier d'Arabes et de mameluks, il fit volte-face et les mit en déroute. Il employa plusieurs jours à désarmer et à soumettre tous les villages de la contrée et à rétablir la communication avec la flottille, qui, le 17 janvier, profitant d'un bon vent du nord, mouilla à Girgéh, à la gauche du camp. Par cette jonction, Desaix fut tiré d'inquiétude, et mis à même de suivre sa conquête. Mais ce contre-temps lui avait fait perdre dix-huit jours, et la perte de temps à la guerre est irréparable.

IV. Mourad-Bey apprit la défaite de ses troupes, mais en même temps il reçut la nouvelle de sa réconciliation avec Hassan-Bey, et de l'arrivée des schérifs d'Iambo. Hassan avait enfin cédé à l'influence d'une esclave grecque qu'il aimait. Il consentit à oublier le passé et à employer sa maison et son influence à combattre les ennemis du nom musulman. Il rejoignit Mourad-Bey avec trois mille hommes, dont deux cent cinquante mameluks. Ce vieillard jouissait d'un grand crédit dans toute la haute Egypte. Sa réconciliation eut une grande influence sur l'esprit de toute cette contrée. Deux mille schérifs d'Iambo, commandés par Hassan, étaient arrivés. Hassan d'Iambo était une espèce de derviche militaire ; intrépide devant l'ennemi, il était plus dangereux encore par l'enthousiasme dont il savait animer ses soldats et les fidèles, lorsqu'il leur parlait du haut de la chaire dans les mosquées. Ces schérifs d'Iambo étaient réputés les plus braves fantassins de toute l'Arabie. Ils étaient armés d'une carabine, d'une paire de pistolets et d'une lance. Ils avaient tous des turbans verts comme descendants de la tribu du prophète. Ils avaient la soif du sang et du pillage. Mourad-Bey attribuait ses défaites précédentes au manque d'une bonne tête d'infanterie qui pût donner l'exemple ; il crut avoir enfin ce qui devait le faire vaincre. Deux mille autres schérifs étaient réunis à Iambo, où ils attendaient des bâtiments pour passer la mer Rouge.

Mourad-Bey se trouva à la tête de douze à quatorze mille hommes ; il conçut un projet hardi et nouveau. Il voulait se porter sur Girgéh, lorsque Desaix l'aurait abandonné, soutenir les insurgés et s'y fortifier. Placé ainsi sur les derrières de Desaix, celui-ci serait obligé de retourner sur ses pas, et d'engager un combat de maisons, dont Mourad-Bey espérait un heureux résultat. A cet effet il se tint dans le désert, sur la rive gauche du canal de la haute Égypte. Desaix, parti le 20 de Girgéh, marcha entre le Nil et le canal. Mais le 22, à la pointe du jour, les deux armées se rencontrèrent à la hauteur de Samhoud, marchant en sens inverse. Elles étaient séparées par le canal, qui était à sec. L'armée française était forte de cinq mille hommes, infanterie et cavalerie, et de quatorze pièces de canon; sur le Nil elle avait une nombreuse flottille armée. L'armée égyptienne était composée de mille huit cents mameluks, sept mille Arabes à cheval, deux mille schérifs à pied d'Iambo, et trois mille Arabes à pied sans artillerie, total : treize à quatorze mille hommes. Aussitôt que les deux armées se furent reconnues, elles se mirent en bataille. La première se forma en trois carrés, deux d'infanterie sur les ailes, un de cavalerie au centre ; la gauche, du côté du Nil, commandée par le général Belliard ; la droite, sur la gauche du canal, commandée par le général Friant ; le centre à cheval sur le canal, commandé par le général Davoust. Les mameluks prirent un ordre de bataille opposé : la cavalerie sur les ailes, l'infanterie au centre. Mourad-Bey avec ses mameluks formait la droite du côté du Nil, son infanterie au centre vis-à-vis de Samhoud ; les Arabes formaient la gauche placés dans le désert. Les Français mettaient spécialement leur confiance dans leur infanterie, les mameluks dans leur cavalerie.

Les schérifs d'Iambo pétillaient d'impatience. Leur chef Hassan, avec mille cinq cents schérifs et mille Arabes à pied, se jette dans le ravin en avant de la ville ; l'intrépide colonel Rapp, avec une compagnie de voltigeurs du 21ᵉ léger et cinquante chevaux, l'attaque, précipite dans le ravin un millier de schérifs, mais il est blessé, le peloton de dragons est repoussé, les schérifs jettent des cris de victoire ; le colonel La Tournerie place deux pièces d'artillerie légère à portée de mitraille qui enfilent le ravin ; en même temps un bataillon français se précipite à la baïonnette sur les schérifs, en tue un grand nombre, le reste évacue le ravin en désordre ; une centaine s'enferment dans une mosquée et y sont égorgés. Mourad-Bey, indécis, restait spectateur de ce combat d'infanterie. Mais bientôt les obus et les boulets portèrent la mort dans ses rangs ; il n'avait pas d'artillerie pour y répondre : « *Pourquoi délibérer ?* dit le vieux Hassan-Bey ; *qui a du cœur me suive !...* » Il déborda la gauche de l'armée française, enveloppa le carré du général Belliard, en fit plusieurs fois le tour, exposé à un feu de mitraille et de mousqueterie épouvantable. Hassan-Bey, qui pour la première fois, se trouvait à un combat contre les Européens, comprit alors que le courage n'est qu'un des éléments de la victoire. Il fut contraint de se mettre hors de la portée du canon. Les batteries s'avancèrent devant Samhoud : trois compagnies d'infanterie légère y entrèrent au pas de charge ; les fiers schérifs d'Iambo s'enfuirent en désordre aux premiers boulets qui les atteigniront ; les Arabes s'éloignèrent et se dispersèrent dans le désert. Davoust s'ébranla alors avec la cavalerie et trois pièces d'artillerie légère ; il chargea Mourad-Bey et le mena battant jusque près de Farchout. Avant d'y arriver, Hassan d'Iambo, écumant de rage, se barricada dans un village. Davoust fut obligé d'attendre l'infanterie, qui enleva le village au pas de charge. Cette journée ne fut pas un moment douteuse ; trois cents hommes d'élite des mameluks, quatre cents schérifs d'Iambo, les plus braves, et deux cents Arabes, restèrent sur le champ de bataille.

Le cheykh-el-beled de Farchout était le dernier descendant du fameux prince Hamman. Cet Hamman, chef d'une tribu d'Arabes Maugrabins, s'était, dans le seizième siècle, transporté de Tunis à Farchout. Il y avait prospéré, et successivement s'était établi dans une partie de la haute Egypte. Cette tribu s'appelait Daouaréh. Son cheykh dominait en souverain tout le pays depuis Siout jusqu'à Syène. Il payait cependant deux cent cinquante mille ardebs de blé au pacha du Caire et aux beys. Les princes de cette maison, qui régnèrent successivement pendant cent cinquante ans, se firent adorer ; leur mémoire est encore chère dans ce pays. En 1768, Aly-

Bey marcha contre le prince Hamman, qui alla à sa rencontre avec vingt-cinq mille cavaliers. Hamman perdit la bataille près de Siout; l'année suivante il mourut à Esné. Ses enfants achetèrent du vainqueur la paix et la vie par le sacrifice de la plus grande partie de leurs richesses. Le dernier de cette maison était le cheykh-el-beled de Farchout. A l'approche des mameluks il se cacha. Mourad-Bey le fit chercher. Amené enfin en sa présence, il irrita un vainqueur au désespoir en déguisant mal la joie secrète qu'il éprouvait en voyant la défaite et la chute des ennemis de sa maison. Mourad-Bey, dans sa fureur, abattit, d'un coup de sabre, la tête de ce dernier rejeton d'une si illustre race. Aussitôt après leur arrivée, les Français se firent un devoir de lui rendre les honneurs funèbres.

Mourad-Bey continua sa retraite en remontant le Nil. Hassan d'Iambo passa le fleuve et se dirigea sur Kénéh pour y attendre le second détachement de schérifs qui était déjà débarqué à Cosseir. L'armée française coucha, le 22, à Hou. Le 23, elle arriva à Dendérah, et bivouaqua au milieu de ces superbes ruines. Le 24, après avoir doublé le promontoire de la chaîne Libyque, qui s'avance dans la vallée du Nil, elle aperçut devant elle les célèbres ruines de Thèbes aux cent portes. Le caractère de grandeur qui les distingue frappa tous les esprits; plusieurs heures furent employées à les considérer.

Le 25 janvier l'armée coucha au détroit des *Deux-Montagnes*, et le 26 elle arriva à Esné. Les mameluks fuyaient devant leur vainqueur. Ils avaient brûlé leurs bagages, leurs tentes, et s'étaient partagés en plusieurs corps. Mourad-Bey, Hassan-Bey et huit autres beys avec leurs mameluks se jetèrent dans le pays des Barâbras ; Elfi-Bey se réfugia dans la grande Oasis. Desaix occupa Esné, y fit construire des fortifications, y établit une manutention, des magasins et un grand hôpital. A mesure qu'on remonte le Nil, la vallée devient plus étroite, la navigation plus difficile. Friant, avec sa brigade, resta à Esné pour observer Elfi-Bey et Hassan d'Iambo. L'armée traversa Edfou, ou l'ancienne Apollinopolis Magna, gros bourg situé à dix lieues d'Esné, puis les ruines d'un grand temple placé sur la hauteur qui domine le cours de la rivière ; les habitants l'appellent la Citadelle. Le général n'accorda qu'une heure pour la visite de ces ruines ; il était pressé de rejoindre l'ennemi. Il traversa les monticules de schistes qui sont contigus au Nil ; le soldat y marchait avec difficulté. Il suivit les traces d'une ancienne chaussée romaine, dont on distinguait encore les vestiges, et coucha au village de Bibân, vis-à-vis de la belle île de ce nom.

Le 2 février, il bivouaqua vis-à-vis de Syène, sur la rive gauche ; le 3 février, il traversa le fleuve dans la ville. Là le Nil a cinq cents toises de large. Pour la première fois Desaix quitta la rive gauche. Les mameluks y étaient toujours restés, parce que la vallée est plus large, parce que ce côté est plus fertile et plus à portée des Oasis, tandis que, manœuvrant sur la rive droite, ils eussent pu être acculés contre la mer Rouge.

L'île d'Eléphantine, appelée par les gens du pays *Ile Fleurie*, est grande et très productive. Elle est située vis-à-vis de Syène, à trois mille cinq cents toises de l'île de Philæ; une ancienne muraille ferme cet espace, qui forme un triangle ayant le Nil des deux côtés. La cataracte est entre l'île d'Eléphantine et l'île de Philæ. De Syène à la cataracte il y a, en suivant les sinuosités du Nil, trois mille toises. Au-dessus de la cataracte, le Nil se divise et forme trois îles : celle de Philæ, à deux cents toises de la rive droite, où est le principal courant; celle de Bégéh et celle de Hefféh, qui ensemble ont mille deux cents toises. Dans l'île de Philæ était le tombeau d'Osiris; c'était un lieu de pèlerinage. L'île de Philæ est pleine de monuments. Elle n'a jamais contenu aucune ville, il n'y a jamais existé aucune culture. Elle est hors des limites actuelles de l'Egypte, puisqu'elle est au sud de la cataracte de Syène.

La vallée au-dessus de l'île de Philæ n'a que six cents toises. Les deux montagnes sont rapprochées, elles ne sont séparées que par le lit du fleuve qui arrive perpendiculairement sur cette île d'aussi loin que la vue peut s'étendre. Le général Belliard prit cent cinquante bateaux, reste de la flottille des mameluks ; le Nil étant très bas, on n'avait pu leur faire franchir la cataracte. Ils avaient été pillés par les habitants des villages voisins, qui s'étaient réfugiés avec leur butin dans l'île de Philæ, où ils se croyaient inexpugnables.

Le général, avec trois cents hommes, se mit en marche le 5, pour reconnaître la nature de la barrière qui le séparait du pays des Barâbras, où s'était réfugié Mourad-Bey. Il fut obligé de gravir plusieurs hautes montagnes qui dominent à pic le cours du Nil, interrompant le chemin de halage. Il arriva au premier village des Barâbras. Des mameluks qui y étaient en cantonnement prirent et donnèrent l'alarme. A son retour, en passant, il fit sommer l'île de Philæ. Les misérables pillards répondirent par des huées et des provocations tout à fait risibles. Ils disaient qu'ils n'étaient pas des mameluks, qu'ils ne se rendraient jamais, et ne fuiraient pas devant des chrétiens. Il était impossible de faire arriver des bateaux pour traverser le Nil, mais les sapeurs construisirent un radeau ; quarante voltigeurs s'y embarquèrent protégés par quelques volées d'une pièce de quatre. Ils abordèrent dans cette fameuse Philæ ; ils y trouvèrent les dépouilles de la flottille des mameluks. Les Français visitèrent avec curiosité les ruines des monuments qui illustraient cette petite île. Desaix porta son quartier général à Esné, laissant le général Belliard à Syène, pour observer le pays des Barâbras.

Cependant la famine obligea Hassan-Bey avec sa maison, ses femmes, ses trésors, à quitter le pays des Barâbras. Pour laisser plus de place à Mourad-Bey, il descendit la rive droite, se dirigeant sur l'isthme de Coptos, où il avait des intelligences et possédait des villages. Le général Davoust, instruit qu'il s'approchait de Thèbes, passa le Nil avec le 22º de chasseurs et le 18º de dragons, et le surprit le 12 février. Les Français étaient plus nombreux, mais un mameluk se vantait de valoir deux dragons. Hassan était embarrassé du convoi de ses femmes et de ses bagages, qui se trouvaient fort exposés. Cet intrépide vieillard fit face à tout avec le plus admirable sang-froid. Le combat devint terrible. Le convoi fut sauvé, il fila. La perte fut égale de part et d'autre. Le bey pourfendit un dragon; il eut un cheval tué sous lui. Osman-Bey, son lieutenant, fut blessé. Ne pouvant plus camper dans la vallée, Hassan se porta dans le désert, et tendit son camp près des puits de la Guitta.

Le colonel Conroux partit d'Esné avec trois cents hommes de son régiment, passa le Nil et chassa Hassan d'Iambo de Kénéh, le jetant dans le désert. Mais peu de jours après celui-ci fut joint par le détachement qui était débarqué à Cosseir. Avec ce renfort, il se porta de nuit pour surprendre Conroux et égorger son détachement. Effectivement le 11, à onze heures du soir, les grand'gardes françaises donnèrent l'alarme et soutinrent le premier effort des ennemis, qui, guidés par les habitants, pénétrèrent dans la ville par quatre côtés. Conroux marcha sur une seule colonne au pas de charge, les défit tous successivement et les chassa de la ville; il fut blessé. Dorsenne (depuis général de division), colonel des grenadiers à pied, le remplaça. Les schérifs effrayés se rallièrent à une lieue de Kénéh, dans un bois de dattiers. Au lever de la lune, Dorsenne les attaqua, les débusqua de leur position, et les chassa loin dans le désert.

Le général Friant arriva à la pointe du jour avec le 7º de hussards. Il se mit à la poursuite des schérifs, qui s'étaient ralliés près de Aboumanah. Il les enveloppa par trois colonnes, les chassa du village, et acheva de les ruiner. Le colonel Sully prit un bataillon du 88º et lui fit faire une marche de cinq lieues dans le désert, sans eau et sans chameaux; c'étaient des hommes morts de soif s'ils eussent manqué leur coup. Heureusement le cheykh qui leur servait de guide les fit parvenir au camp des Arabes d'Iambo par un chemin détourné. Ils y arrivèrent sans être attendus, s'emparèrent de tous les chameaux chargés d'eau, des vivres, de troupeaux nombreux, et des bagages des schérifs, qui étaient très pillards.

V. Le pays des Barâbras n'avait plus de fourrages ; il ne pouvait pas fournir aux consommations de Mourad-Bey. Ce chef se disposait à se porter sur Dongolah, lorsqu'il reçut la nouvelle que Napoléon avait quitté le Caire et se dirigeait sur l'Asie. Il prit sur-le-champ son parti. Qu'avait-il à perdre ? Il fit un crochet par le désert, marcha sur le Caire, laissant Desaix derrière lui. Il donna rendez-vous, à Sïout, à Elfi-Bey, qui occupait la petite Oasis. Hassan-Bey se réunit avec les schérifs et descendit par la rive droite du fleuve sur Sïout et le Caire. Ce projet souriait au vieux Hassan, qui, depuis tant d'années, était absent de sa maison et de ces lieux si chers à son enfance. L'idée de délivrer cette première clef de la sainte Kaaba et de faire les ablutions dans la grande mosquée de Gama-el-Azhar réveillait la fanatisme des schérifs.

Desaix s'occupait, à Esné, à achever la pacification des provinces de son commandement, à y organiser la justice et l'administration, lorsqu'il apprit par des courriers qui lui arrivèrent à la fois de divers côtés que Mourad avait quitté les Barâbras, gagné trois marches, et s'était laissé voir entre Esné et Sïout ; qu'Elfi-Bey avait quitté l'Oasis ; que les schérifs et Hassan-Bey étaient sortis du désert et descendaient la rive droite du Nil. Il pénétra le projet de ses ennemis. Il ordonna au général Belliard de quitter Syène et de se porter à Esné avec toutes ses troupes, pour faire son arrière-garde et pour contenir le Saïd; il ordonna à Friant de réunir ses détachements et de se porter à grande marche sur Siout; à sa flottille de descendre le Nil et de suivre Friant. Lui-même partit le 2 mars.

Le général Friant arriva le 5 mars à Saouamah, comme l'avant-garde chargée de préparer son logement entrait dans ce gros bourg; il fut reçu à coups de fusil. Trois ou quatre mille paysans l'occupaient; ils étaient en insurrection. L'avant-garde se replia sur les colonnes, qui entrèrent dans la ville par trois endroits, battant la charge, et jetant plusieurs centaines d'insurgés dans le Nil. Le lendemain, il continua sa route sur Girgéh et Siout. Le général Desaix le rejoignit. Cependant Mourad-Bey et Elfi-Bey avaient réussi à opérer leur jonction à Siout. Ils y apprirent que Napoléon avait pris El-Arich, était entré en Syrie, mais qu'il restait au Caire plus de Français qu'il n'y en avait dans la haute Egypte, qu'ils occupaient la citadelle, et que les habitants étaient portés pour eux; que les cheyks de Gama-el-Azhar et tous les principaux avaient déclaré que si les mameluks s'approchaient de la ville, ils marcheraient avec les Français, qu'ils voulaient rester tranquilles; d'un autre côté, Desaix était sur leurs talons, éloigné seulement de deux journées; ils allaient se trouver entre Desaix, qui les prenait en queue, et les Français du Caire, qui les recevraient en tête; ils prirent le parti d'attendre l'issue de l'expédition de Syrie. Mourad-Bey se réfugia dans la grande Oasis; Elfi-Bey, dans la petite; beaucoup de mameluks se dispersèrent dans le pays, se déguisant sous des habits de fellahs.

Cependant, sur la rive droite, Hassan-Bey et les schérifs, à peine réunis à la hauteur de Kénéh, apprirent que la flottille française était retenue par les vents contraires à Baroul. Ils marchèrent pour l'attaquer. Elle était composée de douze bâtiments armés de gros canons, chargés des bagages, des dépôts, des caisses militaires, des musiques des corps; elle était montée par trois cents hommes malingres ou éclopés. Hassan partagea son monde sur les deux rives. Il fut joint par dix mille habitants attirés par l'espoir du pillage. Le combat s'engagea. Les ennemis occupaient les îles et les minarets. Ils n'avaient pas de canon. La mitraille des bâtiments porta d'abord la mort sur les deux rives. Mais les munitions manquèrent. Les bâtiments eurent grand nombre de blessés. *L'Italie* échoua; elle fut en danger d'être prise. Le commandant Morandy y mit le feu et la fit sauter; il y trouva une mort glorieuse. Les autres bâtiments furent pris. Les équipages, les soldats furent égorgés. Tous les bagages, caisses militaires, etc., servirent de trophées aux schérifs. La perte de l'armée dans cette affaire fut de deux cents matelots français et trois cents malingres qui formaient les garnisons; total cinq cents Français. Ce fut la plus grande perte qu'elle éprouva dans la campagne. Cette catastrophe, dont le souvenir se conserva longtemps, affecta sensiblement les soldats, qui reprochèrent avec raison à leur général de n'avoir pas placé sa flottille sous la protection d'un de ses forts, et d'avoir espéré à tort qu'elle pourrait suivre l'armée dans une saison où le Nil est si bas.

Le général Belliard, instruit que Hassan descendait le Nil, partit d'Esné, passa sur la rive droite, et se porta sur Kénéh. Chemin faisant, il fut instruit par la rumeur du pays qu'une grande bataille avait eu lieu, que les Français avaient été battus, avaient perdu une grande quantité d'hommes, et surtout d'immenses trésors et beaucoup de bagages. Arrivé à la hauteur de Coptos, il rencontra l'armée ennemie qui revenait triomphante. Elle était précédée par les têtes des Français portées au haut des piques; elle était grossie par une foule d'habitants, couverts d'habits d'Européens, armés de leurs armes, marchant au son des instruments de musique; c'était un épouvantable charivari. Le désordre, l'ivresse de cette multitude était une véritable saturnale. Hassan d'Iambo proclamait partout d'un ton prophétique que le temps de la destruction des Français était enfin arrivé, que désormais ils n'éprouveraient plus que des défaites, que tous les pas des fidèles seraient des victoires. Peu de temps après, les tirailleurs s'engagèrent. Les Français étaient mille huit cents hommes et avaient une pièce de quatre dont la mitraille contint d'abord la fougue des schérifs et protégea la marche de la colonne. Celle-ci continuait à descendre, longeant le Nil à droite, suivie et entourée par cette multitude armée. Après avoir fait une lieue, elle fut accueillie par le feu d'une batterie de quatre pièces de canon provenant de la flottille, que les Arabes d'Iambo avaient débarquées et mises en position. Au signal de leur artillerie, les schérifs s'élancèrent sur le carré français avec leur ardeur accoutumée. Mais le 15º de dragons les prit en flanc, en sabra grand nombre; le champ de bataille en fut couvert. Le général profita de ce moment pour marcher sur la batterie, qui l'incommodait. Il était sur le point de se saisir des pièces, lorsque Hassan-Bey le chargea avec ses mameluks; mais les carabiniers de la 21º légère firent demi-tour à droite, reçurent la charge et la repoussèrent; les pièces prises furent tournées contre l'ennemi. Ces deux succès changèrent la fortune de la journée. Les schérifs se jetèrent dans le village de Benout, dans une grande mosquée et un château qu'ils crénelèrent. Le combat dura toute la journée et la nuit. Les pièces prises à l'ennemi servirent avec succès. Le village fut incendié, la mosquée fut enlevée au pas de charge. La nuit se passa au milieu de l'incendie, des morts et des cris des mourants. Hassan d'Iambo s'enferma dans le château; il déclara vouloir y mourir de la mort des martyrs. Sous la protection de ce château, les ennemis se rallièrent; mais il sauta en l'air avec tous ses défenseurs, et couvrit de ses débris les deux armées. Les barils de poudre trouvés sur les bâtiments français y étaient emmagasinés, le feu y prit; Hassan d'Iambo y trouva la mort. L'ennemi consterné s'enfuit de tous côtés. Dans ce combat acharné, les schérifs perdirent mille deux cents hommes; les Français, avec une seule pièce de quatre, se battirent un contre six. Cette journée fit honneur au général Belliard. Il sauva ainsi sa colonne et la haute Egypte, qu'il eût fallu reconquérir de nouveau, si Hassan eût eu la victoire; ce combat eut lieu le 5 et le 6 mars.

VI. Desaix apprit à Siout le désastre de sa flottille, le combat de Coptos et la position critique où avait été Belliard; il sut que celui-ci n'avait plus de munitions de guerre; il réunit aussitôt les bâtiments armés qui lui restaient et remonta le Nil; il ne put arriver à Kéné avec sa flottille que le 30 mars. Après avoir ravitaillé les troupes, il disposa tout pour cerner Hassan-Bey, qui était campé vis-à-vis de la Guitta. Hassan ne pouvait pas y rester longtemps, les vivres qu'il avait apportés étaient sur le point de finir; il fallait empêcher qu'il n'en reçût; Desaix le bloqua dans ce désert. Les déserts de l'isthme de Coptos sont couverts de collines raboteuses et impraticables; on ne peut passer que par les gorges; il y en a trois : une qui débouche sur le Nil au puits de Bir-el-Bar, l'autre au village de Hagâzy, et la troisième à Redecióh vis-à-vis Edfou. Desaix campa à Bir-el-Har avec la moitié de ses forces; il envoya le général Belliard occuper Hagâzy avec l'autre moitié. Il considéra le débouché de Redecióh, qui exigeait un détour de plus de quarante-cinq lieues de désert sans eau, comme impraticable. Par ce moyen, Hassan ne pouvait ni recevoir de vivres ni sortir sans combat; il devait périr. Le 2 avril, Hassan, mourant de faim, quitta son camp de la Guitta pour gagner la vallée à Bir-el-Bar. Il se rencontra avec le colonel Duplessis du 7ᵉ de hussards. L'engagement devint des plus terribles; les mameluks étaient plus nombreux; Duplessis fut tué par Osman-Bey, qu'il avait saisi à la gorge; la victoire paraissait se décider pour les mameluks; mais Desaix arriva au secours de son avant-garde. Hassan, voyant le débouché occupé en force, rentra dans le désert et reprit son camp de la Guitta. Quelques jours après, il en partit, se porta par le détour de quarante-cinq lieues sur le débouché de Redecióh, remonta le Nil jusqu'à Ombos, séjourna dans l'île de Mansouriéh, et de là se rendit à Syène. Aussitôt qu'il en fut instruit, Belliard le poursuivit, et arriva à Redecióh trois jours après que Hassan y avait passé. Il trouva des traces sanglantes des mameluks, une dizaine de cadavres des

plus âgés d'entre eux, ceux de vingt-cinq femmes
et de soixante chevaux restés dans le désert; manquant de vivres et d'eau, ils avaient succombé à l'excessive chaleur. Pendant ce temps, les restes des
schérifs d'Iambo descendirent le Nil n'ayant plus
d'autre but que de piller et d'échapper. Ils arrivèrent
à Hargéh, village de la rive droite, passèrent sur la
rive gauche, pénétrèrent à Girgéh, où ils n'étaient
pas attendus ; ils entrèrent dans le bazar. Le colonel
Morand, qui les suivait, entra dans la ville après eux
et en passa une partie au fil de l'épée. Le colonel
du 22e de chasseurs, Lasalle, officier actif et d'un
mérite distingué, les attaqua avec son régiment et
un bataillon du 88e ; il parvint par ses manœuvres à
les cerner dans un enclos, et les passa tous au fil de
l'épée. Parmi les morts, on trouva le corps du schérif successeur de Hassan. Tel fut le sort
qu'éprouvèrent quatre mille schérifs d'Iambo ;
cinq ou six cents, la plupart blessés, revirent
seuls leur patrie. Cependant le schérif de la Mecque fut mécontent de cette conduite des Arabes
d'Iambo: il leur écrivit pour leur en faire sentir les
conséquences. Il expédia un ministre près du sultan Kébir, au Caire, pour désavouer cet acte d'hostilité qu'il attribuait aux liaisons particulières d'une
tribu d'Iambo avec Mourad-Bey. Il donna des assu-
rances que cet exemple ne serait suivi par aucune
autre tribu et que toute l'Arabie resterait tranquille.

Il écrivit directement, par Cosseir, au général Desaix, dans le même sens. Ce chef de la religion craignait que cela ne pût porter les Français à détruire les mosquées, à persécuter les musulmans, à confisquer les riches dotations que la Mecque possédait en Egypte et à intercepter les communications de la Mecque avec toute l'Afrique. Napoléon le rassura, et les relations continuèrent avec ce serviteur de la sainte Kaaba qui ne cessait de proclamer le sultan français et d'appeler sur lui les bénédictions du prophète.

VII. Dans le courant de février et de mars, les nouvelles des succès de l'armée de Syrie, de la prise d'El-Arich, du combat de Gaza, de l'assaut de Jaffa, arrivèrent dans le Saïd. Parmi les prisonniers faits à Jaffa il y avait deux cent soixante hommes de cette province ; ils y furent renvoyés et y accréditèrent la réputation des armes françaises. Cela produisit un bon effet sur l'esprit de ces peuples. Mais la nouvelle des premiers échecs de Saint-Jean-d'Acre se répandit en mai, avec l'assurance que l'armée de Damas cernait dans son camp d'Acre l'armée française. La révolte de l'émir Hadjy, qui avait été la conséquence de ces bruits, les accrédita encore. Hassan-Bey était à Syène depuis le milieu d'avril. Le village de Beni-Adin, près de Siout, qui a vingt mille habitants, est l'entrepôt du commerce du Dàrfour avec l'Egypte. La population est plus fanatique, plus sauvage, plus féroce et plus noire que celle des autres contrées de l'Egypte. Les Français, comme nous l'avons dit, avaient été mal accueillis la première fois qu'ils y étaient entrés. Depuis ils avaient toujours évité d'y coucher et d'y séjourner. Les regards des habitants, leur contenance, leur langage, avaient toujours été menaçants. Ils étaient fiers de leurs richesses ; on calcule que, pendant le séjour de la grande caravane, il y a sur le marché pour six millions de marchandises en entrepôt pour Dârfour, le Caire ou Alexandrie ; en mars de cette année, cette grande caravane, composée de dix mille chameaux et de six mille esclaves, était arrivée, escortée par deux mille hommes armés, Maugrabins, tous gens féroces comme le grand désert, qui s'indignaient de voir triompher ces petits hommes de l'occident sans couleur. Les mameluks démontés, le reste des schérifs, se réunirent à Beni-Adin, qui devint bientôt un centre d'insurrection.

Mourad-Bey, qui d'abord n'y voulut placer aucune confiance, s'y attacha lorsqu'il fut encouragé par les nouvelles de Syrie contraires aux Français. Il envoya des beys, des kachefs de sa maison pour diriger, organiser et accréditer ce rassemblement. Le général Davoust, alarmé de l'accroissement qu'il prenait, réunit ses forces, marcha avec deux mille hommes, cavalerie, infanterie, artillerie. Les insurgés étaient au nombre de six mille bien armés et bien préparés ;

ils attendaient Mourad-Bey. Les deux généraux se rencontrèrent. La cavalerie française chargea l'avant-garde du bey, qui n'ayant que trois cents cavaliers, fut repoussée sur l'Oasis. Au même moment, Beni-Adin fut cerné. Après une vive fusillade, les barricades furent forcées ; les vainqueurs entrèrent au pas de charge, massacrèrent tout ce qu'ils rencontrèrent. L'ennemi s'était crénelé dans les maisons, qui devinrent la proie des flammes. L'armée perdit le colonel Pinon, un des plus braves officiers de cavalerie de la France. Le pillage enrichit le soldat, qui y trouva quatre ou cinq mille femmes, esclaves noires, beaucoup de chameaux, d'outres, des plumes d'autruche, des gommes, des ivoires, de grandes caisses de poudre d'or, beaucoup d'or monnayé. La fille du roi de Dârfour fut au nombre des prisonniers.

Il ne restait plus dans la haute Egypte qu'Hassan-Bey, qui, depuis qu'il s'était retiré du désert de Cosseir, était resté tranquillement en possession de Syène. Soit qu'on ne connût pas bien ses forces, soit qu'on supposât qu'il avait déjà passé les cataractes et qu'il n'avait qu'une arrière-garde à Syène, le général fit partir d'Esné le capitaine Renaud, avec deux cents hommes d'infanterie seulement, pour s'emparer de cette ville : ces deux cents hommes devaient être perdus. Aussitôt qu'Hassan fut instruit de leur petit nombre, il sourit à l'espérance d'assouvir sa vengeance dans le sang des infidèles. Avec cent quatre-vingts mameluks, deux cents Arabes et trois cents fantassins, il marcha à la rencontre de cette poignée de fantassins isolés et sans canon. Le capitaine Renaud, avec une présence d'esprit admirable, sans se laisser étonner par cette foule d'assiégeants, forma son carré, se tourna vers ses soldats : « *Camarades*, leur dit-il, *les soldats d'Italie ne comptent pas le nombre des ennemis ; ajustez bien, que chacun tue son homme, et je réponds de tout.* » Effectivement, cent mameluks sont jetés par terre à la première décharge ; tout se sauve. Peu d'heures après, Renaud entre dans Syène ; il fait main basse sur les bagages et les blessés. L'heure du vieux Hassan était arrivée. Blessé d'un coup de baïonnette ainsi qu'Osman-Bey, tous deux moururent à quelques jours de là. Le capitaine Renaud n'eut que quatre hommes tués et quinze blessés. Ce combat est le plus beau de toute la guerre d'Egypte.

Mourad-Bey avec quatre cents hommes traînait sa misérable existence au fond des déserts ; Hassan-Bey et les redoutables mameluks de sa maison étaient morts ; il n'existait plus un seul schérif d'Iambo. Desaix déploya autant de talent dans le gouvernement de ces provinces qu'il avait montré d'activité pendant la campagne. Il fit régner la justice et le bon ordre ; la tranquillité fut parfaite. Quoique son gouvernement fût très sévère, il fut surnommé par les habitants le *Sultan-Juste*. Il rendit les communes responsables de tout ce qui se passait sur leur territoire. Un soldat français armé ou désarmé parcourait toute la vallée sans courir aucun danger. Les contributions étaient payées exactement.

Dans le courant d'avril et de mai, l'armée d'Orient occupait les trois angles d'Alexandrie, de Syène et de Saint-Jean-d'Acre ; c'est un triangle de trois cents lieues de côtés, et de trente mille lieues carrées de surface. La correspondance du quartier général de ....[1] Saint-Jean-d'Acre en Syrie, avec la haute Egypte, se faisait par le régiment des dromadaires qui traversait le désert de Gaza à Suez. Plusieurs forts étaient établis depuis Syène jusqu'à Beni-Soueif; celui de Kénéh était le principal comme défendant les gorges de Cosseir. Tous ces forts étaient garnis de batteries qui maîtrisaient la navigation du Nil, et contenaient des magasins et de petits hôpitaux. Pour témoigner sa satisfaction à son lieutenant, Napoléon lui envoya d'abord un sabre pris sur les prisonniers faits à Alexandrie, sur lequel était écrit : *Bataille de Sédiman*. Depuis il lui donna un poignard enrichi de diamants que portait Méhémet-Pacha, fait prisonnier à la bataille d'Aboukir ; sur un côté de la lame était écrit : *Napoléon à Desaix vainqueur de la haute Egypte* ; et de l'autre : *Thèbes aux cent portes. Sésostris le Grand*.

1. Il y a un espace laissé en blanc dans le manuscrit.

VIII. Il restait à occuper le port de Cosseir, la grande et la petite Oasis. Les chaleurs sont trop fortes au mois de mai et le passage du désert trop fatigant ; il fallut remettre l'expédition des Oasis au mois de novembre. Mais l'occupation du Cosseir ne comportait aucun délai. Les bâtiments de l'Arabie, de Djeddah, d'Iambo y étaient annoncés chargés de marchandises, et devant en retour faire leur chargement avec des riz, des blés et autres denrées nécessaires à la péninsule, surtout à la Mecque et à Médine. Le général Belliard fit toutes les dispositions convenables pour traverser ce désert, prendre possession de Cosseir et l'armer. L'isthme de Coptos est une partie de désert comprise entre le Nil et la mer Rouge, au lieu où le fleuve s'approche le plus de la mer. De Kénéh à Thèbes il y a onze lieues ; un coude du Nil, de neuf lieues de cours, fait couler le fleuve à vingt-cinq lieues de la mer Rouge, distance moyenne. Ces vingt-cinq lieues s'appellent l'isthme de Coptos. Si de Thèbes on remonte le Nil pendant cinq lieues jusqu'à Aboukilgân, la rivière qui a couru à l'ouest, et la mer Rouge vis-à-vis, qui par une direction contraire a couru à l'est, se sont éloignées, de sorte que la distance de ces deux points est de quarante lieues. Si l'on remonte jusqu'à Syène, de là à la mer il y soixante lieues environ ; si on descend le Nil jusqu'à la hauteur de Girgéh, on se trouve à une quarantaine de lieues de la mer Rouge ; à

Siout on en est à cinquante. La partie du Nil qui forme le coude au-dessus de Kénéh, laquelle a neuf lieues de long, est donc la seule qui ne soit qu'à vingt-cinq lieues en ligne droite de cette mer.

Pour aller du Nil à la mer Rouge en traversant la presqu'île de Coptos, il faut suivre des gorges entre des montagnes. Il y en a six différentes qui ont une longueur moyenne de trente-quatre lieues, ou de quarante-deux heures de marche, vu les détours qu'elles font. Ainsi, des deux seuls ports de la mer Rouge qui communiquent aujourd'hui avec le Nil, Cosseir et Suez, Cosseir est à vingt-neuf lieues de Kénéh en ligne directe et à trente-quatre à trente-cinq en suivant la gorge, et Suez est à vingt-sept lieues du Caire. Des six routes qui conduisent à travers la presqu'île de Coptos à Cosseir, on n'en connaît bien que trois. La plupart de ces gorges aboutissent à la petite oasis de la Guitta, d'où il y a deux chemins pour joindre le Nil. L'un se dirige sur Kénéh, et rencontre la terre cultivée à Bir-el-Bar : c'est un petit village ; l'autre se dirige sur Thèbes, et remonte le Nil au petit village de Hagâzy. La troisième gorge que nous connaissons va droit de Cosseir dans la vallée du Nil, et débouche vis-à-vis d'Edfou, au village de Redeciéh. Cette gorge a un peu plus de quarante-cinq lieues, c'est celle par où s'échappa Hassan-Bey : de sorte que pour fermer tous les abords du Nil, il faut occuper les villages de Bir-el-Bar, de Hagâzy, ou les puits de la Guitta, et enfin la gorge de Redeciôh vis-à-vis d'Edfou.

Sur les neuf lieues du coude du Nil, qui forme un des côtés de la presqu'île de Coptos, ont successivement existé trois villes qui ont fait le commerce de la mer Rouge : Coptos, ville célèbre, puissante et riche dans le quatrième siècle ; on en voit les ruines à une lieue du Nil. A Coptos a succédé Kous, qui est un peu plus haut vers le sud : Kous est encore une grande ville, mais elle est fort déchue ; la population est toute Copte. Enfin la troisième, qui est au nord, à l'extrémité du coude, est la petite ville de Kénôh. Kénôh est aujourd'hui l'entrepôt du commerce du Nil avec la mer Rouge. Elle n'a point atteint la prospérité de Coptos et de Kous, parce que le commerce de la mer Rouge aujourd'hui ne peut pas se comparer avec le commerce de la mer Rouge avant la découverte du cap de Bonne-Espérance.

Le général Belliard partit de Kénôh le 25 mai, avec deux bataillons, deux pièces de canon et cent chevaux. Il mit trois heures pour aller au puits de Bir-el-Bar, il s'y arrêta pour compléter sa provision d'eau ; il alla coucher à cinq lieues dans le désert. A une heure du matin la lune se leva ; il arriva à la pointe du jour à la Guitta. La Guitta a trois puits, revêtus en briques, fort larges, avec de grandes rampes ; les animaux y descendent. Il y a un fort, un caravansérail ; c'est une des maisons militaires que

Ptolémée Philadelphe fit construire sur le chemin de Bérénice. Le général se reposa plusieurs heures à la Guitta, coucha à cinq lieues de là dans le désert. Le 27 au lever de la lune il se mit en marche, arriva après neuf heures de marche au puits d'El-Hawéh ; il campa dans le désert. Enfin le 28, il arriva au puits de l'Ambagéh ; c'est une oasis, il y a des acacias, une petite rivière, de l'eau saumâtre : là on est à deux heures de Cosseir. Ainsi, de Kénéh à la Guitta, en prenant par Bir-el-Bar. . . . . . . 13 heures
De la Guitta, aux fontaines d'El-Hawéh. 15
Des fontaines, à l'Ambagéh. 11
De l'Ambagéh, à Cosseir 2

      Total. . . . . 41 heures

qui, à mille huit cent cinquante toises par heure, font environ soixante-quinze mille huit cents toises ou trente-trois lieues de vingt-cinq au degré. Les Arabes Ababdéh errent dans tout ce désert. Ils se vantent de pouvoir mettre deux mille hommes sous les armes. Ils ont peu de chevaux, mais beaucoup de chameaux, pour faire la traversée du Nil à la mer Rouge, et jusqu'à Sennaar.

La ville de Cosseir est située sur le bord de la mer Rouge, à environ cent lieues sud de Suez en ligne directe, à 26°7' de latitude nord, 32°1'36" de longitude de Paris. Elle a quatre ou cinq cents toises de tour ; la bonne eau lui arrive de neuf lieues de là. Le château domine toute la ville ; il y a une citerne dont l'eau est bonne pour les animaux. Tout est désert autour de cette ville. Elle n'est peuplée qu'au temps de l'arrivée des bâtiments de Djeddah et d'Iambo. On y voit alors beaucoup d'Arabes d'Iambo et de marchands égyptiens. Les habitants accueillirent les troupes françaises avec des transports de joie. Les Arabes Ababdéh avaient fait leur paix et servaient l'armée française avec zèle. Après y avoir séjourné deux jours, le général Belliard retourna à Kénéh, laissant un commandant, une garnison, des vivres et des canons dans le fort de Cosseir. Le port de Cosseir est à l'abri des vents d'est et du nord, mais tourmenté par les vents d'ouest. Le vieux Cosseir, qui est au nord, est, suivant quelques-uns, l'ancienne Bérénice.

Le 14 de juin, l'entrée triomphante de Napoléon au Caire, à la tête de l'armée, revenant de Syrie, consolida la tranquillité de toute l'Egypte.

VI

CONQUÊTE DE LA PALESTINE.

1. Résolution de la guerre de Syrie (1799). — 2. L'armée est partagée en trois corps. — 3. Passage du désert ; de l'isthme de Suez ; combat d'El-Arich (9 février) ; combat de nuit (15 février) ; prise du fort (21 février).—4. L'avant-garde erre dans le désert (22 février) ; combat de Gaza (26 février). — 5. Marche sur Jaffa ; siège et prise de la ville (6 mars). — 6. Peste de Jaffa ; armistice conclu avec l'aga de Jérusalem (10 mars). — 7. Combat de Naplouse (15 mars). — 8. Prise de Haïffa ; arrivée devant Acre (18 mars).

I. Les colonies françaises des Indes-Occidentales étaient perdues. La liberté accordée aux noirs, et les événements dont Saint-Domingue était le théâtre depuis huit ans, ne laissaient plus d'espoir de rétablir l'ancien système colonial. D'ailleurs l'établissement à Saint-Domingue d'une nouvelle puissance gouvernée par les noirs, sous la protection de la République entraînerait la ruine de la Jamaïque et des colonies anglaises. Dans cet état de choses la France avait besoin d'une nouvelle et grande colonie qui lui tînt lieu de celles de l'Amérique.

Depuis la dernière lutte que la France avait soutenue contre l'Angleterre dans l'Indoustan, elle y avait perdu tous ses établissements. Il ne lui restait plus que la belle mais petite colonie de l'Ile-de-France. Les Anglais, au contraire, avaient tellement accru et consolidé leur domination dans les Indes, qu'il était devenu difficile de les y attaquer directement. Ils étaient maîtres de tous les ports; ils y entretenaient cent vingt-cinq mille hommes, dont trente mille Européens; ils couvraient, il est vrai, une grande étendue de pays. Tippoo-Saïb, les Mahrattes, les Seïkhs et d'autres peuples guerriers non soumis, formaient une masse de forces prêtes à se rallier à une armée française. Mais pour entreprendre avec espérance de succès une guerre sur un théâtre si éloigné, il fallait être maître d'une position intermédiaire qui servît de place d'armes. L'Egypte, située à six cents lieues de Toulon, à quinze cents du Malabar, était cette place d'armes. La France, solidement établie dans ce pays, deviendrait un peu plus tôt, un peu plus tard, maîtresse de l'Inde. Le riche commerce de l'Orient reprendrait son ancienne route par la mer Rouge et la Méditerranée. Ainsi, d'un côté l'Egypte remplacerait Saint-Domingue et les Antilles; de l'autre, elle serait un acheminement à la conquête de l'Inde.

Alexandre pénétra dans l'Indoustan en passant l'Indus dans la partie supérieure de son cours; il opéra son retour sur Babylone, en traversant la Gédrosie ou le Mékran. Si son armée y souffrit, c'est qu'il n'était pas pourvu de tout ce qui était nécessaire pour cette traversée. Avec des vaisseaux on franchit l'Océan, avec des chameaux les déserts cessent d'être un obstacle. De l'Egypte, une armée montée sur des chameaux peut arriver à Bassora en trente ou quarante-cinq jours; de Bassora, elle peut en quarante se porter sur les confins du Mékran : elle trouvera sur sa route Chyraz, grande et belle ville. Tout le Kerman est un pays abondant, où elle s'approvisionnera pour le passage du désert jusqu'à l'Indus. Ces déserts sont moins arides que ceux de l'Arabie. Partant de l'Egypte en octobre, cette armée arriverait en mars à sa destination. Là, elle se trouverait au milieu des Seïkhs et des Mahrattes.

L'armée française n'était forte que de trente mille hommes, mais les cadres étaient suffisants pour soixante mille. En effet, elle avait quatre cent quatre-vingts compagnies d'infanterie, soixante compagnies de cavalerie, quarante compagnies d'artillerie, sapeurs, mineurs, ouvriers, trains d'artillerie ; elle pouvait donc recevoir trente mille recrues du pays. On comptait les prendre ainsi: quinze mille esclaves noirs de Sennaar et de Darfour; et quinze mille Grecs, Coptes, Syriens, jeunes mameluks, maugrabins et musulmans de la haute Egypte, accoutumés au désert et aux chaleurs de la zone torride.

L'Egypte pouvait tout fournir: les dix mille chevaux, les quinze cents mulets, les cinquante mille chameaux, les outres, les farines, les riz et tous les autres objets nécessaires à cette opération. Un solide établissement dans cette contrée était donc la base de tout l'édifice. Avant de partir de France, Napoléon avait calculé le temps et les moyens pour faire la conquête de l'Egypte, sauf à marcher sur l'Indus, plus tôt ou plus tard, selon la disposition plus ou moins favorable des peuples de l'Orient, et selon que les événements seraient plus ou moins heureux. Il s'était flatté que les quinze premiers mois, depuis juillet 1798 jusqu'à octobre 1799, lui suffiraient pour faire la conquête du pays, pour la levée des recrues, des chevaux, des chameaux, pour leur équipement, armement; et que dans l'automne de 1799 et l'hiver de 1800, il pourrait marcher à sa destination avec tout ou partie de son armée. Car, quarante mille hommes, dont six mille chevaux, quarante mille chameaux et cent vingt pièces de canon de campagne, étaient jugés suffisants pour soulever l'Indoustan. Il avait été convenu en France que le gouvernement ferait partir en octobre ou novembre 1798 trois vaisseaux de soixante-quatorze, quatre frégates et cinq flûtes portant trois mille hommes, pour ravitailler l'Ile-de-France et croiser dans les mers des Indes; que dès que l'époque de la marche de l'armée sur l'Indus serait décidée, une escadre de quinze vaisseaux de guerre, six frégates, quinze grosses flûtes, partirait de Brest, portant cinq mille hommes, des vivres et des munitions de guerre. Cette escadre devait communiquer avec l'armée de terre sur les côtes du Mékran. Après avoir donné tous les secours à l'armée pour aider à s'emparer d'une place forte, Surate, Bombay ou Goa, elle devait se partager en petites divisions pour croiser dans les mers depuis l'Indus jusqu'à la Chine. Trois divisions devaient partir de l'Ile-de-France pour former des magasins aux trois ports de la côte du Mékran qui avaient été désignés. Les trois mille hommes de troupes qui se trouveraient à l'Ile-de-France, ayant des cadres pour six mille homme devaient être complétés par quinze cents colons blancs, et quinze cents noirs. Ces six mille hommes serviraient à la garde de ces établissements ou échelles, et suivraient l'armée à son passage.

Le succès de l'assaut d'Alexandrie, des batailles de Chobrakhit et des Pyramides, le bon esprit des ulémas qui avaient levé le plus grand obstacle, celui du fanatisme religieux, firent un moment espérer que Mourad et Ibrahim beys se soumettraient. Mais la destruction de l'escadre eut le double effet d'empêcher les mameluks de se soumettre et de permettre à l'ennemi d'établir un sévère blocus sur les côtes. On n'eut plus de communication avec la France, d'où on attendait un second convoi de six mille hommes, déjà embarqués à Toulon, ainsi que beaucoup d'effets d'habillement, d'armement, etc. Enfin, la perte de l'escadre obligea l'empereur Sélim à déclarer la guerre à la République.

Après la bataille de Sédiman et la révolte du Caire, de nouvelles négociations eurent lieu avec Mourad et Ibrahim beys; ils étaient disposés à se soumettre et à servir sous les drapeaux français; mais ils reçurent l'avis que la Porte mettait deux armées en campagne. Ils voulurent voir l'issue de cette entreprise. Les deux armées étaient chacune de cinquante mille hommes; l'une se réunissait à Rhodes, l'autre en Syrie; elles devaient agir simultanément dans le courant du mois de juin 1799. La première devait débarquer à Damiette ou à Aboukir; la seconde, traverser le désert de Gaza à Salhéyéh, et marcher sur le Caire. Les mameluks, les Arabes et les partisans devaient s'ébranler au même moment. Dans les premiers jours de janvier 1799, on apprit que quarante pièces de canon et deux cents caissons de campagne étaient arrivés de Constantinople à Jaffa. Elles étaient servies par quinze cents canonniers qui avaient été dressés par des officiers français. Des magasins considérables de biscuit, de poudre, d'outres pour passer le désert, étaient réunis à Jaffa, à Ramléh, à Gaza. L'avant-garde de Djezzar-Pacha, au nombre de quatre mille hommes, était arrivée à El-Arich. Abdallah, son général, était à Gaza avec huit autres mille hommes ; il attendait dix mille hommes de Damas, huit mille de Jérusalem, dix mille d'Alep, et autant de la province de l'Irack. Il y avait déjà huit mille hommes réunis à Rhodes. On attendait dix mille Albanais, neuf mille janissaires de Constantinople, quinze mille de l'Asie-Mineure, huit mille de la Grèce ; une escadre turque et des transports se préparaient à Constantinople.

Dans la crainte de cette invasion, l'esprit public de l'Egypte rétrogradait ; il n'était plus possible de rien faire. Si une division anglaise se joignait à l'armée de Rhodes, cette invasion deviendrait bien dangereuse. Napoléon résolut de prendre l'offensive, de passer lui-même le désert, de battre l'armée de Syrie à mesure que les diverses divisions se réuniraient, de s'emparer de tous ses magasins et des places d'El-Arich, de Gaza, de Jaffa, d'Acre, d'armer les chrétiens de la Syrie, de soulever les Druses et les Maronites, et de prendre ensuite conseil des circonstances. Il espérait qu'à la nouvelle de la prise de Saint-Jean-d'Acre, les mameluks, les Arabes d'Egypte, les partisans de la maison de Daher, se joindraient à lui ; qu'il serait en juin maître de Damas et d'Alep ; que ses avant-postes seraient sur le mont Taurus, ayant sous ses ordres immédiats vingt-six mille Français, six mille mameluks et Arabes à cheval d'Egypte, dix-huit mille Druses, Maronites et autres troupes de Syrie ; que Desaix serait en Egypte prêt à le seconder, à la tête de vingt mille hommes, dont dix mille Français et dix mille noirs, encadrés. Dans cette situation, il serait en état d'imposer à la Porte, de l'obliger à la paix, et de lui faire agréer sa marche sur l'Inde. Si la fortune se plaisait à favoriser ses projets, il pouvait encore arriver sur l'Indus au mois de mars 1800, avec plus de quarante mille hommes, en dépit de la perte de la flotte. Il avait des intelligences en Perse, il était assuré que le schah ne s'opposerait pas au passage de l'armée par Bassora, Chyraz et le Mékran. Les événements ont déjoué ces calculs. Toutefois, la guerre de Syrie a rempli un de ses buts, la destruction des armées turques ; elle a sauvé l'Égypte des horreurs de la guerre, et a consolidé cette brillante conquête. Le second but eût encore été effectué en 1801, après le traité de Lunéville, si Kléber eût vécu.

II. L'armée d'Orient comptait à l'effectif, au 1ᵉʳ janvier 1799, vingt-neuf mille sept cents hommes combattants ou non combattants, savoir : vingt-deux mille infanterie ; trois mille cavalerie ; trois mille deux cents artillerie ; six cents guides ; neuf cents non combattants, ouvriers, employés civils.

Les généraux Desaix, Friant, Belliard, Davoust, Lasalle commandaient dans la haute Égypte ; les généraux Dugua, Lanusse, Marmont, Almeras, dans la basse ; les généraux Kléber, Bon, Reynier, Lannes,

Murat, Dommartin, Cafarelli du Falga, Vial, Vaux, Junot, Verdier, Lagrange faisaient partie de l'armée de Syrie.

Chaque division de l'armée de Syrie avait six pièces d'artillerie de campagne, la cavalerie en avait six à cheval, la garde six pièces à cheval, total trente-six bouches à feu. Le parc avait quatre pièces de douze, quatre de huit, quatre obusiers, quatre mortiers de six pouces, total seize pièces ; en tout cinquante-deux bouches à feu avec un double approvisionnement, des outils et un équipage de mine. Un équipage de siège de quatre pièces de vingt-quatre, quatre de seize, quatre mortiers de huit pouces avec tout le nécessaire, étaient embarqués à Damiette sur six petits chebecs ou tartanes ; il était impossible de traîner dans les sables mouvants du désert de si fortes pièces. Un pareil équipage de siège embarqué sur les trois frégates *la Junon*, *la Courageuse* et *l'Alceste*, était en rade d'Alexandrie, sous les ordres du contre-amiral Perrée. Le général en chef avait ainsi pris double précaution pour être assuré de ne pas manquer de gros canons qui étaient jugés nécessaires pour Jaffa et Acre.

Les grands du Cairo étaient dans les intérêts de Napoléon ; ils voyaient avec plaisir une opération qui allait éloigner la guerre de leurs foyers, en la portant en Syrie. L'espérance de voir l'Egypte, la Syrie et l'Arabie soumises à un même prince leur souriait.

Ils nommèrent une députation de cinq cheykhs des plus instruits pour prêcher dans les mosquées, afin de disposer l'esprit des musulmans en faveur de l'armée, de défendre la cause des Musulmans près des Français et d'exciter le patriotisme arabe. Dans cette députation il se trouvait des hommes vénérés dans tout l'Orient. Le départ de cette députation des grands cheykhs fit une vive impression sur toute la population de l'Egypte. Les naturels souriaient aux succès des Français; leur esprit, éveillé sur ces matières délicates, s'ouvrit à de nouvelles idées qui avant leur étaient tout à fait inconnues.

L'ordonnateur Sucy était malade; sa blessure n'était point guérie; il désira retourner en France. Il partit, s'embarqua à Alexandrie sur un gros transport avec deux cents invalides amputés ou aveugles. Sa navigation fut d'abord heureuse, mais ayant manqué d'eau, le bâtiment mouilla en Sicile pour en faire. Ces féroces insulaires attaquèrent le bâtiment, égorgèrent Sucy et les infortunés soldats échappés à tant de périls et aux dangers de tant de batailles; ce crime si atroce ne fut point puni; on a dit qu'il avait été récompensé !!!

L'armée de Syrie eut besoin de trois mille chameaux et de trois mille ânes pour porter les vivres, l'eau et les bagages, savoir : mille chameaux pour les vivres de quatorze mille hommes, pendant quinze jours, et pour trois mille chevaux de cavalerie, d'état-major, d'artillerie ; deux mille chameaux pour porter l'eau pour trois jours, vu que l'on peut renouveler cette eau à Katiéh et à El-Arich. Les trois mille ânes furent distribués à raison de un pour dix hommes d'infanterie, ce qui mit quinze livres à la disposition de chaque soldat.

III. Le 20 décembre, Abdallah, général de Djezzar, avait campé à Gaza avec une armée de douze mille hommes ; il avait fait occuper El-Arich le 2 janvier 1799 par quatre mille hommes. Le général Reynier, qui avait depuis le commencement de janvier une garnison dans le fort de Katiéh, porta le 23 janvier son quartier général à Saléyéh, et le 5 février à Katiéh, d'où il partit le 6, arriva le 8 aux puits de Mécoudiah, et porta l'alarme au camp d'El-Arich. Un coureur mameluk d'Ibrahim-Bey fut fait prisonnier ; il donna des renseignements fort exagérés. Le général Reynier, alarmé, expédia sur-le-champ un dromadaire au général en chef pour lui faire part de la position critique où il allait se trouver.

Arrivé à huit heures du matin à portée de canon d'El-Arich, il prit position. Les Turcs occupaient le fort et une position en avant du village d'El-Arich dont les maisons étaient construites en pierres ; ils s'y étaient barricadés, protégés par l'artillerie du fort. Aussitôt que l'ennemi se fut assuré du peu de cavalerie qu'avaient les Français, il fit porter la sienne sur leurs flancs et leurs derrières. Les Turcs défendaient tous les puits et la forêt de palmiers. Les Français étaient bivouaqués sur un monticule de sable sans eau, sans ombre, sans fourrages, sans bois. Abdallah, avec le reste de ses troupes et douze pièces de canon destinés à armer le fort, qui n'en avait encore que trois, était attendu à chaque instant de Gaza. La position des ennemis était formidable. Reynier le reconnut; mais prenant conseil de la force des circonstances, il ordonna l'attaque. Il fit les meilleures dispositions possibles. Après une vive canonnade d'une demi-heure, le 85ᵉ régiment enleva au pas de charge le village d'El-Arich; cinq cents Turcs furent tués ou pris, les deux mille cinq cents autres se jetèrent dans le fort, où ils furent bloqués : la cavalerie turque se retira et prit position à une demi-lieue d'El-Arich, couverte par un grand ravin, à cheval sur la route de Gazar. Reynier perdit deux cent cinquante hommes tués ou blessés : l'armée en murmura, elle le lui reprocha. Ces reproches étaient injustes, ce général fit ce que la prudence et les circonstances exigeaient.

Abdallah arriva de Gaza avec ses huit mille hommes au secours d'El-Arich, le 11 au soir. Il se plaça derrière sa cavalerie, sur la rive droite du ravin de l'Egyptus. La position de Reynier devenait fort critique; mais la division Kléber qui s'était embarquée à Damiette sur le lac Menzaléh, avait débarqué au fort de Tinéh, près les ruines de Pélouse, à deux lieues de Katiéh. Le 6 février, elle avait continué sa route en toute hâte sur El-Arich, où elle arrivait le 12 au matin.

Le général Kléber prit le blocus du fort. Le général Reynier réunit, dans la matinée du 12, sa division dans la forêt de palmiers sur la rive gauche du ravin, vis-à-vis de la division d'Abdallah; il passa la journée du 13 et du 14 à reconnaître le terrain, à faire ses dispositions, à instruire les différents officiers qui devaient commander ses colonnes, et dans la nuit du 14 au 15, il exécuta une des plus belles opérations de guerre qu'il soit possible de faire. Il leva son camp à onze heures du soir, marcha par sa droite, remonta le ravin d'Egyptus pendant une lieue; là, le passa, se rangea en bataille, sa gauche au ravin et sa droite du côté de la Syrie, se trouvant en potence sur la gauche de l'armée ennemie; il rangea dans le plus profond silence sa division en colonnes par régiment; il formait ainsi trois colonnes, et chaque colonne à distance de déploiement, son artillerie dans les intervalles; il réunit à deux cents pas de chaque colonne les grenadiers, auxquels il joignit cinquante hommes de cavalerie, ce qui porta la force de chacune d'elles à deux cents hommes. Ainsi formé il se mit en marche; aussitôt qu'il rencontra les premières sentinelles, il fit halte et rectifia sa position. Les trois colonnes de grenadiers se jetèrent par trois directions différentes au milieu du camp ennemi; chaque colonne était munie de plusieurs lanternes sourdes, chaque soldat portait au bras un mouchoir blanc; d'ailleurs, la différence de langage rendit la reconnaissance plus facile. En un moment, l'alarme fut dans le camp d'Abdallah. Reynier, avec la colonne du centre, arriva à la tente du pacha, qui n'eut que le temps de se sauver à pied; plusieurs kachefs d'Ibrahim-Bey furent pris; l'ennemi laissa quatre ou cinq cents morts sur le champ de bataille, neuf cents prisonniers, tous ses chameaux, une grande partie de ses chevaux, toutes ses tentes et ses bagages. Abdallah se sauva épouvanté et ne rallia sa division qu'à Khan-Iounès. Reynier n'eut que trois hommes tués et quinze ou vingt blessés; il campa le 17 dans la position qu'avait occupée l'ennemi, couvrant le siège d'El-Arich. Cette affaire fit le plus grand honneur au sang-froid et aux sages dispositions de ce général.

Dans les premiers jours de février, deux vaisseaux de guerre anglais et une quinzaine de bâtiments parurent devant Alexandrie. Ils bombardèrent la ville, mais les batteries de côte tirèrent avec tant d'adresse, que les bombardes furent bientôt hors de service. Il parut évident que le but de l'ennemi était d'arrêter le mouvement de l'armée sur la Syrie, en menaçant Alexandrie. L'armée de Rhodes n'était point encore prête.

Le général en chef partit du Caire avec les divisions Bon et Lannes. Il campa le 9 février à El-Khancah et le 10 à Belbeis. Il se rendit au camp de Birket, où était la députation du Divan ; c'était un camp tout oriental ; les quinze cheykhs avaient chacun trois tentes, où ils déployaient tout le luxe asiatique. Il déjeuna avec eux, visita leur camp et rejoignit le soir son quartier général à Belbeis. Le 11 février, il campa sous les palmiers de Koraïm ; ses tentes venaient d'être dressées, lorsqu'il reçut le dromadaire porteur des dépêches du général Reynier, datées du 9 février au matin, du puits de Méçoudiah. Il écrivait que les renseignements qu'il avait reçus lui faisaient penser que toute l'armée de Djezzar était en mouvement et qu'un corps de troupes considérable était arrivé à El-Arich ; que sa position allait devenir bien délicate au milieu de cet immense désert. Cela décida le général en chef à partir sur-le-champ. Il monta sur son dromadaire, marcha toute la nuit, et arriva le 15 février à El-Arich à la pointe du jour, comme le combat de nuit finissait ; il se rendit au camp d'Abdallah et témoigna aux troupes sa satisfaction au sujet de leurs exploits de la nuit. Le quartier général, les parcs de réserve, les divisions Bon et Lannes, couchèrent le 12 février à Salhéyéh, le 13 à El-Aras, le 14 à Katiéh, le 15 à Bir-el-Abd, le 16 à Birket-Aich, le 17 à Méçoudiah, le 18, le 19 et le 20 février, elles arrivèrent à El-Arich.

La défaite d'Abdallah n'avait pas influé sur les dispositions de la garnison du fort, qui paraissait déterminée à la plus opiniâtre résistance. Le général Caffarelli construisit deux batteries, une de huit pièces de huit et de quatre obusiers, à cent cinquante toises, pour battre à plein fouet ; l'autre, de brèche. Il profita, pour placer celle-ci, d'un grand magasin en pierres situé à dix toises du fort ; il l'arma de quatre pièces de douze. Le 18, la batterie à plein fouet battit le fort et en démonta l'artillerie, qui fut réduite au silence. Les pièces de douze étaient avec la réserve du parc ; elles ne pouvaient arriver au plus tôt que le 20. Le général Dommartin fit doubler les attelages ; deux de ces pièces arrivèrent le 19 au matin ; il les plaça de suite en batterie ; en cinq ou six heures de temps, la brèche fut faite au fort. Le général Berthier somma la garnison ; elle n'avait aucun homme de considération à sa tête ; elle était commandée par quatre capitans. Ils députèrent deux d'entre eux pour répondre à la sommation : ils avaient l'ordre de défendre le fort jusqu'à la mort, et étaient résolus à obéir ; ils ne voulurent rien entendre. Enfin, ils proposèrent pour leur ultimatum qu'on leur accorderait une trêve de quinze jours, au bout de laquelle ils rendraient le fort s'ils n'étaient pas secourus. Ces chefs parlèrent avec résolution et se montrèrent déterminés à courir les chances de l'assaut. On était si près du fort, que l'on entendait les discours que les imans faisaient aux soldats et les prières qu'ils récitaient. Tous ces hommes étaient fanatisés ; l'assaut, dont la réussite était probable, coûterait peut-être quatre ou cinq cents hommes, sacrifice que notre position ne nous permettait pas de faire. Cependant on n'avait pas un moment à perdre ; Abdallah avait rallié son monde à Khan-Iounès, et recevait tous les jours des renforts. La contenance de la garnison faisait assez comprendre qu'elle espérait être secourue. Les eaux des puits d'El-Arich s'épuisaient ; il était urgent d'en finir.

Le général Dommartin réunit les obusiers des divisions ; le 20 février au matin, il fit bombarder le fort. Les canonniers jetèrent huit ou neuf cents obus avec tant d'adresse, qu'ils portèrent la terreur et la mort parmi la garnison. Chaque obus tuait ou blessait du monde, car toutes éclataient au milieu d'un petit fort, où les hommes étaient les uns sur les autres. La garnison changea alors de ton, elle battit la chamade ; après de vains discours, les quatre capitans signèrent la capitulation qui leur fut proposée. La garnison posa les armes sur le glacis ; elle remit ses chevaux, jura de se rendre à Bagdad par la route du désert, de ne point porter les armes contre les Français pendant la présente guerre, et de ne rentrer avant un an ni en Egypte ni en Syrie ; elle fut escortée pendant six lieues dans la direction de Bagdad. Elle avait eu au combat du village d'El-Arich et à l'attaque du fort sept cents hommes tués, blessés ou prisonniers ; trois cents de ces Maugrabins demandèrent du service. Il y avait dans le fort deux cent cinquante chevaux, une centaine de chameaux, trois pièces de canon. Les prisonniers, les drapeaux, les canons furent envoyés à la députation du divan à Salhéyéh, et de là au Caire; ils servirent à une entrée triomphale par la porte des Victoires. Les ingénieurs firent réparer la brèche, remirent le fort en bon état, construisirent quatre lunettes, ce qui augmenta la capacité du fort et donna des feux dans des bas fonds qui étaient tout près.

IV. Le général Kléber, commandant l'avant-garde, partit le 22 février avant le jour ; il devait aller coucher au puits de Zawi pour arriver le lendemain à Khan-Iounès ; il avait ordre de pousser un avant-poste sur Khan-Iounès si cela lui était possible : d'El-Arich à Khan-Iounès, il y a quatorze lieues. Le général en chef partit le 23 à une heure après midi, avec cent dromadaires et deux cents gardes à cheval. Il marcha au grand trot pour joindre l'avant-garde ; arrivé au Santon de Karoub, il trouva un grand nombre de fosses où les Arabes enterrent des blés et des légumes; aucune n'était fouillée. Arrivé au puits de Zawi, il ne trouva pas de traces de l'avant-garde. Le temps était frais, il arrivait souvent dans le désert que les soldats préféraient doubler la marche pour gagner un meilleur pays. Arrivé au puits de Raphia, le soleil se couchait ; il ne trouva là non plus aucune trace de la division ; il arriva enfin sur la hauteur, vis-à-vis de Khan-Iounès. Le village est dans le fond ; il faisait encore un peu jour ; il aperçut une grande quantité de tentes ; le camp était beaucoup trop grand pour pouvoir être celui du général Kléber. Peu de moments après, le piquet d'escorte tira quelques coups de carabine contre les grand'gardes de l'ennemi ; un chasseur arriva au galop pour prévenir qu'il faisait le coup de carabine avec les mameluks d'Ibrahim-Bey, qu'on voyait un camp très considérable qui prenait les armes, et dont la cavalerie montait à cheval. On se peindra facilement l'étonnement de l'état-major. Qu'était donc devenue l'avant-garde ? Les chevaux étaient très fatigués ; ils avaient, en neuf heures de temps, fait douze lieues ; on allait être poursuivi par une nombreuse cavalerie fraîche ; il fallut battre promptement en retraite ; les puits de Raphia étaient trop près, on arriva à celui de Zawi à onze heures du soir. Les partis qui s'étaient dirigés le long de la mer et par le désert n'apportèrent aucune nouvelle.

A trois heures après minuit, un piquet de douze dromadaires, revenant de Gaïan, amena un Arabe qu'il avait trouvé dans une petite cabane ; il gardait un troupeau de chameaux. Il dit que les Français, à

trois lieues d'El-Arich, avaient quitté la route de Syrie pour suivre une route tracée, et s'étaient dirigés du côté de Gaïan ; c'était le chemin de Karak. Le général en chef partit sur l'heure même, guidé par cet Arabe. A la pointe du jour, il rencontra trois ou quatre dragons de l'avant-garde, qui lui donnèrent les nouvelles les plus déplorables. Kléber s'était égaré, il avait marché quinze heures sans s'apercevoir de son erreur; mais à cinq heures après-midi, plusieurs soldats, étonnés de ne point trouver le Santon do Karoub, où les gens d'El-Arich leur avaient dit qu'ils devaient trouver des fosses de légumes, communiquèrent leurs inquiétudes à leurs officiers, qui en instruisirent le général. Ainsi prévenu, Kléber s'orienta et s'aperçut qu'il s'était égaré. L'avant-garde n'avait à sa suite que quelques chameaux chargés d'eau ; elle avait fait la soupe, et, immédiatement après, elle s'était remise en marche au lever de la lune pour revenir sur ses pas et regagner le puits de Zawi; elle savait que le général en chef devait la suivre; elle en était fort inquiète, lorsqu'à dix heures du matin il leur apparut. Aussitôt que les soldats reconnurent sa capote grise, ils la saluèrent par des cris de joie redoublés. Le découragement était tel, que plusieurs avaient brisé leur fusil. Napoléon rallia la division, fit battre à l'ordre, et dit aux soldats « que ce n'était pas en se mutinant qu'ils re-
» médieraient à leurs maux ; au pis-aller, qu'il fal-

» lait mieux enfoncer sa tête dans le sable et mou-
» rir avec honneur que de se livrer au désordre et
» de violer la discipline. » Il leur annonça qu'ils
n'étaient point éloignés du puits de Zawi, que des
chameaux chargés d'eau venaient à leur rencontre.
A midi la division Kléber arriva au puits de Zawi, au
même moment où le reste de l'armée et les chameaux
de réserve y arrivaient d'El-Arich. Il ne lui manqua
que cinq hommes morts de soif ou égarés. Lannes
prit l'avant-garde et coucha le soir même à Khan-
Iounès. Des prisonniers dirent que l'avant-veille, à
la vue de l'escorte du général en chef, Abdallah avait
monté à cheval et poussé jusqu'à Raphia avec toute
sa cavalerie. Mais la nuit étant devenue très obscure,
il avait cessé sa poursuite, de crainte de tomber
dans quelque embuscade. Le grand désert était
passé. Il y avait à Khan-Iounès de grands jardins ;
l'eau des puits était bonne et assez abondante, non
seulement pour suffire aux besoins du jour, mais encore pour remplir les outres, car de ce village à
Gaza il n'y a pas de puits.

On avait passé les limites de l'Afrique, on était en
Asie. Khan-Iounès est le premier village de Syrie.
On allait traverser la Terre-Sainte. Les soldats se
livrèrent à toute sorte de conjectures. Tous se faisaient une fête d'aller à Jérusalem ; cette fameuse
Sion parlait à toutes les imaginations et réveillait
toute espèce de sentiments. Les chrétiens leur

avaient montré dans le désert un puits où la Vierge venant de Syrie, s'était reposée avec l'enfant Jésus. Les généraux avaient comme drogmans, intendants ou secrétaires, un grand nombre de catholiques syriens qui parlaient un peu la langue franque, jargon italien ; ils expliquaient aux soldats toutes les traditions de leurs légendes chargées de superstitions.

L'armée séjourna, le 24 février, à Khan-Iounès : elle partit le 25 avant le jour ; à trois lieues elle rencontra l'avant-garde d'Abdallah, lui fit quelques prisonniers. Ce général couvrait la ville de Gaza ; il avait reçu des renforts. Il comptait sous ses ordres douze mille hommes, dont six mille de cavalerie. Il attendait à chaque instant l'armée de l'aga de Jérusalem, ainsi que quatorze pièces de canon du parc de campagne de Jaffa ; il aurait donc une armée d'une vingtaine de mille hommes. Son infanterie n'était pas disciplinée ; elle ne pouvait être de quelque considération qu'autant qu'elle se posterait derrière les murailles de Gaza. La cavalerie était composée de trois espèces d'hommes, les mameluks d'Ibrahim-Bey, c'étaient des troupes d'élite : mais ce bey, qui était arrivé en Syrie avec mille hommes, n'en avait plus que cinq ou six cents à cheval ; les Arnautes de Djezzar-Pacha étaient au nombre de trois mille chevaux, les Detelhs de Damas au nombre de deux mille. Les Arabes augmentaient ou diminuaient au camp, selon leur usage ; les prisonniers calculaient qu'il y en avait constamment un mille. A trois heures après midi, les deux armées se trouvèrent en présence. Celle d'Abdallah avait sa droite appuyée au gros mamelon, dit d'Hebron, où Samson porta les portes de Gaza. Ce mamelon est situé vis-à-vis de Gaza, dont il est séparé par une vallée de sept à huit cents toises de largeur. Sa cavalerie était toute sur sa gauche. Il n'occupait pas la ville de Gaza, mais seulement le fort, où il y avait de grosses pièces d'artillerie. Napoléon donna la gauche à Kléber, le centre au général Bon. Toute la cavalerie, sous les ordres de Murat, tint la droite; et comme elle était fort inférieure en nombre, il l'appuya par trois carrés de l'infanterie du général Lannes. Les hussards amenèrent quelques prisonniers, qui annoncèrent que l'aga de Jérusalem n'était pas encore arrivé, et que la division d'artillerie du parc de Jaffa n'était pas encore sortie de cette place, faute d'attelages. Abdallah n'avait donc que dix à douze mille hommes avec deux seules pièces d'artillerie; il n'était pas bien redoutable. Le général Kléber donna tête baissée dans la vallée, entre Gaza et la droite de l'ennemi, et se porta sur ses derrières. La cavalerie, soutenue par les carrés du général Lannes, tourna la gauche, tandis que le général Bon, avec le centre, marchait de front. Aussitôt que ces mouvements furent démasqués, les Turcs se mirent en retraite et évacuèrent toutes leurs positions. Les mameluks d'Ibrahim-Bey se comportèrent seuls avec courage; ils enfoncèrent trois escadrons de tête du général Murat; mais, pris en flanc, ils furent ramenés. Les Torbagis étaient un peu meilleurs que les Arabes, toutefois très inférieurs aux mameluks, et hors d'état de se mesurer, même en nombre triple, avec les dragons. Ces derniers poursuivirent l'ennemi pendant deux lieues, l'épée dans les reins. Mais les Turcs sont très lestes; ils n'avaient aucun bagage, et seulement deux pièces d'artillerie qu'ils abandonnèrent. Les mameluks d'Ibrahim-Bey soutinrent la retraite; Abdallah perdit deux ou trois cents hommes. L'armée française eut une soixantaine d'hommes tués, blessés ou prisonniers.

Les cheykhs et les ulémas de Gaza apportèrent les clefs de leur ville. Les proclamations du divan de Gama-el-Azhar, qui suivait l'armée, nous avaient concilié l'opinion des habitants; ils ne se démentirent pas pendant toute la campagne. Le soir même le fort fut cerné, et, par l'influence des habitants, l'aga qui le commandait le remit à la pointe du jour. Il y avait de l'artillerie, des magasins, et l'équipage d'outres de l'armée turque. Gaza est située à une demi-lieue de la mer; le débarquement à la plage y est très difficile : il n'y a aucun havre, ni aucun débarcadère. La ville est placée sur un beau plateau qui a deux lieues de tour. Cette ville a été forte; Alexandre l'assiégea, eut des difficultés à vaincre, et y fut dangereusement blessé. Mais aujourd'hui ce n'est plus que l'assemblage de trois misérables bourgades dont la population s'élève à trois ou quatre mille âmes. La plaine de Gaza est belle, riche, couverte d'une forêt d'oliviers, arrosée par beaucoup de ruisseaux ; il y a un très grand nombre de beaux villages.

L'armée campa dans les vergers autour de la ville ; elle occupa les hauteurs par de forts détachements. Au milieu de la nuit, elle fut réveillée par un phénomène auquel elle n'était plus accoutumée. Le tonnerre gronda, l'atmosphère fut embrasée d'éclairs, la pluie tombait par torrents. Le soldat poussa des cris de joie ; depuis près d'un an il n'avait pas vu une seule goutte de pluie : « C'est le climat de France, » disait-il. Mais la première heure passée, la pluie, contre laquelle ils n'avaient aucun abri, les fatigua ; la vallée fut bientôt inondée ; le général en chef fit porter ses tentes sur la hauteur d'Hébron. On se ressentit de l'abondance du territoire. L'armée se reposa quatre jours pour se refaire des fatigues du désert ; elle eut des vivres en abondance et de très bonne qualité. La terre était grasse, boueuse, l'atmosphère couverte de nuages. Après quelques jours la chaussure du soldat souffrit.

Berthier profita de ce moment de repos pour expédier des proclamations à Jérusalem, à Nazareth, dans le Liban. C'étaient des proclamations du sultan Kébir aux Turcs ; c'étaient des allocutions des ulémas de Gama-el-Azhar aux fidèles musulmans, et enfin des circulaires aux chrétiens. Ces proclamations étaient en arabe ; le quartier général avait une imprimerie. Jérusalem était sur la droite de la route ; on espérait y recruter bon nombre de chrétiens et y trouver pour l'armée des ressources importantes ; mais l'aga avait pris des mesures pour défendre cette ville. Toute l'armée se faisait une fête d'entrer dans cette Jérusalem si renommée ; quelques vieux soldats qui avaient été élevés dans les séminaires chantaient les cantiques et les complaintes de Jérémie, que l'on entend pendant la semaine sainte dans les églises d'Europe.

V. En sortant de Gaza, l'armée prit à gauche et marcha au milieu d'une plaine de six lieues de large. A gauche elle avait les dunes qui bordent la mer, et à droite les premiers mamelons des montagnes de la Palestine, qui vont en s'élevant pendant quatre ou cinq lieues, puis descendent sur l'autre revers jusqu'au Jourdain. Le 1er mars, après une journée de sept lieues, l'armée campa à Esdoud ; elle passa à gué le torrent qui descend de Jérusalem et se jette dans la mer à Ascalon. Cette dernière ville est célèbre par les sièges et batailles qui l'ont illustrée dans les guerres des croisades. Elle est aujourd'hui ruinée et le port comblé. Napoléon employa trois heures à parcourir le champ de bataille d'Ascalon, où Godefroy battit l'armée du soudan d'Egypte et les Maures d'Ethiopie. Cette bataille valut à la chrétienté la possession de Jérusalem pendant cent ans. Le Tasse l'a chantée dans ses beaux vers du Saint-Sépulcre. Esdoud était redoutée pour ses scorpions. En campant sur les ruines de ces anciennes villes [1]....., on lisait tous les soirs l'Ecriture sainte à haute voix, sous la tente du général en chef. L'analogie et la vérité des descriptions étaient frappantes ; elles conviennent encore à ce pays, après tant de siècles et de vicissitudes. Le 2 mars, après sept lieues de marche, on campa à Ramléh, ville célèbre, à sept lieues de Jérusalem. La population est chrétienne ; il s'y trouve plusieurs couvents de moines. Il y a des fabriques de savon ; les oliviers y sont nombreux et fort gros. Les coureurs de l'armée s'approchèrent à trois lieues de la ville sainte. L'armée brûlait de voir la colline du Calvaire, le Sépulcre, le plateau du temple de Salomon ; elle éprouva un sentiment de peine lorsqu'elle reçut l'ordre de tourner à gauche. Mais il était pressant d'occuper Jaffa, où une nombreuse garnison travaillait à se fortifier. Jaffa est la seule rade que l'on trouve depuis Damiette. Sa possession était nécessaire pour ouvrir les communications par mer avec cette dernière ville, et recevoir les bateaux char-

1. Ici était un mot écrit au crayon de la main de Napoléon ; on n'a pu le déchiffrer.

(*De Las Cases.*)

gés de riz et de biscuits, ainsi que l'équipage de siège. Marcher sur Jérusalem sans avoir occupé Jaffa eût été manquer à toutes les règles de la prudence. Pendant les premiers quinze jours de mars, la pluie ne cessa de tomber; ce qui fit périr beaucoup de chameaux, ces animaux n'aiment pas les terrains boueux ni les pays humides. De Ramléh il y a cinq lieues.

L'armée campa devant Jaffa. La garnison fut renfermée dans ses murailles et bloquée. La division Lannes prit la gauche du siège, le général Bon la droite. Kléber se porta en observation sur le Nahar, rivière à une lieue de Jaffa sur la route d'Acre. Reynier, qui faisait l'arrière-garde, n'arriva que le 5 à Ramléh. Jaffa est située à quatre-vingt-dix lieues de Damiette, avec qui elle fait un grand commerce. Ses quais sont assez beaux. Sa population était de sept à huit mille âmes, dont quelques centaines de Grecs. Elle avait plusieurs couvents, dont un dit des Pères de la Terre-Sainte. Elle est située sur une colline. Elle a deux sources d'excellente eau, qui sont très abondantes. Du côté de terre, elle était fermée par un demi-hexagone flanqué de tours. Les murailles étaient fort élevées, mais sans fossés; les tours étaient armées d'artillerie. Le côté du sud faisait face à Gaza, celui du milieu au Jourdain, le troisième à Saint-Jean-d'Acre. Le côté de la mer qui fait le diamètre de l'hexagone est un peu concave. Les environs forment un vallon couvert de jardins et de vergers, d'un terrain accidenté, ce qui permit d'approcher à une demi-portée de pistolet de la place sans être découvert. A une grande portée de canon est le rideau qui domine la campagne; c'était la position naturelle pour camper l'armée ; mais comme ce rideau était entièrement nu, et qu'on y aurait été éloigné de l'eau et exposé aux ardeurs du soleil, on préféra s'établir dans la vallée, entre la ville et la position, en gardant cette dernière par des postes. Les subsistances étaient assurées par les magasins de Gaza et ceux de Ramléh. Les légumes se trouvaient en abondance dans le pays. L'armée était campée sous des orangers ; les oranges étaient mûres, petites, blanches, mais très douces. Elles furent très agréables aux soldats.

Toute l'infanterie d'Abdallah, lui-même en tête, s'était jetée dans Jaffa. Il y avait beaucoup d'artillerie ; le corps des tobgis, ou canonniers de Constantinople, y était tout entier. Le génie et l'artillerie employèrent toute la journée du 4 à reconnaître la place. Dans la nuit du 4 au 5 mars, ils ouvrirent la tranchée et construisirent trois batteries. Les places d'armes et les parallèles étaient inutiles ; il leur suffît de creuser quelques boyaux pour servir de communication. Dans la nuit du 5 au 6, l'artillerie arma les trois batteries de vingt pièces de canon ; les deux à plein fouet, chacune de quatre pièces de huit et de deux obusiers ; celle de brèche, de quatre pièces de douze et quatre obusiers. La garnison fit deux sorties sous le feu de son artillerie et de la mousqueterie de ses créneaux ; mais l'une et l'autre n'eurent qu'un succès momentané, et furent vivement repoussées. Ces sorties étaient un spectacle qui n'était pas dépourvu d'intérêt ; elles étaient faites par des hommes de dix nations diversement costumées ; c'étaient des Maugrabins, des Albanais, des Kourdes, des Anatoliens, des Caramaniens, des Damasquiens, des Alépyns, des noirs du Técout. Parmi les prisonniers, il se trouva trois Albanais. de la garnison d'El-Arich qui donnèrent la nouvelle que toute cette garnison s'était rendue dans la ville de Jaffa, violant la capitulation et son serment.

Le 6 mars, les batteries firent une salve de deux coups par pièce, après quoi le général Berthier envoya au commandant de Jaffa un parlementaire chargé de lui dire : « Dieu est clément et miséricor-
» dieux. Le général en chef Bonaparte me charge
» de vous faire connaître que Djezzar-Pacha a
» commencé les hostilités contre l'Egypte en enva-
» hissant le fort d'El-Arich ; que Dieu qui
» seconde la justice a donné la victoire à l'armée
» française, et qu'elle a repris ce fort ; que c'est
» par suite de cette opération que le géné-
» ral en chef est entré dans la Palestine,
» d'où il veut chasser les troupes de Djezzar-

» Pacha, qui n'aurait jamais dû y entrer; que
» la place est cernée de tous côtés ; que les bat-
» teries de plein fouet à bombes et à brèche vont en
» deux heures en ruiner les défenses; que le
» général en chef Bonaparte est touché des
» maux qui affligeraient la ville entière si elle
» était prise d'assaut ; qu'il offre sauvegarde
» à la garnison, protection à la ville, qu'il retarde
» en conséquence le commencement du feu jusqu'à
» sept heures du matin. » L'officier et le trompette
furent reçus ; mais au bout d'un quart d'heure l'armée vit avec horreur leurs têtes au bout de piques
plantées sur les deux plus grandes tours, et leurs
cadavres jetés du haut des murailles au pied des batteries de brèche. On commença le feu des batteries ;
elle de brèche fit tomber le pan de la tour qu'elle battait; la brèche fut reconnue praticable ; le chef de bataillon du génie Lazowzky avec vingt-cinq carabiniers,
quinze sapeurs et cinq ouvriers d'artillerie, fit le logement et déblaya le pied de la brèche. Le 22ᵉ d'infanterie légère était en colonne derrière un pli du
terrain qui servait de place d'armes. Il attendait le
signal pour monter à la brèche. Le général en chef
était debout sur l'épaulement de la batterie, indiquant
du doigt au colonel Lejeune, de ce régiment, la manœuvre qu'il devait faire, lorsqu'une balle de fusil
jeta son chapeau par terre, passa à trois pouces de
sa tête, et renversa roide mort le colonel, qui avait

cinq pieds dix pouces. « Voilà la seconde fois de-
» puis que je fais la guerre, dit le général
» en chef, que je dois la vie à ma taille de cinq pieds
deux pouces. » Le général Lannes se mit à la tête
du 22ᵉ, et fut suivi par les autres régiments de la
division ; il franchit la brèche, traversa la tour, s'é-
tendit de droite et de gauche le long de la muraille,
et s'empara de toutes les tours ; il parvint bientôt à
la citadelle, qu'il occupa. La division Bon, qui avait
été chargée de faire une fausse attaque sur la droite,
monta sur les remparts avec des échelles, aussitôt
que le désordre fut parmi les assiégés. La fureur du
soldat était à son comble ; tout fut passé au fil de
l'épée. La ville, ainsi livrée au pillage, éprouva
toutes les horreurs d'une ville prise d'assaut. La
nuit survint. Sur le minuit, on fit publier un pardon
général, en exceptant ceux qui avaient fait partie de
la garnison d'El-Arich. On défendit aux soldats de
maltraiter qui que ce fût ; on parvint à faire cesser
le feu ; on plaça des sentinelles aux mosquées où s'é-
taient réfugiés les habitants, à divers magasins et
établissements publics. On ramassa les prisonniers
et on les parqua hors des murailles ; mais le pillage
continua ; ce ne fut qu'au jour que l'ordre fut entièrement rétabli. Il se trouva deux mille cinq cents
prisonniers, dont huit à neuf cents hommes de la
garnison d'El-Arich. Ces derniers, après avoir juré
de ne pas rentrer en Syrie avant une année, avaient

fait trois journées dans la direction de Bagdad, mais depuis, par un crochet, s'étaient jetés dans Jaffa. Ils avaient ainsi violé leur serment ; ils furent passés par les armes. Les autres prisonniers furent renvoyés en Égypte avec les trophées, les drapeaux, etc. Abdallah s'était caché et déguisé sous le costume d'un père de la Terre-Sainte ; il sortit de Jaffa, arriva à la tente du général en chef et se jeta à ses genoux, Il fut traité aussi bien qu'il le pouvait désirer. Il rendit quelques services et fut envoyé au Caire. Sept cents chameliers, domestiques et soldats étaient Égyptiens, ils se réclamèrent avec confiance des cheykhs et furent sauvés. En se jetant aux pieds des soldats, ils s'écriaient : « *Mesri, Mesri* [1] ! » comme ils auraient dit : « Français, Français ! » Arrivés en Égypte, ils se louèrent du respect dont ils avaient été l'objet aussitôt qu'il avait été connu qu'ils étaient Égyptiens. Cinq cents soldats de la garnison parvinrent à se soustraire à la fureur du soldat en se faisant passer pour habitants. Ils reçurent depuis des sauf-conduits pour aller au delà du Jourdain.

Le lendemain, les ulémas purifièrent les mosquées, et les prières se firent comme à l'ordinaire ; le tumulte commença à se ralentir. On prit le train d'artillerie de campagne de quarante bouches à feu : c'était le parc de l'armée qui se réunissait en Syrie ; il était composé de pièces de quatre et d'obusiers de

---

1. *Mesri*, signifie Égypte.

six pouces avec leurs caissons, tous de modèle français. Les trente pièces de canon qui servaient à l'armement de la place étaient de bronze, mais de tout calibre. Dans les magasins, il y avait des biscuits de forme parallélipipède confectionnés depuis dix ans ; ils venaient de Constantinople, et étaient mangeables. Les officiers de l'armée s'armèrent d'une grande quantité de candjars, et les valets d'une grande quantité d'escopettes et de fusils de luxe turcs. La perte qu'éprouva la ville par le pillage peut être évaluée à plusieurs millions ; mais les soldats vendirent tout à très bon marché ; les gens du pays rachetèrent leurs effets au dixième de leur valeur. Beaucoup de militaires firent des gains considérables. Comme il arrive dans de pareils événements, cet argent fut utile pendant le siège d'Acre. On trouva aussi beaucoup de café, de sucre, de tabac, de pelisses, de châles de toute espèce. Cela changea un peu le costume du soldat ; le fond resta européen, mais il prit un mélange oriental.

Le lendemain de la prise de la ville, un convoi de seize bâtiments chargés de riz, farine, huile, poudre, cartouches, qui était parti d'Acre depuis deux jours, mouilla dans la rade et fut capturé. Le contre-amiral Ganteaume en changea les équipages et les dirigea sur Haïffa. Les colonels Andréossy et Duroc, le chef de bataillon Aimée, se distinguèrent dans cet assaut.

VI. La traversée du désert avait été très fatigante, et le passage d'un climat extrêmement sec à un climat humide et pluvieux influa sur la santé de l'armée. L'hôpital, qui était établi dans le couvent des pères de la Terre-Sainte, ne fut plus suffisant. Le nombre des malades se monta à sept cents, les corridors, les cellules, les dortoirs, la cour en furent obstrués. Le chirurgien en chef Larrey ne dissimula pas toutes ses inquiétudes; plusieurs personnes étaient mortes vingt-quatre heures après être entrées à l'hôpital; leur maladie avait marché avec une grande rapidité, il y avait reconnu des symptômes de peste. La maladie commençait par des vomissements; la fièvre était violente, le délire très fort; des bubons sortaient aux aines, et immédiatement après, si l'éruption ne s'était pas faite facilement, le malade mourait. Les pères de la Terre-Sainte s'enfermèrent et ne voulurent plus communiquer avec les malades, tous les infirmiers désertèrent, l'hôpital fut abandonné à un tel point que les distributions manquaient et que les officiers de santé furent obligés de pourvoir à tout. C'est en vain qu'ils contredisaient ceux qui voulaient reconnaître des symptômes de peste dans ce qui n'était, disaient-ils, qu'une fièvre pernicieuse connue, appelée *la fièvre à bubons.* C'était en vain qu'ils prêchaient d'exemple, servant avec un redoublement de soin et de zèle; la frayeur était dans l'armée. C'est une des circonstances particulières à la peste qu'elle est plus dangereuse pour les personnes qui la craignent ; ceux qui se laissèrent maîtriser par la peur en sont presque tous morts. Le général en chef se défit des pères de la Terre-Sainte en les envoyant à Jérusalem et à Nazareth ; il alla lui-même à l'hôpital ; sa présence y porta la consolation ; il fit opérer plusieurs malades devant lui, on perça les bubons pour faciliter la crise ; il toucha ceux qui paraissaient être les plus découragés, afin de leur prouver qu'ils n'avaient qu'une maladie ordinaire et non contagieuse. Le résultat de tous ces moyens fut tel que l'armée resta persuadée que ce n'était pas la peste ; ce ne fut que plusieurs mois après qu'il fallut bien en convenir. On ne négligea point toutefois les précautions nécessaires, on fit brûler indistinctement et rigoureusement tout ce qui avait été pris dans le pillage de la ville ; mais de pareilles précautions se prennent dans les hôpitaux toutes les fois qu'il yrègne des fièvres pernicieuses.

Berthier écrivit à Djezzar : « Depuis mon entrée en Egypte, je vous ai fait connaître plusieurs fois que mon intention n'était point de vous faire la guerre ; que mon seul but était de chasser les mameluks ; vous n'avez répondu à aucune des ouvertures que je vous ai faites. Je vous ai fait connaître que je désirais que vous éloignassiez Ibrahim-Bey des frontières de l'Egypte ; bien loin de là[1]...... Les provinces de Gaza, Ramléh et Jaffa sont en mon pouvoir ; j'ai traité avec générosité celles de vos troupes qui se sont remises à ma discrétion ; j'ai été sévère envers celles qui ont violé les lois de la guerre. Je marcherai sous peu de jours sur Saint-Jean-d'Acre ; mais quelles raisons ai-je d'ôter quelques années de vie à un vieillard que je ne connais pas ? que sont quelques lieues de plus à côté du pays que j'ai conquis ? et, puisque Dieu me donne la victoire, je veux, à son exemple, être clément et miséricordieux non seulement envers le peuple, mais encore envers les grands...... Redevenez mon ami, soyez l'ennemi des mameluks et des Anglais, je vous ferai autant de bien que je vous ai fait et que je peux vous faire de mal..... Le 8 mars je serai en marche sur Saint-Jean-d'Acre, il faut que j'aie votre réponse avant ce jour. » Djezzar était peu affectionné à la Porte. Les négociations avec l'aga de Jérusalem commencèrent à Gaza, et continuèrent pendant la route et le siège de Jaffa. Après la prise de cette ville, l'armée devait marcher et se porter en deux journées sur Jérusalem ; la population en était toute chrétienne ; elle offrait plus de ressources qu'aucune ville de la Palestine. Mais le 10 mars le général en chef reçut une députation des chrétiens qui le conjurè-

---

[1]. Ici est une courte lacune dans le manuscrit.
(De Las Cases.)

rent de les sauver; ils étaient sous le couteau; les Turcs étaient décidés à les égorger avant d'abandonner la ville et de passer le Jourdain. L'aga, qui était un homme habile, proposa en même temps un armistice ; il s'engagea à mettre en liberté et à protéger les chrétiens, à ne fournir aucun secours à Djezzar, et après la prise d'Acre à se soumettre au vainqueur. Cela était avantageux. Ce n'était pas renoncer à la visite de Jérusalem, c'était la retarder de une ou deux semaines !

Le contre-amiral Ganteaume expédia l'ordre à la flottille mouillée à Damiette de se rendre dans le port de Jaffa. Elle y arriva le 12 mars ; elle portait l'équipage de siège nécessaire pour Acre. Cet amiral avait également expédié des dromadaires à Alexandrie, au contre-amiral Perrée, avec ordre d'appareiller avec ses trois frégates et de se rendre à Jaffa.

Les soldats étaient depuis huit jours oisifs, un plus long séjour ne pouvait être que funeste à leur santé. Il était plus avantageux de faire diversion et d'occuper les esprits d'opérations militaires, que de les laisser raisonner sur les maladies de Jaffa, et sur les symptômes qu'on découvrait chaque jour. L'armée une fois en marche, les maladies cessèrent.

VII. Le lendemain de la prise de Jaffa, Kléber se porta dans la forêt de Meski. Diverses reconnaissances qu'il envoya dans les montagnes eurent des rencontres assez vives qui annoncèrent la présence de l'ennemi. Dans l'une d'elles le général Dumas, s'étant trop engagé, perdit quelques hommes et fut grièvement blessé. Le quartier général arriva à Meski le 14 mars. La forêt de Meski est la forêt enchantée du Tasse, c'est la plus grande de la Syrie ; elle a été illustrée par une bataille sanglante entre Richard Cœur-de-Lion et Saladin. De Jaffa à Acre il y a vingt-quatre lieues par la route qui longe la mer ; il y en a vingt-six par celle qui traverse la plaine. Six ruisseaux qui descendent des montagnes traversent le milieu de la plaine ; on a l'avantage de tourner le mont Carmel par la route qui suit la lisière de la plaine d'Esdrelon, au lieu que celle qui longe la mer arrive au détroit de Haïffa, passage difficile à forcer s'il était défendu. Le 15 mars, à midi, l'avant-garde arriva au caravansérail de Kakoun. Elle aperçut la cavalerie d'Abdallah, soutenue par quatre mille Naplousiens en bataille, parallèlement à la route d'Acre. L'armée fit un changement de front, l'aile gauche en avant. Le général Kléber forma la gauche, le général Lannes la droite, et le général Bon la réserve. L'ennemi fut chassé de toutes ses positions, culbuté des hauteurs, poursuivi aussi loin qu'il était nécessaire pour qu'il ne pût nous donner aucune inquiétude. La cavalerie de Djezzar se dirigea du côté d'Acre par la plaine d'Esdrelon : les Naplousiens gagnèrent leur ville. Le soir le camp fut dressé à Zaïtah. Le général Lannes éprouva dans le combat une perte assez considérable, il eut deux cent cinquante blessés. Les Naplousiens, c'est-à-dire les anciens Samaritains, eurent un millier d'hommes tués ou blessés, parmi lesquels plusieurs personnes de marque. Cette sévère leçon les contint pendant longtemps.

Le 16 mars l'armée campa à Sabarin, elle y arriva de bonne heure; elle était au débouché du mont Carmel et de la plaine d'Esdrelon, qu'elle apercevait sur sa droite. Le mont Carmel forme un promontoire dans la mer à trois lieues d'Acre; il est à l'extrémité gauche de la baie. Cette montagne a trois ou quatre lieues de longueur; elle se lie aux montagnes de Naplouse, mais elle en est séparée par un grand vallon. Le mont Carmel, escarpé de tout côté, est une position militaire assez forte. Sur le haut de cette montagne, il y avait un couvent et des fontaines. Le mont Carmel est élevé de quatre cents toises, domine toute la côte, et sert de point de reconnaissance aux navigateurs qui abordent en Syrie. Au pied coule la rivière de Keisoun; l'embouchure est à sept ou huit cents toises de Haïffa, petite ville située au bord de la mer, au pied du mont Carmel et à l'extrémité du cap Haïffa; elle a une population de deux à trois mille âmes et un petit port; elle est fermée par une enceinte à l'antique avec des tours, et dominée de très près par les mamelons du Carmel.

VIII. L'armée campa sur la rive gauche du Keisoun. Derrière elle était le mont Carmel; à trois lieues sur la gauche était Haïffa; à sept lieues en avant était la ville de Saint-Jean-d'Acre. Il était important de s'emparer de Haïffa, afin de pouvoir y recueillir la flotte qui était partie de Jaffa. Le général en chef, après une légère résistance, y entra à cinq heures du soir. Djezzar avait fait évacuer le canon. Il restait un magasin de cent cinquante mille rations de biscuit, de riz, d'huile, etc. Ce fut de Haïffa que le général en chef découvrit la rade de Saint-Jean-d'Acre, et y aperçut deux vaisseaux anglais de quatre-vingts qui y étaient mouillés, *le Tigre* et *le Thésée*, commandés par le commodore sir Sidney Smith; ils étaient arrivés dans cette rade depuis deux jours, venant de Constantinople. Une patrouille de cavalerie se porta dans la direction de Tantourah, afin de prévenir la flottille de la présence de la croisière anglaise et lui apprendre l'entrée de l'armée dans le port de Haïffa. A une lieue au delà de Tantourah, la flottille fut rencontrée et prévenue, les huit bateaux chargés de vivres venant de Jaffa, entrèrent dans le port le 19 mars à la pointe du jour; mais les seize bâtiments français chargés de l'équipage de siège, hésitèrent, mirent un moment en panne, virèrent de bord, et prirent le large. Les vaisseaux anglais leur donnèrent chasse. Tout fut bientôt hors de vue. Pendant la nuit on jeta deux ponts sur le Keisoun. A midi l'armée se mit en marche sur Saint-Jean-d'Acre, qu'elle ne tarda pas à découvrir. A la nuit, elle arriva au moulin de Cherdâm. L'infanterie y effectua son passage. Ce moulin était en bon état, il servit aux moutures pendant le siège. Au delà du Keisoun est le Bélus, qui n'était pas guéable. L'armée prit position. Le colonel Bessières avec deux cents gardes et deux pièces de canon, passa la rivière et prit en forme d'avant-garde position sur la rive droite. Les pontonniers travaillèrent toute la nuit à construire deux ponts ; les tentes du général en chef furent placées à une demi-lieue de la mer, sur la gauche du Bélus. Le 19 mars à la pointe du jour, l'avant-garde se porta sur le mont de la Mosquée qui domine toute la plaine de Saint-Jean-d'Acre et la ville du côté de la mer ; elle se trouvait ainsi devant cette capitale de la Galilée et sur la frontière de la Célé-Syrie ou Syrie-Creuse.

VII

SIÈGE DE SAINT-JEAN-D'ACRE

1. Guerre en Galilée ; description de Saint-Jean-d'Acre. — 2. Soumission de peuples de la Galilée. — 3. Douze tartanes portant le canon de siège sont prises ou dispersées de Haïffa. — 4. Reconnaissance de Saint-Jean-d'Acre. — 5. Première époque du siège de Saint-Jean-d'Acre. — 6. Bataille du Mont-Thabor (16 avril.) — 7. Croisière du contre-amiral Perrée. — 8. Seconde époque du siège de Saint-Jean-d'Acre. — 9. Levée du siège de Saint-Jean-d'Acre. — 10. Marche dans la Syrie et dans le désert. — 11. Entrée de l'armée au Caire (14 juin).

I. Saint-Jean-d'Acre est à trente lieues nord-nord-ouest de Jérusalem, à trente-six lieues sud-ouest de Damas, à dix lieues au sud des ruines de Tyr. Elle est située au nord de la baie de Haïffa, à trois lieues par mer de cette petite ville, à quatre lieues en suivant le rivage. Elle est environnée par une plaine de huit lieues de long, qui commence au cap

Blanc et aux montagnes du Saron, et finit à celles du Carmel. Cette plaine, dans sa largeur depuis la mer à l'ouest, aux premiers mamelons des montagnes de Galilée à l'est, a deux lieues. Ces montagnes vont en s'élevant pendant six lieues, jusqu'à la crête supérieure, d'où elles descendent jusqu'au Jourdain. Il y a douze à quinze lieues d'Acre à cette rivière. Six ruisseaux traversent la plaine d'Acre; les trois principaux sont, au nord, le [1]...... qui coule au pied du mont Saron, il faisait aller trois moulins; le Bélus, qui se jette dans la mer à douze cents toises sud d'Acre; le Keisoun, qui descend du mont Thabor et se rend dans la mer à huit cents toises nord de Haïffa. Le coteau du Turon a trois mille toises de longueur; il est situé à douze cents toises de la ville, au nord-est, à une même distance de la mer, à quatre mille toises des premiers mamelons des montagnes; il va en glacis du côté de la mer et du côté des montagnes. La gauche de ce coteau est un mamelon élevé, qui domine la ville, la mer et toute la plaine, on l'appelle le mont de la Mosquée; au pied, du côté du sud de ce mont, est l'embouchure du Bélus.

L'armée campa sur le coteau du Turon. Elle occupait l'hypoténuse d'un triangle dont la ville for-

---

1. Le nom n'était pas écrit dans le manuscrit et ne se trouve pas sur les cartes. (*De Las Cases.*)

mait le sommet opposé, et la mer, les deux autres
côtés. La division Reynier était à la gauche; Kléber
à la droite. Lannes et Bon au milieu; entre elles,
le quartier général, vis-à-vis d'un grand magasin,
adossé à l'aqueduc. L'ordonnateur Daure construisit
une manutention dans ce magasin. Au bord du Bélus, au pied du mont de la Mosquée, il y avait une
grande maison carrée; il y établit la grande ambulance; ses hôpitaux furent disposés à Chafa-Arm,
Haïffa, Ramléh et Jaffa. Tout le revers des montagnes
de la Galilée était couvert d'oliviers, de chênes verts
et autres arbres; l'artillerie, les mineurs, les troupes
et la manutention s'y approvisionnaient. Sur la rive
droite, en remontant le Bélus, à quatre cents toises
du mont de la Mosquée, le premier mamelon gauche des montagnes de la Galilée avait la forme d'un
pain de sucre; plus élevé que le mont de la Mosquée, il domine toute la rive droite et la rive gauche
du Bélus; on l'appelle le mont du Prophète. Du côté
est, il appuyait la gauche d'un vaste camp de dix
lieues carrées, dont les montagnes du Saron formaient le côté nord, la mer le côté ouest, et le Bélus, compris entre le mont de la Mosquée et celui du
Prophète, le côté sud. On barra par des fossés, des
abatis, tous les chemins des monts; on construisit
trois ponts avec des flèches sur le Bélus. Personne,
étranger à l'armée, ne pénétra dans ce grand
camp, où se trouvaient de très beaux pâturages,

des blés, des jardins, des vergers, des bois, de l'eau, des moulins, et toutes les choses nécessaires au siège. Des grand'gardes de cavalerie et des piquets d'infanterie française veillaient aux divers débouchés.

Pendant le siège d'Acre par les chrétiens (1191), qui dura trois ans, le camp des croisés était aussi placé sur les collines du Turon, mais la gauche s'étendait sur le mont de la Mosquée et sur la rive gauche du Bélus. Alors, les armées n'avaient pas de canons, et les camps pouvaient s'approcher davantage des villes. Les croisés avaient établi deux rangs de retranchements, l'un au pied même de la colline du Turon, le second, appuyé, la droite, à la hauteur du Prophète, la gauche au mont Turon; le second retranchement forcé, ce qui arriva souvent, les assiégeants se réfugiaient derrière le premier. Saladin, avec son armée de secours, campait devant Chafa-Arm, sur les hauteurs du Kaocôba, à deux lieues sud-est du mont du Prophète, couvrant la route de Jérusalem, de Damas, et la plaine d'Esdrelon.

Napoléon ne voulant pas permettre aux patrouilles ennemies de pénétrer en deçà du Jourdain, forma quatre corps pour en surveiller les rives : le premier, commandé par le colonel Lambert, observa le Carmel, la plaine d'Esdrelon, la plage de la mer, les routes de Naplouse; il tenait garnison à Haïffa et au Chafa-Arm; le second, commandé par le général Junot, occupait le fort de Nazareth, observant le Jourdain, au-dessous du lac de Tabariéh ; le troisième, commandé par le général Murat, occupa la citadelle de Sâfed, observant le Jourdain au-dessus du lac de Tabarieh et le pont de Jacob ; le quatrième, commandé par le général Vial, observait les débouchés du mont Saron, poussant des postes sur Tyr. Ces quatre corps d'observation affaiblissaient l'armée de deux mille hommes, mais les forts qui leur servaient de points d'appui n'exigeaient que peu d'hommes. Les colonnes étaient toujours en mouvement du camp aux frontières et des frontières au camp, ce qui les faisait paraître très nombreuses. L'armée vivait : 1° des magasins de Haïffa, qui s'approvisionnaient par terre et par mer de celui de Jaffa ; 2° de ceux de Chafa-Arm, qui se formaient des ressources du pays ; 3° de ceux de Sâfed, qui étaient approvisionnés par le cheykh Daher. Depuis la bataille du mont Thabor, l'armée vécut des magasins que l'ennemi avait formés à Tabariéh, sur le lac de ce nom. Le fourrage était abondant dans la plaine d'Acre ; s'il eût été nécessaire, on eût pu aller fourrager dans la plaine d'Esdrelon.

II. Le cheykh Daher fut le plus empressé de tous à se rendre au camp et à offrir ses services. Le 19 mars, à huit heures du matin, l'armée passait le Bélus et prenait son camp sur la colline du Turon. La fusillade et la canonnade étaient vives entre la division

Reynier, chargée de l'investissement, et la garnison qui, logée dans les ruines en avant de la ville, ne voulait pas rentrer dans les murailles, lorsqu'on vit du côté de la montagne du Prophète un groupe de trois à quatre cents cavaliers: c'était le cheykh Daher, qui depuis deux jours attendait à Chafa-Arm le moment où l'armée arriverait devant Acre. A dix heures du matin il fut présenté, sur la hauteur de la Mosquée, à Napoléon, qui le revêtit d'une pelisse en signe d'investiture du commandement de la province de Sâfed. Pendant qu'il prêtait son serment, un boulet emporta son cheval, qui était à dix pas derrière lui. Ce prince resta deux jours au camp; il reçut la promesse d'être remis en possession de l'héritage de son père. A quelques semaines de là, il signa une convention par laquelle il s'engagea à fournir cinq mille hommes à pied et à cheval pour suivre l'armée au delà du Jourdain, à garder Acre et la côte depuis le mont Blanc jusqu'à Césarée, et à payer un tribut qui serait convenu et calculé sur la moitié du revenu qu'il tirerait du pays qu'on lui donnerait. Ce cheykh fut fidèle; il entretint des correspondances suivies avec Damas; il donna des nouvelles exactes de ce qui s'y faisait; il nous concilia les Bédouins, qui ne causèrent aucune inquiétude à l'armée en Syrie; il approvisionna le camp de tout ce que pouvait fournir le pays.

Quelques jours après, les Moutoualis se présentèrent en masse, hommes, femmes, vieillards, enfants, au nombre de neuf cents; deux cent soixante seulement étaient armés, dont moitié montés et moitié à pied. Le général en chef revêtit d'une pelisse les trois chefs, et leur restitua les domaines de leurs ancêtres. Ces Moutoualis étaient autrefois dix mille; Djezzar les avait presque tous fait périr; c'étaient des musulmans Olydes et fort braves. Le général Vial passa le mont Saron, entra à Soûr, l'ancienne Tyr; c'était le domaine de ces Olydes. Ils se chargèrent d'éclairer la côte jusqu'au pied des montagnes; ils se recrutèrent et promirent cinq cents chevaux bien armés pour marcher sur Damas au mois de mai.

Les pères de la Terre-Sainte amenèrent la population de Nazareth, hommes et femmes, au nombre de plusieurs milliers; les populations chrétiennes de Chafa-Arm, de Sâfed, etc., firent leur visite en masse. Le bonheur de ces chrétiens ne se peut exprimer; après tant de siècles d'oppression, ils voyaient des hommes de leur religion! Leur plaisir était de parler de la Bible, qu'ils savaient mieux que les soldats français; ils avaient lu les proclamations du général en chef, dans lesquelles il disait qu'il était l'ami des musulmans, et ils applaudissaient à cette ligne de conduite; cela n'avait en rien diminué leur confiance en lui. Napoléon revêtit de pelisses trois de leurs chefs, qui avaient plus de quatre-vingt-dix ans; un d'eux avait cent un ans et lui présenta quatre générations. Le général en chef le fit dîner avec lui. Ce vieillard ne dit pas trois mots qu'il n'y mêlât une parole tirée de l'Ecriture sainte. La fidélité de ces chrétiens ne se démentit ni dans la bonne ni dans la mauvaise fortune de l'armée ; ils lui furent utiles pendant toute la durée du siège ; il y en avait toujours un grand nombre au camp. Le marché était très fréquenté et très abondant ; ils y apportaient des farines, du riz, des légumes, du lait, du fromage, des bestiaux, des fruits, des figues, des raisins secs, du vin ; ils donnèrent aux malades autant de soins que l'eussent fait les Français eux-mêmes.

Les musulmans du pachalik d'Acre partageaient la joie et l'espérance des chrétiens ; ils se présentèrent au camp par députation ; ils se plaignirent amèrement de la férocité du pacha ; on ne rencontrait à tous moments que des hommes mutilés par les ordres de ce tyran, ce grand nombre d'hommes sans nez était un spectacle hideux.

Le climat de la Syrie avait plus d'analogie avec celui de l'Europe qu'avec celui de l'Egypte. Les habitants étaient plus aimables, plus affectueux ; le musulman même était moins fanatique. Les soldats s'y plaisaient davantage. De tout temps, l'Egypte a été le pays des prêtres et des dieux. Les Juifs étaient assez nombreux en Syrie ; une espérance vague les animait ; le bruit courait parmi eux que Napoléon, après la prise d'Acre, se rendrait à Jérusalem et qu'il voulait rétablir le temple de Salomon. Cette idée les flattait. Des agents chrétiens, juifs, musulmans, furent dépêchés à Damas, à Alep, et jusque dans les Arménies ; ils rapportèrent que la présence de l'armée française en Syrie agitait toutes les têtes. Le général en chef reçut des agents secrets et des communications fort importantes de plusieurs provinces de l'Asie-Mineure ; il envoya des affidés en Perse. C'est de là que datent ses relations avec la cour de Téhéran.

III. Le 22 mars, on signala au mont de la Mosquée les deux vaisseaux de guerre anglais ; une heure après, on aperçut six petites voiles que l'amiral Ganteaume reconnut pour être les tartanes de la flottille de Damiette qui portaient le canon de siège. On apprit depuis que les deux vaisseaux de guerre anglais les avaient chassées pendant trente-six heures et avaient amariné six bâtiments ; que les six autres ayant fait fausse route, avaient gagné les côtes de France. Parmi ces derniers se trouvait le bâtiment du capitaine de frégate Hudelet, commandant la division. Cette perte, par elle-même, était de peu de valeur, mais les conséquences en furent des plus fâcheuses. Si ces bâtiments fussent entrés le 19 mars, comme ils le devaient et le pouvaient, à Haïffa, Acre eût été prise avant le 1er avril, Damas avant le 15, Alep avant le 1er mai ; toutes les ressources de la

Syrie auraient été mises en activité pendant six mois, et, à l'automne, l'armée se serait trouvée en état de tout entreprendre. Les opinions varièrent sur les motifs de la mauvaise conduite du capitaine Hudelet, commandant ce précieux convoi : les uns l'attribuèrent à son ignorance, à sa pusillanimité ; d'autres à l'envie de retourner en France. Les deux vaisseaux anglais n'avaient qu'un très mauvais mouillage près de Haïffa ; *le Thésée* eut ses câbles coupés par les bancs de coraux, dériva, et fut un quart d'heure en perdition, ce qui décida sir Sidney Smith à s'emparer de Haïffa, véritable mouillage de cette baie. Il avait encore plusieurs mois de mauvais temps à craindre. Il fit embarquer, à la pointe du jour, le 26 mars, quatre cents hommes sur dix chaloupes. Le chef d'escadron Lambert, qui commandait le corps d'observation dans cette place............[1]. Il laissa les Anglais débarquer tranquillement, se former, entrer en ville ; mais lorsqu'il les vit engagés dans les maisons, il les accueillit par la mitraille de trois pièces de campagne et la fusillade de cent hommes logés dans deux maisons crénelées, en même temps qu'il les chargea en flanc et en queue avec deux piquets chacun de trente dragons. Les Anglais, attaqués de tous côtés, se débandèrent ; cent cinquante furent tués, pris ou blessés. La chaloupe du *Tigre*, armée

[1]. Ici était une lacune dans le manuscrit. (*De Las Cases.*)

d'une grosse caronade de trente-deux, tomba au pouvoir du vainqueur. Les obus et la mitraille accompagnèrent les chaloupes dans leur retraite, non sans leur tuer et blesser bien du monde. Le 1er avril, avant le jour, une frégate turque, venant de Constantinople, mouilla à une portée de fusil de Haïffa, à l'ancrage ordinaire. Lambert fit sur-le-champ arborer pavillon ottoman. Au jour, le capitaine descendit à terre, dans un grand canot, et fut fait prisonnier avec trente canotiers et sa chaloupe, armée d'une grosse caronade de vingt-quatre. Ces deux pièces furent utiles au siège; on les mit en batterie de brèche, où elles firent bon effet.

IV. Le général Reynier avait investi la place. Il s'était à cet effet battu toute la journée, et avait sur le soir placé des vedettes à portée de pistolet des murailles. Les généraux Caffarelli et Dommartin, les colonels Samson et Songis, avaient employé la nuit du 19 au 20 mars et la journée du 20 à reconnaître la place; le colonel Samson avait à deux heures du matin reconnu le fossé, il n'y trouva pas de contrescarpe : cette reconnaissance était dangereuse, il y fut blessé grièvement. Les officiers du génie et de l'artillerie se flattèrent d'entrer dans Acre aussi facilement qu'ils étaient entrés dans Jaffa; des pièces de douze de campagne leur parurent suffisantes pour faire brèche à l'enceinte.

La surface qu'occupe la ville d'Acre est un trapèze,

dont deux côtés sont baignés par la mer, et les deux autres formés par des murailles. Le côté de l'est a trois cents toises, il était flanqué par cinq petites tours ; celui du nord a cinq cents toises, il était flanqué par sept petites tours, et par le palais du Pacha qui est une espèce de citadelle. Ces deux côtés se rencontrent en formant un angle droit. A ce sommet est une grosse et vieille tour qui domine la ville et toutes les murailles. Elle est dominée elle-même par la hauteur de la Mosquée, qui en est éloignée de cinq cents toises. L'ancien port était comblé ; un petit îlot où se trouvait un phare flanquait l'enceinte de l'est. Les environs des murailles à trois cents toises étaient couverts des ruines de l'ancienne ville et des anciennes fortifications ; c'étaient des souterrains, des tours, des pans de murailles. Un aqueduc entrait dans la ville près de la grosse tour, du côté du nord. Cet aqueduc avait six mille toises de long, traversait la plaine, et portait les eaux du pied des montagnes dans les citernes de la ville. Acre avait été inhabitée pendant longues années ; elle avait été rétablie par Daher, embellie et augmentée par Djezzar, qui y avait fait construire une belle mosquée et un beau bazar.

Le général du génie Caffarelli proposa d'attaquer le front de l'est : 1° parce qu'il était dominé par le mont de la Mosquée, quoique d'un peu loin ; 2° parce que l'autre front, celui du nord, était battu par le canon du palais du Pacha ; 3° parce que les approches en étaient plus faciles. Si l'on faisait la brèche à une courtine, ou il faudrait se loger entre deux tours, ce qui serait difficile et très meurtrier, ou il faudrait entrer dans la place, sans logement, ce qui serait périlleux. Si l'on faisait la brèche à une tour, une fois que l'armée en serait maîtresse, on aurait un débouché assuré pour entrer dans la ville. Il proposa de faire brèche à la grosse tour : 1° comme la plus éloignée de la mer; 2° comme la plus grande, la plus haute, celle qui domine toute l'enceinte et toute la ville ; 3° comme la plus près de l'aqueduc, qui devait servir de place d'armes et de parallèle. Il est vrai, ajoutait-il, que la brèche serait plus difficile à faire à la maçonnerie de cette vieille construction ; mais des pièces de douze étaient suffisantes pour l'ouvrir ; que cette tour une fois prise, la place tomberait d'elle-même; que le tout n'était pas de prendre Acre, mais de la prendre sans y perdre l'armée; sept à huit mille hommes seraient bien vite perdus, si l'on se hasardait contre les Turcs dans des combats de maisons et de rues.

Le siège de Saint-Jean-d'Acre a duré soixante-deux jours, du 19 mars au 21 mai ; il a deux époques; la première, du 19 mars au 25 avril (36 jours); la deuxième, du 25 avril au 21 mai (26 jours) : total 62 jours. Dans la première époque, les assiégeants ont fait jouer deux mines, tenté deux logements, donné un assaut ; les assiégés ont fait six sorties qui toutes leur ont été funestes. Pendant la seconde époque, les assiégeants ont fait jouer trois mines, établi sept logements, donné deux grands assauts ; ils ont pénétré dans la place et s'y sont établis. Les assiégés ont cheminé par des lignes de contre-attaque, ont fait douze sorties, ont perdu beaucoup de monde ; toutefois ils ont reçu constamment des renforts qui non seulement ont réparé les pertes, mais ont même accru les forces. Le général français aurait cependant pris la ville malgré l'arrivée d'une division de Rhodes, sans la peste qui faisait de grands ravages, et sans les nouvelles d'Europe. Une deuxième coalition s'était formée contre la République, la guerre avait recommencé, et l'armée française était entrée dans Naples, ce qui fut considéré comme une fâcheuse nouvelle ; l'affaiblissement de l'armée sur l'Adige faisait présager des désastres.

V. Pendant la première époque du siège, l'artillerie des assiégeants consistait en deux caronades de trente-deux et de vingt-quatre prises à Haïffa, quatre mortiers de six pouces, et trente-six bouches à feu de l'équipage de campagne. Douze pièces restaient pour le service des corps d'observation. Les caronades de trente-deux et de vingt-quatre n'avaient pas d'affûts ; les ouvriers du parc en construisirent en peu de jours. L'artillerie n'avait pas de boulets de ce calibre, on fit ramasser tous ceux qui étaient épars dans les tranchées provenant des remparts et de la grande batterie des deux vaisseaux anglais. Le parc donna cinq sous par boulet; les soldats se mirent à la recherche et en apportèrent trois cents des deux calibres en peu de jours; ne pouvant plus en trouver, ils avisèrent à divers moyens pour s'en procurer; ils s'adressèrent aux passions bouillantes du commodore anglais, et employèrent plusieurs ruses pour les stimuler; tantôt ils faisaient courir des hommes à cheval sur la plage; tantôt ils portaient sur les dunes des tonneaux, des fascines, et se mettaient à travailler, à remuer la terre comme s'ils construisaient une batterie; quelquefois aussi, ils faisaient mouiller en rade, près du rivage, une chaloupe qu'ils avaient transportée de Haïffa. Aussitôt que sir Sidney Smith s'apercevait que l'on prétendait agir sous son canon, il levait l'ancre, s'approchait à toutes voiles de la terre, et lançait des boulets que les soldats ramassaient. Le parc fut bientôt abondamment pourvu.

Le 21 mars, les officiers du génie ouvrirent la tranchée à cent cinquante toises de la ville; elle était appuyée à l'aqueduc qui formait parallèle naturelle contre le feu de la place. L'artillerie construisit huit batteries, deux contre l'îlot où était le phare que l'on avait armé, trois contre les trois tours qui battaient les approches de la brèche. Ces cinq batteries furent armées de seize pièces de quatre, quatre pièces de huit ; la sixième batterie fut armée de quatre mortiers de six pouces dirigés contre la grosse tour ; les septième et huitième reçurent quatre pièces de douze, quatre de huit, deux obusiers pour battre en brèche la face est de la grosse tour ; les 22, 23 et 24, les sapeurs cheminèrent par des boyaux de tranchée jusqu'à cinq toises du fossé, où ils se déployèrent en construisant une large parallèle qui servit à tous les mouvements du siège. Le 23 mars, le feu commença ; en quarante-huit heures, les deux pièces de canon du phare furent réduites au silence, ainsi que les gros canons qui armaient les remparts sur le front qui était attaqué. Le 24, les batteries de brèche commencèrent à jouer : pendant les premières vingt-quatre heures, elles ne produisirent aucun effet sensible, ce qui fut attribué à l'incapacité du calibre de douze, et l'on accusait ouvertement les officiers du génie de s'être attachés à une ancienne maçonnerie, à l'abri même du calibre de vingt-quatre, lorsqu'à quatre heures après-midi tout le pan est de la grosse tour s'écroula avec un horrible fracas. Ce fut un cri de joie poussé par l'armée, et par trente mille spectateurs qui, accourus des contrées voisines, couronnaient les hauteurs. Un officier du génie s'avança pour reconnaître la brèche, mais il fut attaqué par quelques tirailleurs qui étaient le long des murs ; vingt-cinq hommes furent commandés pour les chasser, et vingt-cinq sapeurs pour régaler le pied de la brèche. On espérait qu'ainsi que cela était arrivé pour Jaffa, Acre serait prise dans la soirée. Mais les vingt-cinq sapeurs furent arrêtés par la contrescarpe. Cette contrariété fut la première. Djezzar, qui avait embarqué ses trésors, ses femmes et s'était embarqué lui-même, passa toute la nuit à bord. Les habitants s'attendaient à chaque instant à l'assaut et à la prise de la place. Cependant les tours et les murailles restèrent couvertes de soldats qui firent toute la nuit un feu roulant de mousqueterie. Le 26 au soir, le pacha se rassura, rentra dans son palais, et fit une sortie qui ne lui réussit pas. Cette fâcheuse contrescarpe paralysa les efforts des assiégeants pendant quatre jours, temps nécessaire pour enfermer les mineurs et préparer la mine qui fut chargée le 28 ; elle fit sauter la contrescarpe. Le capitaine d'état-major Mailly était commandé pour faire le logement de la tour avec cinq ouvriers, dix sapeurs et vingt-cinq grenadiers. L'adjudant commandant Laugier avec huit cents hommes était rangé derrière l'aqueduc, à quinze toises de la brèche, pour y monter aussitôt qu'il aurait reçu de Mailly le signal qu'elle était praticable. La division Bon, placée en colonnes, par bataillons, dans les places d'armes, était destinée à soutenir Laugier et à emporter la place ; ces bataillons devaient se porter successivement sur la brèche. Mais, pour réussir, il était nécessaire qu'aucun soldat ne s'arrêtât en route, malgré le feu terrible de la fusillade des murailles.

Mailly se lança dans le trou de la mine, de là il se précipita dans le fossé sans se laisser arrêter par dix pieds de contrescarpe qui n'avaient pas été renversés; le mineur ne s'était pas assez enfoncé. Arrivé au pied de la tour, il y dressa trois échelles et monta dans le premier étage avec ses quarante hommes; alors il donna le signal à Laugier, qui partit au pas de charge, et arriva sur le bord du fossé, croyant la contrescarpe renversée; sa troupe fut surprise de la trouver presque entière. Laugier et le premier peloton se jetèrent dans le fossé et coururent à la brèche[1]....... Le second peloton eut son capitaine tué sur le bord de la contrescarpe; il s'arrêta, mesura de l'œil la profondeur du fossé, et se jeta à gauche pour chercher un endroit moins profond. Tourmenté par le feu des murs, le bataillon se déploya et se débanda en tirailleurs; cependant Mailly avait grimpé sur la plate-forme, y avait arraché le pavillon ottoman; dix braves étaient avec lui, les autres avaient été tués ou blessés. Laugier fut tué comme il traversait le fossé. Ceux qui l'avaient suivi se portèrent aux échelles de la tour, elles avaient été ren-

---

1. Ici sont quelques mots écrits au crayon de la main de Napoléon; on n'a pu y lire que le mot *brave* ou *bravoure*.

(*De Las Cases.*)

versées ; ils rétrogradèrent pour en chercher d'autres qui étaient restées sur le puits de la mine. Ce mouvement est pris pour une fuite, les hommes du piquet de Mailly qui étaient dans le premier étage de la tour descendent dans le fossé ; il ne reste plus que Mailly, un sapeur et deux grenadiers sur la plate-forme. Mailly descend au premier étage pour appeler du secours, il est frappé d'une balle qui lui traverse les poumons ; il tombe dans son sang, les grenadiers descendent pour le secourir. Cependant le général en chef s'était porté au puits de la mine, afin de voir pourquoi la colonne de Laugier hésitait ; il reconnut la difficulté de franchir l'obstacle de la contrescarpe ; rien n'était préparé pour cela ; il envoya l'ordre au général Bon de ne point sortir de la tranchée, car l'assaut était manqué.

Aussitôt que le pacha avait vu le pavillon ottoman arraché du haut de la tour, il s'était porté à la marine et embarqué. Toute la garnison et les habitants, femmes, enfants, vieillards, quittaient la ville, se jetaient dans des barques ou se réfugiaient dans les mosquées. Tout paraissait perdu et la ville prise, lorsque cinq mameluks, trois noirs du Dârfour, deux Circassiens qui faisaient partie des braves de l'intérieur de Djezzar, et étaient de garde au palais pour empêcher les habitants de le piller, s'aperçurent qu'il n'y avait que deux ou trois Français sur la plate-forme de la tour, et que ce nombre n'augmentait pas. Ils se coulèrent le long de la muraille, grimpèrent sur la plate-forme, firent une décharge, et n'y trouvèrent plus qu'un sapeur qui se sauva. Ces intrépides musulmans descendirent de la plate-forme au premier étage, y trouvèrent Mailly et les deux soldats mourants; ils leur coupèrent la tête, remontèrent sur la plate-forme, arborèrent le pavillon ottoman et promenèrent les têtes dans la ville. Un corps de cinq cents Maugrabins et Arnautes placé au coin de la mosquée de Djezzar pour protéger l'embarquement du pacha, rentra dans les tours; la ville fut sauvée. Cet assaut coûta à l'armée française vingt-cinq hommes tués et quatre-vingt-sept blessés, parmi lesquels la moitié des quarante hommes de piquet du logement.

La croisière anglaise, sous le prétexte d'éviter le mauvais temps et les vents de l'équinoxe, avait pris le large et disparu dès le 26 mars; en réalité, sir Sydney Smith ne voulait pas être présent à la prise de la ville, qu'il regardait comme immanquable. Mais lorsqu'il apprit que l'assaut avait échoué, il revint, et parut du 5 au 6 dans la rade. Il débarqua le colonel émigré Phelippeaux, Douglas et une centaine d'officiers et canonniers, ses marins les plus braves et les plus habiles. Il fit usage de l'artillerie prise aux Français, nos pièces de vingt-quatre, de seize, nos beaux mortiers de huit pouces défendaient la ville qu'ils avaient été destinés à battre et à soumettre. Tout contribua à rassurer la garnison, qui, chaque jour, recevait de Chypre et de Tripoli des secours en hommes, en vivres et en munitions.

Le général Caffarelli, qui dirigeait le siège, ordonna une nouvelle mine. Le 1er avril elle renversa la contrescarpe ; l'artillerie mit en batterie les deux caronades de trente-deux et de vingt-quatre, qui firent beaucoup d'effet. De son côté, l'assiégé n'avait pas perdu son temps ; la brèche avait été rendue impraticable ; on l'avait remplie de bombes, d'obus, de grenades chargées, de tonneaux de goudron, de fascines, de bois couverts de chemises de soufre, de pointes de fer. Cependant vingt-cinq hommes ordonnés pour préparer le logement se logèrent et franchirent tous les obstacles ; mais ils furent bientôt au milieu d'un brasier ardent. Cinq grenadiers furent brûlés, plusieurs blessés, le reste gagna précipitamment le logement de la contrescarpe. On fut convaincu alors de l'impossibilité de prendre la ville avec des pièces de campagne et en si petite quantité. Les Ottomans en triomphèrent avec une sorte de gaieté ; ils criaient toutes les nuits aux canonniers français : *Sultan Selim, pan, pan, pan ; Bonaparte, pin, pin, pin*. Il n'y eut plus d'espoir que dans la guerre souterraine. Caffarelli fit cheminer la mine sous le fossé, la dirigeant sous la grosse tour. L'assiégé eut recours aux contre-mines, mais les mineurs français, plus habiles, les étouffèrent.

Phelippeaux déclara que le danger était imminent; que d'un moment à l'autre la ville pouvait être enlevée. Il fit résoudre le pacha à une sortie pour éventer le puits de mine et y étouffer le mineur. Le 7 avril, pendant la nuit, trois colonnes, chacune de quinze cents hommes, se disposèrent, la première en avant du palais du pacha, la seconde à la porte de mer, la troisième à l'extrémité, le long du rivage de la mer. Au sud, cent cinquante Anglais et trois cents Turcs d'élite, sous les ordres du colonel Douglas et du major [1]......, étaient placés derrière la grosse tour pour masquer la brèche. A l'aube du jour, les trois colonnes commencèrent l'attaque; la fusillade devint très vive; l'ennemi, comme d'usage, gagna d'abord du terrain. La colonne anglaise descendit alors la brèche au pas précipité, elle n'avait que quinze toises à parcourir pour s'emparer du puits. Déjà le major anglais était sur le puits, la mine était perdue, lorsque le bataillon, garde de réserve, marcha la baïonnette en avant, tua, blessa ou prit toute cette colonne qu'il avait débordée par la gauche et par la droite; à peu près au même moment, les réserves de la tranchée s'étaient avancées; les Turcs furent rejetés avec précipitation dans la place; plusieurs petites colonnes furent coupées et

---

1. Le nom est omis dans le manuscrit.

(De Las Cases.)

prises. Cette sortie coûta huit cents hommes aux assiégés, parmi lesquels soixante Anglais. Les blessés de cette nation furent soignés comme les Français, et les prisonniers campèrent au milieu de l'armée, comme s'ils eussent été des Normands ou des Picards; la rivalité des deux nations avait disparu à une telle distance de leur patrie et au milieu de peuples si barbares. Les Turcs montrèrent beaucoup de bravoure individuelle, d'impétuosité, de dévouement; mais aucun art, aucun ensemble, aucun ordre, ce qui rendait toutes leurs sorties très funestes pour eux. Le major anglais [1]...... tué fut enterré avec les honneurs de la guerre; le capitaine Wright fut blessé grièvement. Pendant cette première époque, l'armée n'a jamais été dans le cas d'aller au secours de la tranchée.

Aly, mameluk noir de Djezzar, à la fois son confident, son brave et son bourreau, était l'objet de la haine des chrétiens, qui en demandaient vengeance. Un officier de gendarmerie procéda à son interrogatoire. Napoléon voulut le voir; cet intrépide musulman lui dit : « *Toute ma vie j'ai obéi à mon maître;*
» *avant-hier j'ai coupé et porté la tête de ton ma-*
» *meluk dans la ville que j'ai sauvée; tiens, voilà*
» *la mienne, sultan, coupe-la, mais coupe-la toi-*

---

[1]. Le nom est omis dans le manuscrit.

(*De Las Cases.*)

» *même, et je meurs content*; *le prophète a dit qu'il
» ne faut pas rejeter la dernière demande d'un
» mourant.* » Le général en chef lui tendit la main,
lui fit porter à manger. Depuis il a été reconnaissant. Il a été tué dans une charge à la bataille
d'Aboukir, combattant à la tête d'un corps de cavalerie française.

VI. Le pacha de Damas avait réuni dans cette
grande ville trente mille hommes à pied et à cheval.
La cavalerie de Djezzar et celle d'Ibrahim-Bey étaient
sur la rive gauche du Jourdain et maintenaient la
communication de Damas avec Naplouse ; les Naplousiens avaient réuni six mille hommes, ils brûlaient
de venger l'affront qu'ils avaient reçu au combat de
Kakoun.

La Porte avait ordonné que l'armée de Damas passât le Jourdain aussitôt que l'armée de Rhodes serait
débarquée dans Saint-Jean-d'Acre, afin de nous
mettre entre deux feux. Mais les dangers que courait la place, la crainte surtout qu'inspirait la guerre
souterraine, décidèrent Djezzar, en sa qualité de sérasquier, à donner l'ordre au pacha de Damas de
passer le Jourdain sans plus tarder, de se joindre aux
Naplousiens dans la plaine d'Esdrelon, et de couper
les communications du camp d'Acre avec l'Egypte.

Le fils Daher donna avis que ses agents de Damas
lui annonçaient le départ de l'armée ; qu'elle était
innombrable. La position de l'armée française deve-

nait délicate ; sur treize mille hommes qui étaient entrés en Syrie, mille avaient été tués ou blessés aux combats d'El-Arich, de Gaza, de Jaffa et pendant la première période du siège d'Acre ; mille étaient malades aux hôpitaux de Nazareth, de Chafa-Arm, de Ramléh, de Jaffa et de Gaza ; deux mille tenaient garnison à Katiéh, à El-Arich, à Gaza et à Jaffa ; cinq mille étaient nécessaires au siège pour garder les parcs et les positions ; il ne restait que quatre mille hommes disponibles pour observer et battre l'armée de Damas et des Naplousiens, qui étaient de quarante mille hommes. Le général Berthier, prévoyant de grands événements, fit évacuer les hôpitaux de Nazareth, Chafa-Arm, Haïffa, et les ambulances d'Acre, sur Jaffa, ainsi que les gros bagages, les prisonniers et tout ce qui pouvait embarrasser l'armée, qui, selon l'expression des marins, n'était plus que sur une ancre.

L'armée du pacha de Damas arriva sur le Jourdain en deux colonnes ; celle de droite, sous le commandement de son fils, forte de huit mille hommes, occupa le pont de Jacob, et envoya une avant-garde pour cerner le fort de Safed. Il essaya vainement de l'emporter d'assaut. Ses partis inondèrent toute la Galilée. Le pacha, avec vingt-cinq mille hommes, campa sur la rive gauche du Jourdain, vis-à-vis du gué de [1]........., dont il s'assura. Il envoya son avant-

---

1. Le nom est omis dans le manuscrit.   (De Las Cases.)

garde prendre position sur les hauteurs de Loûbiâ, sur la rive droite du Jourdain. Les Naplousiens campèrent dans la plaine d'Esdrelon.

Le général Murat partit du camp avec sa colonne mobile, qui fut complétée à mille hommes de toutes armes ; fit lever le siège de Safed, força le pont de Jacob, s'empara du camp du fils du pacha, fit beaucoup de prisonniers ; les tentes, les bagages, les chameaux, l'artillerie, tombèrent au pouvoir du vainqueur ; le butin fut considérable. Le jeune fils du pacha avait commis la faute d'envoyer trop de monde en partis ; il ne put réunir plus de deux mille hommes au moment où il fut attaqué. Aussitôt que les restes de sa division furent instruits que le pont de Jacob était enlevé, ils rejoignirent Damas en tournant les sources du Jourdain. De là Murat se porta sur Tabariéh, dont il s'empara. Dans cette ville étaient les magasins de l'ennemi ; il y trouva du blé, de l'orge, du riz, de l'huile et du fourrage pour nourrir pendant six mois l'armée française.

Le général Junot occupait Nazareth avec sa colonne d'observation. Aussitôt qu'il apprit que l'avant-garde du pacha, de trois mille hommes, avait passé le Jourdain, il marcha à sa rencontre ; il la trouva dans la plaine de Canaan, et la contint, quoiqu'il n'eût que quatre cents hommes. Ce combat lui fit beacoup d'honneur, et couvrit de gloire le colonel de dragons Duvivier, un des plus braves officiers de cavaleie de l'armée française. Le général en chef donna l'ordre au général Kléber de se porter avec sa division à l'appui de la colonne du général Junot. Il le joignit le 11 avril, ayant deux mille cinq cents hommes sous ses ordres. Il marcha sur les hauteurs de Loûbiâ, où le pacha de Damas avait renforcé son avant-garde, jusqu'à sept mille hommes. Le combat ne fut pas douteux, l'ennemi fut battu; mais Kléber, craignant d'être coupé d'Acre, reprit le lendemain sa position sur les hauteurs de Nazareth.

Le pacha de Damas fit alors réoccuper les hauteurs de Loûbiâ, et, sous leur protection, marcha avec le reste de son armée par sa gauche. Il campa dans la plaine d'Esdrelon, se réunissant à la division de Naplouse. Quand ce mouvement fut fini, son avant-garde, devenue son arrière-garde, suivit son mouvement, abandonna les hauteurs de Loûbiâ et ses communications directes avec Damas. Kléber résolut de punir le pacha de cette audacieuse marche de flanc. Il instruisit le général en chef qu'il allait marcher entre le Jourdain et l'ennemi pour le couper de Damas, et qu'il calculait sa marche de manière à surprendre le camp turc à deux heures du matin; qu'il espérait le même succès que le général Reynier avait obtenu à El-Arich. Le plan de Kléber était mal combiné; il supposait qu'il allait couper la ligne d'opération de l'ennemi, tandis que celui-ci avait déjà quitté la ligne d'opération du Jourdain pour prendre celle de Naplouse; son mouvement n'en serait donc pas arrêté; il continuerait à marcher sur Acre; le siège serait à découvert et en danger. L'espoir de surprendre le camp ennemi par une attaque de nuit n'était pas raisonnable. Le général Reynier avait réussi à El-Arich, parce qu'il avait reconnu avec ses officiers pendant deux jours consécutifs les chemins que ses colonnes devaient tenir pendant la nuit, parce que la position du camp d'Abdallah était fixe; mais comment le général Kléber pourrait-il opérer de nuit, sur un terrain que ni lui ni ses officiers ne connaissaient? Lorsqu'il méditait cette attaque, il était à cinq lieues de l'ennemi, et ne savait pas précisément où celui-ci camperait. Il aurait fallu qu'il fût resté au moins vingt-quatre heures en présence, pour bien reconnaître les localités du camp musulman; cela lui était impossible devant une armée aussi supérieure. Napoléon prévit qu'il n'arriverait qu'au point du jour sur un terrain qu'il n'aurait pas choisi, qu'il serait enveloppé par toute cette armée et courrait les plus grands dangers, que cette division et l'armée de siège étaient également compromises. Il partit à l'heure même (15 avril, une heure après-midi) avec une division d'infanterie, toute la cavalerie qui se trouvait au camp et une batterie de réserve, marcha jusqu'à la nuit et campa sur les hauteurs de Safariéh. A l'aube du jour, le 16, il se mit en marche sur Soulin, suivant les gorges qui tournent les montagnes. A neuf heures du matin, il découvrit toute la plaine d'Esdrelon, et à trois lieues nord-est il distingua avec sa bonne lunette, au pied du mont Thabor, deux petits carrés de troupes environnés de fumée : c'était évidemment la division française, qui était chargée et enveloppée de tous côtés par une très grande armée. La plaine d'Esdrelon est très fertile; elle était couverte de moissons; le blé avait déjà six pieds de haut. Napoléon forma sa division en trois colonnes, chacune d'un régiment; il les fit marcher à quatre cents toises l'un de l'autre, se dirigeant de manière à couper la retraite de Naplouse à l'armée ennemie. Les blés cachaient entièrement le soldat qui s'approchait des camps de l'ennemi, sans que celui-ci en eût aucune connaissance.

Kléber avait exécuté son projet; il était parti dans la direction du Jourdain, et était revenu sur les derrières de l'ennemi; le jour avait paru avant qu'il eût pu le joindre; à sept heures du matin, il se trouva en présence; il tomba sur les premiers postes, qu'il égorgea. Mais l'alarme fut bientôt dans le camp; toute cette multitude monta à cheval, et ayant reconnu le petit nombre des Français, marcha sur eux. Kléber était perdu. En homme de cœur et de tête, il fit tout ce qu'on pouvait attendre de lui; il soutint et repoussa un grand nombre de charges;

mais les Turcs avaient gagné tous les chaînons du mont Thabor, et tous les monticules qui cernaient les Français. Nos vieux soldats comprenaient tout le danger de leur position, et les plus intrépides commençaient à souhaiter qu'on encl0uât l'artillerie, et qu'on se fît jour par les hauteurs escarpées de Nazareth. Le général Kléber délibéra sur le parti à prendre; sa position était cruelle, lorsque tout à coup les soldats s'écrièrent : « *Voilà le petit caporal.* » Des officiers d'état-major vinrent instruire le général Kléber de ce bruit; il se fâcha, en démontra l'impossibilité et ordonna que le conseil continuât de délibérer. Mais les vieux soldats de Napoléon, accoutumés à ses manœuvres, réitérèrent leurs cris; ils croyaient avoir vu luire des baïonnettes. Kléber monta alors sur une hauteur, et braqua sa lunette, les officiers d'état-major en firent autant; mais ils ne découvrirent rien, les soldats eux-mêmes crurent s'être fait illusion; cette lueur d'espérance s'évanouit. Kléber se décida enfin à abandonner son artillerie et ses blessés, et ordonna que l'on formât la colonne pour forcer le passage. Il est probable que les soldats avaient aperçu le luisant des baïonnettes dans un moment où les colonnes s'étaient trouvées sur un terrain un peu plus élevé et plus découvert. Le général en chef mettait une grande importance à cacher sa marche, afin de pouvoir gagner un mamelon qui coupait toute retraite aux Turcs. Mais tout à coup son attention fut fixée par un mouvement de toute l'armée ennemie qui se serrait contre les carrés de Kléber. Plusieurs officiers d'état-major mirent pied à terre, braquèrent leurs lunettes, aperçurent distinctement que l'ennemi se préparait à une charge générale, et que les carrés de Kléber avaient l'air de perdre contenance; c'était la formation de la colonne d'attaque. Les moments étaient précieux. Kléber se trouvait entouré par trente mille hommes, dont plus de la moitié était à cheval; le moindre retard pouvait être funeste. Le général en chef ordonna à un carré de monter sur une digue. La tête des hommes et les baïonnettes furent aussitôt aperçues par les amis et les ennemis. En même temps une salve d'artillerie démasqua le mouvement. L'on aperçut bientôt le mouvement de Kléber qui se reformait en carrés, et les chapeaux au bout des baïonnettes, en signe d'allégresse; ce qui fut suivi d'une décharge d'artillerie de reconnaissance. L'armée ennemie, étonnée, surprise, s'arrêta court. Les mameluks d'Ibrahim-Bey, les plus lestes, qui se trouvaient le plus à portée, coururent ventre à terre pour reconnaître ces nouvelles troupes; ils furent suivis par tous les Naplousiens, les plus alarmés de voir des colonnes fermer le chemin de leur pays. Les trois carrés français s'arrêtèrent un moment et se coordonnèrent. Un détachement de trois cents hommes surprit et pilla le camp, et prit les blessés de l'armée turque ; il mit le feu aux tentes, spectacle qui inspira de l'effroi aux ennemis. Quelques corps de cavalerie turque s'approchèrent à portée de fusil des carrés, mais accueillis par la mitraille, ils s'éloignèrent. De son côté, Kléber marcha ; la jonction ne tarda pas à s'effectuer ; le désordre, l'épouvante, devinrent extrêmes chez l'ennemi ; cette armée se sauva, partie sur Naplouse, partie sur le Jourdain. On se peindrait difficilement les sentiments d'admiration et de reconnaissance des soldats. Les ennemis avaient perdu beaucoup de monde dans les différentes charges qu'ils avaient faites pendant la matinée ; ils en perdirent davantage pendant la retraite. Plusieurs milliers se noyèrent dans le Jourdain ; les pluies avaient élevé les eaux et rendu le gué très difficile. Kléber eut deux cent cinquante à trois cents hommes tués ou blessés. La colonne du général en chef en eut trois à quatre. Telle est la bataille du mont Thabor. Napoléon monta sur cette montagne, qui est en pain de sucre élevé, dominant une partie de la Palestine. C'est là que, suivant quelques légendes, Jésus-Christ fut transporté par le diable, qui lui offrit tout le pays qu'il voyait, s'il voulait l'adorer.

La nuit du 16 au 17 avril, Kléber coucha dans la tente du général en chef ; il en partit à trois heures après minuit pour joindre sa division qui était campée sur le Jourdain. Il poursuivit toute la journée du 17 les débris de l'armée de Damas ; les soldats firent de riches prises. Kléber campa le soir du 17 au lieu où il se trouva, et attendit les ordres pour la journée du 18. Napoléon médita sur sa position ; il ne restait que quatre mille hommes au camp d'Acre pour assiéger une garnison de huit mille hommes renforcée par deux vaisseaux anglais de quatre-vingts ; cette garnison avait à chaque instant des secours ; elle pouvait d'un moment à l'autre recevoir l'armée de Rhodes, dont le mouvement devait concourir avec celui de l'armée de Damas ; il était donc urgent de faire rentrer toutes les troupes au camp du siège ; on aurait pu à la rigueur en distraire les deux mille cinq cents chevaux et douze pièces de canon ; il serait encore resté six mille hommes au camp, ce qui était suffisant ; mais était-il raisonnable d'envoyer Kléber avec trois mille hommes dans une grande capitale, dont la population est de cent mille habitants, les plus méchants de l'Orient ? n'était-il pas à craindre qu'aussitôt qu'ils auraient compté le petit nombre des Français, ils ne les entourassent de tous côtés ? Cependant la prise de Damas pouvait avoir lieu au plus tard le lendemain matin, 18 ou 19, cela était bien tentant ; quels avantages ne retirerait pas l'armée de cette conquête ! Elle y trouverait des chevaux, des chameaux, des mulets dont elle avait besoin pour réparer ses pertes ; des cuirs, des draps, des toiles, des effets d'habillement, de la poudre, des armes, de l'argent ;

on pouvait facilement y lever sept à huit millions de francs de contributions ; et un avantage au-dessus de tout pour une armée conquérante, quel éclat cela ne jetterait-il pas sur les armes françaises ? La bataille du mont Thabor allait rétablir leur réputation un peu obscurcie par la résistance d'Acre ; mais que serait-ce si au Caire, à Tripoli, à Alep, à Acre on apprenait que le pavillon tricolore flottait sur la sainte, antique et riche Damas? cela ne produirait-il pas l'effet moral que l'on attendait de la prise d'Acre? Les Moutoualis, les Arabes, les Druses, les Maronites, tous les peuples de la Syrie se rangeraient sous les drapeaux de la France. Quelque fortes que fussent toutes ces considérations, il était impossible de risquer trois mille hommes seuls ; mais si l'on pouvait les faire soutenir par six mille Naplousiens, cela serait différent. Le général en chef en parla le 17 au matin avec les députés des Druses et des Maronites qui suivaient l'armée. Ils déclarèrent qu'ils se regardaient comme autorisés après une aussi grande victoire que celle du mont Thabor, à engager leurs nations, ce qu'ils avaient ordre de ne faire qu'après la prise d'Acre, mais qu'il leur fallait au moins quinze jours pour réunir ce corps de troupes. Daher ne pouvait offrir sur-le-champ que deux cents hommes; les Bédouins, qui faisaient sa force, ne voulaient s'engager qu'au préalable Acre ne fût prise et remise dans ses mains. Mais puisqu'il n'était pas possible, avant la prise d'Acre, de s'emparer de Damas, Kléber ne pouvait-il pas au moins la mettre à contribution, ce qui n'exigeait que quarante-huit heures ? Demander une contribution et repasser sur-le-champ le Jourdain, était une expédition peu avantageuse, qui nuirait aux opérations ultérieures ; cela pouvait entraîner la perte des dix-huit mille chrétiens qui habitaient cette ville, et devaient un jour être si utiles à l'armée. Le 17 au matin, on fit brûler et piller trois gros villages naplousiens pour les punir ; des députés de Naplouse implorèrent le pardon de la ville, et donnèrent des otages. Kléber reçut ordre de repasser le Jourdain et de rester en observation sur cette rivière.

Le 18 avril, Napoléon coucha au couvent de Nazareth ; l'armée était dans la Terre-Sainte ; tous les villages étaient célèbres par les événements de l'ancien et du Nouveau Testament. Les soldats visitaient avec intérêt le lieu où Holopherne avait eu la tête coupée ; le miracle surtout des noces de Cana était fort célébré, car ils n'avaient point de vin. On se peignait le Jourdain comme un fleuve large et rapide, à peu près comme le Rhin ou le Rhône ; on fut fort surpris de ne trouver qu'un filet d'eau moindre que l'Aisne ou l'Oise à Compiègne. En entrant dans le couvent de Nazareth, l'armée crut entrer dans une église d'Europe ; elle est belle ; tous les cierges étaient allumés, le Saint-Sacrement exposé ; l'armée assista à un *Te Deum*; il y avait un très bon organiste; les récollets étaient Espagnols et Italiens, un seul était Français; ils montrèrent la grotte de la Nativité, où Notre-Dame reçut la visite de l'ange Gabriel. Le couvent est très beau, il y a assez de logements et de lits; on y établit les blessés, les Pères les soignèrent. Les caves étaient fournies de très bon vin. Le 19 avril, Napoléon rentra au camp d'Acre après avoir été absent seulement cinq jours. La bataille du mont Thabor eut l'effet que l'on s'en était promis; les Druses, les Maronites, les populations chrétiennes de la Syrie, et quelques semaines après des députés des chrétiens d'Arménie, abondèrent au camp français. Par une convention secrète faite avec les Druses et les Maronites, il fut convenu que le général en chef prendrait à sa solde six mille Druses et six mille Maronites commandés par leurs officiers qui joindraient l'armée française sur Damas.

VII. Aussitôt que le contre-amiral Perrée eut eu avis que l'armée était entrée en Syrie, il appareilla d'Alexandrie, dont sir Sidney Smith avait levé le blocus, et vint avec les frégates *la Junon*, *l'Alceste* et *la Courageuse* jeter l'ancre, le 15 avril, en rade de Jaffa. Il y reçut les ordres et les instructions pour s'approcher de Saint-Jean-d'Acre, de manière à ne pas être aperçu par le commodore anglais. Il reconnut le mont Carmel, et débarqua dans la petite anse de Tantourah six pièces de gros calibre, ainsi que beaucoup de munitions de guerre et de bouche. Cette opération importante se faisait à trois lieues de l'escadre anglaise. De là il prit le large, et établit sa croisière entre Rhodes et Acre, afin d'intercepter les bâtiments qui se rendaient dans cette place. Il donna dans le convoi de l'armée de Rhodes, prit deux bâtiments, sur lesquels étaient quatre cents hommes de l'armée, l'intendant, six pièces de campagne et un trésor de cent cinquante mille francs. Il retourna sur les côtes de Syrie, débarqua ses prisonniers, fit connaître ce qu'il avait appris et reçut de nouvelles instructions. Il fit plusieurs autres prises dans sa croisière; poursuivit un convoi de petits bateaux chargés de Naplousiens qui voulaient entrer dans Acre, et le dispersa. Comme il était à la vue de l'escadre anglaise, sir Sidney Smith le poursuivit, mais sans pouvoir l'atteindre; ses frégates n'étaient pourtant pas très bonnes marcheuses. Cette expédition maritime fit le plus grand honneur à ce brave contre-amiral, qui tint la mer et mit Saint-Jean-d'Acre pour ainsi dire en état de blocus, pendant un mois, à la vue d'une escadre anglaise de deux vaisseaux de quatre-vingts, une frégate et huit ou dix avisos. C'est que le commodore sir Sidney Smith s'occupait beaucoup du détail des affaires de terre qu'il n'entendait pas et où il pouvait peu, et négligeait les affaires de mer, qu'il savait et où il pouvait tout. Sans l'arrivée de l'escadre anglaise dans la baie de Saint-Jean-d'Acre, cette ville eût été prise avant le 1er avril, parce que le 19 mars les douze tartanes portant les équipages de siège seraient entrées à Haïffa, et que ces gros canons eussent en vingt-quatre heures rasé les remparts de Saint-Jean-d'Acre. En prenant ou dispersant ces douze tartanes le commodore anglais sauva donc Djezzar-Pacha. Les secours et les conseils qu'il donna pour la défense de la place furent de peu d'importance. Il eût beaucoup mieux valu, après y avoir jeté Phelippeaux et une cinquantaine de canonniers anglais, cesser de se mêler des affaires de terre, s'occuper de se maintenir maître de la mer, empêcher toute communication par mer des assiégeants avec Damiette, enfin prendre les trois frégates ou au moins leur donner chasse. Ce sont les munitions et les canons qu'elles fournirent aux assiégeants qui causèrent la ruine d'Acre.

VIII. A cette seconde époque, le parc, indépendamment de l'artillerie qu'il avait à la première époque, s'était accru de deux pièces de vingt-quatre, de quatre de dix-huit et de deux mortiers. Le 25 avril, on fit jouer la mine sous la grosse tour; elle ne produisit pas tout l'effet qu'on avait espéré le mineur, un souterrain attenant aux anciennes constructions trompa ses calculs; la moitié seulement de la tour fut renversée; l'autre moitié fut ébranlée; elle paraissait avoir été coupée avec un rasoir. Trois cents Turcs, quatre pièces de canon, tous les artifices qui avaient été préparés pour la défense de la brèche, furent culbutés dans le fossé. Un lieutenant du génie, dix sapeurs et vingt grenadiers se logèrent dans les étages inférieurs; mais l'escalier qui conduisait à l'étage supérieur ayant été renversé, l'ennemi n'en put être délogé. On rappela le logement, et en peu d'heures les pièces de vingt-quatre rasèrent cette partie de la tour. L'officier du génie Liédat dirigea le logement qu'il établit sur ces débris. On se trouva ainsi maître du principal point de l'enceinte; la place était ouverte, mais l'ennemi avait construit un retranchement derrière la grosse tour. On établit des batteries sur le logement pour battre ce retranchement et ruiner la défense du palais de Djezzar et de la Mosquée. En même temps, on battit en brèche la seconde tour du même front, et on enfonça le mineur afin d'en faire sauter la contrescarpe.

L'artillerie des assiégeants avait pris le dessus sur celle des assiégés, dont les murailles étaient presque entièrement détruites. La place ne se défendait plus que par le grand nombre d'hommes qui composaient sa garnison et par l'espérance qu'elle avait de voir arriver l'armée de Rhodes. Les communications par mer lui étaient ouvertes, elle recevait tous les jours des secours; de sorte qu'au lieu de s'affaiblir par les pertes journalières qu'elle faisait, la garnison était beaucoup plus forte qu'au commencement du siège. Les assiégés étaient très braves; ils s'avançaient avec une rare intrépidité sur les tranchées, arrachaient les fascines et les gabions des batteries, bravant une mort presque certaine. Sur dix qui s'aventuraient tous les jours à de pareilles expéditions, neuf étaient tués; mais le dixième qui rentrait dans la place, avec le gabion ou la fascine pris, y était reçu en triomphe, ce qui suffisait pour maintenir l'émulation. La lutte corps à corps, dans les boyaux et dans les places d'armes, était tellement sérieuse, que les soldats français furent obligés d'aiguiser les trois arêtes de leurs baïonnettes pour empêcher les Turcs de les arracher. L'Ottoman est en général adroit, fort, brave et bon tirailleur; il se défend parfaitement derrière un mur, mais en rase campagne, le défaut d'ensemble, de discipline et de tactique le rend très peu redoutable. Des efforts isolés ne peuvent rien contre un mouvement d'ensemble. Toutes les sorties que la garnison faisait lui étaient très funestes; elle en a fait vingt pendant le siège; plusieurs ont été des combats importants; elle y a perdu plus de neuf mille hommes, dont les deux tiers faits prisonniers. Aussitôt qu'ils étaient sortis de leurs tranchées, ils se livraient à leur impétuosité naturelle; il était facile aux officiers français, en reculant devant eux, de les entraîner dans les embuscades, ce qui rendait impossible leur retour dans la place.

Sur la fin d'avril, Djezzar, n'espérant plus con-

server la ville, médita de l'évacuer. L'armée de Rhodes, qui depuis longtemps annonçait son arrivée, retardait de jour en jour, et cependant on était en danger d'être enlevé d'assaut. Dans cette situation délicate, le colonel Phelippeaux, qui dirigeait la défense, ne vit plus d'autres moyens, pour la prolonger et pour donner le temps à l'armée de Rhodes d'arriver, que de cheminer par des lignes de contre-attaque. Il dit au pacha : Vous êtes supérieur à l'en-
» nemi en artillerie; votre garnison est plus forte
» d'un tiers que l'armée des assiégeants; vous pou-
» vez perdre autant de monde sans que cela vous
» compromette; car, pour un homme tué, il vous en
» arrive trois. Les assiégeants ne sont pas plus de
» six à sept mille hommes devant vous, puisque
» une partie de leurs troupes est en observation sur
» le Jourdain ou tient garnison à Jaffa, à Haïffa, à Gaza,
» à El-Arich, ou est employée à escorter ses convois.
» Si votre garnison était aussi disciplinée qu'elle est
» brave, je vous proposerais d'en embarquer la plus
» grande partie et de la débarquer dans la marine
» de Naplouse, afin d'établir la guerre sur les der-
» rières de l'armée française, ce qui obligerait l'en-
» nemi à lever le siège; mais l'exemple de ce que
» nous voyons tous les jours aux diverses sorties,
» celui de l'armée de Damas, qui a été battue dans
» les plaines d'Esdrelon par une poignée de monde,
» fait assez comprendre l'issue qu'aurait une pareille

» entreprise. Il vous reste un moyen de salut, c'est
» de marcher à l'ennemi par des lignes de contre-
» attaque. Vous avez des bras, vous êtes abondam-
» ment pourvu d'outils, de balles de coton et de
» laine, de tonneaux, de bois, de sacs à terre, vous
» aurez l'avantage dans cette guerre; l'assiégeant
» sera lassé, perdra beaucoup de monde, ce qui le
» minera, puisqu'il n'a aucun moyen de recrute-
» ment : à l'arrivée de l'armée de Rhodes, vous
» pourrez alors le contraindre à lever le siège. » Ce
projet fut adopté. Pendant la dernière semaine d'a-
vril, les assiégés construisirent, en avant de la porte
de Mer et en avant du palais du Pacha, deux grands
redans en forme de places d'armes, qu'ils armèrent
de pièces de vingt-quatre, et de là dirigèrent des
boyaux qui prenaient en flanc les attaques des assiégeants, et des revers sur le logement de la grosse
tour. Ceux-ci furent obligés d'élever des batteries
pour contre-battre les batteries des *redans* et de *se
traverser*; ils cheminèrent contre les nouvelles lignes
de l'ennemi, ce qui les entraîna dans de nouveaux
travaux qui retardèrent la marche de tout le siège.
Par ce moyen, l'assiégé gagna les quinze jours dont
il avait besoin; ce qui donna le temps aux secours
de Rhodes d'arriver.

Ce conseil de l'ingénieur Phelippeaux fut le chant
du cygne. Il mit tant d'activité dans le tracé et la
conduite de ses ouvrages, qu'il prit un coup de so:

leil et mourut le 1er mai. Il était Français, élevé à l'École militaire de Paris, était de la même classe que Napoléon, de celle du professeur Monge. Tous deux avaient été examinés le même jour par l'examinateur de La Place, et étaient entrés la même année dans le corps de l'artillerie; il y avait de cela quatorze ans. Phelippeaux avait émigré lors de la révolution. Rentré en France au moment de la réaction de fructidor, en 1797, il contribua à faire échapper sir Sidney Smith du Temple. Il obtint le grade de colonel au service d'Angleterre pour être employé dans le Levant. C'était un homme de quatre pieds dix pouces, mais d'une constitution robuste. Il rendit dans cette circonstance des services importants; toutefois son âme était bouleversée; dans ses derniers moments, il fut en proie aux plus cuisants remords; il eut occasion de montrer le fond de son cœur à des Français prisonniers. Il s'indignait contre lui-même de diriger la défense des barbares contre les siens: la patrie ne perd jamais entièrement ses droits ! Le colonel Douglas remplaça Phelippeaux, mais il n'hérita ni de son instruction ni de ses connaissances.

Les travailleurs des deux armées marchaient les uns contre les autres se côtoyant, n'étant séparés, que par un massif de terre de deux ou trois toises. Lorsque les ingénieurs français jugeaient être arrivés sur le flanc de l'ennemi, les mineurs faisaient une amorce, occupaient la tranchée de l'ennemi, et tout ce qui était au delà était égorgé ou pris. Les Turcs apprirent bientôt à faire la même manœuvre. Trois fois on enleva de vive force tous les ouvrages de l'ennemi, on les combla en partie ; mais il était impossible de s'y maintenir, parce qu'ils étaient enfilés par des tirailleurs placés dans des tours qui dominaient tout le pays. Il fallait donc persister dans le système de guerre d'opposer tranchée à tranchée.

Le 4 mai, la brèche de la seconde tour était praticable, la courtine entre la grosse et la seconde tour était rasée ; la mine pour faire sauter la contrescarpe était terminée; le 5 au matin, un assaut général devait avoir lieu. Le succès paraissait certain ; mais dans la nuit les ingénieurs assiégés coupèrent la contrescarpe et cheminèrent contre le puits de mine par une double sape, avec tant d'activité, qu'à la pointe du jour ils avaient éventé la mine et étouffé le mineur avant que l'officier du génie de jour s'en fût aperçu. Il fallut creuser un nouveau puits de mine ; ce fut un retard de quelques jours, dont on ne comprit pas d'abord toute l'importance. L'assaut serait donc donné le 9. Mais dans la journée du 7 on aperçut trente ou quarante bâtiments qui cinglaient vers la plage; c'était l'armée de secours que les assiégés attendaient depuis longtemps avec tant d'impatience. Le général en chef fit aussitôt prendre les armes et ordonna au général Lannes de monter à l'assaut et d'enlever la place. Le temps était calme et le peu de vent qui régnait venait de terre. Il n'était pas probable que ce convoi pût arriver dans la ville avant vingt-quatre heures. Le général Lannes forma trois colonnes. La première, sous les ordres du général Rambault, entra dans la place par la brèche de la courtine; la seconde, sous les ordres de l'adjudant général Lascal, déboucha par la grosse tour; le général Lannes se mit à la tête de la troisième formant la réserve. Le général Rambault force la brèche, poursuit les Turcs dans la ville, s'empare de deux pièces de canon et de deux mortiers de l'ennemi; mais à la nuit le vent changea, les bâtiments arrivèrent, et avant le jour les secours étant débarqués, il fallut abandonner la partie de la ville qu'on avait prise, et se contenter d'occuper le logement de la grosse tour. Le général Rambault fut tué dans cette attaque.

A la pointe du jour, les troupes de l'armée de Rhodes, fières du petit succès que venait d'obtenir leur nombre, sortirent par les deux places d'armes de la porte de Mer et du palais du Pacha. Elles se flattaient de s'emparer des batteries des assiégeants et de leur faire lever le siège. Elles eurent effectivement d'abord de grands succès; elles s'emparèrent du logement de la tour, de la moitié des tranchées et des batteries; mais bientôt, manœuvré par les flancs, un corps de trois mille hommes fut coupé de la place, cerné de tous côtés, il mit bas les armes. Trois mille autres restèrent tués ou blessés dans les places d'armes et les tranchées. Deux mille seulement rentrèrent dans la place. L'issue de ce combat changea de nouveau l'état des choses ; la consternation fut parmi les assiégés, et de nouvelles espérances excitèrent l'ardeur des assiégeants, qui montèrent à l'assaut, s'emparèrent de toute la partie de la ville qu'ils avaient déjà occupée et s'y barricadèrent; le combat dura plusieurs jours de maison en maison. La perte faite par les assiégeants depuis le commencement du siège était considérable ; cette guerre de chicane l'augmentait tous les jours ; il n'était pas possible de s'emparer de la ville sans perdre un millier d'hommes. La peste faisait d'effrayants ravages parmi la garnison, il n'y avait aucun moyen d'en préserver l'armée; si elle persistait dans son entreprise et prenait la ville d'assaut, elle perdrait encore un millier d'hommes de la peste. Ces considérations donnèrent fort à penser au général en chef; mais ce qui le décida à lever le siège, ce furent les nouveaux renseignements qu'il reçut dans la journée du 13 sur la situation nouvelle des affaires de la République.

Dès le mois d'avril, le colonel Phelippeaux, dans les pourparlers qui avaient souvent lieu à la tranchée, avait fait connaître qu'une deuxième coalition, plus redoutable que la première, s'était formée contre la France. Le contre-amiral Perrée avait raisonné avec des bâtiments sortant de Naples; ils l'avaient instruit que les Français étaient entrés dans cette ville, qu'ils en avaient chassé le roi et établi une république. Enfin il fut constant, par la déposition des prisonniers de l'armée de Rhodes et des prisonniers anglais, que la guerre était déclarée en Europe et que l'armée française était entrée à Naples. Il était facile de prévoir que le résultat de cette marche dans la basse Italie serait funeste, et que les trente ou quarante mille Français qui se trouvaient sur le Vésuve feraient faute sur l'Adige. Un nouvel état de choses se présentait aux yeux du général en chef. Le Directoire, peu considéré de la nation, était peut-être renversé; si les armées avaient éprouvé des échecs, les opérations de l'armée d'Orient étaient devenues secondaires; le général en chef ne pensa plus qu'au moyen de repasser en France. La Syrie, la Galilée, la Palestine, n'étaient plus d'aucune importance; il fallait ramener l'armée en Égypte, où elle était invincible; il pourrait alors la quitter et se jeter dans cet océan d'événements qui se présentait à sa pensée.

IX. La résolution de lever le siège fut masquée par un redoublement de feu; toute l'artillerie de siège fut mise en batterie: elle fit un feu continuel pendant six jours, rasa toutes les défenses de la Mosquée, du palais de Djezzar et le retranchement intérieur. Pendant ce temps, les blessés, les malades, les prisonniers et les gros bagages, filèrent sur Jaffa ; les hôpitaux de Ramléh, de Gaza et d'El-Arich s'évacuèrent sur le Caire. Le 20 mai, la division Reynier, qui était de tranchée, en sortit à dix heures du soir. L'armée marcha longeant la mer ; le général Kléber forma l'arrière-garde. Une douzaine de pièces de canon de vingt-quatre et de dix-huit, ou d'un calibre inférieur, venues de Jaffa, ainsi que les caronades anglaises, furent mises hors de service et jetées à la mer. Les assiégés ne s'aperçurent que le 21 au jour que le siège était levé. Leur joie fut d'autant plus grande qu'ils croyaient leur position désespérée ; ils s'attendaient à être enlevés d'assaut. Djezzar, n'ayant aucune cavalerie, ne put faire suivre l'armée française. Le 21, à huit heures du matin, l'avant-garde de l'armée prit position à Césarée, le corps de l'armée à Tantourah, l'arrière-garde à Haïffa.

L'ordre du jour dit à l'armée :

« Soldats,

» Vous avez traversé le désert qui sépare l'Afrique
» de l'Asie avec plus de rapidité qu'une armée d'A-
» rabes. L'armée qui était en marche pour envahir
» l'Egypte est détruite ; vous avez pris son général,
» son équipage de campagne, ses bagages, ses
» outres, ses chameaux.

» Vous vous êtes emparés de toutes les places for-

» tes qui défendent les puits du désert ; vous avez
» dispersé, au champ du mont Thabor, cette nuée
» d'hommes accourus de toutes les parties de l'A-
» sie, dans l'espoir de piller l'Egypte.

» Les trente vaisseaux que vous avez vus arriver
» devant Acre, il y a douze jours, portaient l'armée
» qui devait assiéger Alexandrie ; mais obligée d'ac-
» courir à Acre, elle y a fini ses destins ; une partie
» de ses drapeaux ornera votre entrée en Egypte.

» Enfin, après avoir, avec une poignée d'hommes,
» nourri la guerre pendant trois mois dans le cœur de la
» Syrie, pris quarante pièces de campagne, cinquante
» drapeaux, fait six mille prisonniers, rasé les forti-
» fications de Gaza, Jaffa, Haïffa, Acre, nous allons
» rentrer en Egypte ; la saison des débarquements
» m'y rappelle.

» Encore quelques jours, et vous aviez l'espoir de
» prendre le pacha même, au milieu de son palais.
» Mais dans cette saison la prise du château d'Acre
» ne vaut pas la perte de quelques jours. Les bra-
» ves que je devrais d'ailleurs y perdre me sont au-
» jourd'hui nécessaires pour des opérations plus es-
» sentielles.

» Soldats, nous avons une carrière de fatigues et
» de dangers à courir. Après avoir mis l'Orient hors
» d'état de rien faire contre nous pendant cette cam-
» pagne, il nous faudra peut-être repousser les ef-
» forts d'une partie de l'Occident.

» Vous y trouverez une nouvelle occasion de gloire;
» et si, au milieu de tant de combats, chaque jour
» est marqué par la mort d'un brave, il faut que de
» nouveaux braves se forment, et prennent rang à
» leur tour parmi ce petit nombre qui donne l'élan
» dans les dangers et maîtrise la victoire. »

Le siège d'Acre a duré soixante-deux jours de tranchée ouverte ; l'armée française y a eu cinq cents hommes tués, parmi lesquels beaucoup d'officiers distingués : le général de division Bon, le général de brigade Rambault, quatre adjudants généraux, dix officiers du génie, trente officiers supérieurs et d'état-major, le capitaine Croisier, aide de camp du général en chef ; les colonels Boyer, du 18° de ligne, et Venoux, du 25°, officiers de mérite. Mais la perte la plus sensible fut celle du général Caffarelli du Falga. Il était né en Languedoc. Au moment de la révolution, il était capitaine dans le corps du génie. Il aimait la révolution ; mais au 10 août il refusa de prêter le nouveau serment. Cet exemple de courage fait assez connaître ses principes et son caractère. Il fut destitué, puis réintégré. Il connut Napoléon à la fin de 1797, à son retour d'Italie, et le suivit en Egypte. Il fut blessé le 20 avril à la tranchée d'un coup de fusil qui lui perça le coude : il fallut l'amputer ; il avait déjà perdu une jambe à l'armée de Sambre-et-Meuse. Il souffrit beaucoup pendant six jours et avait constamment le délire ; mais lorsque le général en chef entrait dans sa tente, Caffarelli éprouvait une émotion : ses esprits reprenaient le dessus, et il s'entretenait avec assez de bon sens pendant quinze ou vingt minutes. Il mourut le 25 avril, prononçant un discours très éloquent sur l'instruction publique, et sur le peu de succès que l'on devait se promettre des écoles centrales et du système qu'on avait suivi jusqu'alors. Le nombre des blessés se monta à deux mille cinq cents, mais huit cents le furent légèrement, et se guérirent au camp même ; mille sept cents, dont quatre-vingt-dix amputés, furent évacués en Egypte. On craignait pour eux la traversée du désert, dans une saison déjà si chaude ; on s'attendait à en perdre la moitié. On fut agréablement surpris en arrivant à Salhéyéh de n'en avoir perdu que fort peu, ce que les officiers de santé ont attribué à la sécheresse de l'atmosphère, l'humidité étant ce qui est le plus contraire aux blessures. Parmi les blessés étaient le général Lannes, le colonel aide de camp Duroc et le capitaine Eugène Beauharnais.

Le général en chef, dans ce siège, fut légèrement blessé et eut un cheval tué sous lui. Le 4 mai, se trouvant à la tranchée, il fut enterré dans un trou de bombe : les nommés Daumesnil et Carbonel, brigadiers de sa garde, qui se trouvaient à côté de lui, le couvrirent de leur corps, de manière à le mettre à l'abri de l'éclat de la bombe, qui effectivement éclata peu après et blessa légèrement Carbonel. Le capitaine Arrighi fut blessé par une balle qui rasa le chapeau du général en chef, et frappa cet officier à la bouche.

Quinze mille Turcs sont successivement entrés dans Acre, cinq mille existaient encore au moment de la levée du siège. La perte a donc été de dix mille hommes tués, blessés ou prisonniers.

Le 22 mai, au moment de partir de Tantourah on vint instruire le général en chef que deux cents blessés, jugés d'abord par les officiers de santé capables d'être évacués à pied, ne pouvaient marcher au delà de la première journée. Il mit sur-le-champ tous ses chevaux à leur disposition ; le reste de l'état-major s'empressa d'imiter cet exemple. Un grenadier blessé craignait de salir une belle selle toute brodée ; il paraissait hésiter. « Va, lui dit le général en chef, il n'y a rien de trop beau pour un brave. » Les officiers de cavalerie se démontèrent ; ils envoyèrent tous leurs chevaux de main. Ce ne fut qu'après s'être assuré que tous les blessés étaient partis que le général monta sur un de ses chevaux.

X. Le 22 mai, le camp fut tendu à Césarée, Napoléon se baigna dans le port, qui est parsemé de tronçons de colonnes de marbre, de granit et de porphyre. Les ruines de cette ville donnent une idée avantageuse de ce qu'elle a été. Le 23, l'armée campa à Abouhaboura, marine des Naplousiens. Le 24, elle passa la rivière de la Bouche sur un pont de bateaux et coucha à Jaffa, où elle séjourna plusieurs jours, afin d'en faire sauter les fortifications et d'achever de faire évacuer les magasins et les hôpitaux. L'ordre était donné pour se mettre en marche le 27, mais à une heure du matin l'aide de camp Lavalette ayant fait la visite des magasins et des hôpitaux pour s'assurer de leur entière évacuation, fit le rapport qu'il avait trouvé onze malades encore à l'hôpital. Ayant demandé au chirurgien de service pourquoi ils n'étaient pas évacués, celui-ci lui répondit que ces malades avaient la peste, que le conseil d'évacuation ne les avait pas jugés transportables, que d'ailleurs ils n'avaient pas vingt-quatre heures à vivre. Mais ces malheureux, s'apercevant qu'on les abandonnait, demandaient qu'on les tuât plutôt que de les exposer à la cruauté des Turcs ; l'aide de camp ajoutait que le chirurgien de service demandait à être autorisé à mettre auprès d'eux une potion d'opium pour qu'ils pussent s'en servir au besoin. Le médecin en chef Desgenettes et le chirurgien en chef Larrey furent sur-le-champ mandés ; ils confirmèrent l'impossibilité d'évacuer ces pestiférés. On discuta s'il était convenable d'autoriser le chirurgien à mettre de l'opium à portée de ces malheureux. Desgenettes y répugna. « Je n'ai pouvoir, dit-il, de présenter aux malades que ce qui les doit guérir. » D'autres pensèrent qu'il était convenable de mettre de l'opium à la portée de ces malheureux ; qu'on ne pouvait se refuser à faire à

autrui ce qu'on voudrait pour soi-même. « Je serai
» toujours disposé à faire pour mes soldats ce que
» je ferais pour mon propre fils, dit Napoléon. Ce-
» pendant, puisqu'ils doivent mourir naturellement
» dans vingt-quatre heures, je ne partirai que cette
» nuit, et Murat restera avec cinq cents chevaux
» jusqu'à demain deux heures après midi. » Il donna
l'ordre au chirurgien qui resta avec l'arrière-garde,
si, au moment de son départ, ils n'étaient pas morts,
de mettre près d'eux de l'opium, en leur en dési-
gnant l'usage comme l'unique moyen de se soustraire
aux cruautés des Turcs. La croisière anglaise était
alors éloignée en pleine mer.

Le 28 mai, la division Reynier se porta de Jaffa à
Ramléh, d'où elle longea le pied des montagnes de
Jérusalem. La terre était couverte des plus belles
récoltes. L'armée française y mit le feu, mesure qui
fut jugée nécessaire. Le 29 au matin, elle campa à
Gaza. Le désert au mois de juin est bien cruel ; il ne
ressemble en rien au désert du mois de janvier.
Tout était aisé alors, tout était devenu difficile. Le
sable était brûlant, et les rayons du soleil insuppor-
tables. L'armée campa à El-Arich le 2 juin. Les fortifications étaient en bon état, la garnison approvisionnée pour six mois ; l'artillerie y laissa plusieurs
pièces pour en accroître l'armement. Le 4, elle campa
à Katiéh. Le fort construit en bois de palmier était
suffisant pour résister aux Arabes. Le 5, le général

en chef alla visiter Tinéh et Peluse ; il se promena sur le rivage où avait été assassiné le grand Pompée. La chaleur était étouffante. Après avoir fait le tour de l'ancienne enceinte de la ville, il se mit à l'ombre d'un pan de murailles, reste d'une ancienne porte triomphale. Enfin, le 7, l'armée arriva à Salhéyéh. Il faut avoir souffert de la privation d'ombre et surtout de la soif pendant neuf jours pour croire au bonheur qu'éprouva le soldat de camper dans cette forêt de palmiers, ayant à discrétion de cette excellente eau du Nil. Les appels faits avec soin donnèrent onze mille cent trente-trois hommes présents. Il manquait donc deux mille hommes. Cinq cents tués sur le champ de bataille, sept cents morts aux hôpitaux, six cents qui étaient en garnison à El-Arich et à Katiéh, deux cents qui avaient précédé l'armée; mais, sur les onze mille présents, mille cinq cents étaient blessés, dont quatre-vingt-cinq amputés. Cinq amputés étaient morts dans le désert. Sur ces mille quatre cent quinze blessés, mille deux cents avaient rejoint leurs corps au moment de la bataille d'Aboukir. La perte que fit éprouver la guerre de Syrie fut de mille quatre cents hommes morts et de quatre-vingt-cinq amputés, à peu près quinze cents.

XI. De Salhéyéh, le général Kléber reçut l'ordre de se porter avec sa division sur Damiette pour y prendre ses cantonnements. L'armée continua sa route sur le Caire, où elle fit le 14 juin une entrée triomphale. Les habitants étaient sortis au-devant d'elle et l'attendaient à la Coubbé. Les députations des corps de métiers et de ceux des marchands avaient préparé des présents magnifiques qu'ils offrirent au sultan Kébir. C'étaient de belles juments superbement harnachées, de beaux dromadaires renommés par leur vitesse, des armes d'un travail précieux, de beaux esclaves noirs ou de belles négresses, de beaux Géorgiens ou de belles Géorgiennes, et jusqu'à de riches tapis de laine et de soie, des châles de cachemire, des cafetans, du café moka le plus précieux, des pipes de Perse, des cassolettes pleines d'encens et d'aromates. Les Français qui étaient au Caire avaient de leur côté fait préparer en plein champ un festin pour fêter l'arrivée de leurs camarades; ils s'embrassèrent et on passa plusieurs heures à boire. Tant de bruits avaient couru sur les désastres de l'armée en Syrie que, quoique la division Kléber manquât, puisqu'elle s'était rendue directement sur Damiette, on fut étonné de voir l'armée si nombreuse et si peu affaiblie. Il y avait là présents sous les armes huit mille hommes. Les Français de retour de Syrie éprouvèrent à la vue du Caire la même satisfaction qu'ils auraient éprouvée à la vue de leur patrie. Les habitants, qui avaient la conscience de s'être bien comportés pendant l'absence de l'armée, se livrèrent à la joie durant plusieurs jours pour célébrer cet heureux retour. Le général en chef entra dans la ville par la porte des Victoires, précédé des chefs de milices, des corporations, des quatre muphtis et des ulémas de Gama-el-Azhar. Les mois qui se passèrent jusqu'à la bataille d'Aboukir furent employés à recevoir les députations des diverses villes et provinces, qui s'empressèrent de complimenter le sultan Kébir. Les régiments réparèrent leurs pertes par le grand nombre d'hommes qu'ils retrouvèrent aux dépôts et qui étaient sortis des hôpitaux. On forma quatre compagnies des amputés ou grièvement blessés; ils furent chargés de la défense de la citadelle et des tours. La cavalerie fit des remontes, l'artillerie compléta ses équipages, et dès les premiers jours de juillet l'armée était reposée et dans le meilleur état.

On reçut des nouvelles de Syrie; Djezzar-Pacha n'était point sorti de la ville ni ses troupes de son pachalik. La garnison d'El-Arich envoyait des patrouilles jusqu'à Khan-Iounès sans rencontrer d'ennemis. La moitié de l'armée de Rhodes avait été détruite en Syrie; mais Mustapha, vizir à trois queues, pacha de Romélie, sérasquier en chef de cette armée, avait encore sous ses ordres trois divisions formant quinze à dix-huit mille hommes. Il attendait une autre division de janissaires qui se formait aux Dardanelles. Cela était peu redoutable, et ne pouvait inspirer aucune alarme sérieuse. Les cheykhs de Gama-el-Azhar firent une proclamation au peuple conçue en ces termes :

« Les conseils sont ordonnés par la loi... Il est
» arrivé au Caire le bien gardé, le chef de l'armée
» française, le général Bonaparte, qui aime la reli-
» gion de Mahomet. Il s'est arrêté avec ses soldats à
» Coubbé bien portant et sain, remerciant Dieu des
» faveurs dont il le comble. Il est entré au Caire par
» la porte des Victoires, le vendredi 10 du mois de
» moharrem de l'an 1204 de l'hégire, avec une
» suite et une pompe des plus grandes. Ç'a été une
» fête de voir les soldats bien portants... Ce jour a
» été un grand jour, on n'en a jamais vu de pareil.
» Tous les habitants du Caire sont sortis à sa ren-
» contre. Ils ont vu et reconnu que c'était bien le
» général en chef Bonaparte en propre personne ;
» ils se sont convaincus que tout ce qui avait été dit
» sur son compte était faux... Les habitants de
» l'Egypte supérieure ont chassé les mameluks pour
» leur sûreté, celle de leurs familles et de leurs enfants,
» parce que la punition des méchants entraîne la perte
» des bons leurs voisins... Nous vous informons que
» Djezzar-Pacha, qui a été ainsi nommé à cause de ses
» grandes cruautés, ne faisant aucun choix de ses
» victimes, avait rassemblé un grand nombre de
» mauvais sujets qu'il encourageait par la promesse
» du pillage et du viol, voulant venir s'emparer du
» Caire et des provinces de l'Egypte... Le général

» en chef Bonaparte partit, battit les soldats de
» Djezzar... Il prit le fort d'El-Arich et tous les ap-
» provisionnements qui s'y trouvaient... Il se porta
» ensuite à Gaza, battit ce qu'il y trouva des troupes
» de Djezzar, qui prirent la fuite devant lui comme
» les oiseaux et les souris fuient devant le chat...
» Etant arrivé à Ramléh, il s'empara encore des ap-
» provisionnements de Djezzar et de deux mille
» outres fort belles qui étaient là pour sa route sur
» l'Egypte ; Dieu nous en a préservés. Il fut ensuite
» sur Jaffa et en fit le siège pendant trois jours...
» Les habitants égarés n'ayant pas voulu se soumet-
» tre et le reconnaître, ayant refusé sa protection, il
» les livra dans sa colère et par la force qui le dirige
» au pillage et à la mort; environ cinq mille ont
» péri; il a détruit leurs remparts et fait piller tout
» ce qui s'y trouvait. C'est l'ouvrage de Dieu, qui dit
» aux choses d'être, et elles sont. Il a épargné les
» Egyptiens, il les a honorés, nourris et vêtus... Il
» se trouvait à Jaffa environ cinq mille hommes des
» troupes de Djezzar, il les a tous détruits, bien peu
» se sont sauvés par la fuite. De Jaffa il se porta à la
» montagne de Naplouse, dans un endroit appelé
» Kayoun, et brûla cinq villages de la montagne.
» Ce qui était dans les destins a eu lieu : le maître de
» l'univers agit toujours avec la même justice. Après,
» il a détruit les murs d'Acre, le château de Djez-
» zar... Il n'a pas laissé à Acre pierre sur pierre, et en

» a fait un tas de décombres, au point que l'on demande
» s'il a existé une ville dans ce lieu... Voilà la fin des
» édifices des tyrans. Il est retourné ensuite en Egypte
» pour deux motifs : le premier pour tenir la pro-
» messe qu'il avait faite aux Egyptiens de retourner
» à eux dans quatre mois, et ses promesses sont des
» engagements sacrés ; le second, c'est qu'il a appris
» que divers mauvais sujets mameluks et arabes se-
» maient le trouble et la sédition pendant son ab-
» sence... Son arrivée les a tous dissipés ; toute son
» ambition est toujours la destruction des méchants, et
» son envie est de faire du bien aux bons... Retournez
» donc, créatures de Dieu, vers Dieu ; soumettez-vous à
» ses ordres, la terre lui appartient ; suivez ses volon-
» tés, et sachez qu'il dispose de la puissance et la
» donne à qui il veut ; c'est ce qu'il vous a ordonné
» de croire... Lorsque le général en chef est arrivé
» au Caire, il a fait connaître au divan qu'il aime
» les musulmans, qu'il chérit le prophète..., qu'il
» s'instruit dans le Coran, qu'il le lit tous les jours
» avec attention... Nous savons qu'il est dans l'in-
» tention de bâtir une mosquée qui n'aura point
» d'égale dans le monde, et d'embrasser la religion
» de Mahomet. »

VIII

BATAILLE D'ABOUKIR

1. Événements qui se sont passés en Égypte pendant les mois de février, mars, avril et mai. — 2. L'escadre française de Brest domine dans la Méditerranée pendant les mois de mai, juin et juillet. — 3. Mouvements des beys dans la basse Égypte en juillet. — 4. Apparition d'une escadre anglo-turque à Aboukir le 12 juillet. — 5. Débarquement de l'armée de Rhodes commandée par le vizir Mustapha ; elle prend le fort d'Aboukir le 16 juillet. — 6. Position des deux armées le 24 juillet. — 7. Bataille d'Aboukir le 25 juillet ; vizir Mustapha pacha à trois queues, sérasquier de l'armée de Rhodes, est fait prisonnier. — 8. Siège et prise du fort d'Aboukir (2 août 1799).

I. Les Egyptiens, pendant la guerre de Syrie, se montrèrent bons Français; allant au-devant des bonnes nouvelles, ils refusaient d'ajouter foi aux mauvaises. Le général Desaix avait soumis la haute Egypte, le général Dugua avait maintenu la tranquillité dans la basse. Les garnisons du Caire et d'Alexandrie s'étaient renforcées par les hommes sortis des hôpitaux. Les travaux de fortification de places, la construction de tours pour protéger la navigation du Nil, avaient été poussés avec activité. Les petites incursions faites par des Bédouins avaient été réprimées sans effort et n'avaient laissé aucune trace. Les ulémas de Gama-el-Azhar avaient montré du zèle et s'étaient employés avec succès pour éclairer le peuple et prévenir toute sédition. Deux mouvements seulement avaient eu lieu. Le premier avait été occasionné par la révolte de l'émir Hadjy. Les biens et les privilèges attachés à cette place étaient très considérables. Il lui fallait six cents hommes pour l'escorte de la caravane des pèlerins de la Mecque ; il demanda et obtint l'autorisation de se recruter dans le Charkiéh. Il fut fidèle tant que les armes françaises prospérèrent en Syrie ; mais lorsqu'il crut savoir qu'elles avaient éprouvé des revers devant Acre, il prêta l'oreille aux insinuations des agents de Djezzar, et voulut mériter son pardon par quelque service éclatant. Il médita de s'emparer de Damiette ; il répandit, le 18 avril, une proclamation où il annonçait que le sultan Kébir avait été tué devant Saint-Jean-d'Acre et son armée détruite ; il en espérait un grand succès, mais elle fit peu d'effet. Trois villages seulement se déclarèrent pour lui ; une tribu de Bédouins lui fournit un secours de deux cents cavaliers. Le général Lanusse, à la tête de sa colonne mobile, partit du Delta, passa le Nil, entra dans le

Charkieh, et, après diverses marches et contre-marches le cerna, mit à mort tous ses adhérents, et brûla les trois villages qui s'étaient révoltés ; l'émir Had... sauva à Jérusalem, lui quinzième.

Un iman du désert de Derne, jouissant d'une réputation de sainteté parmi les Arabes de sa tribu, s'imagina, ou voulut faire croire, qu'il était l'ange El-Mohdi. Cet homme avait toutes les qualités propres à exciter le fanatisme de la multitude ; il était éloquent, très versé dans l'étude du Coran ; il passait son temps en prières ; il vivait, disait-il, sans manger. Tout les matins, au soleil levant, au moment où les fidèles remplissaient la mosquée, on lui portait en cérémonie une jatte de lait ; il y trempait ses doigts avec beaucoup de solennité, les passait sur ses lèvres ; c'était sa seule nourriture. Il séduisit cent vingt hommes de sa tribu, se rendit à leur tête dans la petite Oasis, y trouva une caravane de trois cents Maugrabins qui arrivaient du Fezzân ; il la prêcha, s'en fit reconnaître, et la rangea sous ses drapeaux. Il se porta alors sur Damanhour, surprit et égorgea soixante Français de la légion nautique, s'empara de leurs fusils et d'une pièce de canon de quatre. La renommée grossit ce petit succès et lui valut un grand nombre de sectateurs ; les fellahs accouraient de toutes les parties de la province dans la mosquée de Damanhour, où il prêchait et prouvait jusqu'à l'évidence sa mission divine : « Le

» prophète avait dit qu'il enverrait l'ange El-Mohdi
» au secours des fidèles lorsque ceux-ci se trouve-
» raient dans les circonstances les plus critiques. Or,
» l'Arabie n'avait jamais couru plus de dangers
» qu'aujourd'hui ; elle était en proie à une armée in-
» nombrable d'Occidentaux idolâtres. Ceux qui com-
» battaient pour la défense de l'islamisme seraient in-
» vulnérables ; ni les boulets, ni les balles, ni les lan-
» ces, ni les sabres, ne pouvaient rien contre eux. »

Le colonel Lefebvre, commandant le petit fort de Rahmanieh, alarmé des progrès que faisait cet imposteur, s'avança sur Damanhour avec quatre cents hommes ; l'ange El-Mohdi marcha à sa rencontre avec mille hommes armés de fusils et trois ou quatre mille armés de lances et de fourches. Le colonel français, environné de tous côtés, se forma en bataillon carré, et, après avoir soutenu pendant plusieurs heures un combat aussi inégal, il fit sa retraite en bon ordre et rentra dans son fort. Les veuves et les enfants des morts, ceux qui avaient été blessés, éclatèrent en plaintes et adressèrent de vifs reproches à l'ange El-Mohdi. Les balles des Français ne devaient pas atteindre les fidèles ; pourquoi donc tant de morts et tant de blessés ? L'ange El-Mohdi étouffa ces murmures en s'appuyant de plusieurs versets du Coran ; aucun de ceux qui avaient eu en lui une foi vraie n'avaient été touchés ; ceux qui avaient été atteints étaient punis de leur manque de foi. Ainsi son crédit se consolida. Il était à craindre que le Baheiréh tout entier ne se soulevât. Ce malheur fut prévenu par une proclamation des cheykhs du Caire, ce qui donna le temps au général Lanusse de quitter le Charkiéh et d'attaquer, le 8 mai, Damanhour. Il passa par les armes tout ce qui voulut faire résistance ; le cadavre de l'ange El-Mohdi lui-même se trouva parmi les morts, quoique ses sectateurs aient longtemps prétendu qu'il vivait et qu'il paraîtrait quand le temps serait venu. Les Egyptiens, dans tous les siècles, furent faciles à émouvoir au nom de la Divinité, qu'on leur parlât du bœuf Apis, d'Osiris ou de Mahomet.

Le général Dommartin, commandant de l'artillerie, reçut l'ordre d'inspecter la place d'Alexandrie et les côtes pour en accélérer l'armement. Il partit le 17 juillet du Caire, sur une djerme[1] . . . . .
. . . .
. . . . . . les coups de fusil, continuant toujours à naviguer. Il eut en tués ou blessés la moitié de son équipage ; il reçut quatre coups de feu, et mourut à Rosette des suites de ses blessures. C'était

---

1. Ce paragraphe, depuis les mots *Le général Dommartin, commandant de l'artillerie*, est écrit au crayon de la main de Napoléon. Dans l'espace qui est laissé en blanc se trouvaient environ vingt-cinq mots très effacés et qu'il a été impossible de déchiffrer. La date 17 *juillet* est douteuse. On n'a pu la vérifier.

(*De Las Cases.*)

un officier plein de courage. Le général Songis lui succéda dans le commandement de l'artillerie de l'armée.

Un vaisseau anglais de cinquante canons et une frégate mouillèrent devant Suez ; ils venaient de Calcutta. Ils firent mine de vouloir s'emparer de la ville. Mais la trouvant en état de défense, le 5 mai ils levèrent l'ancre, disparurent et retournèrent dans l'Indoustan.

II. L'escadre de Brest, forte de vingt-cinq vaisseaux de ligne, dont quatre vaisseaux à trois ponts et huit frégates commandés par l'amiral Bruix, appareilla de Brest le 26 avril. L'amiral Bridport, qui bloquait ce port avec seize vaisseaux de guerre, ne s'aperçut de son départ que trente-six heures après qu'elle avait appareillé. Il la crut destinée pour l'Irlande, il se rendit à la hauteur du cap Clear. Aussitôt que l'amirauté apprit à Londres cet événement, les vaisseaux de réserve dans les ports de la Manche allèrent renforcer les escadres du cap Clear et du Texel. A la fin de mai, l'escadre de Bridport était forte de trente vaisseaux, celle de l'amiral Duncan au Texel de vingt-deux. Ces deux escadres, faisant cinquante-deux vaisseaux, continuèrent à rester en observation pour protéger l'Irlande. La flotte française s'était dirigée vers l'Egypte et avait passé le détroit de Gibraltar le 4 mai ; mais elle changea de route et mouilla le 9 mai à Toulon. Si elle eût continué sa première direction, elle serait arrivée avant le 16 mai sur les côtes de Syrie; sa seule présence eût fait tomber Acre et mis à sa disposition les flottes de bâtiments de transport que la Porte avait rassemblées à Rhodes. L'amiral, pour justifier cette fausse marche, allégua, comme c'est l'ordinaire des marins, le mauvais temps et le besoin de se réparer. Il dit aussi qu'il jugeait convenable de se réunir avec l'escadre espagnole, comme si son escadre n'était pas assez nombreuse pour la croisière d'Egypte, qui n'était que de deux ou trois vaisseaux. Les uns ont attribué cette fâcheuse conduite à l'irrésolution et au manque de caractère de l'amiral, qui avait épuisé tout ce qu'il avait d'énergie dans la traversée de Brest au détroit ; d'autres aux ordres qu'il reçut à Cadix par un courrier arrivé de Paris. Ils disent que le Directoire contremanda le mouvement de l'escadre sur l'Egypte, dans la crainte que Napoléon, instruit de ce qui se passait en Europe, ne revînt à Paris pour mettre à profit la position critique du gouvernement dépopularisé par des défaites et ne s'emparât de l'autorité. Le 20 mai, Massaredo joignit à Toulon l'escadre française avec vingt et un vaisseaux espagnols. Bruix appareilla avec ces quarante-six vaisseaux le 27 mai, croisa entre Gênes et Livourne, y débarqua des vivres et des troupes; le 9 juin, il repassa devant Toulon, entra à Carthagène et à Cadix, et mouilla le 8 août à Brest. Les Anglais craignant toujours pour l'Irlande, n'osèrent pas disposer des escadres de l'amiral Bridport et de l'amiral Duncan ; ils se contentèrent de faire observer l'amiral Bruix par l'escadre de lord Saint-Vincent, de dix-huit vaisseaux. Bruix fut maître de la Méditerranée pendant tous les mois de mai, juin et juillet. Si le 27 mai, jour où il sortit de Toulon, il eût navigué sur Alexandrie, il y aurait été à la mi-juin ; il eût détruit tous les préparatifs de l'expédition d'Aboukir, il eût débloqué et ravitaillé Malte. Il ne fit aucune de ces opérations. Cependant, en croisant sur les côtes de l'Italie, il compromit davantage son escadre qu'il ne l'eût fait en se dirigeant sur Malte et l'Egypte. Ce qui prouve que sa conduite était commandée par des motifs politiques, c'est qu'il n'envoya pas même une escadre légère de cinq ou six bons marcheurs, qui eussent fait lever le blocus de Malte, chassé la croisière anglaise d'Alexandrie, porté des nouvelles et quelques secours à l'armée d'Orient. Il ne daigna pas même envoyer une frégate à une armée de trente mille Français cantonnés dans ces pays éloignés. Bruix était assez bon marin, il avait de l'esprit, mais il était sans caractère et toujours valétudinaire. Les regrets d'avoir manqué une aussi belle occasion d'assurer les possessions de Malte et de l'Egypte doivent être éternels.

III. La levée du siège de Saint-Jean-d'Acre et la retraite de l'armée exaltèrent la tête si légère du commodore anglais sir Sidney Smith; il se persuada qu'il était possible d'enlever Alexandrie d'un coup de main, et que cela obligerait cette armée d'invincibles à capituler. Il communiqua sa résolution à Patrona-Bey, vice-amiral turc, et au sérasquier de l'armée de Rhodes, vizir Mustapha, qui avait encore dix-huit mille hommes, reste de son camp de Rhodes, et sept mille janissaires d'élite qui étaient à sa disposition aux Dardanelles. « Avec ces » vingt-cinq mille hommes, il pouvait se couvrir » d'une gloire immortelle, car l'armée française était » à moitié détruite, fort mécontente, découragée, » prête à se soulever ; elle avait éprouvé des pertes » énormes par l'effet des batteries hautes et basses » des vaisseaux anglais et des frégates, car ils » avaient tiré plus de dix mille boulets; ses pertes, » en traversant le désert dans les chaleurs de juin, » n'avaient pas été moins considérables. » Tout en admettant ces assertions, les généraux turcs avaient de la répugnance à s'engager dans une opération en plaine, sans cavalerie et sans aucun attelage d'artillerie. Mais les mameluks et les Bédouins du désert eurent ordre de se réunir : Ibrahim-Bey et Elfi-Bey, avec les Arabes des trois déserts de la Thébaïde, des Hermites et de Suez, dans l'Ouady de Tomilât; Mourad-Bey, avec les Arabes des Oasis de la Syrie, au lac Natron. Ces deux divisions de cavalerie fournissaient six à sept mille cavaliers à Mustapha-Pacha; il aurait donc une armée d'au moins trente mille hommes dans la presqu'île d'Aboukir.

Effectivement, Elfi-Bey et Osman-Bey, avec trois cents cavaliers de leur maison, descendirent par la rive droite du Nil, furent joints par trois ou quatre cents Bédouins, et campèrent le 7 juillet près des puits de Sebabiar. Le général de brigade Lagrange, qui s'était mis à leur poursuite, cerna le camp dans la nuit du 9 au 10 juillet, s'empara des bagages, des chameaux, de tous les vivres, et fit prisonniers trente des plus braves mameluks. Les deux beys, après beaucoup de vicissitudes, parvinrent à regagner dans la plus grande détresse le désert de la Nubie. Ibrahim-Bey était déjà à deux jours de Gaza lorsqu'il apprit cette déconfiture; il retourna en Syrie. Dans le même temps, Mourad-Bey se laissa voir sur la lisière du Faïoum, y rallia quelques centaines de Bédouins, et prit position au lac Natron. Le général Murat lui donna la chasse avec quelques escadrons de cavalerie et de dromadaires, le joignit, l'attaqua, lui prit un kachef et quinze mameluks, lui en tua plusieurs, et dispersa le reste dans le désert. Mourad-Bey fit une contre-marche, se porta aux Pyramides, monta sur la plus grande, et de là s'entretint par signes pendant toute la journée du 13 avec sa femme Sidem, qui était montée sur la terrasse de sa maison. Ce prince, chef de cette belle et brave milice, n'était plus suivi que de quelques centaines

d'hommes découragés et dénués de tout. Le maître de toute cette productive vallée n'avait plus rien. Quelques jours après, sa femme, inquiète des bruits qui se répandirent contre elle dans la ville au sujet de criminelles intelligences, se rendit chez le général en chef pour en détruire l'effet. Elle fut reçue favorablement et comprit que chez un peuple civilisé de pareilles dénonciations n'étaient point accueillies. « Si vous aviez voulu voir votre mari, lui dit le gé-
» néral, je lui aurais accordé vingt-quatre heures
» de suspension d'armes pour donner à lui et à
» vous cette satisfaction. »

Cependant, que voulait donc le bey? pourquoi tant de marches au milieu de ces arides déserts, dans une saison brûlante? pour s'approcher du Caire à l'est et à l'ouest, bravant tant d'embuscades et tant de périls? cela marquait quelques desseins. Napoléon crut à propos de quitter le Caire et de camper le 14 juillet au pied des Pyramides avec la commission des sciences et arts. Ces savants employèrent plusieurs jours à considérer, mesurer, étudier ces monuments qui depuis quarante siècles excitent l'attention des nations. Mourad-Bey disparut dans le désert et se réfugia dans la petite Oasis sans avoir été atteint.

IV. C'est dans ce camp des Pyramides que, le 15 juillet, à deux heures après midi, Napoléon reçut la nouvelle que treize vaisseaux de quatre-vingts et de soixante-quatorze, neuf frégates, trente chaloupes canonnières et quatre-vingt-dix bâtiments de transport chargés de troupes turques avaient mouillé le 12 au soir dans la rade d'Aboukir. Le fort d'Aboukir devait donc être déjà cerné. On calculait qu'il pouvait se défendre quinze jours. Il ne fallait pas perdre de temps pour marcher à son secours car la position des Ottomans dans l'isthme resterait critique tant qu'ils ne seraient pas maîtres de ce fort. Le quartier général se rendit à Gizeh, et à dix heures du soir Berthier avait expédié tous les ordres pour mettre l'armée en mouvement depuis Syène jusqu'à Damiette, depuis El-Arich jusqu'à Alexandrie. Des commissaires étaient partis pour préparer les vivres sur la route. Le quartier général se mit en marche avant le jour sans rentrer au Caire.

C'était évidemment le reste de l'armée de Rhodes qui exécutait le plan qu'on avait abandonné par l'effet des événements de Syrie ; car enfin était-il prudent, avec vingt ou trente mille Turcs, de vouloir combattre l'armée d'Orient ? On comprit alors que le mouvement des beys avait pour but de se joindre à cette armée qui, venant par mer, était privée de cavalerie. Cependant, pour trouver quelque sagesse dans cette combinaison militaire, il fallait supposer qu'une division anglaise s'y était jointe. Le général en chef donna ses ordres comme s'il eût été assuré que les choses étaient ainsi. Desaix reçut l'ordre d'évacuer toute la haute Egypte et de se porter au Caire; Reynier, qui était à Belbeis, de laisser trois cents hommes en observation à Salhéyéh et de se diriger à marches forcées par le chemin le plus court sur Rahmanieh; Kléber, qui était à Damiette, reçut le même ordre, son dépôt et quelques vétérans seraient suffisants pour la garde de Lesbé. La division Lannes, l'ancienne division Bon, et la cavalerie qui se trouvait au Caire, se mirent en marche à une heure du matin pour se rendre à Rahmanieh. Le général Dugua resta pour commander au Caire avec quelques compagnies de Grecs. Les vétérans et les dépôts formaient les garnisons de la citadelle de Gizéh; ainsi toute l'armée serait réunie dans un seul camp près de Rahmanieh. Cette réunion opérée, elle serait forte de vingt mille hommes d'infanterie, trois mille chevaux et soixante pièces de canon attelées. Ces troupes étaient les meilleures du monde, tout ce qui était au pouvoir des hommes elles le feraient. Le 19 juillet, le quartier général arriva à Rahmanieh, ayant fait trente-six lieues en trois jours. De Rahmanieh, le général en chef écrivit aux cheykhs de Gama-el-Azhar qu'une flotte ottomane-anglaise avait mouillé à Aboukir, y avait débarqué une armée d'Arnautes et de Russes, qu'il allait l'attaquer, l'envelopper, la faire entièrement prisonnière; que sous peu de jours ils verraient au Caire les drapeaux, les canons, les captifs entrer par la porte des Victoires. Il leur recommanda de veiller à la tranquillité publique.

Ceux-ci firent des proclamations pour éclairer les peuples, les mettre en garde contre les menées des malveillants. Les Français n'évacuaient pas l'Égypte, mais se concentraient pour attaquer et faire prisonnière une armée de Russes, d'Arnautes et d'Anglais qui était débarquée à Aboukir; ils ordonnèrent des prières pour celui que le prophète protégeait et qui combattait pour garantir le pays des ravages de la guerre. Les Égyptiens restèrent tranquilles.

V. Arrivé à Rahmanièh, on apprit que Mustapha avait débarqué le 14 juillet, s'était emparé du fort d'Aboukir le 16. Cet événement inattendu était de mauvais augure. La presqu'île d'Aboukir est comprise entre la mer et le lac Madiéh; le côté de la mer, du camp des Romains à Aboukir, est de huit mille toises; le côté du lac Madiéh, du fort d'Aboukir au pont du canal du Nil, est de neuf mille toises, baigné par l'intérieur de la rade d'Aboukir et le lac Madiéh. L'isthme du camp des Romains au pont du lac Madiéh, est de mille cent cinquante toises; cette presqu'île a la forme d'un triangle; l'angle, dont le fort d'Aboukir est le sommet, est aigu; elle est sablonneuse et couverte de palmiers; il y a au milieu un puits d'eau douce très abondante, et en creusant sur le bord de la mer, on trouve fréquemment de l'eau potable. Entre Alexandrie et Aboukir, il existe une petite anse où peuvent aborder les chaloupes. La plage est à l'abri des vents du nord-ouest, qui règnent presque continuellement dans cette saison. Cette presqu'île contient un grand nombre de hautes dunes ; le fort d'Aboukir bat l'intérieur de la rade et le mouillage, il est environné de rescifs qui en rendent l'abord très difficile aux bâtiments. A cinq cents toises, dans le prolongement de la côte, est une île dont les canons peuvent protéger le mouillage de quelques vaisseaux de guerre. Du côté de terre, à environ cinq cents toises du fort, dans la direction d'Alexandrie, se trouve un beau village, au pied du mamelon du Vizir. A cent toises en avant de ce mamelon il y a quelques grosses maisons qui portent le nom de faubourg d'Aboukir. A sept cents toises du mamelon du Vizir, au sud, est une grande falaise appelée le monticule du Puits, situé à peu près à égale distance du fort et de l'embouchure du lac Madiéh ; elle domine toute la plage du côté de l'intérieur de la rade. A huit cents toises du mamelon du Vizir, au sud-ouest, est une seconde falaise appelée la montagne du Cheykh, qui domine le côté de la haute mer. Ces trois monticules forment un triangle au milieu est située une plaine rase parsemée de palmiers.

Au mois de février, avant de partir pour la Syrie, le général du Falga avait ordonné au colonel Crétin de raser le village et le faubourg d'Aboukir pour découvrir les avenues du fort et d'employer les matériaux provenant de ces démolitions à construire une belle demi-lune en maçonnerie, avec fossés et contrescarpe, en avant du fort, afin de lui donner possibilité de résister à quinze jours de tranchée ouverte. Mais le général de brigade Marmont, qui commandait la province, profitant du moment où le quartier général était éloigné, suspendit l'exécution de cet ordre sous prétexte que les maisons du village étaient utiles pour cantonner ses troupes. Il crut y suppléer en ordonnant au colonel de construire une redoute en terre sur le mamelon du Vizir, entre le village et le faubourg, les dominant tous les deux.

Mustapha-Pacha avait débarqué sans obstacles le 14 juillet; il avait campé sur les monts du Puits et du Cheykh et attaqué la redoute du Vizir. Le commandant du fort....... s'enferma dans la redoute avec trois cents hommes, et laissa le capitaine du génie Vinache dans le fort avec soixante hommes. La redoute était armée de cinq pièces de canon et tint ferme toute la journée. Mais à cinq heures les tirailleurs turcs pénétrèrent dans le village et menacèrent de couper la redoute du fort. Elle fut enveloppée et la garnison sabrée. Le 17 à midi le fort, réduit à....., demanda à capituler[1]. Depuis ce temps Mus-

---

1. Ce paragraphe est écrit en entier au crayon de la main de Napoléon. Les points indiquent des mots qu'il a été impossible de déchiffrer. (*De Las Cases.*)

tapha n'avait fait aucun mouvement. Il s'était mis en position, occupant les deux mamelons du Puits et du Cheykh. Il attendait l'arrivée de sa cavalerie, de ses attelages et de sa division de janissaires des Dardanelles. Il avait réuni deux cents chevaux d'officiers dont il se servit pour se garder et faire quelques patrouilles. L'avant-garde de l'armée française se porta à Birket, où le camp fut tracé pour réunir toute l'armée. De là elle était à portée de tomber sur le flanc gauche de l'armée turque si celle-ci marchait sur Alexandrie; sur son flanc droit si elle marchait sur le Nil. Les travaux d'Alexandrie étaient dans un état aussi satisfaisant qu'on pouvait l'espérer, l'activité et les bonnes directions que leur avait données le colonel Crétin lui attirèrent les éloges du général en chef.

Peu de jours après, huit mille hommes étant réunis à Birket, ce camp fut levé et porté au Puits, au milieu de la presqu'île.

Mustapha n'avait aucune communication avec l'intérieur de l'Egypte. La cavalerie de la garnison d'Alexandrie avait occupé toutes les issues de l'isthme et les tenait fermées. On pouvait, dans cette situation, espérer de le surprendre dans son camp. Mais un capitaine du génie, avec une compagnie de sapeurs et un convoi d'outils, étant parti fort tard d'Alexandrie, s'égara, manqua le camp français, qui était caché derrière des falaises, et se jeta dans les feux de l'armée turque; dix sapeurs furent faits prisonniers. Les Turcs apprirent avec étonnement que l'armée française était à une lieue d'eux; ils passèrent toute la nuit sous les armes et firent leurs préparatifs pour repousser une attaque qui leur paraissait imminente.

VI. Le 25 juillet, avant le jour, l'armée se mit en marche. Le général Murat forma l'avant-garde, composée de la cavalerie, de la brigade Destaing et de quatre pièces de canon, en tout deux mille trois cents hommes; Lannes commandait la droite de deux mille sept cents hommes avec cinq pièces de canon; Lanusse commandait la réserve forte de deux mille quatre cents hommes et six pièces de canon; le général Davoust, qui arriva du Caire au moment où l'armée se rangeait en bataille, fut placé en observation avec trois cents chevaux pour surveiller les communications de l'armée avec Alexandrie, et empêcher qu'aucun Bédouin ne s'introduisît dans la presqu'île. Patrona-Bey avait fait entrer dans le lac Madiéh douze chaloupes canonnières qui inquiétaient le flanc droit de l'armée. Le général d'artillerie Songis fit avancer deux pièces de vingt-quatre, trois de douze et trois obusiers. Les canonnières s'éloignèrent après avoir reçu des avaries assez majeures. Le général Menou était arrivé à neuf heures du matin sur la rive du côté de Rosette avec deux pièces de canon et un bataillon d'infanterie. Les bateaux ennemis craignant d'être cernés dans ce lac l'évacuèrent; l'armée ne fut plus inquiétée dans sa marche. Elle fit halte en présence de l'armée ennemie, qui était rangée de la manière suivante : la première ligne, de huit mille hommes, était divisée en trois corps; celui de droite occupait le monticule du Cheykh, celui de gauche le monticule du Puits; le troisième touchait aux maisons du faubourg; la deuxième ligne, forte de six ou sept mille hommes, s'étendait à cheval sur le monticule du Vizir, appuyant sa droite et sa gauche à la mer; la réserve de quatre ou cinq mille hommes occupait le village d'Aboukir et le fort; là étaient les bagages, le parc et le camp du vizir. Plusieurs chaloupes canonnières étaient embossées en pleine mer, appuyant la droite de la ligne ennemie, d'autres l'étaient dans l'intérieur de la rade appuyant la gauche; trente pièces de campagne étaient réparties entre la première et la seconde ligne. Le général Songis fit avancer les grosses batteries, engagea la canonnade avec les canonnières de droite et de gauche, et les obligea à reculer. Une de celles qui étaient mouillées dans la rade fut coulée bas, presque toutes eurent des avaries plus ou moins majeures. Les divisions se déployèrent alors, la cavalerie sur trois lignes au centre, la brigade Destaing à gauche, la division Lannes à droite; Lanusse en deuxième ligne avec les guides[1]. On voyait sur les deux monticules du Cheykh et du

---

1. La garde du général en chef. (*De Las Cases.*)

Puits des terres récemment remuées. Les janissaires paraissaient faire bonne contenance. Le pacha avec ses trois queues était sur le monticule du Vizir; des officiers anglais caracolaient à portée des lignes françaises. Avec leur curiosité ordinaire, ils s'avancèrent à dix pas et engagèrent la conversation avec des officiers de cavalerie français, au grand scandale et au grand étonnement des Turcs. A une lieue et demie en mer on apercevait une forêt de mâts; c'était la flotte de guerre et les transports, ainsi que plusieurs canots remplis d'officiers de marine turcs et anglais, parmi lesquels on distinguait le canot de sir Sidney Smith. Celui-ci était à terre, il faisait les fonctions d'adjudant du pacha; il était son conseil, quoiqu'il n'eût aucune connaissance en tactique ni aucune expérience de la guerre de terre. Le sérasquier de l'armée était le vizir Mustapha, pacha à trois queues, pacha titulaire de la Romélie; cette dernière fonction est un des postes les plus importants de l'empire.

VII. Les armées restèrent en présence pendant deux heures dans ce silence avant-coureur de la tempête. La canonnade s'engagea enfin entre les batteries turques placées sur les deux monticules et les batteries de campagne des divisions Lannes et Destaing. Le général Murat fit avancer deux colonnes de cavalerie de quatre escadrons, ayant chacune trois pièces d'artillerie légère; celle de droite se porta entre le monticule du Puits et le monticule du

Vizir; l'infanterie turque faisait bonne contenance; l'engagement des tirailleurs était très vif; mais lorsque les obus et les boulets des pièces d'artillerie légère qui étaient attachées aux colonnes de cavalerie commencèrent à frapper les ennemis par derrière, ils craignirent pour leur retraite et perdirent contenance. Les généraux Lannes et Destaing saisirent l'à-propos, gravirent les deux hauteurs au pas de charge; les Turcs dégringolèrent en descendant dans la plaine, la cavalerie les y attendait; ne pouvant opérer leur retraite, ils furent acculés à la mer, les uns dans l'intérieur de la rade, les autres dans la haute mer. Poursuivis par la mitraille et la fusillade, chargés par la cavalerie, ces fuyards bravèrent les flots. Ils cherchèrent à gagner leurs bâtiments à la nage; mais les neuf dixièmes furent engloutis. Le centre de la première ligne turque marcha alors en avant pour secourir les ailes; ce mouvement était imprudent. Murat commanda par escadron à droite et à gauche et l'enveloppa. L'infanterie de Lanusse, découverte par ce mouvement de notre cavalerie, marcha au pas de charge en colonne par bataillon, à distance de déploiement. Le désordre se mit dans ce centre pressé entre la cavalerie et l'infanterie. Ne pouvant plus opérer leur retraite, les Turcs n'ont d'autre ressource que de se jeter à la mer, s'échappant par la droite et par la gauche. Ils ont le même sort que les premiers, ils disparaissent engloutis. On n'aperçut bientôt plus sur les flots que plusieurs milliers de turbans et de châles que la mer jeta sur le rivage ; c'était tout ce qui restait de ces braves janissaires, car ils méritaient ce nom de braves ! mais que peut l'infanterie sans ordre, sans discipline, sans tactique ? La bataille était commencée depuis une heure, et huit mille hommes avaient disparu : cinq mille quatre cents étaient noyés, quatorze cents étaient morts ou blessés sur le champ de bataille, douze cents s'étaient rendus prisonniers ; dix-huit pièces de canon, trente caissons, cinquante drapeaux étaient entre les mains du vainqueur.

On reconnut alors la seconde ligne de l'armée ennemie ; elle occupait une position formidable. La droite et la gauche étaient appuyées à la mer, flanquées par des chaloupes canonnières et couvertes par dix-sept bouches à feu de campagne. Le centre occupait la redoute du mont du Vizir. Il parut impossible de l'attaquer, même après le succès qu'on venait d'obtenir. Le général en chef pensa à prendre position sur les deux monts que l'on avait occupés, mais il reconnut qu'au pied de la falaise du Puits la plage s'avance en forme de cap dans la rade : une batterie placée à l'entrée de ce cap prendrait à revers toute la gauche de l'ennemi ; en effet, elle l'obligea à se pelotonner entre la redoute et le village par un changement de front, la gauche en arrière. Ce mouvement laissait un vide de deux cents toises sur la gauche de la ligne, où l'on pourrait percer; cela s'exécuta. Conduit par le colonel Crétin, qui ambitionnait la gloire de rentrer le premier dans sa redoute, Murat pénétra par cette trouée avec six cents chevaux. Au même moment, Lanusse et Destaing soutenaient une vive canonnade contre le centre et la droite de l'ennemi. Le 18e de ligne, lancé mal à propos, lâcha pied au moment d'emporter la redoute, et laissa cinquante blessés sur le glacis. Les Turcs, selon l'usage, sortirent en foule pour couper la tête de ces malheureux et mériter l'aigrette d'argent. La 69e, irritée de ce spectacle cruel, se lança au pas de charge sur la redoute et y pénétra. La cavalerie, passant entre le village et le mont du Vizir, prit en flanc toute cette seconde ligne et l'accula à la mer. Lannes se dirigea droit sur le village et s'y logea; il se porta de là sur le camp du pacha, où était la réserve. Toute cette extrémité de la presqu'île n'est plus qu'un champ de carnage, de désordre et de confusion. Le pacha, le kandjar au poing, environné des plus braves, fait des prodiges de valeur : il est grièvement blessé à la main par le général Murat, qu'il avait blessé à la tête d'un coup de pistolet. Il cède enfin à la nécessité et se rend prisonnier avec mille des siens. Les autres épouvantés, fuient devant la mort, et cherchent leur salut dans les flots, préférant ces abîmes à la clémence du vainqueur. Sir Sidney Smith fut sur le point d'être fait prisonnier, et eut de la peine à gagner sa chaloupe. Les trois queues du pacha, cent drapeaux, trente-deux pièces d'artillerie de campagne, cent vingt caissons, toutes les tentes, les bagages, quatre cents chevaux, restèrent sur le champ de bataille. Trois à quatre mille fuyards s'étaient réfugiés vers le fort; ils se logèrent dans le village qui est en avant et s'y crénelèrent. Tout ce qu'on fit pour les déloger fut inutile.

La victoire était complète. Le général en chef était dans la redoute du mont du Cheykh, lorsque une explosion inattendue fit sauter plusieurs pièces de canon. Un cri d'alarme se fit entendre : La redoute est minée! Cette terreur panique ne dura qu'une minute.

Le colonel du génie Crétin fut tué d'un coup de fusil; c'était un des meilleurs officiers de cette arme. Le colonel Duvivier du 14e dragons fut tué d'un coup de kandjar par un officier du pacha. Il s'était couvert de gloire; il était à la fois intrépide, audacieux et prudent : c'était un des meilleurs colonels de cavalerie de la France. Le général Murat, qui fut grièvement blessé, eut la principale part à la gloire de cette journée. Le général en chef lui dit sur le champ de bataille : « *Est-ce que la* » *cavalerie a juré de tout faire aujourd'hui ?* » L'aide de camp Guibert eut la poitrine percée d'un coup de biscaïen; comme on l'encourageait, ce brave jeune homme répondit : « Le courage ne manque

» pas, mais je souffre trop. » Le colonel Fugières du 18ᵉ de ligne eut les deux bras emportés par un boulet de canon. « Vous perdez un de vos soldats les » plus dévoués, dit-il au général en chef; un jour » vous regretterez de ne pas mourir comme moi au » champ des braves[1]. »

Le vizir Mustapha avait été conduit au camp près de l'embarcadère, et traité avec toutes les marques de la plus grande courtoisie. Le lendemain matin, le général en chef lui rendit une visite à la suite de laquelle le pacha expédia une tartane à Constantinople. Il conseilla à son fils et à son kyays, qui s'étaient renfermés dans le fort, de se rendre par capitulation, en obtenant la permission de se retirer avec la garnison sur l'escadre. Cette invitation fut communiquée au fort, mais les Osmanlis s'y refusèrent d'une voix unanime. Ils jurèrent de défendre ce poste jusqu'à la dernière extrémité; il voulut ouvrir la tranchée. Le général de division Lannes fut chargé de commander le siège, le chef de bataillon du génie Bertrand d'en diriger les travaux, et le colonel Faultrier d'en commander l'artillerie. Le général en chef se rendit à Alexandrie.

La perte des Français dans cette bataille a été de deux cents hommes tués et de cinq cent cinquante

---

[1]. Cette dernière phrase est écrite au crayon de la main de Napoléon. Par-dessus le mot *champ* il avait écrit un autre mot qu'on n'a pu déchiffrer. (*De Las Cases.*)

blessés. Les Turcs y ont perdu presque toute leur armée, deux mille tués, trois mille prisonniers, dix ou onze mille noyés; à peine s'il se sauva douze cents hommes (la garnison du fort est comprise dans ces calculs). Deux petites pièces de canon anglaises, dont le roi d'Angleterre avait fait présent au sultan Sélim, furent données à la brigade de cavalerie : on y grava les paroles du général en chef, les noms de Murat[1].... de Duvivier et des régiments de cavalerie.

VIII. Le pacha Mustapha désapprouva l'obstination de son fils. Il lui écrivit de nouveau pour lui faire sentir qu'il avait tort de ne pas épargner un sang précieux, et de ne pas profiter de sa position pour sauver les braves qui étaient sous ses ordres. Il y eut une suspension d'armes de quelques heures pour remettre cette lettre. Le chef de bataillon Bertrand en profita pour reconnaître le fort, mais la fusillade s'engagea peu après. Les assiégés s'emparèrent de quelques maisons qui leur étaient nécessaires; le général Lannes indigné voulut les en chasser, l'ingénieur Bertrand l'en dissuada : « Pourquoi perdre » du monde contre des hommes désespérés? En sup- » posant qu'on réussît, on en perdrait encore les » jours suivants pour se maintenir dans ce village. » Il fallait laisser les assiégés tranquilles pendant

---

1. Ces dernières lignes étaient écrites au crayon de la main de Napoléon. Après le nom de Murat se trouvait un nom propre qu'on n'a pu déchiffrer. (*De Las Cases.*)

» deux ou trois jours, temps nécessaire pour se pré-
» parer à ouvrir la tranchée. L'ennemi serait alors
» contenu dans l'enceinte de son fort sans qu'il en
» coûtât un seul homme aux assiégeants. »

Le 28 juillet, l'ennemi, fier de son petit succès, fit une sortie et s'empara encore de quelques maisons du village; il devint alors audacieux, et sortit, menaçant la redoute du mont du Cheykh. Lannes ne put se contenir, marcha à lui, le repoussa, mais fut blessé d'un coup de fusil, qui l'obligea de quitter le siège. Le général Menou le remplaça dans le commandement. La tranchée était ouverte depuis plusieurs jours, les batteries étaient construites; on allait les démasquer, lorsque les assiégés, faisant une nouvelle sortie, s'emparèrent d'une place d'armes. Le général Davoust, qui était de tranchée, donna à la tête de la réserve, reprit le village, et jeta les assiégés dans le fort. Trois batteries de gros canon, deux de mortiers, commencèrent alors à jouer. Dans la nuit du 30, le mineur s'enfonça pour faire sauter la contrescarpe. Mais le 2 août, à la pointe du jour, sans capitulation, les assiégés sortirent en foule, demandant quartier. Ces malheureux manquaient d'eau; le fort était encombré de douze cents cadavres et de plus de dix-huit cents hommes mourants. Ce grand nombre de blessés turcs était embarrassant. On les rendit à leur flotte, ce qui établit des pourparlers entre les états-majors. Mustapha-Pacha avait déjà fait connaître que depuis six mois la guerre était recommencée en Europe, et que les armées françaises avaient été partout battues. Le commodore anglais remit un paquet de gazettes anglaises et de Francfort; elles contenaient les nouvelles des mois d'avril, mai et juin.

La Porte fut avec raison très mécontente, et le témoigna au commodore sir Sidney Smith, qu'elle accusa de cette fatale entreprise. Djezzar lui reprochait également de l'avoir entraîné dans plusieurs opérations imprudentes, qui lui avaient occasionné de grandes pertes. Les janissaires de Chypre et les équipages accusèrent le vice-amiral Patrona-Bey de complaisance et de soumission aux conseils des infidèles; ils le mirent à mort. Qu'espérait sir Sidney Smith en conseillant cette fausse opération? Conquérir l'Egypte avec dix-huit mille hommes d'infanterie indisciplinée, sans cavalerie, sans attelages d'artillerie? Décider l'armée française à négocier son retour en Europe? Mais il ne devait pas ignorer que Napoléon était le maître. Cette conduite doit donc être attribuée à l'ignorance absolue où était cet officier des affaires de terre. Il commit une plus grande faute quelques mois après en jetant à sa ruine, sur la plage de Damiette, une belle division de janissaires des Dardanelles. Si sir Sidney Smith ne montra ni jugement ni raison dans cette guerre, il déploya de l'intrigue, de l'adresse et de l'activité dans les négociations d'El-Arich et dans les affaires qui s'ensuivirent; il eut l'art de se rendre important, et de subjuguer Kléber.

Les généraux Murat et Lannes furent promus au grade de général de division, le colonel Faultrier au grade de général de brigade, et Bertrand au grade de colonel[1].

Les journaux que le commodore anglais eut la complaisance de remettre firent connaître tous les maux qui affligeaient la République. La seconde coalition était victorieuse; les armées de Russie et d'Autriche avaient battu le général Jourdan sur le Danube, Scherer sur l'Adige, Moreau sur l'Adda. La république cisalpine était détruite, Mantoue assiégée; les Cosaques étaient arrivés sur les frontières des Alpes. Masséna se soutenait avec peine dans les rochers de la Suisse.

Une troisième atteinte avait été portée à la constitution. Les jacobins du Manège avaient levé la tête, et à leur aspect la Vendée avait couru aux armes. De la tribune nationale on appelait à grands cris le général d'Italie au secours de la patrie. Un barbare, dégouttant du sang des infortunés Polonais, menaçait avec insolence le peuple français. Il n'y avait plus un moment à perdre; Napoléon résolut de se rendre en France, de sauver la patrie de la fureur des étrangers et de celle de ses propres enfants. Il

---

[1]. C'est le général Bertrand, éditeur de ces Mémoires.
(*De Las Cases.*)

ne lui échappa point que le désastre des armées françaises était le résultat des mauvais plans de campagne adoptés à Paris. Si les armées du Danube, d'Helvétie et du Bas-Rhin n'eussent formé qu'une seule masse; si l'armée de Naples et celle d'Italie eussent été réunies en mars sur l'Adige, la République n'eût essuyé aucun revers. Le général russe, qui en avril était vainqueur sur l'Adige, avait laissé arriver en juin l'armée de Naples sur le Pô[1]. . . . . .
. . . . Napoléon comprit qu'à son aspect tout changerait; les trois journées du 18 fructidor, du 22 floréal et du 30 prairial avaient détruit la constitution de 1795, qui désormais n'offrait plus de garantie à personne. Il lui serait facile de se mettre à la tête de la République; il était résolu, à son arrivée à Paris, de lui donner une nouvelle face, et de satisfaire l'opinion nationale, qui dès 1798 l'avait appelé à la tête du gouvernement. La loi du 22 floréal 1798 avait dissipé chez lui tout prestige républicain.

1. Ici se trouvaient environ deux lignes écrites au crayon de la main de Napoléon, on n'a pu les déchiffrer.

(De Las Cases.)

DOUZIÈME PARTIE

CRITIQUE GÉNÉRALE

1. *Critique littéraire.*
2. *Critique dramatique.*
3. *Lettres sur l'Opéra.*
4. *Fragments de Critique d'art.*

CRITIQUE LITTÉRAIRE

I

REMERCIEMENT ACADÉMIQUE [1].

Au Président de l'Institut National [2].

Paris, 6 nivôse an VI. (26 décembre 1797.)

Le suffrage des hommes distingués qui composent l'Institut m'honore. Je sens bien qu'avant d'être leur égal je serai longtemps leur écolier. S'il était

---

1. Reproduit par M. Roger Peyre, dans *Napoléon et son temps*. (F. Didot, édit. 1887) Conservé aux archives de l'Institut.
2. Le général Bonaparte fut élu membre de l'Institut, première classe : *Sciences*, deuxième section : *arts mécaniques*, le 25 décembre 1797. Ses collègues de section étaient Monge, Prony, Leroy, Perrier et Berthoud. Napoléon porta, de 1797 à 1815, le titre de *Membre de l'Institut national*, et, de 1798 à 1800, celui de *Fondateur de l'Institut d'Égypte*. Les registres de l'aca-

une manière plus expressive de leur faire connaître l'estime que j'ai pour eux, je m'en servirai.

Les vraies conquêtes, les seules qui ne donnent aucun regret, sont celles que l'on fait sur l'ignorance. L'occupation la plus honorable comme la plus utile, pour les nations, c'est de contribuer à l'extension des idées humaines. La vraie puissance de la République française doit consister désormais à ne pas permettre qu'il existe une seule idée nouvelle qui ne lui appartienne.

BONAPARTE.

démie des Sciences constatent qu'il assista 37 fois aux séances de la compagnie.

En 1797, date de la réception de Bonaparte, l'Institut comprenait 144 membres *résidants* et 134 membres *non résidants* ou *associés*.

Les 144 membres résidants étaient répartis de la façon suivante : Première classe, *Sciences* : 60 membres et 10 sections ; 1° mathématiques ; 2° arts mécaniques ; 3° astronomie ; 4° physique expérimentale ; 5° chimie ; 6° histoire naturelle et minéralogie ; 7° botanique et physique végétale ; 8° anatomie et zoologie ; 9° médecine et chirurgie ; 10° économie rurale et art vétérinaire ; — Seconde classe, *Sciences morales et politiques* : 36 membres et 6 sections ; 1° analyse des sensations et des idées ; 2° morale ; 3° Science sociale et législation ; 4° économie politique ; 5° histoire ; 6° géographie ; — Troisième classe, *Littérature et beaux-arts* : 48 membres et 8 sections. 1° grammaire ; 2° langues anciennes ; 3° poésie ; 4° antiquités et monuments ; 5° peinture ; 6° sculpture ; 7° architecture ; 8° musique et déclamation.

II

SUR LA MANIÈRE D'ÉCRIRE L'HISTOIRE DE FRANCE [1].

Bordeaux, le 12 avril 1808.

Je n'approuve pas les principes énoncés dans la note du ministre de l'intérieur [2]. Ils étaient vrais il y a vingt ans, ils le seront dans soixante; mais ils ne le sont pas aujourd'hui. Velly est le seul auteur un peu détaillé qui ait écrit sur l'histoire de France; l'*Abrégé chronologique* du président Hénault est un bon livre classique : il est très utile de les continuer l'un et l'autre. Velly finit à Henri IV, et les autres historiens ne vont pas au delà de Louis XIV. Il est de la plus grande importance de s'assurer de l'esprit dans lequel écriront les conti-

---

1. *Note* retrouvée dans les papiers de Fontanes. Texte reproduit par Sainte-Beuve. (*Portraits*, tome 2.)
2. Un écrivain de talent, Halma, bibliothécaire de l'impératrice, avait demandé d'être nommé le continuateur de Velly, Villaret et Garnier. Il se proposait aussi de donner une suite à l'*Abrégé* historique du président Hénault. Le comte Cretet, ministre de l'intérieur, répondit « que la demande de M. Halma » ne pouvait être accueillie, par la raison que ce n'était pas au » gouvernement à intervenir dans une semblable entreprise;... » qu'il convenait de réserver les encouragements pour des ob- » jets d'un plus vaste intérêt. » Napoléon cassa, par cette *Note*, la décision du ministre.

nuateurs. La jeunesse ne peut bien juger les faits que d'après la manière dont ils lui seront présentés. La tromper en lui retraçant des souvenirs, c'est lui préparer des erreurs pour l'avenir. J'ai chargé le ministre de la police de veiller à la continuation de Millot, et je désire que les deux ministres se concertent pour faire continuer Velly et le président Hénault. Il faut que ce travail soit confié non seulement à des auteurs d'un vrai talent, mais encore à des hommes attachés, qui présentent les faits sous leur véritable point de vue, et qui préparent une instruction saine, en prenant ces historiens au moment où ils s'arrêtent et en conduisant l'histoire jusqu'en l'an VIII.

Je suis bien loin de compter la dépense pour quelque chose. Il est même dans mon intention que le ministre fasse comprendre qu'il n'est aucun travail qui puisse mériter davantage ma protection.

Il faut faire sentir à chaque ligne l'influence de la cour de Rome, des billets de confession, de la révocation de l'édit de Nantes, du ridicule mariage de Louis XIV avec madame de Maintenon, etc. Il faut que la faiblesse qui a précipité les *Valois* du trône, et celle des *Bourbons* qui ont laissé échapper de leurs mains les rênes du gouvernement, excitent les mêmes sentiments.

On doit être juste envers Henri IV, Louis XIII, Louis XIV et Louis XV, mais sans être adulateur.

On doit peindre les massacres de *Septembre* et les horreurs de la Révolution du même pinceau que l'Inquisition et les massacres des *Seize*. Il faut avoir soin d'éviter toute réaction en parlant de la Révolution. Aucun homme ne pouvait s'y opposer. Le blâme n'appartient ni à ceux qui ont péri, ni à ceux qui ont survécu. Il n'était pas de force individuelle capable de changer les éléments et de prévenir les événements qui naissaient de la nature des choses et des circonstances.

Il faut faire remarquer le désordre perpétuel des finances, le chaos des assemblées provinciales, les prétentions des parlements, le défaut de règle et de ressorts dans l'administration ; cette France bigarrée, sans unité de lois et d'administration, étant plutôt une réunion de vingt royaumes qu'un seul Etat ; de sorte qu'on respire en arrivant à l'époque où l'on a joui des bienfaits dus à l'unité des lois, d'administration et de territoire. Il faut que la faiblesse constante du gouvernement sous Louis XIV même, sous Louis XV et Louis XVI, inspire le besoin de soutenir l'ouvrage nouvellement accompli et la prépondérance acquise. Il faut que le rétablissement du culte et des autels inspire la crainte de l'influence d'un prêtre étranger ou d'un confesseur ambitieux, qui pourraient parvenir à détruire le repos de la France.

Il n'y a pas de travail plus important. Chaque

passion, chaque parti, peuvent produire de longs écrits pour égarer l'opinion, mais un ouvrage tel que Velly, tel que l'*Abrégé chronologique* du président Hénault, ne doit avoir qu'un seul continuateur. Lorsque cet ouvrage, bien fait et écrit dans une bonne direction, aura paru, personne n'aura la volonté et la patience d'en faire un autre, surtout quand, loin d'être encouragé par la police, on sera découragé par elle. L'opinion exprimée par le ministre, et qui, si elle était suivie, abandonnerait un tel travail à l'industrie particulière et aux spéculations de quelques libraires, n'est pas bonne et ne pourrait produire que des résultats fâcheux.

Quant à l'individu qui se présente, la seule question à examiner consiste à savoir s'il a le talent nécessaire, s'il a un bon esprit, et si l'on peut compter sur les sentiments qui guideraient ses recherches et conduiraient sa plume.

III

PLAN D'UNE BIBLIOTHÈQUE PORTATIVE [1].

Bayonne, le 17 juillet 1808.

L'empereur désire de former une bibliothèque por-

[1] Les deux *Notes* composant cet article ont été publiées

tative d'un millier de volumes, petit in-12, imprimés en beaux caractères. L'intention de S. M. est de faire imprimer ces ouvrages pour son usage particulier, sans marges pour ne pas perdre de la place. Les volumes seraient de 5 à 600 pages, reliés à dos brisé et détaché, et avec la couverture la plus mince possible. Cette bibliothèque serait composé d'à peu près

 40 volumes de religion.
 40 — des épiques.
 40 — de théâtre.
 60 — de poésie.
 100 — de romans.
 60 — d'histoire.

Le surplus, pour arriver à mille, serait rempli par des mémoires historiques de tous les temps.

Les ouvrages de *religion* seraient l'Ancien et le Nouveau Testament, en prenant les meilleures traductions ; quelques épîtres et autres ouvrages les plus importants des Pères de l'Église ; le Coran ; de la mythologie ; quelques dissertations choisies sur les différentes sectes qui ont le plus influé dans l'histoire, telles que celles des ariens, des calvinistes, des réformés, etc. ; une histoire de l'Église, si elle peut être comprise dans le nombre des volumes prescrit.

---

pour la première fois par M. Barbier fils, dans la notice qui précède le tome IV du *Dictionnaire des Anonymes*. Elles font connaître l'ensemble des lectures de Napoléon. Ossian n'y figure pas.

Les *épiques* seraient Homère, Lucain, le Tasse, *Télémaque*, la *Henriade*, etc.

Les *tragédies* : ne mettre de Corneille que ce qui est resté ; ôter de Racine les *Frères ennemis*, l'*Alexandre* et les *Plaideurs* ; ne mettre de Crébillon que *Rhadamiste*, *Atrée et Thyeste* ; de Voltaire que ce qui est resté.

L'*histoire* : mettre quelques-uns des bons ouvrages de chronologie, les principaux originaux anciens ; ce qui peut faire connaître en détail l'histoire de France.

On peut mettre comme *histoire* les discours de Machiavel sur Tite-Live, l'*Esprit des Lois*, la *Grandeur des Romains*, ce qu'il est convenable de garder de l'histoire de Voltaire.

Les *romans* : la *Nouvelle Héloïse* et les *Confessions* de Rousseau : on ne parle pas des chefs-d'œuvre de Fielding, de Richardson, de Lesage, etc., qui trouvent naturellement leur place ; les *Contes* de Voltaire.

Nota. Il ne faut mettre de Rousseau ni l'*Émile* ni une foule de lettres, mémoires, discours et dissertations inutiles. Même observation pour Voltaire.

L'empereur désire avoir un catalogue raisonné, avec des notes qui fassent connaître l'élite des ouvrages et un mémoire sur ce que ces mille volumes coûteraient de frais d'impression et de reliure ; ce que chaque volume pourrait contenir des ouvrages de chaque auteur ; ce que pèserait chaque volume ; combien de caisses il faudrait, de quelle dimension, et et quel espace cela occuperait.

L'empereur désirerait également que M. Barbier[1] s'occupât du travail suivant avec un de nos meilleurs géographes.

Rédiger des mémoires sur les campagnes qui ont eu lieu sur l'Euphrate et contre les Parthes à partir de celle de Crassus jusqu'au huitième siècle en y comprenant celles d'Antoine, de Trajan, de Julien, etc. ; tracer sur des cartes d'une dimension convenable le chemin qu'a suivi chaque armée, avec les noms anciens et nouveaux des pays et des principales villes ; des observations géographiques du territoire et des relations historiques de chaque expédition en la tirant des auteurs originaux.

Schœnbrunn, 12 juin 1809.

L'empereur sent tous les jours le besoin d'avoir une bibliothèque de voyage composée d'ouvrages d'histoire. Sa Majesté désirerait porter le nombre des volumes de cette bibliothèque à trois mille, tous du format in-18, comme les ouvrages de la collection in-18 du dauphin, ayant de 4 à 500 pages et imprimés en beaux caractères de Didot sur papier vélin mince. Le format in-12 tient trop de place, et d'ailleurs les ouvrages imprimés dans ce format sont presque tous de mauvaises éditions.

1. Barbier père, bibliothécaire de l'empereur.

Les trois mille volumes seraient placés dans trente caisses ayant trois rangs, chaque rang contenant 33 volumes.

Cette collection aurait un titre général et un numéro général, indépendamment du titre de l'ouvrage et du numéro des volumes de l'ouvrage. Elle pourrait se diviser en cinq ou six parties :

1° Chronologie et histoire universelle ;

2° Histoire ancienne par les originaux, et histoire ancienne par les modernes ;

3° Histoire du Bas-Empire par les originaux, et histoire du Bas-Empire par les modernes ;

4° Histoire générale et particulière, comme l'*Essai* de Voltaire, etc. ;

5° Histoire moderne des États de l'Europe, de France, d'Italie, etc. ;

Il faudrait y faire entrer Strabon, les Cartes anciennes de Danville, la Bible, quelque histoire de l'Église.

Voilà le canevas de cinq ou six divisions qu'il faudrait étudier et remplir avec soin. Il faudrait qu'un certain nombre d'hommes de lettres, gens de goût, fussent chargés de revoir ces éditions, de les corriger, d'en supprimer tout ce qui est inutile, comme notes d'éditeurs, etc., tout texte grec ou latin, ne conserver que la traduction française. Quelques ouvrages seulement italiens, dont il n'y aurait pas de traduction, pourraient être conservés en italien.

L'empereur prie M. Barbier de tracer le plan de cette bibliothèque et de lui faire connaître le moyen le plus avantageux et le plus économique de faire faire ces trois mille volumes.

Lorsque ces trois mille volumes d'histoire seraient achevés, on les ferait suivre par trois mille autres d'histoire naturelle, de voyages littéraires, etc. La plus grande partie serait facile à rassembler, car on trouve beaucoup de ces ouvrages in-18.

M. Barbier est aussi prié d'envoyer une liste de ces ouvrages avec des notes bien claires et bien détaillées sur tout cela, sur les hommes de lettres qu'on pourrait en charger, un aperçu du temps, de la dépense, etc.

IV

OPINIONS LITTÉRAIRES [1].

L'*Iliade* est, ainsi que la *Genèse* et la *Bible*, le signe et le gage du temps. Homère, dans sa production, est poète, orateur, historien, législateur, géographe, théologien : c'est l'encyclopédiste de son

---

[1]. La plupart de ces jugements nous ont été conservés par Las-Cases, dans le *Mémorial*.

époque. Homère est inimitable. Le père Hardouin a osé attaquer cette antiquité sacrée, et l'attribuer à un moine du dixième siècle. C'est une imbécillité... Du reste, jamais je n'ai été aussi frappé de ses beautés que maintenant ; et les sensations qu'il me fait éprouver me confirment la justesse de l'approbation universelle. Ce qui me frappe surtout, c'est la grossièreté des manières avec la perfection des idées. On voit les héros tuer leur viande, la préparer de leurs propres mains, et prononcer pourtant des discours d'une rare éloquence et d'une grande civilisation [1].

Dans l'*Odyssée*, je désapprouve le combat d'Irus contre Ulysse, sur le seuil de son propre palais, tous deux en mendiants. Je trouve cet épisode misérable, sale, inconvenant, indigne d'un roi... Et puis, après avoir épuisé tout ce que j'y trouve de mauvais, je devine ce qui m'affecte encore, je me mets à sa place : c'est la crainte d'être rossé par un misérable; il n'est pas donné à tout prince, à tout général, d'avoir les épaules de ses gardes ou des grenadiers; n'est pas portefaix qui veut. Le bon Homère remédie à cela en faisant de ses héros autant de colosses ; mais il n'en est pas ainsi parmi nous. Où en serions-nous, nous autres tous, si l'on en était encore au bon temps où la force du bras était le véritable sceptre? Voilà Noverraz, mon valet de chambre, qui nous sert,

---

1. Sainte-Hélène, 7 mai 1816.

il serait notre roi à tous ! Il faut donc convenir que la civilisation fait tout pour l'âme, et la favorise entièrement aux dépens du corps [1].

*
* *

Homère a vu, agi. Virgile, au contraire, est un régent de collège qui n'a rien vu, ni rien fait [2]. La vérité de temps ni de lieu n'est point assez respectée dans le récit de la prise de Troie, au second chant de l'*Enéide*.

*
* *

Le style de madame de Sévigné est coulant ; et ses *Lettres* peignent bien les mœurs du moment. Mais en lisant la mort de Turenne et le procès de Fouquet, on remarque, pour celui-ci, que l'intérêt de madame de Sévigné est bien chaud, bien vif, bien tendre, pour de la simple amitié [3].

*
* *

Le style, la grâce, la pureté du langage de madame de Maintenon me ravissent ; je me raccommode avec elle. Si je suis violemment heurté par ce qui est mauvais, j'ai une sensibilité exquise pour ce qui

---

1. 8 octobre 1816.
2. Cette sévérité s'explique par ce fait que Napoléon ne connaissait que quelques bribes de latin.
3. 22 janvier 1816.

ost bon. Je crois que je préfère les *Lettres* de madame de Maintenon à celles de madame de Sévigné : elles disent plus de choses. Madame de Sévigné, certainement, restera toujours le vrai type : elle a tant de charmes et de grâce ! mais quand on a beaucoup lu, il ne reste rien. Ce sont des œufs à la neige dont on peut se rassasier sans charger son estomac [1].

*
* *

Je désapprouve qu'on donne La Fontaine aux enfants, qui ne peuvent l'entendre. Il y a beaucoup trop d'ironie dans la fable du *Loup et de l'Agneau* pour être à la portée des enfants. Elle pèche, d'ailleurs, à mon avis, dans son principe et sa morale. Il est faux que la raison du plus fort soit la meilleure ; et si cela arrive en effet, c'est là le mal, l'abus qu'il s'agit de condamner. Le loup eût donc dû s'étrangler en croquant l'agneau.

*
* *

Les *Mémoires* du chevalier de Grammont sont pleins d'esprit, mais ne font point d'honneur aux hautes mœurs du temps. Peu de chose suffit pour amuser.

*
* *

La lecture de *Gil Blas* a rempli la plus grande

[1]. 6 septembre 1816.

partie de ma journée. Gil Blas est plein d'esprit, mais il aurait mérité les galères lui et tous les siens[1].

*
* *

Ce serait un travail bien précieux et bien goûté, sans doute, que de se dévouer à réduire avec goût et discernement les principaux ouvrages de notre langue. Je ne connais guère que Montesquieu qui pût échapper à ces réductions.

*
* *

Dans la *Nouvelle Héloïse*, Jean-Jacques a chargé son sujet ; il a peint la frénésie. L'amour doit être un plaisir et non pas un tourment. Cet ouvrage a du feu, il remue, il inquiète... L'amour parfait est idéal ; et tous deux sont aussi aériens l'un que l'autre, aussi fugitifs, aussi mystérieux, aussi inexplicables.

*
* *

Dans *Paul et Virginie*, les endroits touchants sont toujours simples et naturels ; ceux où abondent le pathos, les idées abstraites et fausses, tant à la mode lorsque l'ouvrage fut publié, sont tous froids, mauvais, manqués. J'ai été fort engoué de cet ouvrage dans ma jeunesse. Mais si j'aime *Paul et Virginie*,

---

1. 6 juin 1816.

je ris de pitié des *Etudes de la nature*, du même auteur. Bernardin, bon littérateur, était à peine géomètre. Ce dernier ouvrage est si mauvais que les gens de l'art dédaignaient d'y répondre... Plus tard, étant empereur, toutes les fois que je l'apercevais, j'avais coutume de lui dire : « Monsieur Bernardin, quand nous donnerez-vous des *Paul et Virginie* ou des *Chaumière indienne* ? Vous devriez nous en fournir tous les six mois. »

*
* *

J'ai lu quelques chapitres de *Corinne*, de madame de Staël, je ne puis l'achever... Madame de Staël s'est peinte si bien dans son héroïne, qu'elle est venue à bout de me la faire prendre en grippe. Je la vois, je l'entends, je la sens, je veux la fuir, et je jette le livre. Il me restait de cet ouvrage un meilleur souvenir que ce que j'éprouve aujourd'hui. Peut-être est-ce parce que dans le temps je le lus *avec le pouce*, comme dit fort ingénieusement M. l'abbé de Pradt et non sans quelque vérité. Toutefois je persisterai, j'en veux voir la fin ; il me semble toujours qu'il n'était pas sans quelque intérêt... Je ne puis pardonner du reste à madame de Staël d'avoir ravalé les Français dans son roman [1]. Sa demeure à Coppet était devenue un véritable arsenal

---

1. 13 août 1816.

contre moi ; on venait s'y faire armer chevalier. Elle s'occupait à me susciter des ennemis, et me combattait elle-même. C'était tout à la fois Armide et Clorinde. Et puis, en somme, il est vrai de dire que personne ne saurait nier qu'après tout madame de Staël est une femme d'un très grand talent, fort distinguée, de beaucoup d'esprit : elle restera [1].

* * *

Le Génie du Christianisme, de M. de Chateaubriand, est une œuvre de plomb et d'or, mais l'or y domine [2].

V

ÉTUDE SUR VIRGILE [3].
Le deuxième livre de l'Énéide.

Le deuxième livre de l'*Enéide* est considéré comme le chef-d'œuvre de ce poème épique ; il mérite cette réputation sous le point de vue du style, mais il est bien loin de la mériter sur le fond des choses.

Le cheval de bois pouvait être une tradition po-

---

1. 21 octobre 1816.
2. Marco de Saint-Hilaire, p. 163.
3. Dictée par Napoléon à Marchand, en 1820. Publiée par ce dernier, à la suite du *Précis sur César*. (1836.)

pulaire, mais cette tradition est ridicule et tout à fait indigne d'un poème épique. On ne voit rien de pareil dans l'*Iliade*, où tout est conforme à la vérité et aux pratiques de la guerre. Comment supposer les Troyens assez imbéciles pour ne pas envoyer un bateau pêcheur à l'île de Ténédos, pour s'assurer si les mille vaisseaux des Grecs s'y étaient arrêtés ou étaient réellement partis ? Mais du haut des tours d'Ilion on découvrait la rade de Ténédos. Comment croire Ulysse et l'élite des Grecs assez ineptes pour s'enfermer dans un cheval de bois, c'est-à-dire se livrer pieds et mains liés à leurs implacables ennemis ? En supposant que ce cheval contînt seulement cent guerriers, il devait être d'un poids énorme, et il n'est pas probable qu'il ait pu être mené du bord de la mer sous les murs d'Ilion en un jour, ayant surtout deux rivières à traverser.

Tout l'épisode de Sinon est invraisemblable et absurde ; les ressources du poète, l'éloquence du discours qu'il met dans la bouche de Sinon n'en diminuent en rien l'absurdité. Cependant, il faut que le cheval soit, le jour même du départ des Grecs, introduit dans Troie, sans quoi cela rendrait encore plus incroyable que les mille vaisseaux des Grecs pussent, si près de Troie, rester cachés.

Le bel et charmant épisode de Laocoon se recommande de lui-même, mais ne peut en rien diminuer l'absurdité de la conduite des Troyens, puisque enfin on pouvait laisser plusieurs jours le cheval au camp dans sa position, et s'assurer que la flotte ennemie s'était éloignée, avant d'abattre les murailles pour l'introduire dans la ville.

Les guerriers enfermés dans le cheval de bois auquel Sinon ouvre la barrière, ne sortent que lorsque la flotte des Grecs, qui est partie de Ténédos lorsque tout dort et que la nuit est obscure, a déjà débarqué l'armée; ce ne peut donc pas être avant une heure du matin; aussi bien ce n'est guère qu'à cette heure que les corps de garde s'endorment et que Sinon a pu ouvrir la barrière. Tout le deuxième livre de la destruction de Troie s'opère donc de une heure du matin au lever du soleil, c'est-à-dire en trois à quatre heures; tout cela est absurde. Troie n'a pu être pris, brûlé et détruit en moins de quinze jours de temps. Troie renfermait une armée; cette armée ne s'est pas sauvée, elle a dû donc se défendre dans tous les palais. Enée, logé au palais de son père, dans un bois à une demi-lieue de Troie, n'est instruit que par l'apparition d'Hector de la prise et de l'incendie de la ville. La maison d'Anchise fût-elle à deux lieues de la ville, que le bruit du tumulte de la prise de la ville, la chaleur de l'incendie des premières maisons auraient réveillé les hommes et les animaux. Ilion n'est pas tombée dans une nuit si courte; et l'armée qui y était pour la défendre l'eût-elle évacuée que, matériellement, l'armée grecque ne pouvait prendre possession et détruire la ville dans plusieurs jours. Enée n'était pas le seul guerrier qui se trouvait dans Ilion; cependant il ne parle que de lui. Tant de héros qui jouent un rôle si brillant dans l'*Iliade* ont dû aussi, de leur côté, défendre chacun leur quartier.

Une tour dont le sommet s'élevait jusqu'aux cieux, et dont le comble y semblait suspendu, était sans doute de pierres; on ne voit pas comment Enée, en peu d'instants, et avec le secours de quelques leviers de fer, a pu la faire crouler sur la tête des Grecs.

Si Homère eût traité la prise de Troie, il ne l'eût pas traitée comme la prise d'un fort, mais il y eût employé le temps nécessaire; au moins huit jours et huit nuits. Lorsque l'on lit l'*Iliade*, on sent à chaque instant qu'Homère a fait la guerre, et n'a pas, comme le disent les commentateurs, passé sa vie dans les écoles de Chio [1]; quand on lit l'*Enéide* on sent que cet ouvrage est écrit par un régent de collège qui n'a jamais rien fait. On ne voit pas, en effet, ce qui a pu décider Virgile à commencer et à finir la prise, l'incendie et le pillage de Troie en peu d'heures : dans ce court espace il fait même ramas-

---

[1]. Voltaire dit, dans son *Essai sur le poëme épique*, que le grand poëte grec a dû connaître des hommes ayant fait jadis la guerre sous les murs de Troie. Le point de vue de Napoléon sur Homère est bien autrement large et original.

ser toutes les richesses dans des magasins centraux. La maison d'Anchise devait être très près de Troie, puisque dans ce peu d'heures, et malgré les combats, Enée y fait plusieurs voyages. Il fallut à Scipion dix-sept jours pour brûler Carthage, abandonnée de ses habitants ; il a fallu onze jours pour brûler Moscou, quoique en grande partie bâtie en bois ; et, pour une ville de cette étendue, il faut plusieurs jours à l'armée conquérante pour en prendre possession. Troie était une grande ville, car les Grecs qui avaient cent mille hommes n'essayèrent jamais de la cerner. Lorsque Enée retourne cette nuit même dans Ilion, il retrouve

> Ulysse, des vainqueurs gardant la riche proie ;
> Là sont accumulés tous les trésors de Troie.

Pour cette seule opération il faut plus de quinze jours, et ce n'est pas dans un moment de désordre d'une ville prise d'assaut qu'on va s'amuser à entasser les richesses dans des magasins centraux.

> Le jour naît : je retourne à ma troupe fidèle.

Ainsi, d'une heure du matin à quatre heures, c'est-à-dire en trois heures, Enée a été à Troie, a livré tous les combats dont il rend compte, a défendu le palais de Priam, est revenu chercher Créuse à Troie, et a trouvé la ville toute soumise, ne rendant plus de combats, entièrement occupée par l'ennemi, toute brûlée, et les magasins déjà fermés. Ce n'est pas ainsi que doit marcher l'épopée, et ce n'est pas ainsi que marche Homère dans l'*Iliade*. Le journal d'Agamemnon ne serait pas plus exact pour les distances et les temps et pour la vraisemblance des opérations militaires, que ne l'est ce chef-d'œuvre [1].

Le troisième chant n'est absolument qu'une copie de l'*Odyssée*; et dans le quatrième chant, le récit n'est pas dans le genre de celui d'Homère, où tous les jours sont marqués, où toutes les actions ont leur commencement, leur milieu et leur fin, et ne sont pas agglomérées dans un récit général.

1. Encore une idée juste, originalement exprimée. Voyez l'*Essai d'encyclopédie homérique* qui accompagne la traduction d'Homère par M. P. Giguet. (Hachette, édit.)

II

CRITIQUE DRAMATIQUE [1].

I

JUGEMENTS SUR LES POÈTES DRAMATIQUES [2].

Dans l'*Agamemnon* d'Eschyle, ce que j'admire c'est l'extrême force jointe à la grande simplicité. Je suis frappé surtout de la gradation de terreur qui caractérise les productions de ce père de la tragé-

---

[1]. On s'attendait peu, sans doute, à voir Napoléon intervenir dans cette branche de la critique. Mais le vainqueur d'Iéna entendait n'être étranger à rien. Il aimait passionnément le théâtre, et racontait volontiers les impressions qu'il en rapportait. Voyez les *Nuits italiennes* de Méry, où le jeune capitaine Bonaparte développe le plan d'une tragédie, *Sampiétro*, qu'il rêvait d'écrire.

[2]. *Mémorial de Sainte-Hélène.*

die. Et c'est pourtant là l'étincelle première à laquelle se rattache notre belle lumière moderne.

* * *

La lecture de l'*Œdipe* de Sophocle m'a fait le plus grand plaisir; et je regrette fort de ne l'avoir point fait jouer de la sorte à Saint-Cloud... Talma a toujours combattu cette idée, mais je suis fâché de n'avoir point insisté. Non que j'eusse voulu essayer d'en ramener la mode ou de corriger notre théâtre, Dieu m'en garde ! mais seulement parce que j'eusse aimé à juger des impressions de la facture antique sur nos dispositions modernes. Je suis persuadé qu'un tel spectacle eût fait grand plaisir, et je me demande quel effet eussent pu produire, avec notre goût moderne, le choryphée et les chœurs grecs..

* * *

Je m'étonne que les Romains n'eussent point de tragédies ; mais je conviens qu'elles auraient été peu propres à les émouvoir sur le théâtre ; elles se donnaient en réalité dans leurs cirques... Les combats des gladiateurs, celui des hommes livrés aux bêtes féroces, étaient bien autrement terribles que toutes nos scènes dramatiques ensemble ; et c'étaient là du reste les seules tragédies propres à la trempe robuste, aux nerfs d'acier des Romains[1].

1. Sainte-Hélène, 8 novembre 1816.

**

Les drames sont les tragédies des femmes de chambre ; ils sont capables de supporter au plus la première représentation. Ils vont ensuite toujours en perdant.

**

Une bonne tragédie gagne chaque jour davantage. La haute tragédie est l'école des grands hommes. C'est le devoir des souverains de l'encourager et de la répandre ; et il n'est pas nécessaire d'être poète pour la juger : il suffit de connaître les hommes et les choses, d'avoir de l'élévation et d'être homme d'État. La tragédie échauffe l'âme, élève le cœur, peut et doit créer des héros. Sous ce rapport, peut-être, la France doit à Corneille une partie de ses belles actions : aussi, messieurs, s'il vivait, je le ferais prince[1].

**

Bien que Racine ait accompli des chefs-d'œuvre en eux-mêmes, il y a répandu néanmoins une perpétuelle fadeur[2], un éternel amour et son ton douce-

---

1. Paroles prononcées à Saint-Cloud, en 1805, à un des couchers de l'empereur. M. Charles Louandre s'est souvenu des opinions dramatiques de Napoléon, et il l'a fait figurer dans ses éditions classiques de Charpentier, au nombre des annotateurs du théâtre de Corneille et de Racine.
2. C'était à peu de chose près l'opinion de Victor Hugo.

reux, son fastidieux entourage ; mais ce n'est pas précisément sa faute : c'étaient le vice et les mœurs du temps. L'amour alors, et le plus tard encore, était toute l'affaire de la vie de chacun. C'est toujours le lot des sociétés oisives. Pour nous, nous en avons été brutalement détournés par la Révolution et ses grandes affaires.

Le *Britannicus* de Racine mérite un juste tribut d'admiration. Mais on reproche à Racine un dénoûment trop prompt. On ne pressent pas d'assez loin l'empoisonnement de Britannicus. Le caractère de Narcisse est conforme à la vérité : c'est toujours en blessant l'amour-propre des princes qu'on influe le plus sur leurs déterminations.

Dans *Mithridate*, je condamne tout le fameux plan de campagne de Mithridate. Il peut être beau comme récit, mais il n'a point de sens comme conception.

Andromaque, c'est la tragédie des pères malheureux.

* * *

Certainement l'ensemble du *Tartufe* de Molière est de main de maître, c'est un des chefs-d'œuvre d'un homme inimitable. Toutefois, cette pièce porte un tel caractère que je ne suis nullement étonné que son apparition ait été l'objet des fortes négociations à Versailles et de beaucoup d'hésitation chez Louis XIV.

* *

Le Père de famille, de Diderot, mérite les plus grandes critiques... Tout y est faux et ridicule. A quoi bon parler à un insensé dans le fort de la fièvre chaude ? Ce sont des remèdes qu'il lui faut, de grandes mesures, et non des arguments. Qui ne sait que la seule victoire contre l'amour, c'est la fuite ? Mentor, quand il veut garantir Télémaque, le précipite dans la mer. Ulysse, quand il veut se préserver des sirènes, se fait lier, après avoir bouché avec de la cire les oreilles de ses compagnons[1].

*
* *

Mélanie, de La Harpe, est une pièce méchamment conçue et fort mal exécutée. C'est une déclamation boursouflée tout à fait dans l'esprit du temps, bâtie sur des calomnies à la mode et des faussetés absurdes.

*
* *

Mahomet et *Sémiramis* prouvent que Voltaire n'a connu ni les choses, ni les hommes, ni les grandes passions. Il est étonnant combien peu il supporte la lecture. Quand la pompe de la diction, les prestiges de la scène ne trompent plus l'analyse ni le vrai goût, alors il perd immédiatement mille pour cent.

---

1. Sainte-Hélène, 1ᵉʳ août 1816.

On ne croira qu'avec peine qu'au moment de la Révolution, Voltaire eût détrôné Corneille et Racine. On s'était endormi sur les beautés de ceux-ci, et c'est au Premier Consul qu'est dû le réveil. Le grand Condé trouvait des larmes aux représentations de *Cinna*.

Dans *Brutus*, Voltaire n'a point entendu le vrai sentiment. Les Romains étaient guidés par l'amour de la patrie comme nous le sommes par l'honneur. Or, Voltaire ne peint pas le vrai sublime de Brutus sacrifiant ses enfants, malgré ses angoisses paternelles, au salut de la patrie; il en a fait un monstre d'orgueil immolant ses enfants à sa situation présente, à son nom, à sa célébrité. Tout le nœud de la pièce est conçu à l'avenant. Tullie est une forcenée qui met le marché à la main pour son lit, et non une femme tendre, dont la séduction et l'influence dangereuse peuvent entraîner au crime[1].

OEdipe, du même auteur, contient la plus complète, la plus belle scène de notre théâtre : celle de la reconnaissance. Quant aux vices de la pièce, aux amours si ridicules de Philoctète, par exemple, il ne faut point accuser le poète, mais bien les mœurs du temps et les grands actrices du jour qui imposaient la loi [2].

---

1. 23 mai 1816.
2. 8 novembre 1816.

II

SUR LE *MAHOMET*, DE VOLTAIRE [1].

Sainte-Hélène, 1817.

Malgré les taches qui obscurcissent la tragédie de *Mahomet* de M. de Voltaire, les beautés dont ce chef-d'œuvre est plein l'ont placé au premier rang et font encore les délices de notre scène ; mais serait-il donc bien difficile de faire disparaître des taches qui ne tiennent point à la nature de l'ouvrage ?

1° L'amour de Mahomet pour Palmire, placé à côté de celui de Séide, est un objet de dégoût et du plus mauvais effet, d'autant que cet amour est inutile, et comme hors-d'œuvre il ne produit rien, car on ne saurait admettre que la mort de Palmire, privant Mahomet de sa maîtresse, est une punition de ses crimes. Sans doute que la mort de Palmire eût été un châtiment pour l'amoureux Séide ; mais à qui fera-t-on croire que c'en pût être un pour Mahomet ?

2° La seconde tache que l'on remarque dans cette pièce est le poison, employé deux fois par Mahomet pour arriver aux moyens de succès et pour préparer

---

1. Publié par Marchand en 1836. Morceau très curieux.

ses triomphes. Quoi! Mahomet, qui a détruit les faux dieux, renversé le temples des idoles dans la moitié du monde, propagé plus que qui que ce soit la connaissance d'un seul Dieu dans l'univers, Mahomet, considéré comme prophète à Constantinople, à Delhi, au grand-Caire, à Maroc; Mahomet ne serait arrivé à ces grands résultats que par les moyens qu'ont employés les Damien et les Bastide pour s'emparer de la succession de leurs voisins? Les plus petites sociétés ont peu de durée et se détruisent d'elles-mêmes, parce qu'elles ne sont point cimentées par les liens de la moralité, si nécessaire à la société.

Hercide est faible, dit Mahomet à Omar; eh bien, empoisonne-le. Mais comment Omar ne conçoit-il pas lui-même qu'il peut aussi être empoisonné? Par le même principe, Séide, couvert du sang de Zopire, est désavoué par Mahomet et arrêté par Omar. Avec de pareils procédés, Mahomet ne pouvait trouver un second Séide, et Omar lui-même n'eût servi qu'en tremblant un scélérat sacrifiant ses principaux instruments.

Séide, instruit qu'il vient d'assassiner son père, se met à la tête du peuple contre Mahomet, qui semble perdu et ne se sauve d'un pas si dangereux qu'en ordonnant au poison d'agir sur Séide, afin d'arrêter le bras de ce jeune assassin et de forcer ainsi le peuple à se déclarer.....

Quoi, toutes les destinées de Mahomet, qui ont tant influé sur l'univers, n'étaient fondées que sur l'art de..... et de.....[1].

Pour que l'ouvrage de Mahomet soit vraiment digne de la scène française, il faut qu'il puisse être lu sans indignation aux yeux des hommes éclairés, de Constantinople comme de Paris.

Mahomet fut un grand homme, intrépide soldat : avec une poignée de monde il triompha au combat de Bender ; grand capitaine, éloquent, grand homme d'État, il régénéra sa patrie et créa au milieu des déserts de l'Arabie un nouveau peuple et une nouvelle puissance.

3º La situation des esprits et la force des factions dans la Mecque n'est pas suffisamment développée ; la politique de Mahomet est à peine et très faiblement tracée ; c'est la troisième tache que nous désirerions voir disparaître de notre scène.

Pour faire disparaître l'amour de Mahomet pour Palmire, il n'y aurait rien à changer au premier acte. A la scène troisième du second acte, Mahomet dit à Séide :

Vous, Séide, en ces lieux !

C'est, dans l'intention de l'auteur, un mouvement de jalousie ; mais ce vers peut être laissé parce qu'il

---

1. Ces deux mots sont en blanc dans le manuscrit original.

peut être attribué à l'étonnement de voir Séide chez son père. A la quatrième scène, il paraîtrait que le dernier vers que prononce Mahomet :

De quel œil revois-tu Palmire avec Séide ?

devrait être retranché ; mais on pourrait l'y laisser, car c'est un vers de jalousie ; il peut aussi être l'effet de la surprise de voir les deux enfants de Zopire dans sa maison ; mais il faudrait supprimer la réplique de Mahomet et celle d'Omar jusqu'à ce vers :

Tous deux sont nés ici du tyran que je hais.

Plus bas :

Déjà, sans se connaître, ils m'outragent tous deux.
J'attisai de mes mains leurs feux illégitimes,
Le ciel voulut ici rassembler tous les crimes.

et dire, au lieu de ces trois vers, que ces enfants lui serviraient à détourner Zopire, à s'en faire un partisan ou à s'en venger s'il ne pouvait y réussir. À la scène sixième, il faudrait effacer :

De son maître offensé rival incestueux,

et toute la tirade de Mahomet, de douze vers, et qui finit le second acte.

A l'acte troisième, il faut supprimer la scène quatrième ; à la scène cinquième, l'hémistiche d'Omar :

Et de ravir Palmire.

Au quatrième acte, scène première, il faudra effacer :

> Sachez qu'un sort plus noble, un titre encor plus grand,
> Si vous le méritez, peut-être vous attend.

et enfin les vingt-quatre vers de Mahomet qui terminent la pièce.

Ainsi avec ces trois légères suppressions, sans même ajouter un seul vers, on ferait disparaître de ce chef-d'œuvre sa plus grande tache.

Pour effacer la seconde tache, l'empoisonnement d'Hercide, il faudrait peu de changements.

Au quatrième acte, il suffit de supprimer : « Hercide est faible, » etc., ainsi que la réponse d'Omar :

> J'ai fait ce que tu veux.

A la scène cinquième du quatrième acte, il faudrait effacer :

> Je suis puni, je meurs des mains de Mahomet ;

et à la scène première du cinquième acte, supprimer les vers d'Omar :

> Qui pourrait l'en instruire ? Un éternel oubli
> Tient avec ce secret Hercide enseveli.

Pour supprimer l'empoisonnement de Séide, il faudrait un changement dans tout le dénoûment ; d'abord, au quatrième acte, il faudrait effacer :

> Réponds-tu qu'au trépas Séide soit livré
> Réponds-tu du poison qui lui fut préparé ?

Dans ce système, toute la scène sixième du quatrième acte serait à retrancher ; il faudrait, à la place, y substituer une scène où Séide serait tué par les partisans de Zopire, le surprenant couvert du sang de leur maître, ou dans laquelle il se tuerait lui-même de désespoir d'avoir tué son père. Omar arriverait alors et enlèverait Palmire.

Dans ce système, le cinquième acte serait tout à changer ; Séide serait avoué par Mahomet ; il aurait commis le combat sacré ordonné par Dieu dans le Coran ; le parti de Zopire dans la Mecque, abattu par la mort de son chef, ne saurait faire aucune résistance contre le parti de Mahomet, soutenu par l'armée, déjà aux portes de la ville, et qui apparaîtrait sur les remparts : cela avec la mort de Palmire terminerait le cinquième acte.

III

LETTRES SUR L'OPÉRA

**
* **

3 mars 1805.

Je prie M. Fouché [1] de prendre des renseignements secrets, et de me mettre au fait des abus, des intrigues et des plaintes de l'Opéra.

**
* **

Lyon, 11 avril 1805.

Mon cousin [2], je vous renvoie un mémoire qui m'est adressé par les chefs de la danse de l'Opéra. Il me paraît inconcevable, au premier aperçu, de

---

1. Ministre de la police générale.
2. Le prince Cambacérès, archichancelier.

laisser faire des ballets à Duport; ce jeune homme n'a pas encore un an de vogue. Quand on réussit d'une manière aussi éminente dans un genre, c'est un peu précipité que de vouloir enlever celui de gens qui ont blanchi dans le travail. Quant aux formes, faites-moi un rapport détaillé. Quant aux règlements, proposez-m'en une nouvelle rédaction, afin qu'ils se trouvent rafraîchis.

*
* *

Camp de Boulogne, 23 juin 1805 [1].

Je vous prie de me faire connaître ce que c'est qu'une pièce de *Don Juan* qu'on veut donner à l'Opéra, et sur laquelle on m'a demandé l'autorisation de dépense. Je désire connaître votre opinion sur cette pièce au point de vue de l'esprit public.

*
* *

4 octobre 1805.

J'ai entendu hier, (au théâtre de la cour de Wurtemberg), l'opéra allemand de *Don Juan*; j'imagine que la musique de cet opéra est la même que celle de l'Opéra que l'on donne à Paris; elle m'a paru être fort bonne.

*
* *

1. Lettre à Fouché.
2. Lettre à Joseph Bonaparte.

Potsdam, 25 octobre 1806 [1].

Je vous envoie mon approuvé de la dépense relative à la mise en scène du ballet du *Retour d'Ulysse*. Faites-vous rendre compte en détail de ce ballet, et voyez-en la première représentation pour vous assurer qu'il n'y a rien de mauvais, vous comprenez dans quel sens. Ce sujet me paraît d'ailleurs fort beau ; c'est moi qui l'ai donné à Gardel.

*
**

Berlin, 21 novembre 1806 [2].

J'ai lu de bien mauvais vers chantés à l'Opéra. Prend-on à tâche en France de dégrader les lettres, et depuis quand fait-on à l'Opéra ce qu'on fait au Vaudeville, c'est-à-dire des impromptus ? S'il fallait deux ou trois mois pour composer ces chants, il fallait les y employer. Témoignez mon mécontentement à M. de Luçay, et défendez qu'il soit rien chanté à l'Opéra qui ne soit digne de ce grand spectacle. Quant aux impromptus, il faut les laisser faire au Vaudeville. La littérature étant dans votre département, je pense qu'il faudra vous en occuper, car en vérité ce qui a été chanté à l'Opéra est par trop déshonorant.

*
**

1. Lettre à Fouché.
2. Lettre à M. de Champagny, ministre de l'intérieur.

Finkenstein, 12 avril 1807 [1].

Toutes les intrigues de l'Opéra sont ridicules. L'affaire de mademoiselle Aubry est un accident qui serait arrivé au meilleur mécanicien du monde [2], et je ne veux pas que M. Boutron profite de cela pour intriguer. Faites-lui connaître de ma part qu'il vive bien avec son second; ne dirait-on pas que c'est la mer à boire, que de faire mouvoir les machines de l'Opéra! Je ne veux pas que M. Gromaire [3] soit victime d'un accident fortuit. Mon habitude est de soutenir les malheureux. Or, certainement, il n'y a là que du malheur. Trois mots de vous suffiront pour tout arranger, ou je mettrai M. Boutron à la porte, et je mettrai tout entre les mains de M. Gromaire. Les actrices monteront dans les nuages ou n'y monteront pas. Soutenez M. de Luçay [4]; je verrai ce que j'ai à faire quand je serai à Paris. Mais on pousse trop loin l'indécence. Parlez-en à qui de droit pour que cela finisse.

*
* *

Avril 1807 [5].

Je vous envoie une lettre de M. de Luçay. Vous

1. Lettre à Fouché.
2. En représentant *la Gloire*, mademoiselle Aubry tomba et se cassa la jambe.
3. Second machiniste en chef.
4. M. le comte de Luçay était premier préfet du palais.
5. Lettre à Cambacérès.

savez que, quel que soit le désir que j'aie de m'occuper des détails de l'administration, ce serait aller trop loin que de me mêler des querelles de ce théâtre. Je vous charge exclusivement de la surveillance de l'Opéra jusqu'à mon retour. Je ne veux plus en entendre parler. Faites-y régner une sévère discipline, faites-y respecter l'autorité, et que le spectacle qui intéresse les plaisirs de la capitale soit maintenu dans toute sa prospérité.

2 mai 1807 [1].

Je suis mécontent des menées de l'Opéra. Faites connaître au directeur Bonet [2] que ses moyens d'intrigue ne réussiront pas avec moi. Je ne sais pas pourquoi M. Boutron [3] veut empêcher les autres de gagner leur pain, et est si exclusif. Je vous prie de faire finir tout cela. En suscitant des querelles à M. de Luçay et devenant persécuteurs, M. Bonet et M. Boutron se feront mettre à la porte. Vous savez que ces moyens ne réussissent pas avec moi. On n'est pas content à l'Opéra de M. de Luçay; si cela ne cesse pas, je leur donnerai un bon militaire qui les fera marcher tambour battant.

1. Lettre à Fouché.
2. Bonet fut, plus tard, remplacé dans la direction de l'Opéra par Picard.
3. Premier machiniste en chef.

IV

FRAGMENTS DE CRITIQUE D'ART

I

SUR DEUX TABLEAUX DE DAVID.

* ***

(Sacre de Napoléon[1].)

C'est bien, David, c'est très bien. Vous avez deviné toute ma pensée, vous m'avez fait chevalier français. Je vous sais gré d'avoir transmis aux siècles à venir la preuve d'affection que j'ai voulu donner à celle qui partage avec moi les peines du gouvernement...[2] David, je vous salue [3] !

1. Ce tableau est actuellement à Versailles, Salle des Gardes, au haut de l'escalier de marbre.
2. Joséphine a été peinte, on le sait, à genoux et recevant la couronne des mains de Napoléon.
3. Paroles prononcées dans l'atelier de l'artiste, en 1805.

*
* *

(Portrait du pape Pic VII.)

Moniteur du 30 mars 1805.

On se porte en foule, à la galerie du Sénat, pour y voir le portrait de Sa Sainteté par M. David, membre de l'Institut et premier peintre de l'empereur. Ce portrait est, sous tous les rapports, digne de la réputation de ce maître. Si le premier mérite d'un portrait est une ressemblance parfaite, celui-ci le possède au plus haut degré. Cette tête admirablement peinte, offre bien ce caractère d'indulgence et de sagesse, de douceur et de raison, qui respire dans le modèle. Ces yeux sont fins, mais affectueux et paternels ; cette bouche surtout est d'une expression frappante ; on voit qu'il n'en peut sortir que des paroles de paix, de consolation et de vérité[1].

II

SUR LA CARICATURE [2].

Sainte-Hélène, le 11 février 1816.

Si les caricatures vengent quelquefois le malheur,

---

1. Simple réclame de Napoléon pour son premier peintre
2. *Mémorial de Sainte-Hélène.*

elles harcèlent sans cesse le pouvoir. Et combien n'en a-t-on pas fait sur moi ! J'ai applaudi celle-ci, comme fort jolie et d'un fort bon goût : c'était le vieux Georges III qui, de la côte d'Angleterre, jetait à ma tête, sur la rive opposée, une énorme betterave en disant : *Va te faire sucre...* Il est vrai que par compensation, les Bourbons mêmes n'étaient pas épargnés, car chacun a ses amis et ses ennemis. Ainsi, une autre caricature (faite après la Restauration) montrait Louis XVIII sur son trône. Dans un coin tombaient, sous la fusillade ou sous la guillotine, une foule de proscrits. Un de ceux-ci parvenait à s'enfuir, et passait devant le roi, qui s'efforçait de l'arrêter et qui, l'ayant manqué, s'écriait : *Ah ! malheureux, tu échappes à ma clémence !*

III

PROJETS DE MONUMENTS.

Le temple de la Grande Armée.

Posen, le 2 décembre 1806.

Article 1ᵉʳ. Il sera établi, sur l'emplacement de

la Madeleine de notre bonne ville de Paris, aux frais du trésor de notre couronne, un monument dédié à la Grande-Armée, portant sur le frontispice : *L'Empereur Napoléon aux soldats de la Grande Armée.*

2. Dans l'intérieur du monument, seront inscrits sur des tables de marbre les noms de tous les hommes, par corps d'armée et par régiment, qui ont assisté aux batailles d'Ulm, d'Austerlitz et d'Iéna, et sur des tables d'or massif, les noms de tous ceux qui sont morts sur les champs de bataille; sur des tables d'argent sera gravée la récapitulation par département, des soldats que chaque département aura fournis à la Grande Armée.

3. Autour de la salle seront sculptés des bas-reliefs où seront représentés les colonels de chacun des régiments de la Grande Armée avec leurs noms ; ces bas-reliefs seront faits de manière que les colonels soient groupés autour de leurs généraux, par corps d'armée. Les statues en marbre des maréchaux seront placées dans l'intérieur de la salle.

4. Les armures, statues, monuments de toute espèce, enlevés par la Grande Armée dans ses campagnes ; les drapeaux, étendards et timbales conquis par la Grande Armée... seront déposés dans l'intérieur du monument.

5. Tous les ans aux anniversaires des batailles d'Austerlitz et d'Iéna, le monument sera illuminé, et il sera donné un concert, précédé d'un discours

sur les vertus nécessaires au soldat, et d'un éloge de ceux qui périrent sur le champ de bataille dans ces journées mémorables. Un mois avant, un concours sera ouvert pour recevoir les meilleures pièces de poésie et de musiques analogues aux circonstances. Une médaille d'or de cent cinquante doubles napoléons[1] sera donnée aux auteurs de chacune de ces pièces qui auront remporté le prix. Dans les discours et odes, *il est expressément défendu de faire aucune mention de l'Empereur*[2].

* * *

Les jardins de Versailles.

Sainte-Hélène, 4 août 1816.

Je condamnai Versailles dans sa création ; mais, dans mes idées parfois gigantesques sur Paris, je rêvais d'en tirer parti, et de n'en faire avec le temps qu'une espèce de faubourg, un site voisin, un point de vue de la grande capitale ; et, pour l'approprier davantage à cet objet, j'avais conçu une singulière idée, dont je m'étais même fait présenter le programme.

De ces beaux bosquets, je chassais toutes ces nymphes de mauvais goût, ces ornements à la *Tur-*

---

1. Six mille francs.
2. Souligné dans le texte.

caret, et je les remplaçais par des panoramas, en maçonnerie, de toutes les célèbres batailles qui avaient illustré nos armes. C'eût été autant de monuments éternels de nos triomphes et de notre gloire nationale posés à la porte de la capitale de l'Europe laquelle ne pouvait manquer d'être visitée du reste de l'univers.

⁂

Un temple égyptien à Paris.

Sainte-Hélène, 3 octobre 1816.

Tout ce que j'ai vu en Egypte, et principalement ces fameux débris tant vantés, ne saurait néanmoins supporter la comparaison ni donner l'idée de Paris et des Tuileries. L'Egypte, grâce à la pureté de son ciel et à la nature de ses matériaux, laisse subsister des ruines éternelles, tandis que notre température européenne n'en admet point chez nous, où tout se trouve rongé et disparaît en peu de temps. Des milliers d'années laissent des vestiges sur les bords du Nil... D'ailleurs, je regrette beaucoup de n'avoir pas fait construire un temple égyptien à Paris ; c'est un monument dont je voudrais avoir enrichi la capitale.

TREIZIÈME PARTIE

MORALE ET PHILOSOPHIE

1. Morceaux philosophiques.
2. Questions de Morale et d'Histoire.
3. Testament de Napoléon.

1

MORCEAUX PHILOSOPHIQUES

I

RÉFLEXIONS SUR LA VIE [1].

Douai, décembre 1786.

Toujours seul au milieu des hommes, je rentre pour rêver avec moi-même et me livrer à toute la vivacité de ma mélancolie. De quel côté est-elle tournée aujourd'hui? Du côté de la mort. Dans l'aurore de mes jours, je puis encore espérer de vivre

---

[1]. Napoléon philosophe débute, à dix-sept ans, par une longue plainte contre la vie. Il termine sa carrière à cinquante-deux ans, après avoir vigoureusement combattu le suicide. Il commence comme Werther et finit comme Platon.

longtemps. Je suis absent depuis six ou sept ans de ma patrie. Quel plaisir ne goûterai-je pas à revoir, dans quatre mois, et mes compatriotes, et mes parents? Des tendres sensations que me fait éprouver le souvenir des plaisirs de mon enfance, ne puis-je pas conclure que mon bonheur sera complet? et quelle fureur me porte donc à vouloir ma destruction? Sans doute, que faire dans ce monde? puisque je dois mourir, ne vaut-il pas autant se tuer? Si j'avais passé soixante ans, je respecterais les préjugés de mes contemporains et j'attendrais patiemment que la nature eût achevé son cours, mais, puisque je commence à éprouver des malheurs, que rien n'est plaisir pour moi, pourquoi supporterai-je des jours où rien ne me prospère? Que les hommes sont éloignés de la nature! Qu'ils sont lâches, vils, rampants! Quel spectacle verrais je dans mon pays? Mes compatriotes chargés de chaînes embrassent en tremblant la main qui les opprime. Ce ne sont plus ces braves Corses qu'un héros animait de ses vertus, ennemis des tyrans, du luxe, des vils courtisans. Fier, plein du noble sentiment de son importance particulière, un Corse vivait heureux. S'il avait employé le jour aux affaires publiques, la nuit s'écoulait dans les tendres bras d'une épouse chérie, la raison et son enthousiasme effaçaient toutes les peines du jour; la tendresse et la nature rendaient sa nuit comparable à celle des Dieux. Mais avec la liberté, ils se sont évanouis comme des songes, ces jours heureux! Français, non contents de nous avoir ravi tout ce que nous chérissions, vous avez encore corrompu nos mœurs! le tableau actuel de ma patrie et l'impuissance de la changer sont une nouvelle raison de fuir une terre où je suis obligé par devoir de louer des hommes que je dois haïr par vertu. Quand j'arriverai dans ma patrie, quelle figure faire, quel langage tenir? Quand la patrie n'est plus, un bon citoyen doit mourir.

Si je n'avais qu'un homme à détruire pour délivrer mes compatriotes, je partirais au moment même; j'enfoncerais dans le sein du tyran le glaive vengeur de la patrie et des lois violées... La vie m'est à charge, parce que je ne goûte aucun plaisir et que tout est peine pour moi; elle m'est à charge, parce que les hommes avec qui je vis, et vivrai probablement toujours, ont des mœurs aussi éloignées des miennes que la clarté de la lune diffère de celle du soleil. Je ne puis donc pas suivre la seule manière de vivre qui pourrait me faire supporter la vie, d'où s'ensuit un dégoût pour tout.

II

DIALOGUE SUR L'AMOUR [1].

Auxonne, 1791.

Demande. — Comment, monsieur! Qu'est-ce que l'amour? Eh quoi? N'êtes-vous donc pas comme les autres hommes?

Bonaparte. — Je ne vous demande pas la définition de l'amour; je fus jadis amoureux et il m'en est resté assez de souvenirs pour que je n'aie pas besoin de ces définitions métaphysiques qui ne font jamais qu'embrouiller les choses.

Je fais plus que nier son existence, je le crois nuisible à la société, au bonheur individuel des hommes. Enfin, je crois que l'amour fait plus de mal que de bien, et que ce serait un bienfait d'une divinité protectrice que de nous en défaire et d'en délivrer les hommes [2].

1. Texte reproduit par De Coston.
2. Age de Bonaparte : 22 ans.

III

RÉFLEXIONS SUR L'ÉTAT DE NATURE[1].

Auxonne, 1791.

Je pense que l'homme n'a jamais été errant, isolé, sans liaisons, sans éprouver le besoin de vivre avec ses semblables. Je crois, au contraire, que, sorti de l'enfance, l'homme a senti le besoin de se trouver avec d'autres hommes, qu'il s'est uni à une femme, a choisi une caverne qui a dû être son magasin, le centre de ses courses, son refuge dans la tempête et pendant la nuit. Cette union s'est fortifiée par l'habitude et par les liens des enfants; elle a pu cependant être rompue par le caprice. Je pense que dans leurs courses deux sauvages se sont rencontrés, qu'ils se sont reconnus à la seconde entrevue et ont eu le désir de rapprocher leurs demeures. Je pense qu'effectivement, ils se sont rapprochés et que dans cet instant est née la peuplade naturelle.

Je pense que cette peuplade a vécu heureuse, parce qu'elle a eu une nourriture abondante, un abri contre les saisons et parce qu'elle a joui de la raison

---

1. De Coston. (*Premières années de Bonaparte.*)

et des sentiments naturels. Je pense que la terre a été, un grand nombre de siècles, partagée ainsi en peuplades éloignées, ennemies, peu nombreuses, et qu'enfin les peuplades s'étant multipliées, elles on dû avoir des relations entre elles. Dès lors, la terre n'a pu les nourrir sans culture; la propriété, les relations suivies sont nées, bientôt les gouvernements; il y a eu des échanges... l'amour propre, le penchant impétueux, l'orgueil. Il y a eu des ambitieux au teint pâle qui se sont emparés des affaires...

Ma thèse n'est pas celle de constater cette série d'états par où ont passé les hommes avant d'arriver à l'état social, mais seulement de démontrer qu'ils n'ont jamais pu vivre errants, sans domicile, sans liaisons, sans autre liaison que celle qu'éprouvent le mâle et la femelle, s'unissant furtivement selon la rencontre, l'occasion et le désir. Pourquoi suppose-t-on que dans l'état de nature l'homme ait mangé? C'est que l'on n'a pas d'exemples d'hommes qui aient existé autrement. Par une raison semblable, je pense que l'homme a eu, dans l'état de nature, la même faculté de sentir et de raisonner qu'il a actuellement. Il a dû en faire usage, car il n'y a point d'exemple que des hommes aient existé sans usager ces deux facultés. Sentir, c'est le besoin du cœur, comme manger, c'est celui du corps. Sentir, c'est s'attacher, c'est aimer; l'homme dut connaître la pitié, l'amitié et l'amour.

Dès lors, la reconnaissance, la vénération, le respect. S'il en eût été autrement, il serait vrai de dire que les sentiments et la raison ne sont pas inhérents à l'homme, mais seulement des fruits de la société ; il n'y a alors point de sentiments et de raisons naturels, point de devoirs, point de vertu, point de conscience. Point de vertu ! Ce ne sera pas le citoyen de Genève qui nous dira ceci [1].

IV

SUR LA MORT [2].

(Lettre à Joséphine.)

Albenga, le 3 avril 1796.

Il est une heure après minuit, l'on m'apporte une lettre ; elle est triste, mon âme est affectée, c'est la mort de Chauvet. Il était commissaire-ordonnateur en chef de l'armée ; tu l'as vu chez Barras. Quelquefois, mon amie, je sens le besoin d'être consolé ; c'est en t'écrivant à toi *seule*, dont la pensée peut tant influer sur la situation morale de mes idées, à

---

1. Age de Bonaparte, au moment de cet écrit : 22 ans.
2. Texte reproduit par Stendhal. (*Promenades dans Rome*, tome II, page 126.)

qui il faut que j'épanche mes peines. Qu'est-ce que l'avenir? qu'est-ce que le passé? qu'est-ce que nous? quel fluide magique nous environne et nous cache les choses qu'il nous importe le plus de connaître? Nous naissons, nous vivons, nous mourons au milieu du merveilleux. Est-il étonnant que les prêtres, les astrologues, les charlatans, aient profité de ce penchant, de cette circonstance singulière, pour promener nos idées et les diriger au gré de leurs passions? Chauvet est mort; il m'était attaché, il eût rendu à la patrie des services essentiels. Son dernier mot a été qu'il partait pour me joindre. Mais oui; je vois son ombre, il erre donc là, partout, il siffle dans l'air; son âme est dans les nuages, il sera propice à mon destin. Mais, insensé, je verse des pleurs sur l'amitié, et qui me dit que déjà je n'en aie à verser d'irréparables? Ame de mon existence, écris-moi tous les courriers, je ne saurais vivre autrement! Je suis ici très occupé; Beaulieu remue son armée, nous sommes en présence. Je suis un peu fatigué, je suis tous les soirs à cheval. Adieu, adieu, adieu; je vais dormir à toi; le sommeil me console, il te place à mes côtés, je te serre dans mes bras. Mais au réveil, hélas! je me trouve à trois cents lieues de toi! Bien des choses à Barras, à Tallien, à sa femme[1].

1. En reproduisant cette lettre, Stendhal la fait précéder des réflexions suivantes : « Bien différent de la plupart des con-
» quérants, qui furent des êtres grossiers, on voit que Napo-

V

SUR L'IMMORTALITÉ DE L'AME[1].

Paris, février 1801.

Le citoyen Dufresne, conseiller d'Etat, directeur du trésor public, vient de mourir victime d'un travail opiniâtre. Le Premier Consul ordonne de placer dans la salle de la Trésorerie le buste de ce fonctionnaire, que distinguaient si éminemment l'esprit d'ordre et la sévère probité.

Le Premier Consul a quelque consolation de penser que, du sein de l'autre vie, Dufresne sent les regrets que nous éprouvons.

» léon était fou d'amour pendant la campagne de 1796. Ceci ne
» le distingue pas moins que le culte de la vraie gloire et de
» l'opinion de la postérité... »

1. Citée par Désiré Nisard. (*Considérations sur la Révolution.*)

VI

LE RÊVE ET L'ACTION [1].

(Lettre à Joséphine.)

Pont-de-Briques, le 21 juillet 1804.

Madame et chère femme, depuis quatre jours que je vous ai quittée, j'ai été tout le temps à cheval et en mouvement, sans que cela pût prendre sur ma santé. M. Maret m'a fait part de l'intention où vous êtes de vous mettre en route lundi. En voyageant à petites journées, vous aurez le temps d'arriver aux eaux sans trop vous fatiguer.

Le vent ayant beaucoup fraîchi cette nuit, une de nos canonnières, qui était en rade, a chassé et s'est engagée sur des rochers à une lieue de Boulogne. J'ai cru tout perdu, corps et biens ; mais nous sommes parvenus à tout sauver. Ce spectacle était grand ; des coups de canon d'alarme, le rivage couvert de feu, la mer en fureur et mugissante, toute la nuit dans l'anxiété de sauver ou de perdre ces malheureux ! L'âme était entre l'éternité, l'Océan et la nuit.

---

1. Citée par Nisard. Reproduite par M. Gustave Merlet.

A cinq heures du matin, tout s'est éclairci, tout a été sauvé ; et je me suis couché avec la sensation d'un rêve romanesque et épique, — situation qui eût pu me faire penser que j'étais tout seul, si la fatigue et le corps trempé m'avaient laissé d'autres besoins que de dormir [1].

Mille choses aimables.

VII

UN SOUVENIR DE COLLÈGE [2].

Sainte-Hélène, le 25 décembre 1815.

En 1814, j'ai perdu un cheval et mon chapeau à Arcis-sur-Aube ou dans le voisinage ; et après le combat de Brienne, en rentrant le soir à mon quartier général, triste et méditatif, je me trouvai chargé inopinément par des Cosaques qui avaient passé sur les derrières de l'armée. J'en repoussai un de la main et me vis contraint de tirer l'épée pour ma défense personnelle ; plusieurs de ces Cosaques furent tués à mes côtés. Mais ce qui donne un prix bien extraordinaire à cette circonstance, c'est qu'elle se passa auprès d'un arbre que je considérais en ce

---

1. Ce récit est admirable d'un bout à l'autre. Quelle prose !
2. *Mémorial*. Causerie avec Las-Cases.

moment, et que je reconnaissais pour être celui au pied duquel, durant nos récréations, à l'âge de douze ans, je venais lire *La Jérusalem délivrée*.

VIII

SUR LE SUICIDE [1].

Sainte-Hélène, le 10 août 1820.

Un homme a-t-il le droit de se tuer? Oui. Si sa mort ne fait tort à personne et si la vie est un mal pour lui.

Quand la vie est-elle un mal pour l'homme? Lorsqu'elle ne lui offre que des souffrances et des peines; mais comme les souffrances et les peines changent à chaque instant, il n'est aucun moment de la vie où l'homme ait le droit de se tuer : le moment ne serait arrivé qu'à l'heure même de sa mort, puisqu'alors seulement il lui serait prouvé que sa vie n'a été qu'un tissu de maux et de souffrances.

Il n'est pas d'homme qui n'ait eu plusieurs fois dans sa vie l'envie de se tuer, succombant aux affec-

---

1. Dicté en 1820 à Sainte-Hélène. Publié par Marchand en 1836, à la suite du *Précis des guerres de César*.

tions morales de son âme, mais qui, peu de jours après, n'en eût été fâché par les changements survenus dans ces affections et dans les circonstances.

L'homme qui se fût tué le lundi eût voulu vivre le samedi, et cependant on ne se tue qu'une fois. La vie de l'homme se compose du passé, du présent et de l'avenir ; il faut donc que la vie soit un mal pour lui, sinon pour le passé, le présent et l'avenir, au moins pour le présent et l'avenir. Mais si elle n'est un mal que pour le présent, il sacrifie l'avenir. Les maux d'un jour ne l'autorisent pas à sacrifier sa vie à venir. L'homme dont la vie est un mal et qui aurait l'assurance, ce qui est impossible, qu'elle le serait toujours, et ne changerait pas de position ou de volonté, soit par des modifications de circonstances et de situation, soit par l'habitude et la marche du temps, ce qui est encore impossible, aurait seul le droit de se tuer.

L'homme qui, succombant sous le poids des maux présents, se donne la mort, commet une injustice envers lui-même, obéit par désespoir et faiblesse à une fantaisie du moment, à laquelle il sacrifie toute l'existence à venir.

La comparaison d'un bras gangrené que l'on coupe pour sauver le corps n'est pas bonne : lorsque le chirurgien coupe le bras, il est certain qu'il donnerait la mort au corps ; ce n'est pas un sentiment, c'est une réalité ; au lieu que quand les souffrances de la vie portent un homme à se tuer, non seulement il met un terme à ses souffrances, mais encore il détruit l'avenir. Un homme ne se repentira jamais de s'être fait couper un bras, il peut se repentir et se repentira presque toujours de s'être donné la mort [1].

IX

L'AMOUR DE LA GLOIRE [2].

Vers 1821.

Nouveau Prométhée, je suis cloué à un roc où un vautour me ronge. Oui, j'avais dérobé le feu du ciel pour en doter la France : le feu est remonté à sa source, et me voilà ! L'amour de la gloire ressemble à ce pont que Satan jeta sur le chaos pour passer de l'enfer au paradis : la gloire joint le passé à l'avenir dont il est séparé par un abîme immense. Rien à mon fils, que mon nom !

---

1. Cette dernière phrase est obscure. Notre auteur aurait dû dire : *d'avoir tenté de se donner la mort.*
2. Reproduit par De Norvins, p. 310. Note trouvée dans les papiers de Napoléon.

II

QUESTIONS DE MORALE ET D'HISTOIRE

I

SUR LES HOMMES [1].

La morale déclare que *les hommes ne changent jamais*; cela n'est pas vrai; ils changent en mal et même en bien. Il en est ainsi d'une foule d'autres maximes consacrées par les auteurs, toutes également fausses. *Les hommes sont ingrats*, disent-ils : non, il n'est pas vrai que les hommes soient aussi ingrats qu'on le dit; et si l'on a si souvent à s'en plaindre, c'est que d'ordinaire le bienfaiteur exige encore plus qu'il ne donne.

1. *Mémorial*, 20 mai 1816.

On vous dit encore que *quand on connaît le caractère d'un homme, on a la clef de sa conduite* ; c'est faux : tel fait une mauvaise action, qui est foncièrement honnête homme ; tel fait une méchanceté sans être méchant. C'est que presque jamais l'homme n'agit par l'acte naturel de son caractère, mais par une passion secrète du moment, réfugiée, cachée dans les derniers replis du cœur. Autre erreur quand on vous dit que *le visage est le miroir de l'âme*. Le vrai est que l'homme est très difficile à connaître, et que, pour ne pas se tromper, il faut ne le juger que sur ses actions : et encore faudrait-il que ce fût sur celles du moment, et seulement pour ce moment.

Au fait, les hommes ont leurs vertus et leurs vices, leur héroïsme et leur perversité ; les hommes ne sont ni généralement bons ni généralement mauvais ; mais ils possèdent tout ce qu'il y a de bon et de mauvais ici-bas ; voilà le principe : ensuite le naturel, l'éducation, les accidents, font les applications. Hors de cela, tout est système, tout est erreur. Tel a été mon guide, et il m'a réussi assez généralement.

II

SUR LES FEMMES [1].

Nous n'y entendons rien, nous autres peuples de l'Occident, nous avons tout gâté en traitant les femmes trop bien. Nous les avons portées, à grand tort, presque à l'égal de nous. Les peuples de l'Orient ont bien plus d'esprit et de justesse : ils les ont déclarées la véritable propriété de l'homme ; et, en effet, la nature les a faites nos esclaves ; ce n'est que par nos travers d'esprit qu'elles osent prétendre à être nos souveraines ; elles abusent de quelques avantages pour nous séduire et nous gouverner. Pour une qui nous inspire quelque chose de bien, il en est cent qui nous font faire des sottises. La femme est donnée à l'homme pour qu'elle fasse des enfants. Or, une femme unique ne pourrait suffire à l'homme pour cet objet ; elle ne peut être sa femme quand elle nourrit ; elle ne peut être sa femme quand elle est malade ; elle cesse d'être sa femme quand elle ne peut plus lui donner d'enfants ; l'homme, que la nature n'arrête ni par l'âge ni par aucun de

1. 3. juin 1816.

ces inconvénients, doit donc avoir plusieurs femmes.

Et de quoi vous plaindriez-vous, après tout, ne vous avons-nous pas reconnu une âme ? Vous savez qu'il y a des philosophes qui ont balancé. Vous prétendriez à l'égalité ? Mais c'est folie ; la femme est notre propriété ; nous ne sommes pas la sienne, car elle nous donne des enfants, et l'homme ne lui en donne pas. Elle est donc sa propriété, comme l'arbre à fruit est celle du jardinier. Si l'homme fait une infidélité à sa femme, qu'il lui en fasse l'aveu, s'en repente, il n'en reste pas de traces ; la femme se fâche, pardonne, se raccommode, et encore y gagne-t-elle parfois. Il ne saurait en être ainsi de l'infidélité de la femme, elle aurait beau l'avouer, s'en repentir, qui garantira qu'il n'en demeurera rien ? Le mal est irréparable ; aussi ne doit-elle, ne peut-elle jamais en convenir. Il n'y a donc, mesdames [1], que le manque de jugement, des idées communes et le défaut d'éducation qui puissent porter une femme à se croire en tout l'égale de son mari. Il n'y a, du reste, rien de déshonorant dans la différence : chacun a ses propriétés et ses obligations ; vos propriétés, mesdames, sont la beauté, les grâces, la séduction ; vos obligations, la dépendance, la soumission.

1. Les comtesses Bertrand et Montholon assistaient à l'entretien.

III

LES GRANDS CAPITAINES [1].

Il n'est pas de grandes actions suivies qui soient l'œuvre du hasard et de la fortune ; elles dérivent toujours de la combinaison et du génie. Rarement on voit échouer les grands hommes dans leurs entreprises les plus périlleuses. Regardez Alexandre, César, Annibal, le grand Gustave et autres ; ils réussissent toujours. Est-ce parce qu'ils ont du bonheur qu'ils deviennent ainsi de grands hommes ? Non, mais parce qu'étant de grands hommes, ils ont su maîtriser le bonheur. Quand on veut étudier les ressorts de leurs succès, on est tout étonné de voir qu'ils avaient tout fait pour les obtenir.

Alexandre se montre tout à la fois grand guerrier, grand politique, grand législateur ; malheureusement, quand il atteint le zénith de la gloire et du succès, la tête lui tourne ou le cœur se gâte. Il avait débuté avec l'âme de Trajan ; il finit avec le cœur de Néron et les mœurs d'Héliogabale... César, au rebours d'Alexandre, a commencé sa carrière fort tard,

1. 14 novembre 1816.

et ayant débuté par une jeunesse oisive et des plus vicieuses, il a fini montrant l'âme la plus active, la plus élevée, la plus belle ; je le considère comme un des caractères les plus aimables de l'histoire. Et cet Annibal, le plus audacieux de tous, le plus étonnant peut-être, si hardi, si sûr, si large en toutes choses !... Tous ces grands capitaines de l'antiquité et ceux qui, plus tard, ont dignement marché sur leurs traces, n'ont fait de grandes choses qu'en se conformant aux règles et aux principes naturels de l'art, c'est-à-dire par la justesse des combinaisons et le rapport raisonné des moyens avec leurs conséquences, des efforts avec les obstacles.

IV

SUR LA RELIGION [1].

Tout proclame l'existence de Dieu, c'est indubitable ; mais toutes nos religions sont évidemment les enfants des hommes. Pourquoi y en a-t-il tant ? pourquoi la nôtre n'a-t-elle pas toujours existé ? pourquoi est-elle exclusive ? que deviennent les hommes vertueux qui nous ont devancés ? pourquoi

1. 8 juin 1816.

ces religions se décrient-elles, se combattent-elles, s'exterminent-elles ? pourquoi cela a-t-il été de tous les temps, de tous les lieux ? C'est que les hommes sont toujours les hommes, c'est que les prêtres ont toujours glissé partout la fraude et le mensonge.

Dire d'où je viens, ce que je suis, où je vais, est au-dessus de mes idées ; et pourtant tout cela est. Je suis la montre qui existe et qui ne se connaît pas. Toutefois le sentiment religieux est si consolant que c'est un bienfait du ciel que de le posséder... Mais comment pouvoir être convaincu par la bouche absurde, par les actes iniques de la plupart de ceux qui nous prêchent ? Je suis entouré de prêtres qui me répètent sans cesse que leur règne n'est pas de ce monde, et ils se saisissent de tout ce qu'ils peuvent. Le pape est le chef de cette religion du ciel, et il ne s'occupe que de la terre. Que de choses celui d'aujourd'hui, qui assurément est un brave et saint homme, m'offrait pour retourner à Rome ! La discipline de l'Église, l'institution des évêques, ne lui étaient plus rien, s'il pouvait à ce prix redevenir prince temporel. Aujourd'hui même, il est l'ami de tous les protestants, qui lui accordent tout parce qu'ils ne le craignent pas.

V

NAPOLÉON ÉVÊQUE [1].

C'est dimanche... Nous aurions la messe si nous étions en pays chrétien, si nous avions un prêtre ; et cela nous eût fait passer un instant de la journée. J'ai toujours aimé le son des cloches de campagne. Il faudrait se décider à faire un prêtre parmi nous : le curé de Sainte-Hélène. Comment l'ordonner sans évêque ?... Eh ! ne suis-je pas évêque ? n'ai-je pas été oint du même chrême, sacré de la même manière ? Clovis et ses successeurs n'ont-ils pas été oints, dans le temps, avec la formule de *Rex Christique sacerdos* ? N'était-ce pas là réellement de vrais évêques ? La jalousie et la politique des évêques et des papes n'a-t-elle pas seule amené depuis la suppression de cette formule ?

1. Dimanche 11 août 1816.

VI

LES PRINCIPES DE 1789[1].

Rien ne saurait désormais détruire ou effacer les grands principes de notre Révolution. Ces grandes et belles vérités doivent demeurer à jamais, tant nous les avons entrelacées de lustre, de monuments, de prodiges ; nous en avons noyé les premières souillures dans des flots de gloire ; elles sont désormais immortelles ! Sorties de la tribune française, cimentées du sang des batailles, décorées des lauriers de la victoire, saluées des acclamations des peuples, sanctionnées par les traités, les alliances des souverains, devenues familières aux oreilles comme à la bouche des rois, elles ne sauraient plus rétrograder.

Elles seront la foi, la religion, la morale de tous les peuples ; et cette ère mémorable se rattachera, quoi qu'on ait voulu dire, à ma personne ; parce qu'après tout j'ai fait briller le flambeau, consacré les principes, et qu'aujourd'hui la persécution achève de m'en rendre le Messie. Amis et ennemis, tous m'en diront le premier soldat, le grand représentant.

1. 10 avril 1816.

VII

UN EMPIRE EN ORIENT [1].

Mes proclamations d'Egypte [2] étaient du charlatanisme, mais du plus haut. D'ailleurs, tout cela n'était que pour être traduit en beaux vers arabes, et par un de leurs cheicks les plus habiles... Il est faux que je me sois habillé en musulman; si je suis jamais entré dans une mosquée, cela a toujours été comme vainqueur, jamais comme fidèle.

Et après tout, ce n'est pas qu'il eût été impossible que les circonstances m'eussant amené à embrasser l'islamisme; et, comme disait cette bonne reine de France : *Vous m'en direz tant!* Mais ce n'eût été qu'à bonne enseigne; il m'eût fallu pour cela au moins jusqu'à l'Euphrate. Le changement de religion, inexcusable pour des intérêts privés, peut se comprendre peut-être par l'immensité de ses résultats politiques, Henri IV avait bien dit : *Paris vaut bien une messe.* Croit-on que l'empire d'Orient, et peut-être la sujétion de toute l'Asie, n'eussent pas

1. 26 avril 1816.
2. Ce sont les *Lettres mahométanes*. (Tome II de notre édition.)

valu un turban et des pantalons? car c'est au vrai uniquement à quoi cela se fût réduit. Les grands cheicks s'étaient étudiés à nous faire beau jeu; ils avaient aplani les grandes difficultés. Ils permettaient le vin et nous faisaient grâce de toute formalité corporelle : nous ne perdions donc que nos culottes et un chapeau. Je dis nous, car l'armée, disposée comme elle l'était, s'y fût prêtée indubitablement, et n'y eût vu que du rire et des plaisanteries. Cependant voyez les conséquences ! Je prenais l'Europe à revers, la vieille civilisation européenne demeurait cernée, et qui eût songé alors à inquiéter le cours des destinées de notre France ni celui de la génération du siècle !

VIII

LES GRANDS HOMMES [1].

Lorsqu'une déplorable faiblesse et une versatilité sans fin se manifestent dans les conseils du pouvoir; lorsque cédant tour à tour à l'influence de partis contraires et vivant au jour le jour, sans plan fixe, sans marche assurée, il a donné la mesure de

1. Reproduit par M. Gustave Merlet (*Extraits des auteurs classiques*, prose et poésie, etc. A Fouraut, édit. 1887.)

son insuffisance, et que les citoyens les plus modérés sont forcés de convenir que l'Etat n'est plus gouverné ; lorsque, enfin, à sa nullité au dedans l'administration joint le tort le plus grave qu'elle puisse avoir aux yeux d'un peuple fier, je veux dire l'avilissement au dehors, alors une inquiétude vague se répand dans la société, le besoin de sa conservation l'agite, et promenant sur elle-même ses regards, elle semble chercher un homme qui puisse la sauver.

Ce génie tutélaire, une nation nombreuse le renferme toujours dans son sein ; mais, quelquefois, il tarde de paraître. En effet, il ne suffit pas qu'il existe, il faut qu'il soit connu ; il faut qu'il se connaisse lui-même. Jusque-là, toutes les tentatives sont vaines, toutes les menées impuissantes ; l'inertie du grand nombre protège le gouvernement nominal, et, malgré son impéritie et sa faiblesse, les efforts de ses ennemis ne prévalent pas contre lui. Mais que ce sauveur, impatiemment attendu, donne tout à coup un signe d'existence, l'instinct national le devine et l'appelle. Les obstacles s'aplanissent devant lui, et tout un grand peuple, volant sur son passage, semble dire : Le voilà !

IX

VIE DE NAPOLÉON RÉSUMÉE PAR LUI-MÊME[1].

Après tout, les historiens auront beau retrancher, supprimer, mutiler, il leur sera bien difficile de me faire disparaître tout à fait. Un historien français sera pourtant bien obligé d'aborder l'Empire; et s'il a du cœur, il faudra bien qu'il me restitue quelque chose, qu'il me fasse ma part, et sa tâche sera aisée, car les faits parlent; ils brillent comme le soleil.

J'ai refermé le gouffre anarchique et débrouillé le chaos. J'ai dessouillé la Révolution, ennobli les peuples et raffermi les rois. J'ai excité toutes les émulations, récompensé tous les mérites et reculé les limites de la gloire! Tout cela est bien quelque chose. Et puis sur quoi pourrait-on m'attaquer qu'un historien ne puisse me défendre? Serait-ce mes intentions? Mais il est en fonds pour m'absoudre. Mon despotisme? mais il démontrera que la dictature était de toute nécessité. Dira-t-on que j'ai gêné la liberté? mais il prouvera que la licence, l'anarchie, les grands désordres, étaient encore au seuil

---

1. Conversation avec Las Cases. 2 mai 1816. (*Mémorial.*)

de la porte. M'accusera-t-on d'avoir trop aimé la guerre? mais il montrera que j'ai toujours été attaqué; d'avoir voulu la monarchie universelle? mais il fera voir qu'elle ne fut que l'œuvre fortuite des circonstances, que ce furent nos ennemis eux-mêmes qui m'y conduisirent pas à pas. Enfin sera-ce mon ambition? Ah! sans doute, il m'en trouvera, et beaucoup, mais de la plus grande et de la plus haute qui fût peut-être jamais! celle d'établir, de consacrer enfin l'empire de la raison et le plein exercice, l'entière jouissance de toutes les facultés humaines! Et ici l'historien se trouvera peut-être réduit à devoir regretter qu'une telle ambition n'ait pas été accomplie, satisfaite!... Mon cher, en bien peu de mots, voilà toute mon histoire.

X

MAXIMES ET PENSÉES[1].

*
* *

Il faut vouloir vivre et savoir mourir.

*
* *

---

1. Les neuf premières maximes sont extraites de lettres ou de conversations.

Quel est l'homme qui ne voudrait pas être **poignardé** à la condition d'avoir été César? Un faible rayon de sa gloire dédommagerait bien largement d'une mort prématurée.

⁎ ⁎ ⁎

L'homme habile profite de tout, ne néglige rien de tout ce peut lui donner quelques chances de plus; l'homme moins habile quelquefois, en en méprisant une seule, fait tout manquer.

⁎ ⁎ ⁎

Tout passe promptement sur la terre, hormis l'opinion que nous laissons empreinte dans l'histoire.

⁎ ⁎ ⁎

La grande gloire prolonge la mémoire des hommes au delà de la durée des siècles.

⁎ ⁎ ⁎

La première femme du monde, morte ou vivante, est celle qui a fait le plus d'enfants.

⁎ ⁎ ⁎

La masse des hommes est faible, mobile parce qu'elle est faible, cherche fortune où elle peut, fait son bien sans vouloir faire le mal d'autrui, et mérite plus de compassion que de haine.

⁎ ⁎ ⁎

Ce sont les mères qui font les grands hommes,

L'imagination gouverne le monde.

* *

Tout conquérant, tout roi fidèlement servi, serait insensé s'il se montrait ingrat[1].

* *

L'ardeur des Provençaux, cette nation généreuse, s'étend à tout : à la fortune, au plaisir, à la gloire. On trouve cependant un plus grand nombre d'excellents officiers chez les spirituels Gascons que chez les ardents Provençaux.

* *

Il est souvent plus dangereux d'avoir des talents que de n'en avoir pas ; on n'évite guère le dédain qu'on ne devienne l'objet de l'envie.

* *

Le peuple est le même partout. Quand on dore ses fers, il ne hait pas la servitude ; mais s'il les voit à nu au travers des lambeaux de sa misère, il s'inquiète, veut les rompre, y parvient avec insolence, et son ambition écrase les faibles monarques.

* *

---

1. A partir d'ici, les maximes sont empruntées aux annotations de Napoléon sur le *Parlement anglais* de l'abbé Raynal. (Beaudoin, édit. 1820.)

Une belle femme qui dispose de grands trésors ne manque nulle part de partisans.

*
* *

Point d'hésitation dans les grandes crises : elle tue souvent et ne sauve jamais. Charles Ier (d'Angleterre) pouvait combattre et vaincre ; il hésita et fut perdu. Hésiter, c'est manquer de justesse et de génie. César hésita sur les bords du Rubicon, il ne fut point lui ce jour-là. Une des grands vertus militaires, c'est de n'hésiter jamais alors qu'il faut agir.

*
* *

Richelieu, ce grand ministre, ou plutôt ce grand roi, eut le privilège unique de rendre utiles à l'état ses passions et ses talents, ses vices comme ses vertus.

*
* *

Lorsque, dans un gouvernement, le roi, les grands et le peuple partagent l'autorité, et que l'un de ces trois pouvoirs n'est pas absolu, des révolutions fréquentes agitent l'État. On me citera l'Angleterre et les États-Unis ; mais ce sont des républiques modernes, et elles finiront, comme toutes les autres, par se donner un maître.

*
* *

La plupart des hommes, des grands hommes mêmes ne savent être hardis qu'à demi.

* * *

Il est des occasions où il est plus embarrassant de réussir que d'échouer.

* * *

Quand l'arbitraire est entre bonnes mains, il peut fort bien s'accorder avec la justice.

* * *

Le gouvernement arbitraire est le meilleur et le plus solide de tous quand un roi sage, éclairé, ferme, le dirige lui-même. Mais le mot *arbitraire* semble être synonyme de despotique. Il dérive pourtant d'*arbitre* ; et tous les jours des zélateurs d'une liberté sans mesure ont, dans leurs contestations, recours à l'arbitrage.

* * *

La souveraineté du peuple est une des chimères de nos idéologues, démocrates sans énergie et républicains sans pouvoir : nos jacobins, connus et démasqués, n'ont pu se faire un parachute. Quant à la légitimité des monarchies héréditaires, c'est une grande question, inabordable de nos jours ; mais le pour et le contre, si on la pouvait agiter, y brilleraient également.

⁂

Tous nos philosophes modernes, nos sages en discours, nos prétendus républicains, ont tonné sur les conquérants ; c'est cependant par la conquête qu'on a rendu et qu'on rendra la liberté aux nations.

IX

DERNIÈRES PAROLES DE NAPOLÉON[1].

Sainte-Hélène, 1820.

Dans ma carrière on relèvera des fautes sans doute, mais Arcole, Rivoli, les Pyramides, Marengo, Austerlitz, Iéna, Friedland, c'est du granit : la dent de l'envie n'y peut rien.

17 mars 1821.

Ce n'est pas la faiblesse, c'est la force qui m'étouffe, c'est la vie qui me tue... Il y a dix ans, à pareil jour[2], il y avait des nuages au ciel, ah ! je serais guéri si je voyais ces nuages !

1. Texte du comte Abel Hugo. (1833.)
2. Il était à Auxerre, de retour de l'île d'Elbe.

2 avril 1821.

Une comète! ce fut le signe précurseur de la mort de César[1].

15 avril 1821.

Voilà mes apprêts, je m'en vais, c'en est fait de moi. Plus d'illusions, je sais ce qui en est, je suis résigné... Jeune homme, vous avez peut-être trop d'esprit pour croire en Dieu : je n'en suis pas là... N'est pas athée qui veut.[2]

18 avril 1821.

Docteur, l'Angleterre réclame mon cadavre, il ne faut pas la faire attendre.

19 avril 1821.

Vous ne vous trompez pas, je vais mieux aujourd'hui ; mais je n'en sens pas moins que ma fin approche. Quand je serai mort, chacun de vous aura la douce satisfaction de retourner en Europe. Vous reverrez, les uns vos parents, les autres vos amis ; et moi je retrouverai mes braves aux Champs-Elysées. Oui, Kléber, Desaix, Bessières, Duroc, Ney, Murat,

---

1. On aperçut en effet, ce jour-là, de Sainte-Hélène, une comète qui se montrait vers l'orient.
2. Napoléon s'adresse ici au docteur Antomarchi.

Lannes, Masséna! tous viendront à ma rencontre... ils ressentiront encore une fois l'ivresse de la gloire humaine... Nous parlerons de ce que nous avons fait, nous nous entretiendrons de nos guerres avec les Scipions, les Annibal, les César, les Frédéric, les Turenne, les Condé... *à moins que là-haut comme ici bas on n'ait peur de voir tant de militaires ensemble.*

20 avril 1821.

C'en est fait, le coup est porté, je touche à ma fin, je vais rendre mon corps à la terre... Approchez, Bertrand, traduisez à monsieur [1] ce que vous allez entendre... N'omettez pas un mot... J'étais venu m'asseoir au foyer du Peuple britannique; je demandais une loyale hospitalité. Contre tout ce qu'il y a de droits sur la terre, on me répondit par des fers. J'eusse reçu un autre accueil d'Alexandre, de l'empereur François, du roi de Prusse lui-même. Mais il appartenait à l'Angleterre de surprendre, d'entraîner les rois, et de donner au monde le spectacle inouï de quatre grandes puissances s'acharnant sur un seul homme... Ma femme, mon fils, ne vivent plus pour moi; les plus simples communications de famille m'ont été refusées : on m'a ainsi tenu six ans à la torture du secret... Dans cette île inhospitalière, on m'a donné pour demeure l'endroit le moins fait pour

---

1. Le docteur Arnold, médecin anglais.

être habité, celui où le climat meurtrier du tropique se fait le plus sentir ; il a fallu me renfermer entre quatre cloisons, moi qui parcourais à cheval toute l'Europe ! Le gouvernement britannique m'a assassiné longuement, en détail, avec préméditation, et l'infâme Hudson Lowe a été son exécuteur des hautes œuvres... Ce gouvernement finira comme la superbe république de Venise. Quant à moi, mourant sur cet affreux rocher, privé des miens, et manquant de tout, je lègue l'opprobre de ma mort à la maison régnante d'Angleterre.

21 avril 1821.

Je suis né dans la religion catholique ; je veux remplir les devoirs qu'elle impose et recevoir les secours qu'elle administre.

28 avril 1821.

Quand je ne serai plus, vous vous rendrez à Rome ; vous irez trouver ma mère, ma famille ; vous leur raconterez ma maladie et ma fin ; vous leur direz que Napoléon est mort dans l'état le plus déplorable, abandonné, manquant de tout...[1]

29 avril 1821.

Si la destinée veut que je me rétablisse, j'élèverai un monument au lieu d'où cette source jaillit, en

---

1. Paroles à Antomarchi.

mémoire du soulagement qu'elle m'a donné...¹ Si après ma mort, on ne proscrit pas mon cadavre, comme on a proscrit ma personne, si l'on ne me refuse pas un peu de terre, je souhaite qu'on m'inhume auprès de mes ancêtres, dans la cathédrale d'Ajaccio en Corse, ou sur les bords de la Seine, au milieu du peuple français que j'ai tant aimé... Mais s'il ne m'est pas permis d'y reposer, qu'on ensevelisse mon corps là où coule cette eau si douce et si pure.

2 mai 1821.

Stengel ! Desaix, Masséna ! ah ! la victoire se décide ; allez, courez, pressez la charge ; ils sont à nous !

3 mai 1821.

Je vais mourir... vous retournerez en Europe ; je vous dois des conseils sur la conduite que vous avez à y tenir. Vous avez partagé mon exil ; vous serez fidèles à ma mémoire ; vous ne ferez rien qui puisse la blesser. J'ai sanctionné tous les principes, je les ai infusés dans mes lois, dans mes actes ; il n'y en a pas un seul que je n'aie consacré. Malheureusement les circonstances étaient graves ; j'ai été obligé de sévir, d'ajourner ; les revers sont venus ; je n'ai pu débander l'arc, et la France a été privée

---

1. Cette fontaine est située à une lieue de Longwood. Elle n'est point encore tarie.

des institutions libérales que je lui destinais. Elle me tient compte de mes intentions; elle chérit mon nom, mes victoires... Imitez-la, soyez fidèles aux opinions que nous avons défendues, à la gloire que nous avons acquise; il n'y a, hors de là, que honte et confusion [1].

[1]. Paroles aux généraux Bertrand et Montholon. Napoléon mourut, deux jours après, le 5 mai, à six heures moins onze minutes du soir. Ses derniers mots furent : *Mon fils... tête... armée !*

III

TESTAMENT DE NAPOLÉON [1]

Longwood, 15 avril 1821.

Ceci est mon testament ou acte de ma dernière volonté

I

1° Je meurs dans la religion catholique, apostolique et romaine, dans le sein de laquelle je suis né, il y a plus de cinquante ans.

2° Je désire que mes cendres reposent sur les bords de la Seine, au milieu de ce peuple français que j'ai tant aimé.

3° J'ai toujours eu à me louer de ma très chère épouse Marie-Louise ; je lui conserve jusqu'au der-

---

[1]. Nous reproduisons ici, d'après Las Cases, les passages les plus caractéristiques de ce curieux document.

nier moment les plus tendres sentiments; je la prie de veiller pour garantir mon fils des embûches qui environnent encore son enfance.

4° Je recommande à mon fils de ne jamais oublier qu'il est né prince français, et de ne jamais se prêter à être un instrument entre les mains des triumvirs qui oppriment les peuples de l'Europe. Il ne doit jamais combattre, ni nuire en aucune manière à la France; il doit adopter ma devise : *Tout pour le peuple français.*

5° Je meurs prématurément, assassiné par l'oligarchie anglaise et son sicaire; le peuple anglais ne tardera pas à me venger.

6° Les deux issues si malheureuses des invasions de la France, lorsqu'elle avait encore tant de ressources, sont dues aux trahisons de Marmont, Augereau, Talleyrand et la Fayette. Je leur pardonne; puisse la postérité française leur pardonner comme moi !

7° Je remercie ma bonne et très excellente mère, le cardinal, mes frères Joseph, Lucien, Jérôme, Pauline, Caroline, Julie, Hortense, Catarine, Eugène, de l'intérêt qu'ils m'ont conservé; je pardonne à Louis le libelle qu'il a publié en 1820 : il est plein d'assertions fausses et de pièces falsifiées.

8° Je désavoue le *Manuscrit de Sainte-Hélène* et autres ouvrages sous le titre de *Maximes, Sentences,* etc., que l'on s'est plu à publier depuis six ans :

ce ne sont pas là les règles qui ont dirigé ma vie. J'ai fait arrêter et juger le duc d'Enghien, parce que cela était nécessaire à la sûreté, à l'intérêt et à l'honneur du peuple français, lorsque... entretenait de son aveu, soixante assassins à Paris. Dans une semblable circonstance, j'agirais encore de même.

II

1° Je lègue à mon fils les boîtes, ordres, et autres objets tels qu'argenterie, lit de camp, armes, selles, éperons, vases de ma chapelle, livres, linge qui a servi à mon corps et à mon usage, conformément à l'état annexé, coté A. Je désire que ce faible legs lui soit cher, comme lui retraçant le souvenir d'un père dont l'univers l'entretiendra.

2° Je lègue à lady Holland le camée antique que le pape Pie VI m'a donné à Tolentino.

3° Je lègue au comte Montholon deux millions de francs, comme une preuve de ma satisfaction des soins filiaux qu'il m'a rendus depuis six ans, et pour l'indemniser des pertes que son séjour à Sainte-Hélène lui a occasionnées.

4° Je lègue au comte Bertrand cinq cent mille francs.

5° Je lègue à Marchand, mon premier valet de chambre, quatre cent mille francs. Les services qu'il m'a rendus sont ceux d'un ami. Je désire qu'il épouse une veuve, sœur ou fille d'un officier ou soldat de ma vieille garde.

(*Suivent 9 legs.*)

15° Au chirurgien en chef Larrey, cent mille francs. C'est l'homme le plus vertueux que j'aie connu.

(*Suivent 15 legs.*)

31° Au colonel Marbot, cent mille francs. Je l'engage à continuer d'écrire pour la défense de la gloire des armées françaises, et à en confondre les calomniateurs et les apostats.

(*Suivent 4 legs.*)

36° Tout ce que ce placement produira au delà de la somme de cinq millions six cent mille francs, dont il a été disposé ci-dessus, sera distribué en gratification aux blessés de Waterloo, et aux officiers et soldats du bataillon de l'île d'Elbe, sur un état arrêté par Montholon, Bertrand, Drouot, Cambronne et le chirurgien Larrey.

37° (*Observation.*)

III

1° Mon domaine privé étant ma propriété, dont aucune loi française ne m'a privé, que je sache, le compte en sera demandé au baron de La Bouillerie, qui en est le trésorier ; il doit se monter à plus de deux cents millions de francs ; savoir : 1° Le portefeuille contenant les économies que j'ai, pendant quatorze ans, faites sur ma liste civile, lesquelles se sont élevées à plus de douze millions par an, si j'ai bonne mémoire ; 2° le produit de ce portefeuille ; 3° les meubles de mes palais, tels qu'ils étaient en 1814, les palais de Rome, Florence, Turin compris ; tous ces meubles ont été achetés des deniers des revenus de la liste civile ; 4° la liquidation de mes maisons du royaume d'Italie, tels qu'argent, argenterie, bijoux, meubles, écuries ; les comptes en seront donnés par le prince Eugène et l'intendant de la couronne, Campagnoni.

Napoléon.

Deuxième feuille.

2° Je lègue mon domaine privé, moitié aux officiers et soldats qui restent de l'armée française, qui ont combattu depuis 1792 jusqu'à 1815 pour la gloire et l'indépendance de la nation ; la répartition en sera faite au prorata des appointements d'activité : moitié aux villes et campagnes d'Alsace, de Lorraine, de Franche-Comté, de Bourgogne, de l'Ile-de-France, de Champagne, Forez, Dauphiné qui auraient souffert par l'une ou l'autre invasion. Il sera, de cette somme, prélevé un million pour la ville de Brienne, et un million pour celle de Méry.

J'institue les comtes Montholon, Bertrand et Marchand mes exécuteurs testamentaires.

Ce présent testament, tout écrit de ma propre main, est signé et scellé de mes armes.

Napoléon.

(*Suivent 1 état et 2 codicilles.*)

Troisième codicille.

24 avril 1821.

1° et 2° *Observations.*

3° Je lègue au duc d'Istrie trois cent mille francs, dont seulement cent mille reversibles à la veuve, si le duc était mort lors de l'exécution du legs. Je désire, si cela n'a aucun inconvénient, que le duc épouse la fille de Duroc[1].

---

1. M. Arvède Barine a fait ressortir, dans un savant article, le goût marqué de Napoléon pour le mariage.

4° Je lègue à la duchesse de Frioul, fille de Duroc, deux cent mille francs ; si elle était morte avant l'exécution du legs, il ne sera rien donné à la mère.

(*Suivent 3 legs et 1 observation.*)

Ce 24 avril 1821, Longwood.

Ceci est un quatrième codicille à mon testament.

Par les dispositions que nous avons faites précédemment, nous n'avons pas rempli toutes nos obligations, ce qui nous a décidé à faire ce quatrième codicille.

1° Nous léguons au fils, ou petit-fils du baron Dutheil, lieutenant général d'artillerie, ancien seigneur de Saint-André, qui a commandé l'école d'Auxonne avant la Révolution, la somme de cent mille francs (100,000) comme souvenir de reconnaissance pour les soins que ce brave général a pris de nous, lorsque nous étions, comme lieutenant et capitaine, sous ses ordres.

2° *Idem*, au fils, ou au petit-fils du général Dugommier, qui a commandé en chef l'armée de Toulon, la somme de cent mille francs (100,000) ; nous avons, sous ses ordres, dirigé ce siège, et commandé l'artillerie ; c'est un témoignage de souvenir pour les marques d'estime, d'affection et d'amitié que nous a données ce brave et intrépide général.

3° *Idem*. Nous léguons cent mille francs (100,000)

au fils ou au petit-fils du député à la Convention Gasparin, représentant du peuple à l'armée de Toulon, pour avoir protégé et sanctionné de son autorité le plan que nous avons donné, qui a valu la prise de cette ville, et qui était contraire à celui envoyé par le comité du salut public. Gasparin nous a mis, par sa protection, à l'abri des persécutions de l'ignorance des états-majors qui commandaient l'armée avant l'arrivée de mon ami Dugommier.

4° *Idem.* Nous léguons cent mille francs (100,000) à la veuve, fils ou petit-fils de notre aide de camp Muiron, tué à nos côtés à Arcole, nous couvrant de son corps.

(*Suivent 1 legs et 8 observations.*)

Première lettre. — A M. Laffitte.

Monsieur Laffitte, je vous ai remis en 1815, au moment de mon départ de Paris, une somme de près de six millions, dont vous m'avez donné un double reçu ; j'ai annulé un des reçus, et je charge le comte Montholon de vous présenter l'autre reçu, pour que vous ayez à lui remettre, après ma mort, ladite somme, avec les intérêts à raison de cinq pour cent, à dater du 1ᵉʳ juillet 1815, en défalquant les payements dont vous avez été chargé en vertu d'ordres de moi.

Je désire que la liquidation de votre compte soit

arrêtée d'accord entre vous, le comte Montholon, le comte Bertrand, et le sieur Marchand, et, cette liquidation réglée, je vous donne, par la présente, décharge entière et absolue de ladite somme.

Je vous ai également remis une boîte contenant mon médaillier ; je vous prie de la remettre au comte Montholon.

Cette lettre n'étant à autre fin, je prie Dieu, monsieur Laffitte, qu'il vous ait en sa sainte et digne garde.

NAPOLÉON.

Longwood, Ile Sainte-Hélène, 25 avril.

Seconde lettre. — *A M. le baron Labouillerie.*

Longwood, le 25 avril 1821.

Monsieur le baron Labouillerie, trésorier de mon domaine privé, je vous prie d'en remettre le compte et le montant, après ma mort, au comte Montholon, que j'ai chargé de l'exécution de mon testament.

Cette lettre n'étant à autre fin, je prie Dieu, monsieur le baron Labouillerie, qu'il vous ait en sa sainte et digne garde.

NAPOLÉON.

FIN DES ŒUVRES LITTÉRAIRES DE NAPOLÉON BONAPARTE

APPENDICE

1. *Partie biographique.*
2. *Partie littéraire.*

PARTIE BIOGRAPHIQUE

I

GÉNÉALOGIE DE NAPOLÉON.

A. Branche des Buonaparte de Sarzana.

1º *Giamfordo Buonaparte* vivait encore entre 1180 et 1200.

2º *Buonaparte*, fils du précédent, était notaire vers 1240.

3º Enfants du précédent : 1º *Giuglelmina*, mariée à Roméo de Savrana, veuve en 1293 ; 2º *Giovanno Buonaparte*, notaire de Sarzana ; 3º *Guelfo Buonaparte*, notaire.

4º Enfants de *Giovanno* : 1º *Giacopuccio Buonaparte*, notaire de 1312 à 1324, syndic et procureur des Sarzaniens en 1328 ; 2º *Giovanni Buonaparte* vivait en 1322. (*Giuglelmina* eut deux enfants : Guelfuccio et Puccia de Savrana, tous deux vivants en 1293.)

5º Fils de *Giacopuccio* : 1º *Angelino Buonaparte*, vivait en 1364 ; 2º *Ser Niccolosio Buonaparte*, notaire en 1366.

6° Fils de *Ser Niccoloso* : 1° *Giacomo Buonaparte*, chanoine et *proposito*; 2° *Ser Giovanni Buonaparte*, né en 1392, syndic et ambassadeur de la commune de Sarzana.

7° Fils de *Ser Giovanni* : *Ser Cesare Buonaparte*, né vers 1441, prieur des anciens de Sarzana en 1465.

8° Fils du précédent : *Giovanni Buonaparte*, vivant encore entre 1486 et 1496.

9° Fils du précédent : 1° *Francesco Buonaparte*, marié en 1512 à Catherine, fille de Ser Guido di Castelletto, s'établit dans l'île de Corse en 1529; 2° *Cesare Buonaparte*, chapelain du bénéfice de Saint-Thomas en 1486, chanoine de Liori à Sarzana en 1489, vivait encore en 1544.

10° Enfants de *Francesco* : 1° *Antonia*, mariée à Ser Francesco Montano en 1529; 2° *Gabriele Buonaparte*, habitait à Ajaccio, en Corse, en 1567 [1].

B. *Branche des Buonaparte d'Ajaccio.*

11° Fils de *Gabriele* : *Hieronimo di Buonaparte*, anobli par la République de Gênes, ancien de la ville d'Ajaccio en 1594, député d'Ajaccio près le Sénat de Gênes.

12° Fils du précédent : *Francesco di Buonaparte*, capitaine de la ville d'Ajaccio, ancien de la ville en 1596.

13° Fils du précédent : *Sebastiano di Buonaparte*, né en 1603.

14° Fils du précédent : *Carlo di Buonaparte*, reconnu noble par Gênes en 1661.

15° Fils du précédent : *Giuseppe di Buonaparté*, élu ancien d'Ajaccio le 3 mai 1702.

---

1. Généalogie dressée en 1802, par Dominico Maria Bernucci. (*Armoire de fer*, carton 15.)

16° Fils du précédent : *Sebastiano di Buonaparte*, ancien d'Ajaccio le 17 avril 1720.

17° Fils du précédent : 1° *Giuseppe di Buonaparte*, marié à Virginie Odone, élu ancien en 1760, mort en 1763 ; 2° messire *Lucciano di Buonaparte*, écuyer, né en 1717, prêtre, archidiacre de la cathédrale d'Ajaccio, mort en 1791, inhumé à St-Jean-Baptiste-de-Terre-Vieille à Bastia ; 3° *Napoleone di Buonaparte*, marié à mademoiselle Ornano, mort vers 1764.

18° Fils de *Giuseppe* : *Charles-Marie de Buonaparte*, né à Ajaccio en 1746, reconnu noble le 19 août 1771, marié en 1764 à Maria-Lætitia Ramolino, assesseur de la ville et province d'Ajaccio, député de la noblesse de Corse, mort à Montpellier en 1785.

19° Enfants du précédent : 1° *Buonaparte*, né en 1765, mort en bas âge ; 2° *Marie-Anne de Buonaparte*, née le 3 janvier 1767, baptisée et morte en 1769 ; 3° *Joseph de Buonaparte*, né à Corte le 7 janvier 1768, député aux Cinq-Cents en 1797, ambassadeur, général de brigade en 1804, roi de Naples et des Deux-Siciles en 1806 sous le nom de *Joseph-Napoléon*, roi d'Espagne et des Indes en 1808, régent de l'Empire en 1814, comte de Survilliers en 1815, mort à Florence en 1845 ; 4° *Napoléon de Buonaparte*, écuyer, né à Ajaccio le 15 août 1769, lieutenant en second d'artillerie en 1785, général de brigade en 1793, général de division en octobre 1795, membre de l'Institut en 1797, premier Consul de la République en 1799, empereur des Français en 1804, roi d'Italie en 1805, mort dans l'île de Sainte-Hélène le 5 mai 1821 ; 5° *Marie-Anne de Buonaparte*, née en juillet 1771, morte âgée d'un mois ; 6° *Lucien de Buonaparte*, né à Ajaccio en 1775, président du conseil des Cinq-Cents en 1799, ministre, ambassadeur, membre de l'Académie française, prince romain de Canino, mort à Viterbo en 1840 ; 7° *Marie-Anne de Buonaparte*, dite *Elisa*, née en 1777, mariée au comte Baciocchi, grande-duchesse de Toscane, morte à San-Andréa en

1820; 8° *Louis de Buonaparte*, né en 1778, officier d'artillerie en 1796, connétable de l'Empire, roi de Hollande en 1806, mort à Livourne en 1846; 9° *Paule-Marie de Buonaparte*, dite *Pauline*, née en 1780, mariée au général Leclerc en 1801, veuve en 1802, remariée en 1803 au prince Borghèse, duchesse et princesse de Guastalla, morte à Florence en 1825; 10° *Marie-Annonciade de Buonaparte*, dite *Caroline*, née en 1782, mariée au général Joachim Murat en 1800, reine de Naples et des Deux-Siciles en 1808, veuve en 1815, morte à Florence en 1839; 11° *Jérôme de Buonaparte*, né à Ajaccio en 1784, enseigne de vaisseau en 1800, roi de Westphalie en 1807, général de division en 1815, maréchal de France en 1850, gouverneur des Invalides, mort au château de Villegenis (Seine-et-Oise) en 1860 [1].

II

ARMES DES BONAPARTE.

ARMES ANCIENNES: De gueules, l'écusson fendu par deux barres et deux étoiles d'azur avec les lettres B. P. qui signifient *Buona Parte*, les ombrements et la couronne de comte en or [2].

ARMES NOUVELLES: D'azur à l'aigle d'or empiétant un foudre du même, qui était de l'Empire français [3].

1. Généalogie dressée d'après *D'Hozier de Sérigny* et les registres de l'état-civil des villes d'Ajaccio et Corté conservés dans les archives de la Corse.
2. Armes d'origine toscane. Elles sont décrites par Charles de Bonaparte dans une lettre à M. d'Hozier de Sérigny, juge d'armes, en date du 15 mars 1779.
3. *Almanach de Gotha*.

III

SONNET DE CHARLES BONAPARTE.

Ce sonnet fut composé par le père de Napoléon à l'occasion du mariage de M. le comte de Marbœuf, gouverneur de la Corse, qui eut lieu en 1784.

Il est entièrement écrit en italien :

> Vincitor dell' invidia e della morte,
> Fortunata di Cirno alma fenice,
> Se i fati tuoi aventi prevenir mi lice,
> Vivi contento di si bella sorte.
>
> E giusto è ben che goda e si conforte
> Tua stirpe illustre, a cui 'l destin predice
> Di figli e di nepoti un stuol felice,
> Sempre uguale allo sposo e alla consorte.
>
> Si, si vedrà ben presto un gentil figlio,
> Che mostrando di te l'imagia vera,
> Fara bagnar per allegrezza il ciglio.
>
> E seguendo de' suoi l'alta carriera,
> Sarà di lustro al triplicato giglio,
> A voi di onore, o nobil coppia altera.

Traduction française de M. Félix Rabbe, le savant commentateur et traducteur de Shelley :

Vainqueur de l'envie et de la mort, — Doux phénix de la fortunée Corse, — S'il m'est permis de devancer tes destins, — Vis heureux d'un si beau sort !

Ah ! il est bien juste qu'elle fleurisse dans la joie et la force, — Ton illustre race, à qui le destin prédit — De fils et de petits-fils une abondante et heureuse lignée, — Toujours digne de sa double source.

Oui, l'on verra tout à l'heure un fils gracieux, — Qui portant de toi la véritable image, — Fera monter aux yeux des larmes d'allégresse.

Et, suivant des siens la haute carrière, — Il donnera de l'éclat au triple lys, ! — Et à vous de l'honneur, ô noble couple !

D'ailleurs, ce n'est pas là un cas isolé chez les Bonaparte. Ils comptent plusieurs écrivains de valeur bien avant celui qui devait les effacer tous, Napoléon. Le seul seizième siècle nous montre *Nicolo Buonaparte*, bourgeois de Florence, publiant une comédie de son invention, *La Vedova* (La Veuve), dont la première édition parut chez les Giunti de Florence en 1568, et qui fut traduite plus tard par notre Pierre de Larivey, — et le célèbre *Giacomo di Buonaparte*, composant la dramatique *Chronique du sac de Rome par le connétable de Bourbon*, œuvre fort appréciée de Stendhal.

IV

NOTES DE M. DE KÉRALIO [2].

« M. de Buonaparte, taille de quatre pieds, dix pou-
» ces, dix lignes, a fait sa quatrième ; de bonne consti-
» tution, santé excellente, caractère soumis, honnête
» et reconnaissant ; conduite très régulière ; s'est tou-
» jours distingué par son application aux mathémati-

---

1. Allusion aux armes royales de France.
2. Le chevalier de Kéralio, sous-inspecteur des écoles militaires, mort en 1783.

» ques ; il sait très passablement son histoire et la géo-
» graphie ; il est assez faible dans les exercices d'agré-
» ment et pour le latin, où il n'a fait que sa quatrième ;
» *ce sera un excellent marin ;* mérite de passer à l'école de
» Paris. » (1783, *Archives de Brienne.*)

V

ACTE DE SORTIE DE BRIENNE.

« Le 17 octobre 1784 est sorti de l'école royale mili-
» taire de Brienne M. Napoléon de Buonaparte, écuyer,
» né en la ville d'Ajaccio, en l'île de Corse, le 15 août
» 1769, fils de noble Charles Marie de Buonaparte, dé-
» puté de la noblesse de Corse, demeurant en la dite
» ville d'Ajaccio, et de dame Lætitia Ramolino, sa
» mère [1] ; suivant l'acte porté au registre de réception,
» folio 31, reçu dans cet établissement, le 23 avril
» 1779. » (1784, *Archives de Brienne.*)

VI

BREVET DE CADET GENTILHOMME.

*A monsieur le marquis de Timbrune, inspecteur général
de mes écoles royales d'artillerie.*

Monsieur de Timbrune,

« Ayant donné à Napoleone de Buonaparte, né le 15

[1]. La rédaction de ce document est erronée. On aurait dû écrire ici *son épouse*, Charles de Buonaparte et madame Lætitia étant légitimement mariés.

» août 1769, une place de cadet-gentilhomme, dans la
» compagnie des cadets-gentilshommes établie en mon
» école royale militaire;
» Je vous écris cette lettre pour vous dire que vous
» ayez à le recevoir et faire reconnaître en la dite place
» de tous ceux et ainsi qu'il appartiendra; et la pré-
» sente n'étant à autre fin, je prie Dieu qu'il vous ait,
» monsieur le marquis de Timbrune, en sa sainte garde.

» Écrit à Versailles, le 22 octobre 1784. »

Signé : Louis.

Contresigné : Le maréchal de Ségur.

VII

PROMOTION DE BONAPARTE.

Classement des 58 élèves promus, le 1ᵉʳ septembre 1785, au grade de lieutenant en second d'artillerie.

1. Pillon de la Thillais. — 2. D'Origny d'Agny. — 3. De Bois-Baudry. — 4. Le chevalier de *Menou*. — 5. Le chevalier du Bois-Baudry. — 6. De Suremain de Missiey. — 7. *Law de Lauriston*. — 8. De Gomer. — 9. De Damoiseau. — 10. De Bellegarde. — 11. Le marquis d'Andelot. — 12. Saint-Michel de Montrecourt. — 13. *Faultrier*. — 14. Duriveault. — 15. De Brucourt. — 16. Villeneuve de Montgazon. — 17. Lalance de Villers. — 18. De Roquefeuil. — 19. Bigault de Grandrut. — 20. Du Chaffaut de Rié. — 21. Le Parra de Lieucamp de Salgues. — 22. Dubois de Launay. — 23. Cellier de Bouville. — 24. De Sénarmont. — 25. Collart de Ville. — 26. Damey de Saint-Bresson. — 27. Lelieur de Ville-

sur-Arce. — 28. Guerbert de Bellefonds. — 29. Collin de Boishamon. — 30. La Chapelle de Choisy. — 31 De Beaux. — 32. Le chevalier de Passac. — 33. De Hédouville. — 34. Raymond de la Nougarède. — 35. Léonard de Saint-Cyr. — 36. Cousin de *Dommartin*. — 37. Tharade de Martemont. — 38. L'Espagnol de Grimbry. — 39. Piccot de Peccaduc. — 40. Belly de Bussy. — 41. Le Picard de Phélippeaux 1. — 42. *De Buonaparte*. — 43. Dulac de Puydenet. — 44. Le Vicomte. — 45. Le comte Ferdinand de Broglie. — 46. *Marescot* de la Noue. — 47. Dazémar de Saint-Jean. — 48. Couessin de Kérande. — 49. Le Moyne de Talhouët. — 50. Lemaître Danouville. — 51. Le chevalier Lesart de Mouchain. — 52. La Serre. — 53. Faure de Gière. — 54. Maussion de Chaumeronde. — 55. Lenoir de Rouvray. — 56. Le chevalier des Mazis. — 57. Marie du Rocher de Collières. — 58. Le Tellier de Montauro. (1785, *Archives de la Guerre*.)

VIII

BREVET D'OFFICIER.

A Monsieur le chevalier de Lance, brigadier d'infanterie, colonel du régiment de la Fère de mon corps royal de l'artillerie, et, en son absence, à celui qui commande la compagnie des bombardiers d'Autun.

MONSIEUR LE CHEVALIER DE LANCE,

« Ayant donné à Napoleone de Buonaparte la charge
» de lieutenant en second de la compagnie de bombar-

---

1. Emigré, traître à son pays. Mort, à Acre, en 1798. Il était colonel du génie au service des Anglais.

» diers d'Autun du régiment de la Fère de mon corps
» royal d'artillerie; je vous écris cette lettre pour vous
» dire que vous ayez à le recevoir et faire reconnaître
» en ladite charge de tous ceux et ainsi qu'il appar-
» tiendra; et la présente n'étant pour autre fin, je prie
» Dieu qu'il vous ait, monsieur le chevalier de Lance,
» en sa sainte garde.

» Écrit à Saint-Cloud le 1er septembre 1785. »

Signé : Louis.

Contresigné : le maréchal de Ségur.

IX

PREMIÈRE LETTRE DE JOSÉPHINE A BONAPARTE.

Sans date (Paris, 27 octobre 1795.)

« Vous ne venez plus voir une amie qui vous aime;
» vous l'avez tout à fait délaissée; vous avez bien tort,
» car elle vous est tendrement attachée.
» Venez, demain septidi, déjeuner avec moi; j'ai be-
» soin de vous voir et de causer avec vous sur vos in-
» térêts.
» Bonsoir, mon ami, je vous embrasse. »

Vᵉ Beauharnais [1].

---

1. Voyez la réponse de Bonaparte, en tête des *Lettres à Joséphine*. (Tome Iᵉʳ de notre édition.)

X

LES MARÉCHAUX DE NAPOLÉON

Napoléon, de 1804 à 1815, a nommé vingt-six maréchaux de l'Empire, répartis en sept promotions :

1804. Berthier, Moncey, Masséna, Murat, Jourdan, Augereau, Bernadotte, Brune, Mortier, Lannes, Soult, Ney, Davout, Kellermann, Bessières, Pérignon, Lefebvre, Serrurier.
1807. *Victor Perrin*, dit Victor.
1809. Macdonald, Marmont, Oudinot.
1811. Suchet.
1812. Gouvion Saint-Cyr.
1813. Le prince Poniatowski.
1815. De Grouchy.

Il nous reste à faire connaître les états de services de neuf de ces maréchaux. (Les autres sont fournis par nos notes.)

1° Rose-Adrien-Jeannot *Moncey*, duc de Conegliano, né à Besançon en 1754, fils d'un avocat. Engagé volontaire en 1769, libéré du service, étudiant en droit, rentré dans l'armée, lieutenant en 1789, capitaine en 1791, chef de bataillon en 1792, général de brigade en 1793, général de division en 1794, il fit les campagnes des Pyrénées, de Bretagne et d'Italie. Premier inspecteur général de la gendarmerie en 1801, maréchal de l'Empire en 1804, commandant de l'armée du Nord de 1809 à 1813, major général de la garde nationale en 1814, il fut l'un des pairs des Cent-Jours, et refusa, en 1815, de présider le conseil de guerre chargé de juger son camarade Ney. Commandant du 4° corps de l'armée d'Espagne en 1823, gouverneur des Invalides en 1834, Grand-Croix. Mort en 1842.

2° Jean-Baptiste *Jourdan*, comte de l'Empire, né à Limoges en 1762, fils d'un chirurgien. Volontaire en 1778, soldat en Amérique, libéré en 1784, mercier-colporteur en 1789, il fut élu lieutenant au 2e bataillon de la Haute Vienne en 1790, et nommé chef de bataillon en 1792. Général de brigade en mars 1793, général de division en juillet 1793, général en chef de l'armée du Nord et des Ardennes, député aux Cinq-Cents en 1797, il devint sénateur et maréchal de l'Empire en 1804. Major général en Espagne, pair de France en 1819, ministre des affaires étrangères le 28 juillet 1830, gouverneur des Invalides le 11 août 1830. Mort en 1833.

3° Le marquis de *Pérignon*, comte de l'Empire, né près de Toulouse en 1754. Sous-lieutenant d'infanterie en 1789, député en 1791, démissionnaire, employé à l'armée des Pyrénées-Orientales en 1792, commandant en chef en 1794, il redevint député en 1795. Ambassadeur en Espagne, employé à l'armée d'Italie en 1798, maréchal de l'Empire en 1804, sénateur, gouverneur de Parme en 1806, il commanda l'armée de Naples de 1808 à 1814, et fut créé pair par Louis XVIII. Mort en 1818.

4° François-Joseph *Lefebvre*, duc de Dantzick, né en Alsace en 1755, fils d'un meunier. Volontaire aux gardes françaises en 1773, caporal, instructeur de Hoche, sergent en 1788, il passa aux volontaires de Paris en 1790 comme officier. Capitaine au 13e léger, général de brigade en décembre 1793, armée de la Moselle, général de division en janvier 1794, armée de Sambre et Meuse, commandant de la 17e division militaire en 1799, sénateur, maréchal de l'Empire en 1804, il se distingua au siège de Dantzick en 1807, en Espagne et en Allemagne. Commandant de la garde en 1812, pair de Napoléon en 1815. Mort à Paris en 1820. Inhumé au Père-Lachaise à côté de Masséna.

5° Victor Perrin, dit *Victor*, duc de Bellune, né dans les Vosges en 1764. Tambour d'infanterie en 1781, passé au 4° d'artillerie, licencié en 1789, marchand-épicier, puis ménétrier à Valence, volontaire au 3° bataillon de la Drôme en 1790, chef de bataillon en 1793, général de brigade au siège de Toulon, employé en Italie, général de division en 1797, ambassadeur à Copenhague en 1805, maréchal de l'Empire en 1807, gouverneur de Berlin, il fit les campagnes d'Espagne, de Russie, de Saxe et de France, se rallia à Louis XVIII en 1815, fut ministre de la guerre en 1821 et major général de la garde royale en 1830. Mort à Paris en 1841.

6° Nicolas-Charles *Oudinot*, duc de Reggio, né à Bar-le-Duc en 1767. Engagé volontaire au régiment de Médoc-infanterie en 1784, chef du 3° bataillon de la Meuse en 1791, lieutenant-colonel, colonel du 4° de ligne en 1793, général de brigade en 1794, général de division en 1799, employé à l'armée d'Helvétie, Grand-Aigle en 1805, gouverneur d'Erfurt en 1808, maréchal de l'Empire en 1809, commandant du 2° corps en 1812, major général de la garde royale et pair de France en 1814, commandant du 1er corps de l'armée d'Espagne en 1823, grand-chancelier de la Légion-d'Honneur en 1839, gouverneur des Invalides en 1842, mort à Commercy en 1847.

7° Louis-Gabriel *Suchet*, duc d'Albufera, né à Lyon en 1770, fils d'un fabricant de soieries. Engagé volontaire dans la cavalerie en 1790, capitaine d'une compagnie franche, chef de bataillon aux volontaires de l'Ardèche en 1793, employé à l'armée d'Italie en 1796 et 1797, général de brigade en 1798, chef d'état-major du général Brune, général de division en 1799, Grand-Aigle en 1806, comte de l'Empire en 1808, maréchal de l'Empire le 8 juillet 1811, Colonel-général de la garde impériale en 1813, pair de Napoléon en 1815, rayé de la liste des pairs par Louis XVIII, réintégré en 1819.

Mort au château de Saint-Joseph, près Marseille, en 1826. Inhumé au Père-Lachaise.

8° Laurent *Gouvion Saint-Cyr*, comte de l'Empire, né à Toul, en 1764. Etudia d'abord la peinture à Rome; peintre, professeur de dessin, puis comédien de 1784 à 1789. Capitaine au 1er bataillon des volontaires de Paris en 1792, général de brigade en 1793, général de division en 1794, général en chef de l'armée du Rhin en 1800, ambassadeur à Madrid en 1804, Colonel-général des cuirassiers, employé en Prusse, en Pologne et en Espagne, mis aux arrêts dans sa terre de 1809 à 1811, conseiller d'État en 1811, commandant des 6° et 10° corps d'armée, maréchal de l'Empire en 1812, ministre de la guerre de juillet à novembre 1815, créé marquis, ministre de la marine, puis ministre de la guerre en 1817, démissionnaire en 1819, il a publié 9 volumes de *Mémoires militaires*. Mort à Hyères en 1830. Inhumé au Père-Lachaise.

9° Joseph, prince *Poniatowski*, né à Varsovie en 1763, fils d'un ambassadeur et neveu du roi Stanislas-Auguste. Entré dans l'armée autrichienne, il fit la guerre contre les Turcs en 1787, et contre les Russes en 1792. En 1794, il servit sous Kosciusko, fut nommé lieutenant-général, embrassa la cause de Napoléon en 1806, et devint ministre de la guerre, puis généralissime de la Pologne en 1807. Napoléon le surnomma le *Bayard polonais*, lui donna le commandement du 5° corps de la Grande Armée en 1812, et, en attendant qu'il pût en faire un roi de Pologne, le créa maréchal de France le 16 octobre 1813. Trois jours après, le 19 octobre, pendant la bataille de Leipsick, le nouveau maréchal se noya en essayant de traverser à cheval la rivière de l'Elster. Poniatowski est inhumé à Cracovie, à côté de Kosciusko.

PARTIE LITTÉRAIRE.

I

MEMENTO BIBLIOGRAPHIQUE.

1. *Lettre de M. Buonaparte à M. de Buttafuoco, député de la Corse à l'Assemblée nationale.* Broch. imprimée par Joly, à Dôle, 1791. (Tirage à 100 exempl. non destinés au commerce.)
2. *Le Souper de Beaucaire.* Avignon, chez Sabin Tournal, imprimerie du *Courrier d'Avignon*, 1793. (Aux dépens de la Nation.) Broch.
3. *Bulletins* de la campagne de Marengo insérés dans le *Moniteur* de 1800.
4. *Ordres du jour* de l'armée d'Allemagne. Paris, 1809. 1 vol. in-folio.
5. Collection générale et complète des *Lettres, Proclamations,* etc. de Napoléon le Grand, rédigées d'après le *Moniteur* et publiées par Christian-Aug. Fischer. — Leipsick, 1808-1812. 2 vol. in-8°.
6. *Bulletins* de la Grande Armée insérés au *Moniteur.* — Paris, 1812-1814. 1 vol. in-8°.
7. *Œuvres de Napoléon Bonaparte.* Paris, 1821-1822. 6 volumes in-8°.

8. *Le Souper de Beaucaire*, pamphlet écrit par Napoléon Bonaparte, précédé d'une introduction par Frédéric Royou. Paris, Brasseur aîné, imprimeur, 1821. Broch. de deux feuilles in-8°. (C'est la 2° édition de cet écrit célèbre.)

9. *Œuvres de Napoléon*. Paris, 1822. 5 volumes in-18.

10. *Œuvres choisies de Napoléon*, publiées par Linder et Lebret. Stuttgart, 1822-1823. 5 volumes in-8°.

11. *Lettres de Napoléon à Joséphine*, publiées par la reine Hortense. Paris, Didot, 1823, 2 vol.

12. *Mémorial de Sainte-Hélène* par le comte de Las-Cases. Paris, 1823. (Cet ouvrage doit figurer dans une bibliographie de Napoléon, parce qu'il contient plusieurs morceaux de sa *Critique*, de sa *Morale* et de sa *Philosophie*.)

13. *Mémoires pour servir à l'histoire de France sous Napoléon*. Paris, 1823. 8 volumes in-8° (Cette édition contient une grande partie des *Mémoires militaires* de Napoléon : Intérieur, Moreau, Italie, etc.) Edition du général Gourgaud.

14. *Œuvres choisies de Napoléon*. Paris, Panckouke, éditeur, 1827. 4 volumes in-32. (Edition sérieuse, signalée par Stendhal. Elle contient des pamphlets, des *Lettres*, un certain nombre de *Proclamations*, etc.)

15. *Œuvres choisies de Napoléon Bonaparte*. Paris, 1829. 6 volumes in-18. (Probablement révisés par le général Montholon.)

16. *Napoléon*. Recueil par ordre chronologique de ses *Lettres, Proclamations*, etc. par Kermoysan. Paris, 1833-1853, Didot, éditeur. 3 volumes in-12. (Edition sans caractère littéraire, respirant trop la polygraphie. Les éditeurs ont ajouté plus tard un 4° volume.)

17. *Précis des guerres de César*, par l'empereur Napoléon, accompagné de *Fragments divers*, publié par M. Marchand. Imprimé à Strasbourg et édité à Paris, chez Gosselin, 1836. (Edition souvent contrefaite. La bonne contient la

signature autographe de Marchand au verso du titre. Les Fragments sont 1° Essai sur le suicide; 2° Etude sur le *Mahomet* de Voltaire; 3° Etude sur Virgile; 4° Second Codicille.) 1 vol. in-8.

18. *Œuvres littéraires et politiques de Napoléon*, précédées d'une notice par Paul Lacroix (le bibliophile Jacob). Portrait du général Bonaparte sur acier. Paris, H. L. Delloye, éditeur, 1840. 1 volume in-12. (Bonne édition, très variée.)

19. *Œuvres choisies de Napoléon*, mises en ordre et précédées d'une étude littéraire par A. Pujol. Paris, Belin-Leprieur, éditeur, 1843. 1 volume in-12. (Bonne édition, où est surtout mis en relief l'orateur militaire. Sainte-Beuve prétend que A. *Pujol* est un pseudonyme de Léonce de Lavergne.)

20. *La même édition*, avec une couverture au nom de Charpentier, éditeur, 1845. Portrait de Napoléon gravé sur acier.

21. *Campagnes d'Egypte et de Syrie*, dictées par Napoléon à Sainte-Hélène. Edition préparée par le général comte Bertrand, publiée par les fils du général. Paris, 1847, 2 volumes in-8.

22. *Panthéon littéraire* : réimpression des *Batailles* de Napoléon, écrites par lui-même. (Italie, Egypte, Syrie, Iéna, Waterloo, etc.) Paris, Gustave Barba, éditeur. 1 vol. grand in-8, imprimé sur 2 colonnes. (Sans date).

23. *Règlement de la Calotte du régiment de La Fère*, composé par Napoléon Bonaparte, publié par le lieutenant colonel De Coston. 1862, 1 volume in-12.

24. *Correspondance de Napoléon Ier*, recueillie et publiée par les soins du gouvernement. Paris, Henry Plon, éditeur, 1858-1869. 32 volumes in-4.

25. *Le Souper de Beaucaire*, pamphlet de Napoléon Bonaparte, publié par Gratien Charvet. Avignon, imprimerie de Séguin frères, 1882. 1 vol. (C'est la 3e édition du pamphlet de 1793, et la meilleure comme texte et exécution typographique.)

26. *Supplément à la Correspondance de Napoléon Ier*, publié par le baron A. Du Casse. Paris, 1887. 1 volume in-18.

27. *Extraits des auteurs classiques*, prose et poésie, à l'usage de tous les établissements d'instruction, par Gustave Merlet. Paris, Fouraut, édit. 1887. (Quelques pages de Napoléon.)

II

ŒUVRES ATTRIBUÉES A NAPOLÉON.

On attribue couramment à Napoléon Bonaparte des écrits qui ne sont pas de lui et ne portent même pas la marque de son esprit, de sa conception littéraire. Une des deux versions du *Roman corse*, nouvelle, (1786-1787) est dans ce cas, ainsi qu'un *Traité sur la culture du mûrier* soi-disant écrit à Auxonne. La fameuse pépinière de Milelli est la cause involontaire de cette erreur littéraire. Enfin, les vers tirés des *Mémoires* de l'abbé Calmelly n'ont rien d'authentique, pas plus que l'ouvrage suivant: *Giulio, conte sentimental*, improvisé par l'empereur Napoléon. Paris, 1852, 1 volume in-18.

Voici la poésie qu'attribue à Napoléon l'abbé Calmelly:

> Je suis très las et je voudrais
>   Un repos champêtre,
> A l'ombre noire des forêts,
>   Avec un vieux hêtre.
>
> Là, je voudrais une maison
>   Bien calme et tranquille,
> Ayant les bois pour horizon,
>   Loin de toute ville.

> Je voudrais suivre le soleil
>   Lorsqu'il se dérobe,
> Et dormirais d'un bon sommeil
>   Ferme jusqu'à l'aube.
>
> Puis j'irais courir (dans) les champs
>   Mouillés de rosée;
> Et j'écouterais les (doux) chants
>   De chaque nichée;
>
> Et je vivrais (tout) seul, heureux,
>   Avec fleurs et pommes,
> Ne demandant (plus) rien aux cieux
>   Que l'oubli des hommes [1].

IV

ÉCRITS PERDUS ET PROJETS LITTÉRAIRES.

Les écrits de Napoléon pouvant être considérés comme tout à fait perdus, sont heureusement peu nombreux. Je ne vois guère que 1° le scénario du *Comte d'Essex*, drame historique; 2° la version définitive de l'*Histoire de Corse* (nous avons donné la première rédaction et le *Précis* dans notre tome Ier); 3° le texte véritable de la nouvelle intitulée: *Le Roman corse*. Lui-même détruisit à Sainte-Hélène, au dire de Marchand, deux manuscrits: *Première rêverie* et *Seconde rêverie*, lesquels contenaient

---

[1]. Cette pièce de vers, publiée en 1886 par une petite revue littéraire de Paris, a été, dit-on, retrouvée dans les mémoires de l'abbé Calmelly, aumônier à la cour de Louis XVI.
Je ne crois pas qu'elle soit de Napoléon, ni même qu'on puisse la lui sérieusement attribuer. Sans compter qu'un abbé Calmelly n'a jamais figuré dans les relations de jeunesse de Bonaparte.

ses idées sur la réorganisation politique de la France.

Ses projets littéraires sont connus. Dans le roman, il se proposait de donner un pendant au *Comte d'Essex* de Thomas Corneille, qu'il voulait aussi mettre au théâtre, mais sous forme de drame. En histoire, il comptait écrire les *Précis des guerres* de Condé, de Gustave-Adolphe, de Scipion, d'Annibal, et peut-être même de Charlemagne et d'Alexandre. Enfin, comme auteur dramatique, en outre de son *Comte d'Essex*, il voulait, dès 1793, écrire une tragédie sur *Samplétro Ornano*. Dans les *Nuits italiennes*, Méry met en scène le jeune capitaine d'artillerie et lui fait raconter sa tragédie à sa mère et à ses sœurs. (M. Lévy, édit.)

V

NAPOLÉON JOURNALISTE.

Comme journaliste, Napoléon compte une carrière de près de vingt années. Nous savons, par la terrible *Lettre à Buttafuoco* et le *Souper de Beaucaire*, jusqu'à quel point la nature l'avait bien doué pour la polémique. Il nous reste à rappeler ses travaux de publiciste, plus variés qu'on ne le croit généralement.

1° Étant général en chef, il fonde, en 1797, *Le Courrier de l'armée d'Italie*, où il oppose à l'opinion de Paris sur les armées l'opinion des armées sur Paris, et où se trouvent en germes tous les plans gigantesques qu'il a développés plus tard. (Rédigé en messidor, thermidor et fructidor an V, sur des notes de Bonaparte.)

2° Consul, il lance contre l'Angleterre *Le Bulletin de Paris*, feuille rédigée dans son cabinet et sous ses yeux.

3° Il collabore à l'*Argus* et au *Journal des défenseurs de la patrie*.

4° Enfin, il prend pour ainsi dire en main la rédaction
en chef du *Moniteur*, dès 1799. L'Angleterre et Pitt savent comment il manie la plume, et personne, dans la
polémique pure, la réfutation des calomnies dirigées
contre la France, n'a plus de talent que lui. Ses articles
sont presque tous des merveilles de verve, de logique,
d'ironie. Les plus typiques sont de 1801 et de 1803. Croit-
on que, devenu empereur, il va considérer le coup de
plume comme indigne de lui? Pas le moins du monde!
Le 15 août 1803, admirable réponse aux journaux anglais;
en 1808, note rectificative destinée à apprendre à Joséphine qu'une impératrice doit peser ses paroles, — sans
compter quantité de *Proclamations* et de *Bulletins* dont
il donne la primeur au *Moniteur*! Sans compter les
réclames en faveur des tableaux de David, son premier
peintre! Du fond de l'Egypte, en 1798, il avait envoyé
au même journal son *article de début* : je veux parler de
cette étonnante « Entrevue avec les muphtis, » qui est,
par son ardente couleur, une page unique dans notre
littérature. Thibaudeau n'hésite pas à déclarer, dans
ses *Mémoires*, qu'entre les mains de Napoléon « le *Moniteur* était le plus terrible, le plus redoutable des tribunaux. »

VI

NAPOLÉON DANS LES ARTS ET LES LETTRES.

Enumérer exactement le nombre d'ouvrages qui ont
été consacrés à Napoléon est une besogne devant laquelle
Homère, Rabelais et Cervantes reculeraient eux-mêmes.
Mais pour ne parler que d'œuvres capitales, il a inspiré
250 volumes d'histoire ou de politique, 4 grands poèmes

français et 21 pièces de théâtre. Les grands artistes de son temps et du nôtre lui ont élevé 20 statues, 6 bustes, 3 arcs-de-triomphe (Carrousel, l'Étoile, Marseille), 2 colonnes (Vendôme, Châtelet), sur le seul territoire français. On compte qu'il a ses traits dans 96 tableaux de premier ordre, 20 gravures célèbres, 25 lithographies, etc. Dans le dessin, il a eu ses fanatiques : Raffet, Charlet, Cogniet, Hippolyte Bellangé, etc. Le graveur Tiolier lui doit également ses trois plus beaux types monétaires.

VII

NAPOLÉON ET BALZAC.

Le grand Balzac admirait beaucoup Bonaparte. La trace de ce culte se retrouve dans l'ingénieux *Répertoire de la Comédie humaine,* publié en 1887 par MM. A. Cerfberr et J. Christophe, où je relève la biographie suivante :

Bonaparte (Napoléon), empereur des Français : né à Ajaccio le 15 août 1769 ou 1768, suivant une double version ; mort à Sainte-Hélène, le 5 mai 1821. — En octobre 1800, alors premier consul, il recevait aux Tuileries le Corse Bartholomeo di Piombo et tirait d'embarras son compatriote compromis dans une vendetta (*La Vendetta*). Le 13 octobre 1806, la veille de la bataille d'Iéna, il était rejoint, sur le terrain même, par Laurence de Cinq-Cygne, venue tout exprès de France et lui accordait la grâce des Simeuse et des Hauteserre, compromis dans l'affaire de l'enlèvement du sénateur Malin de Gondreville (*Une Ténébreuse affaire*). On vit Napoléon Bonaparte s'intéresser fort à son lieutenant

Hyacinthe-Chabert, pendant le combat d'Eylau (*Le Colonel Chabert*). En novembre 1809, il était attendu à un grand bal donné par le sénateur Malin de Gondreville; mais il fut retenu aux Tuileries par une scène qui éclata, le soir même, entre Joséphine et lui, scène qui révéla le prochain divorce entre les deux époux (*La Paix du Ménage*). Il excusa les manèges infâmes du policier Contenson (*L'Envers de l'Histoire contemporaine*). En avril 1813, passant une revue sur la place du Carrousel, à Paris, Napoléon remarqua mademoiselle de Chatillon, venue là avec son père pour voir le beau colonel d'Aiglemont, et, se penchant vers Duroc, il lui dit une phrase courte qui fit sourire le grand maréchal (*La Femme de trente ans*).

VIII

NAPOLÉON APPRÉCIÉ COMME ÉCRIVAIN.

1° «... Il faisait l'histoire et il l'écrivait, ses Bulletins » sont des *Iliades*, il combinait le chiffre de Newton avec la métaphore de Mahomet. » (VICTOR HUGO, *Les Misérables*.)

2° « La *Lettre à Buttafuoco* est un pamphlet satirique, » absolument dans le goût de Plutarque. La donnée en » est à la fois ingénieuse et forte. On dirait un pamphlet » écrit en 1630 et en Hollande. » (STENDHAL, *Vie de Napoléon*.)

3° «... Napoléon, ce nom que la terre ne saurait dés- » apprendre et que prononcera la bouche du dernier » homme... Napoléon résume, en les grandissant, César, » Alexandre et Charlemagne, et présente, au milieu de » la civilisation moderne, un de ces types démesurés,

» confluents de toutes les facultés humaines, qu'on ne
» croyait possibles que dans le monde antique. »
(THÉOPHILE GAUTIER, *Souvenirs de Critique*.)

4° « Napoléon est simple et nu. Son style militaire
» offre un digne pendant aux styles les plus parfaits de
» l'antiquité en ce genre, à Xénophon et à César. Mais,
» chez ces deux capitaines si polis, la ligne du récit est
» plus fine, ou du moins plus légère, plus élégante. Na-
» poléon est plus brusque, je dirais plus sec, si de temps
» en temps les grands traits de son imagination ne fai-
» saient clarté. Il a reçu, on le sent, une éducation moins
» attique, et il sait plus d'algèbre que ces deux illustres
» anciens. Sa brièveté a un cachet de positif. » (SAINTE-
BEUVE, *Lundis*, Tome Ier.)

5° « Nous connaissons, dans le *Moniteur* de 1800 à 1803,
» des articles écrits par Napoléon pour répondre aux
» attaques des journaux étrangers, qui sont des chefs-
» d'œuvre de raison, d'éloquence et de style... Napoléon
» est le plus grand homme de son siècle ; il en est aussi
» le plus grand écrivain... Il fut grand capitaine et grand
» écrivain au même instant, par l'effet des mêmes fa-
» cultés. » (A. THIERS, *National* du 24 juin 1830.)

6° « Lors du siège de Mantoue, Bonaparte dit à José-
» phine, dans une lettre sentimentale et calquée sur le
» goût de l'époque, qu'en pensant à elle, rêveur et mé-
» lancolique, il a été, au clair de lune, voir sur le lac
» le village de Virgile. Là, sans doute, il prit l'idée de
» la fête du grand poète, qu'il fit plus tard, et qui le
» recommanda fort à la société, élevée dans ce culte
» classique. On voit dans des gravures le héros d'Italie
» auprès du tombeau de Virgile, et ombragé de son
» laurier. » (MICHELET, *Jusqu'au 18 brumaire*.)

7° « J'ai vu des lettres de Napoléon à madame Bona-
» parte, lors de la première campagne d'Italie... Ces
» lettres sont très singulières : une écriture presque in-
» déchiffrable, une orthographe fautive, un style bizarre

» et confus. Mais il y règne un ton si passionné, on y
» trouve des sentiments si forts, des expressions si ani-
» mées et en même temps si poétiques, un amour si
» à part de tous les amours, qu'il n'y a point de femme
» qui ne mît du prix à avoir reçu de pareilles lettres.
» Elles formaient un contraste piquant avec la bonne
» grâce, élégante et mesurée, de celles de M. de Beau-
» harnais. » (MADAME DE RÉMUSAT, *Mémoires.*)

8° « L'Annibal moderne écrit comme il combat; l'Ita-
» lie n'a point pour lui de Capoue. » (GARAT, le *Con-
servateur*, 1797.)

9° « Original entre tous les poètes, Napoléon a disposé
» sa vie comme un poème antique ou comme un conte
» arabe; et chacun de ses rêves est devenu un fait,
» même les plus étranges... L'écrivain se modifie chez
» lui avec l'homme; d'abord bouillant et désordonné
» comme une lave, son style finit par devenir dur,
» grand et froid comme du bronze. Autant les bulletins
» d'Arcole et d'Aboukir sont agités et pittoresques,
» autant ceux d'Austerlitz et d'Iéna sont majestueux
» et sévères... Il est classique et mérite de prendre place
» au premier rang de nos écrivains... Sa manière est
» comme sa vie : elle ne peut pas être imitée. Dernier
» apanage de son génie qui le délivre de la foule des
» copistes, cette ombre fatale des gloires littéraires, et
» le laisse en tout et pour tout ce qu'il doit être, seul! »
(AUGUSTE PUJOL, *Napoléon écrivain*, 1843.)

10° « Son style, auquel on ne prenait pas garde lors-
» que chaque événement de son règne amenait un de
» ces bulletins militaires si énergiques et si précis, un
» de ces ordres du jour si nobles et si imposants,...
» son style a été souvent depuis signalé à l'admira-
» tion. Son style est sans doute peu correct,... hérissé de
» néologismes, gonflé d'images exubérantes;... mais ce
» qui est beau dans ce style est sublime, et le mauvais
» même se distingue par un air de force et de grandeur,

» par un singulier caractère d'originalité. Il y a du
» Corneille et du Bossuet, du César et du Tacite, dans
» cette puissance d'expressions, dans cette témérité de
» grammaire, dans cette grande manière de rendre de
» grandes pensées. » (PAUL LACROIX, bibliophile Jacob, *Notice* pour l'édition Delloye.)

 11° « Il n'est pas besoin d'être du métier pour admi-
» rer, dans ces lettres si vives et si ardentes, (celles de
» Napoléon) la grandeur du génie militaire, le bon sens
» qui est le maître en toute chose, la prévoyance qui
» conseille comme celle qui prédit... Il y a, jusque dans
» les plus techniques de ces pièces, matière à penser
» pour tout le monde, pour les honnêtes gens qui ai-
» ment les lectures sérieuses, comme pour l'historien
» qui veut pénétrer les motifs des actions, comme pour
» l'homme d'État... Quant aux esprits qui sont touchés
» de la beauté du langage, ils y rencontrent à chaque
» instant quelque mot de génie, dans une langue grande
» comme la fortune que le Premier Consul faisait à la
» France. » (D. NISARD, *Considérations sur la Révolution et sur Napoléon.*)

12° « Il s'était également occupé d'Homère et d'Alexan-
» dre, de Virgile et de César. Élève de Plutarque et de
» Jean-Jacques Rousseau, il appartenait à l'école spiri-
» tualiste, et il avait le goût de tout ce qui était grand,
» de tout ce qui était beau. Il aima l'amour comme il
» aima la gloire : éperdument. Le style de ses procla-
» mations et de ses bulletins s'accorde avec celui de ses
» lettres... » (IMBERT DE SAINT-AMAND, *La Citoyenne Bonaparte.*)

13° « Dans les conditions où il a été conçu, *le Souper
» de Beaucaire* dénote une singulière présence d'esprit.
» Sous le rapport militaire, il contient des aphorismes
» curieux. Au point de vue politique, il renferme éga-
» lement des appréciations nettes et sensées. » (GÉNÉRAL TH. IUNG, *Bonaparte et son temps*, tome 2.)

14° « Lisez ses premiers essais littéraires. Il s'y mon-
» tre écrivain de génie. Le fragment sur l'*Histoire de
» Corse* est un des plus beaux monuments de notre lan-
» gue, l'expression d'une âme, déjà effrénée, mais en-
» core pure » (Le professeur AULARD, *La Justice* du
28 novembre 1887.)

15° « De quoi nous étonnerions-nous? Quand un
» pays a eu des Jeanne d'Arc et des Napoléon, on peut
» le considérer comme un sol miraculeux... Napoléon
» jeta à poignées les mots qu'il fallait aux cœurs de ses
» soldats... » (GUY DE MAUPASSANT, *Revue bleue* du
21 janvier 1888.)

16° « La gloire militaire et politique de ce grand ca-
» pitaine est tellement absorbante, qu'on oublie facile-
» ment ce qui paraît peu de chose auprès de si grandes
» actions : la gloire littéraire. Or, Napoléon fut réelle-
» ment un grand écrivain, historien à la manière de
» César et Xénophon, portraitiste comme Saint-Simon,
» orateur comme Périclès, pamphlétaire et satiriste
» comme Swift, journaliste même aux premières heu-
» res de sa vie politique... » (LOUIS DE MEURVILLE,
le *Gaulois* du 22 juillet 1888.)

INDEX DES NOMS CITÉS

A

Aaroun-al-Raschid, B 131.
Abdallah, D 291, 296, 297, 298, 299, 301, 302, 306, 307, 308, 309, 314, 318, 321, 355.
Abd-el-Rahman, B 145.
About, A LXII.
Acton (d') ambassadeur, B 169, 219.
Abrantès (duc d'), voyez Junot.
Abrantes (duchesse d'). Voyez Mme Junot.
Adalberto, A 68.
Adorno (maison d'), A 85, 105.
Adorno (Gregorio d'), A 85.
Agatharchide, B 148.
Aimée, D 319.
Albane, C 46.
Alberto II, A 68.
Albitte, A 173, 175, 187; B 30, 159, 162.
Albuféra (duc d'). Voyez Suchet.
Alcibiade, A LIV.
Aldobrandini, colonel prince, A 357; C 247.
Alexandre, A IX, XIV, XXV, XXVII, XXXIII, LII, LIV, LVI, LIX, LXV; B 133, 328; C 3, 41, 51, 68, 274, 318, 320; D 115, 287, 309, 487.
Alexandre, empereur de Russie, A LXXVIII, 309, 341, 346, 347, 348; B 284, 285, 314, 318, 320, 324, 325, 442, 446; C 23, 24, 87, 268, 273, 276; D 503.
Allando (Sambuccio d'), A 79, 80, 81, 93.
Almeras (général), D 293.

Alphonse, roi d'Aragon, A 84.
Alten (général), D 45.
Alvinzi A LXXIV, 288; C 39, 40, 418, 419, 421, 422, 423, 424, 426, 427, 428, 430, 432, 433, 434, 435, 436, 437, 438, 439, 441, 442.
Aly, mameluk, D 350.
Aly-bey, D 156.
Amyot, A LXII.
Andreossi, B 94; C 429; D 87, 120, 140, 319.
Angoulême (duc d'), B 315, 335, 336.
Anne d'Autriche, C 331, 343.
Annibal, D 487, 488, 503.
Antoine, A XXXIV; D 429.
Antomarchi (Docteur), A XLI; D 502, 504.
Antonelle, C 402.
Antonio (don), B 283.
Arbuthnot (John), A XLIX.
Arena, A 159.
Arioviste, C 310, 311.
Aristogiton, A XLVIII.
Aristophane, A XXXIII.
Aristote, C 3.
Arnault, A XXXVIII, 274, 277.
Arnold (docteur), D 503.
Arrien A XXVII, XLIV.
Arrighi, C 243, 291; D 379.
Astros (abbé d'), A XXXIV.
Asturies (prince des). Voyez Ferdinand VII.
Athalin (lieutenant-colonel), C 107.
Aubry, A L, LXXIII, 238.
Aubry (Mlle), danseuse, D 458.

Audenarde (d'), A 371.
Auerstaedt (duc d'), voyez Davout.
Augereau, B. 70, 100, 116, 204; C 90, 137, 292, 422; D. 11, 19, 20, 23, 32, 508.
Auguste-Amélie de Bavière, A 251.
Auguste-Napoléon, A 381.
Auguste-Stanislas, roi de Pologne, A 199.
Aune (Léon), B 102.
Aurel (libraire), A XXVIII, XLIV, 188; B 127.
Autume (capitaine), A XLIV, XLV, LXX.
Azarra (d'), B 169.

B

Babœuf, C 402.
Bacciochi (Félix), A 345.
Bachelu (général), D 49.
Bade (prince Paul de), A 313.
Bade (princesse Stéphanie de), A 312, 313, 315, 323.
Bade (grande duchesse de), A 319.
Bailly, A 161.
Balathier (général), C 280.
Balzac (Honoré de), A XXIX, LXVI; C 109, 221.
Banville (Théodore de), A XXV, LXV, 256, B 132.
Baraguey d'Hilliers, B 205; D 84, 102, 111.
Barba (éditeur), C 385.
Barbanègre (colonel), D 40.
Barbaroux, A 175, 179.
Barbier père, D 429, 431.
Barbier fils, D 427.
Barclay de Tolly, C 277, 279.
Barère, B 158.
Barine (Arvède), D 512.
Barjaud, B 108.
Barnave, lieutenant, A 161.
Barni, B 105; C 3.
Barras, A LXXIV, 236, 244, 267, 269; B 37, 168, 342, 346, 394, 400; D 475, 476.
Barré, D 124, 173, 176, 177, 178.
Barrois (M.), B. 43.
Barrois (général), C 274, 284.
Bart (Jean), A LXVII.

Barthelemy, C 408.
Bassano (duc de), voyez Maret.
Basseville, C 35.
Baste (colonel), C. 238.
Bastelica (Alphonse de), A 103, 105.
Bastelica (Sampiero de), A 99, 100, 101, 102, 103, 104, 105, 123.
Bastelica (Vannina de), A 102, 103, 104.
Bastide, D 450.
Battaglia, B 178.
Baudelaire (Charles), A XII.
Bausset (comte de), B 332; C 28.
Bausset (cardinal de), C 28.
Bavière (duc de), C 342, 344, 345.
Bavière (roi de), (Voy. Maximilien).
Bavière (électeur de), A 308.
Bayeux (évêque de), A LVI).
Beauchamp, B. 155; D 89, 205.
Beaudoin, éditeur, D 498.
Beaufort (duc de), C 348, 354.
Beauharnais (vicomte de), A 250, 251, 262.
Beauharnais (vicomtesse de), Voyez Joséphine.
Beauharnais (Hortense de), Voyez Reine Hortense.
Beauharnais (Eugène de), Voyez Prince Eugène.
Beaulieu (général), A LV,

LXXIV, 267, B 64, 67, 68, 70; D 476.
Beaumarchais, A XX.
Beaumont (général), C 205.
Belin, éditeur, C 109.
Beker (général), B 121, 122.
Belliard B 288; C 23, 107, 230, 434; D 87, 102, 244, 246, 259, 260, 265, 266, 268, 271, 273, 274, 281, 283, 285, 293.
Bellune (duc de). Voyez Victor.
Bénévent (prince de). Voyez Talleyrand.
Bénézet, B 102.
Benigsen (général), C 290.
Béranger, A XXIII, LXII, LXIV.
Bérengier (Théophile), A VIII.
Berg (grand duc de). Voyez Murat.
Berkeim (général), C 262.
Bernadotte, A 280; B 300; C 76, 90, 200, 204, 205, 208, 239, 244, 243; D 6, 8, 11, 17, 18, 19, 25, 89, 90.
Bernadotte (Mme). Voyez Reine Désirée.
Bernardin de Saint-Pierre, D 436.
Berruyer (général), C 396.
Berthier, A 292, 342; B 94, 103, 104, 297, 447; C. 28, 66, 88, 97, 205, 212, 220, 224, 225, 227, 232, 248, 267; D 7, 8, 18, 86, 111, 121, 163, 235, 301, 310, 314, 321, 352, 399.
Berthier (maréchale), B 330.
Berthollet, A XXXVIII; B 94; D 89, 139, 225.
Berthoud, D 421.
Berton (père), C 185.
Bertrand, A XXXI, 353; C 107, 234, 269, 270, 271, 272, 274, 279, 281, 288, 291, 292, 299, 304; D 43, 67, 81, 82, 125, 130, 221, 412, 413, 416, 506, 509, 510, 512, 515.

Bertrand (comtesse), D 486.
Bessières, A LXIII, 336, 342, 352, 357, 373; B 74; C 208, 221, 222, 247, 267; B 327, 502.
Bianelli (Marie Anne), A 224.
Bigot de Préameneu, A XXXIV, 366.
Billaud-Varennes, B 158.
Bismarck (M. de), A LXVIII; B 251.
Bisson, (général), C 215.
Blake (général), C 233.
Blanquet du Chayla (amiral), D 101, 191.
Blücher, B. 305, 316; D 15, 34, 35, 36, 41, 42, 60, 69, 70, 71, 72, 73, 74, 75.
Boerio, A 119.
Boétrie (Etienne de la), A XLVII.
Boinod, B 79.
Boisredon de Ransuyet, D 100, 105.
Boissieux (comte de), A 123, 129.
Bombelles (comte de), B 447.
Bon (général), B 218; D 86, 88, 116, 119, 126, 127, 129, 148, 150, 224, 293, 300, 308, 313, 317, 324, 330, 344, 377, 400.
Bonaparte (Famille). Voyez la généalogie tome IV, p. 519 appendice 1.
Bonaparte, voyez Napoléon.
Bonaparte (Mme). Voyez Joséphine.
Bonaparte (Mme Charles). Voyez Ramolino.
Bonaparte (Caroline), A XLII, 281, 364; C. 117; D 508.
Bonaparte (Charles), A XXXVIII, XXXIX, XL, XLII, LXIX, 213, 219, 222, 224; B. 9, 26, 30.
Bonaparte (Elisa), A XLII, LXXI, 215, 345; B 27; D 510.
Bonaparte (Jérôme), A XLII, LXXVIII, 238, 248, 344, 367; B 44, 45, 101, 322, 323, 330, 437; D 10, 49, 55, 508.

Bonaparte (Joseph), grand-père de Napoléon, A 213.
Bonaparte (Joseph), A XVII, XXIX, XLII, XLIV, LXXVIII, 188, 216, 220, 221, 226, 231, 233, 234, 235, 246, 269; B. 113, 116, 288, 305, 312, 320, 326, 328, 329, 330, 441, 453; C 8, 9, 28, 30, 71, 115, 116, 171, 172, 173; D 456, 508.
Bonaparte (Mme Joseph), voyez reine Julie.
Bonaparte (Louis), A XVII, XLII, LXXVIII, 44, 188, 252, 254, 255, 259, 298, 312, 350, 378, 379; B 3, 29, 55, 114, 272, 291, 296, 307, 322, 330; C 9, 10, 172; D 508.
Bonaparte (Lucien), grand oncle de Napoléon, A XL, 222, 229.
Bonaparte (Lucien), A XLIV, LXXV, 139, 215, 216, 220; B 157; C 5; D 508.
Bonaparte (Pauline), A XLII, 236, 246, 255, 357; B 31, 238; D 508.
Bonaparte (Sebastiano), bisaïeul de Napoléon, A 222.
Bonet, directeur de l'Opéra, D 459.
Bonifazio, A 68.
Bonnet, C 272, 281.
Borghèse (prince Camille), A 256, 257.
Borghèse (princesse), voyez Pauline Bonaparte.
Borgne (le), voyez Masséna.
Bossange, C 100.
Bossuet, A XLVII, 411; B 424.
Boswel, A 221.
Boucher (le), voyez Murat.
Bouillon (duc de), C 330, 346.
Bouuaberdi (nom arabe de Napoléon), A LXVIII, B 137.
Bourbon (Louis de), voyez prince de Parme.
Bourbon (connétable de), A XL.
Bourcier (général), C 205, 266.
Bourget (Paul), A LXVI.

Bournonville (duc de), C 374.
Bourrienne, A LXVI, 247; B 36, 297; C 186; D 139.
Boutron, D 458, 459.
Boyer, D 317.
Bozio (cardone di), A 115.
Bozzi, A XLI.
Brandebourg (électeur de), C 374.
Braschi (cardinal), voyez Pie VI.
Brasseur ainé, imprimeur, A 163.
Bridport (amiral), D 393, 395.
Brienne (comte de), B 8.
Brissot, A 175, 179.
Brizzi, A 323.
Broussier (général), C 245, 246.
Brueys d'Aigalliers (amiral), B 41, 220; C 44; D 85, 92, 158, 172, 173, 176, 177, 178, 185, 189, 191.
Brueys (Mme), B 41.
Bruix (amiral), D 393, 394, 395.
Brun (général), C 218.
Brune (maréchal), A 275, C 28, 97, 409, 410.
Brunet, C 198.
Brunswick (duc de), B 24; C 22; D 33, 35, 37, 45.
Brutus, A 58, 112, 146; C 39, 309.
Bruyère (général), C 231, 286.
Bubna (comte), B 317; C 19.
Bulow (général), D 41, 57, 58, 59, 60, 61, 62, 65, 66, 67, 68, 71, 72, 73, 75, 76, 77.
Buonaparte (voyez Bonaparte).
Buonaparte (Giacopuccio), A XL.
Buonaparte (Giovanni), A XL.
Buonaparte (Guelfo), A XL.
Buonaparte (Jacques), A XL.
Buonaparte (Niccolosio), A XL.
Buonaparte (Nicolas), A XL.
Bussy (colonel de), C 107.
Buttafuoco (Matteo), A XLVIII, XLIX, 142, 143, 144; B. 18.
Buzelle, C 239.
Buzot, A 179.
Byron, A XXIII, XXXIII, LXIV.

C

Cabarrus (Térésa), voyez Mme Tallien.
Cacault, B 168.
Cadore (duc de), voyez Champagny.
Caffarelli du Falga, A XLIV; D 84, 86, 88, 94, 103, 145, 162, 210, 232, 293, 301, 338, 339, 348, 377, 378, 402.
Caffarelli, C 205, 209.
Caggia, (Mariano de), A 86.
Caligula, A 43.
Calmann Lévy, A XXXIV, 304, B 236, 291.
Calva (maison de), A 91.
Calva (Antonio), A 88.
Cambacérès, A XVII, LXXVI, 238, 358; B 103, 114; C 396; D 455, 458.
Cambacérès, cardinal, A 358.
Cambiaso, B 213.
Cambronne (général), C 28, 107, 108; D 510.
Campagnol, B. 33.
Campagnoni, D 511.
Campo Frigoso (Galeazzo di), A 86.
Campo Frigoso (Teommassino di), A 92, 93.
Canclaux, B 210.
Canino (prince de), voyez Bonaparte (Lucien).
Canova, A 224, 256; B 181.
Cansillon, B 83.
Caporal (le Petit). Voyez Napoléon.
Caracena, (marquis de), C 368.
Carbonel, brigadier, D 231, 378.
Carlos (don), B 288.
Carnot (le grand), A 210; B. 39, 64, 66, 158, 186, 168, C. 90, 415.
Carnot (Hyppolyte), B. 39.
Carnot (Sadi), B. 40.

Carrache (les), C. 46.
Carrel (Armand), A XXIV.
Carteaux (général), A LXXII, 163, 164, 165, 168, 170, 173, 175, 188, 397.
Carusson, négociant de Malte, D 100.
Casabianca (général), A LXXII, 236; C 190.
Casabianca (capitaine de vaisseau), D 189.
Casse (baron du), B. 101, 102, 288.
Cassius, B. 218; C. 309.
Casta (Carlo da), A 93.
Castelar (général), C 221, 226, 227.
Castiglione (duc de), voyez Augereau.
Castille(Blanche de), A XXXVIII.
Catherine de Wurtemberg, reine de Westphalie, A 249; B. 323; D 508.
Catinat, A 148.
Caton, A XLVIII, 43, 62, 81, 112, 148; C 315.
Caulaincourt, A XVIII, XXXII, 342; B 118, 243, 244, 311, 313; C 4, 10, 23, 24, 25, 104, 178.
Caulaincourt (général comte), C 254.
Ceccaldi, A 69.
Cerf-Beer, B 81.
Cervantès, A XXXIII.
César, A XIV, XXIII, XLIV, LII, LV, LVI, LIX, LXV, LXXXIII, 47; B 290, 314; C 80, 106, 184, 195, 308, 310, 311, 312, 313, 314, 315, 316, 317, 318, 320, 322, 325, 326, 327, 328, 397; D 3, 437, 480, 487, 497, 499, 502.
Cessac (général comte de), A 360.

Chabot (chevalier de), C 340.
Chabrier (Albert), C 50.
Chabrol, D 89.
Chamfort, A XX.
Champagny (comte de), A 363, 366; B 118, 304; D 457.
Champy (chimiste), D 89, 165.
Chaptal, A XXXVIII.
Charlemagne, A XIV, LXV, 68; C 378.
Charles VII, roi de France, C 140.
Charles VIII, roi de France, B 183.
Charles Ier, roi d'Angleterre, D 499.
Charles IV, roi d'Espagne, A, XXX; B 80, 268, 281, 282, 283, 351, C 132.
Charles-Quint, A LVIII, 100.
Charles VI, empereur, A 118.
Charles, roi de Naples, A 125.
Charles XIII, roi de Suède, B 300.
Charles-Jean XIV, roi de Suède, (voyez Bernadotte).
Charles XV, roi de Suède, A 188.
Charles (archiduc), A LXXIV, 303; B, 87, 88, 192; C 241.
Charlet, A LVIII; C 107.
Charpentier, éditeur, A 119, 143; B. 27, 42, 131, 470 ; C. 89, 110, 149; D 445.
Chartran (général), C 28.
Chassé (général), D 45.
Chatam (lord), B 233.
Châteaubriand (vicomte de), A XI, XXIII, XLVII, LXII, LXIV; B 258; C 12, 13; D 457.
Château-Renard (Mme), A 267.
Chauvelin (lieutenant général), A 130, 148.
Chauvet, D 475, 476.
Chénier, (Marie-Joseph), C 12.

Chéops, B 128, 129, 131, 136.
Chéphren, B 128.
Chiaramonti (cardinal), voyez Pie VII.
Choiseul (duc de), A 127, 128, 130, 144, 147, 148, 151, 153 ; B. 18.
Cianoldi, A 124.
Cicereus, (C) A 62.
Cicéron, C 317, 318, 325.
Cinarca (maison de), A 67.
Cincinnatus, A 31; B 235.
Cirneo, A 69.
Clarke, A XIII, 366; B 40, 107, 108, 110, 193, 214; C 88.
Clary (famille), A 188.
Clary (le comte François), A 188, 235.
Clary (Eugénie Désirée), voyez reine Désirée.
Clary (Julie) voyez reine Julie.
Clément XIV, B 131.
Cléopâtre, A XXXIII, XXXIV, XXXV.
Clinton (général), D 45.
Clovis, D, 490.
Cluny (bailli de), D 100.
Codrus, A 51.
Cohorn (colonel), C 218.
Coignet (capitaine), A XXV, LX, LXV, 342, 343, 344, 355, 368; B 108 ; C 82, 83, 84, 85, 100, 107, 221.
Colbert, B 385.
Colbert (général), C 286, 300; D 68.
Collaert (général), D 45.
Colli (général), A LV.
Collot, B 81.
Cologne (électeur de), C 371, 374, 376.
Colombano, A 93.
Colombier (Mme du), voyez Grégoire du Colombier.

Colombier (Mlle du), A 47, 241.
Colonna, (maison de) A XL, 67, 68, 121.
Colonna de Cinarca (maison), A 121.
Colonna d'Istria (maison), A 121.
Colonna de Rome, A 121.
Colonna, A 136, 137.
Colonna (Arrigo), A 65.
Colonna (Ugo), A 64, 68.
Colville (général), D 45.
Commynes (Philippe de), A LXII, LXIII; C 195.
Comnene (M), C. 30.
Compans (général), C 210, 251, 252, 270, 281.
Compère (général), C 255.
Condé (prince de), B 45, 116; C 333, 334, 335, 338, 339, 340, 343, 348, 349, 350, 353, 454, 355, 357, 358, 359, 360, 361, 362, 363, 364, 367, 368, 372, 373, 375, 367, 378, 384; D 448, 502.
Condorcet, A 175, 179.
Conegliano (duc de), voyez Moncey.
Conroux (général), C 238, 266, 267.
Conrouxel (général), D 40.
Constant, valet de chambre, A 336.
Constant (Benjamin), A XXXI; C 154, 179.
Constantin (grand duc), C 208.
Conté, aéronaute, D 89, 165.
Conti (prince de), C 349.
Cook (général), D 45.
Copin (Alfred), A 296.
Corancey, mathématicien, D 89.
Corbeau (capitaine du), A 230.

Corbin (Mme), C 116.
Corbineau aîné, (baron), A 331.
Corbineau, C 247.
Cordier, D 89.
Corneille (Pierre), A XVIII, XXXVI, LXII. D 428, 445, 448.
Corneille (Thomas) A XVIII, XXXVI.
Cornélie, A XXXVIII.
Corot, C 116.
Corrège, B. 65; C 46.
Corvisart (baron de), A 362; B 331, 333.
Costa, B 28.
Costas, C 98.
Costaz, mathématicien, D 89.
Coster, B. 5.
Coston (baron de), A XXVII, 7, 21, 229; B. 24, 26, 35; C 186; D 472, 473.
Courcelles (Madame de), A XLII.
Courier (Paul Louis), A XVIII, LXII; B 55; C 37.
Couthon, B 158.
Crassus, D 429.
Crébillon, D 528.
Crébillon (fils), A LXII.
Créqui (marquis de), C 367.
Cretet (comte), B 258; D 423.
Cretet (comtesse), B 258.
Crétin (général), D 125, 402, 404, 410, 411.
Crispi, B 251.
Croisier, D 377.
Cromwell, B 344.
Curély (général), B. 65; C 306.
Curtius, A 112.
Cuvier, B 63.
Cyrus, B 131.

D

Daher (cheykh), D 332, 339, 351, 361.
Dallemagne (général), A 331; B 74.
Dalmatie (duc de). Voyez Soult.
Damien, D 450.
Danican, C 398.
Danthoine, A 240.
Danton, B. 159, 349; C 385.
Danville, D 430.
Dantzick (duc de). Voyez Lefebvre.
Daru (comte Pierre), A 258; B 63, 112.
Daumas (général), B 137, 148.
Daumesnil, C 247, 278.
Daumont (général), D 48, 51, 56, 58, 63.
Daunou, A XLVI, 21.
Daure, D 223, 330.
David, roi, B 290.
David, A XXXVIII, XLII, 189; D 460, 461.
Davidowich (général), C 419, 437, 438, 439, 441, 442.
Davout, A XIII; B 296, 297; C 84, 204, 205, 239, 241, 243, 244, 245, 246, 249, 251, 252, 255, 275; D 8, 11, 17, 18, 19, 25, 33, 35, 36, 87, 253, 256, 259, 261, 266, 277, 293, 405, 414.
Debelle (général), B 34.
Debilly (général), D 40.
Debry, C 194.
Decazes (duc), B 272.
Décius, A 112, 180.
Decouz (général), C 274.
Decrès (amiral), A 366; B 44, 104, 265; C 3, 91.
Defrance, C 247, 303.

Defremery, B 136.
Delacroix (Eugène), A XXV, 270; B 234.
Delacroix (Constant), B 234.
Delahays, A 228.
Delile, chimiste, D 89.
Delloye, éditeur, A 48, 120, 139, 143, 199; B 39, 42, 389, 454.
Dennière, B 79.
Dentu, A XXXI, 242, 261.
Deroy (général), D 19.
Desaix (le grand), A LXIII, LXVII, XXIV; B 43; D. 84, 86, 87, 101, 102, 116, 118, 121, 126, 127, 130, 132, 135, 148, 149, 159, 166, 241, 243, 244, 246, 247, 248, 249, 250, 251, 252, 253, 254, 256, 257, 258, 259, 264, 268, 269, 273, 274, 276, 279, 280, 292, 293, 388, 399, 502, 505.
Desaix (général), B 74.
Deschamps (Eustache), A LXII.
Descorches (ambassadeur), B 152.
Descostils, chimiste, D 89.
Desèze, B 161.
Desgenettes, médecin en chef, D 380.
Desgranges, B 82.
Désirée, reine de Suède, A 188, 211, 212, 213; B 300.
Desjardins (général), D 30.
Desmoulins (Camille), A XLIX.
Desplenne, B 108.
Dessales, C 239.
Destaing (général), D 405, 406, 407, 408, 410.
Détrée, C 37; D 162.
Devaux (général), C 272, 281; D 62.

Diderot, A V, XXII, XLV, LXII; D 447.
Didon, A 49.
Didot, éditeur, A 139, 263, D 429.
Diodore de Sicile, B 148.
Dion, A 112.
Djezzar-Pacha, B. 143; D 161, 193, 195, 196, 205, 209, 211, 212, 235, 236, 252, 291, 296, 300, 307, 315, 321, 322, 323, 324, 326, 331, 339, 344, 346, 347, 350, 351, 365, 366, 367, 374, 375, 384, 385, 386, 415.
Dolenda, A 93.
Dolgorouki, C 211.
Dolomieu, D 89.
Dombrowski (général), C 262, 291.
Domitien, A 43.
Dommartin (général), B 73; D 86, 213, 293, 301, 302, 338, 392.
Donzelot, D 244.
Doppet (général), A LXXII.
Doria (général Batista), A 87.
Doria (Andréa), A 100, 123.
Doria (Stephano) A 104.
Dorsenne (général), D. 267.
Douglas, D 347, 349, 370.
Doulcet de Pontécoulant, A LXXIII, LXXIV, 236, 242 ; C 194.
Doumerc (général), C 265.
Dreyfous, éditeur, B 142.
Drouet (général), C 205, 218; D 13, 49, 65, 73.
Drouot (général), C 28, 37, 107, 272, 284; D 510.
Dubarry (Mme), A 153.
Dubois de Crancé, A 173, 175.
Dubois (général), B 72.
Dubois aîné, D 89.
Duhesme (général), D 48, 64, 65.
Dufresne, D 177.

Dugommier (général), A LXXIII; D 513, 514.
Dugua (général), D 86, 123, 127, 133, 137, 148, 149, 150, 162, 293, 388, 400.
Dulauloy (général), C 272, 284, 294, 298.
Dulembourg (colonel), D 40.
Dumaine, éditeur, B 116 ; C. 86.
Dumanoir, D 173.
Dumas (général Mathieu), D 324.
Dumas (Alexandre), A XXV; B 236, 336; C 186, 248.
Dumouriez, B 242, 244.
Dumoutier (général), 284.
Duncan (amiral), D 393, 395.
Dundas (général), A 135.
Dupart, C 247.
Dupetit-Thouars, D 189, 191.
Duphot (général), A 244.
Duplessis (général), D 274.
Dupont (général), C 216.
Duport (compositeur-musicien) D 456.
Dupuis (général), D 154, 207, 209.
Dupuy (père), A XIII, LXIX, 139.
Durand (la générale), A XXV, XXXIV, 297, 304, 366, 368.
Duras (duc de), C 375.
Duroc, A 342, 355; C 205, 287, 288, D 162, 319, 378, 502, 512, 513.
Durrazzo, A XL.
Durtubie, B. 33.
Durutte (général). C 293.
Duruy (Albert), A XI, LXV.
Duteil (général), A LXXII ; B 55.
Dutertre, B 98.
Dutertre, dominateur, D 89.
Dutheil (baron), D 513.
Duvivier (colonel), D 353, 411, 413.

E

Eckmühl (prince d'). Voyez Davout.
Eichstadt (prince d'), A 250.
Elbœuf (duc d'), C 357.
El-Cherkaoui, D 208, 217.
Elchingen (duc d'). Voyez Ney.
Elfi-bey, D 155, 245, 263, 268, 269, 270, 396, 397.
Elizabeth de Parme, veuve d'Essagne, B 268.
Elliot (lord Gilbert), vice-roi de Corse, A 135, 137; D 93.
Elliot (aide de camp), C 439.
El Marouki, D 160.
El Messiri, D 120, 121.
El Mohdi, D 390, 391, 392.
Emerian, D 190.
Emile, A 37.
Enghien, (duc d'), B 241, 242, 244, 245, 407; C 509.
Epaminondas, A 105.
Erlon, (comte d'). Voyez général Drouet.

Eschyle, D 443.
Espagne (roi d'). Voyez Charles IV.
Espagne (roi d'), voyez Joseph Bonaparte.
Espagne (général), C 213.
Espartero (général), B 377.
Espenan, C 334.
Essling (prince d'), voyez Masséna.
Estève (comte), A 257, 369.
Etrurie (roi d'), A 356.
Eugène, pape, A 85.
Eugène (prince), A LXXVII, 250, 251, 253, 259, 268, 278, 290, 298, 299, 303, 305, 313, 331, 345, 353, 356, 358, 360, 366, 371, 373, 376, 378, 381, 382, B 106, 249, 250, 325; C 239, 252, 268, 270, 271, 403; D 150, 162, 378, 508, 511.
Eugénie, impératrice, A 331.
Excelmans (général), D 69.

F

Fabius, A 37.
Fain (baron), 100.
Faultrier (général), D 86, 412, 416.
Faye, C 7.
Fayoumi, D 220.
Faypoult, B 77, 81.
Fée, C 221.
Feltre (duc de), voyez Clarke.
Ferdinand, I empereur d'Autriche, C 20.
Ferdinand VII, B 267, 268, 269, 280, 283, 284, 310; C 132.
Ferdinand, roi de Naples, B 168, 169; C 41, 69, 70; D 196.

Ferdinand de Lorraine, (prince), B 167, 332, C 197, 198, 200.
Ferrari, B 213.
Ferté (maréchal de La), C 353, 355, 359, 364, 369.
Fesch (cardinal), A 215, 223, 229, 239, 246; B 158; D 510.
Fesch (François), père du précédent, A 215, 224.
Fesch, A 224.
Fielding, D 428.
Fieschi, A 94, 95, 96, 97.
Fieschi, régicide, B 105.
Firdousi, B 132.
Flachat, B 78, 79, 82.

Flack, B 80.
Flaubert, A LXII, LXV, 105; C 68.
Flaugergue, B 461, 469.
Fleurieu (M. de), B 44.
Fleury de Chaboulon, A XXXI.
Florida-Blanca, C 262.
Fontanes, C 5, 7, 15; D 423.
Forno (colonel de), C 218.
Fortuné, carlin de Joséphine, A 277, 278.
Fouché, A LXXIX, 366; B 121, 122, 257, 308; D 455, 456, 457, 458, 459.
Fouler (général), C 107.
Fouquet, D 133.
Fouraut, éditeur, D 193.
Fourier, mathématicien, D 98.
Fournier (général), C 265.
Fox, A XVI; B 233.
Foy (général), D 49, 55.
France (Anatole), A LXVI.
Francesca, A 221.
Francesco Fiorentino (capit.), A 87.
François II (empereur), A 309; B 170, 185, 186, 188, 190, 210, 286, 324, 325, 342, 417, 456; C 19, 20; D 81, 503.
Franquemont (général), C 287.
Frédéric II, A XIV; D 503.
Frédéric-Guillaume III, A 313, 342; B 210, 254, 314; C 73, 87, 268, 273, 276; D 5, 22, 23, 34, 503.
Frédéric, (roi de Wurtemberg), A 108, 118, 123, 124.
Fregose (maison de), A 83, 84, 85, 86, 87, 91, 105.
Fregose (Abracodi Campo), A 83.
Fregose (Lodovico de), A. 86.
Frère (général), C 247.
Fréron (Stanislas), A 236, 256; B. 31.
Freudenreich (général), C 306.
Friant (général), C 205, 253, 302, 303; D 35, 48, 74, 75, 87, 214, 259, 263, 267, 269, 293.
Frioul (duc de), voyez Duroc.
Frioul (duchesse de), femme de Duroc, D 513.
Frioul (duchesse de), fille de Duroc, D 512, 513.
Froissart, C 195.
Fugières (colonel), D 412.

G

Gaëte (duc de), voyez Gaudin.
Gaffori, A 157.
Gaforio, A 121.
Galba, C 312.
Galeazzi, A 135.
Galiani (abbé), A LX.
Galland, B 128.
Gallo (marquis de), B 184, 185, 210, 211.
Gardel, D 157.
Gambetta (Léon), A LIII; B 463, 470; C 86, 89, 90.
Gauganelli (cardinal), voyez Clément XIV.
Ganteaume (amiral), D 101, 230, 319, 323, 336.
Garampel de Bressieux, A 242.
Garat, A 210.
Garnier, historien, D 123.
Gasparin, C 514.
Gassendi (général), B 29.
Gastaud, B 26.
Gaudin, A 365; B 114, 265.
Gautier, A LXII, LXIV, LXV, 270; C 109.
Gazan (général comte), D 23, 27.
Geltrude, A 221, 224.

Gentil, général, A 134, 135, 137.
Geoffroy, naturaliste, D 89.
Georges III, roi d'Angleterre, A 192, 193; B 232, 245, 284, 418; D 162.
Gérard, peintre, A 224.
Gérard (maréchal), C 26; D 69.
Germer-Baillière, éditeur, C. 3.
Gherardo, A 93.
Giguet, D 442.
Giaffori, A 116, 124, 138.
Gilbert, A XXXIII.
Gilet, D 191.
Giovanna, A 224.
Giovannali (les frères), A 78, 79.
Girard (général), C 271; D 77.
Girard (ingénieur), D 89.
Girola, B 154, 165.
Gladstone, A 203.
Gleen (général), C 339, 341, 342.
Gluck, A 49.
Godeau, A XXXIV.
Godefroy de Bouillon, D 311.
Godoy, B 267, 269, 280, 281.
Goethe, A LXII, 317.
Gosselin, B 80, 81.
Gouré (général), C 273.
Gourgaud (général), A XXXI, LXIV, 21; B 337; C 107.
Gouvion-Saint-Cyr, A LIII; C 221, 413.
Gramont (maréchal de), C 333, 335, 340, 342.
Gramont (chevalier de), D 434.
Grand-Vizir, B 150, 154.

Granet, B 58.
Grégoire du Colombier (Mme), A XXXI, XLV.
Gremier (général), C 247.
Grena, vice-légat, B 169.
Greuze, A XLII.
Grimaldi (maison des), A 91.
Grobbin ou Gobain, C 100.
Gromaire, D 458.
Gros, LXXXVIII.
Grossa (Giovanni della), A 69.
Grotius, C 112.
Grouchy (maréchal de), B 298, 335; C 28, 213, 214, 217, 267; D 41, 52, 55, 56, 58, 59, 60, 62, 68, 69, 70, 71, 72, 74.
Guadet, A 179.
Guastalla (duchesse de). Voyez Pauline Bonaparte.
Gudin (général), C 205, 246; D 35, 36.
Guébriant (maréchal de), C 332.
Guerchin, C 46.
Guérin, A XXXVIII.
Guibert, D 411.
Guido Lamberto, A 68.
Guieux (général), B 71; C 435.
Guillaume le Conquérant, A. IX, LVI, LVII, LVIII; C 62.
Guillaume de Prusse (Prince), C 306; D 36.
Guillaumye (M. de), B 7, 9, 12, 13, 14, 16, 17.
Gustave-Adolphe, D 487.
Guyot (général), C 300, 303, 306; D 48, 67, 74.

H

Hachette, éditeur, C 50, 85.
Hadjy (émir), D 266, 389, 390.
Haider-Ali, B 142.
Hakem, A 3, 4, 5, 6.
Halma, D 423.

Hamilton, A LX.
Hamman (prince), D 261, 262.
Harcourt (comte de), C 331, 332.

Hardenberg (chancelier de), B 306.
Hardouin (père), D 432.
Harispe (colonel), D 40.
Harmodius, A XLVIII.
Harold, roi, A LVI.
Harville (d'), A 307.
Hassan, D 216.
Hassan (capitan-pacha), D 84, 255.
Hassan-bey, D 241, 242, 245, 255, 257, 260, 263, 266, 268, 270, 272, 273, 274, 276, 278, 279, 282.
Hassan d'Iambo, D 245, 258, 260, 261, 262, 263, 271, 272, 273.
Hatry (général), C 404.
Hauterive (comte d'), B 120, 310.
Hautpoult (général d'), C 205.
Hatzfeld (prince d'), A 317.
Hatzfeld (Mme d'), A 317.
Haxo (général) A XXXII; D 47.
Heine (Henri), A XXIII LX, LXIV; B 338.
Héliogabale, D 487.
Hénault (président), D 423, 424, 426.
Henri II, roi de France, A 99, 100, 123.
Henri IV, A XXVII, LII; B 279; D 423, 424, 492.
Henri V, roi d'Angleterre, C 140.
Heppler (colonel), D 252.
Hercule, (commandant), C 440.
Hérodote, B 130, 131.
Hesse-Hambourg (prince de), C 274.
Higonet (colonel), D 40.
Hiller (général), C 243.
Hirtius, A LX.

Hoche, A LXVII; B 223, 300.
Hocquincourt (maréchal d'), C 347, 348, 349, 350, 351, 364, 365, 367.
Hohenlohe (général), A 317; D 12, 15, 22, 23, 33.
Hohenzollern (général de), C 197, 243.
Holland (lady), D 509.
Hollande (roi de), voyez Louis Bonaparte.
Holopherne, D 362.
Homère, A XIV, XXVII; D 428, 432, 433, 440, 442.
Hompesch, grand maître de Malte, D 96, 104.
Hood (amiral), A 134.
Horace, A XVII, XXIII.
Hortense (reine), A 254, 258, 259, 260, 263, 268, 272, 290, 297, 298, 299, 305, 312, 313, 314, 315, 316, 318, 319, 323, 326, 337, 338, 339, 350, 353, 357, 359, 368, 380; D 508.
Hortense Eugénie, A 353.
Hozier de Seriguy (d'), 84.
Huart (général), C 255.
Hudelet, D 336.
Hudson Lowe, A LXXIX; D 504.
Hugo (général Louis), A 331.
Hugo (comte Abel), A XXV, XXXIX, 331; B 329, 336; C 18, 105, 107, 170, 212; D 504.
Hugo (Victor), A V, X, XI, XXII, XXIII, XXV, XXXI, LXII, LXIV, LXXXIII, 270, 331; B 137; C 109, 195, D 445.
Hulot (Mlle), C 416, 417.
Hutin (chef d'escadron), C 218.

I

Ibrahim-bey, B 143; D 113, 134, 151, 153, 154, 158, 159, 160, 161, 166, 193, 194, 195, 204, 205, 222, 235, 251, 290, 291, 296, 299, 304, 307, 309, 358, 396, 397.
Iguacio (père dom), B 86.
Imbert de Saint-Amand, A XI, XXV, XXXI, 235, 242, 261, 298; B 116, 121; C 10, 25, 28, 66, 116.
Isabelle II, reine d'Espagne, B 283.
Isabey, A XXXVIII, XLII.
Isoard, A 228.
Istria (Vincentello d'), A 83, 84, 85, 105.
Istrie (duc d'), voyez Bessières.
Istrie (duc d'), fils de Bessières, D 512.
Iung, (général) A XI, XXVI, 3, 119, 144, 165, 189, 219, 229, 233, 245, 256, 290; B 4, 6, 23, 27, 28, 31, 35, 36, 37; C 10, 119, 187.

J

Jacob (bibliophile), voyez Paul Lacroix.
Jean Bon Saint-André, A XXXIV.
Jellachich, C 83.
Jérôme Napoléon (prince), A 219; B 291.
Jésus B 133, 290; C 50; D 307, 359.
Joinville, A XXI, LXII.
Joly, imprimeur, A 120, 143, 144.
Jomard, D 89.
Joséphine (impératrice), A XXXVIII, XLVII, LVIII, LXXIX, 208, 212, 237, 242, 247, 250, 253, 254, 259, 260, 261, 242, 263, 265, 266, 268, 274, 276, 277, 278, 280, 283, 284, 285, 286, 287, 288, 289, 290, 291, 293, 296, 298, 302, 303, 310, 317, 323, 329, 335, 352, 359, 366, 371, 374, 376, 379, 382; B 2, 37, 258, 265, 403, 416; D 460, 475, 478.
Jouanne (chevalier), C 107.
Joubert, A LX.
Joubert (général), B 83, 203.
Jouberthon (Mme), A 216.
Jourdan, A LXIII; C 405; D 416.
Juan (Don), C 367, 369, 370.
Jugurtha, A LIX.
Julie, reine d'Espagne, A 188, 235, 241; B 300, 330, D 508.
Julien, empereur, D 429.
Julien (capitaine), D 180.
Julien (Mlle), A 361.
Junot, A XVIII, LXIII, LXXVIII, 242, 256, 270; B 30, 31, 94, 163, 164, 183; C 4, 205; D 87, 104, 204, 332, 353, 354.
Junot (Mme), A 233, 235, 270 ; B 30.
Justinien, A XII, XXIII, LXXXIII.

K

Kalkreuth, D 35.
Karr (Alphonse), C 101.
Kasimirski, B 131.
Keith (amiral), B 337.
Kellermann, maréchal, B 67, 69, 434.
Kellermann, général, C 203, 210, 280; D 47, 50, 51, 55, 66, 67, 76.
Keralio (le chevalier de), A XXVII, 221.
Kermoysan, A VII, 139; B 43.
Kilmaine, A 274; C 430, 436.
Kirgener (général), C 287.
Kléber, A LIX, LXIII, LXVII, LXXV; B 93, 155, 279; D 86, 87, 88, 116, 119, 125, 133, 158, 163, 218, 293, 297, 298, 303, 304, 305, 306, 308, 313, 323, 324, 330, 354, 355, 356, 357, 358, 359, 360, 362, 375, 382, 383, 400, 416, 502.
Klein (général), C 197, 198.
Kleist (général), B 316; C 277.
Kollowrath, C 243.
Koraïm, D 117, 120, 121, 123, 128, 194.
Kosakowski, C 107.
Kotzbue, C 282.
Kourakin, A 350.
Kray (maréchal), C 412, 414.
Kutusow, C 86.

L

Labedoyère (général), C 28.
La Bouillerie (baron de), D 514, 515.
Labitte, marchand de draps, B 5.
La Bruyère, A XX, XXI, 276.
La Catonne (capitaine), A LXX.
Lacépède, A XXVIII.
Lachèze, B 79.
La Combe Saint-Michel, A 135.
Lacoste (aide de camp), C 218.
Lacretelle jeune, C 389.
Lacroix (Paul), A VII, XXIV, 21, 48, 139, 143, 165; B 128; C 385.
Lafayette (M de), A 158, 161; B 327, 469, C 99, D 508.
Laferrière (général), C 300, 305.
Laffitte, banquier, D 514.
Lafond, C 397, 398, 399, 401.
La Fontaine, A XII, XX, XXXIII, XXXVI, XLV, LII, 48, 322; C 30; D 434.
Laforêt, B 310.
La Genga (cardinal de), voyez Léon XII.
Lagrange (général comte), C 301, D 291, 397.
La Harpe, C 387, D 447.
Lahoussaye (général), C 213, 214, 221.
Lahoz (général), B 85.
Lainé B 161.
Lajonquière (colonel), C 218.
La Layen (princesse de), A 378.
Lallemant, B 195, 228; D 62.
Lamarque (général), C 215.
Lamartine, A XXIV, XXXIII, LXII, LXIV.
Lambert, B 83; C 262; D 45, 331, 337, 338.
Lameth, A 161.
Lamotte (colonel), C 218; D 40.
Lancastre, A 180.

Lance (chevalier de), A LXX; B. 21.
Lancret, D 89.
Lanfrey, A XI, XXV.
Langeron (de), C 277.
Laujuinais, B 469.
Lannes, A LXIII, 355; B 40, 85, 91, 218; C 82, 83, 100, 197, 204, 207, 208, 212, 213, 214, 216, 218, 237, 409, 434; D. 11, 14, 15, 16, 17, 19, 20, 24, 29, 31, 32, 41, 84, 293, 300, 308, 313, 315, 317, 324, 330, 372, 378, 400, 405, 406, 407, 408, 412, 413, 414, 416, 503.
Lannes (Mme), A 355.
Lanusse (général, D 84, 293, 389, 392, 405, 406, 408.
Lapisse (général), C 224.
Laplace, A XXIII; C 107; D 370.
Laporte, B 79.
Lapoype B 58.
Larchey (Lorédan), C 85.
Lard de Campagnol, A LXX.
La Reveillère-Lépaux, B 168.
La Romana, général espagnol, A 351.
Larrey (chirurgien en chef, baron), D 320, 380, 410.
Lasalle, A LXVII, 357; B 65; C 247; D 6, 161, 275, 293.
Lascal, D 372.
Las Cases (comte de), A XXXI, XLV, LXIV, LXVII; B 43, 49, 336; C 12, 100, 385, 418; D 11, 155, 182, 191, 221, 228, 238, 329, 337, 345, 349, 350, 352, 392, 403, 406, 412, 413, 416, 417, 431, 470, 495, 507.
Las Cases (Emmanuel de), C 418.
Latourette, A 178.
Latour-Maubourg (général), C 213, 214, 215, 218, 221, 284, 286.

Laugier, B 196, 200; D 314, 315, 316.
La Tournerie, D 244, 260.
Launay, C 425.
Laurent (de l'Ardèche), A XXV.
Lauriston (général), C 224, 245, 269, 274, 279, 280, 281, 285, 288, 298, 299.
Lavalette (comte de), B 380;
Lavergne (Léonce de), A VII, XXIV, LI, 143, 192, 208; B 123, 128, 337; C 105, 196.
Lazowsky, D 316.
Lazzaro (roi d'Alger), A 99.
Le Blant, C 86.
Le Borgne d'Ideville, C 107.
Lebrun, A LXXVI, 308.
Leca (maison de), A 67, 88.
Leca (Giocante di), A 89, 90, 92, 93, 98.
Leca (Raffaello da), A 87, 89, 91.
Lecca (Rinuccio di), A 94, 95, 96, 97, 98.
Leclerc (général), A 255, 256; B 74, 75, D 86, 158, 190, 238, 239.
Lecomte (Jules), B 448.
Lecomte (général), C 413, 414.
Lecouteux de Canteleu, A 359.
Lefebvre (maréchal), B 434; C 232, 267, 304; D 20, 27, 391.
Lefèvre-Desnouettes, A 351; C 28, 286; D 48, 66.
Lefol (général), C 292.
Leganès (marquis de), C 331.
Legrand (général), C 205, 206, 263.
Lejolile, D 190.
Lemaire, B 34.
Lemarrois (comte), A 305; B 71, 73.
Lemoinne (John), A L.
Lenclos (Ninon de), A LIX.
Léon II, pape, A 120.

Léon XII, pape, B 299.
Leonetti, C 190.
Léopardi, A XXXIII.
Lepère, ingénieur, D 89, 225.
Lepère, architecte, D 89, 155.
Le Roy, D 191.
Leroy, D 421.
Lesage, D 428.
Le Sancquer, B. 51.
Letort (général), C 305.
Letourneur (de la Manche), A 238 ; B 37, 168.
Leuchtemberg (duc de), voyez Prince Eugène.
Leveneur (général), B 223.
Lévy (Michel, éditeur), B 336 ; C 221.
Libri, C 185.
Lichtenstein (prince de), C 199, 211, 213.
Liédat, D 366.
Ligne (prince de), A LX ; C 369.
Lille (comte de), voyez Louis XVIII.
Lomellino (maison de), A 91.
Longueville (duchesse de), C 317.
Lope de Rueda, A XLV, 3.
Lorcet, C 439.
Lorencez (général), C 287.
Lorges (comte de), 379, 381.
Lorraine (maison de), A 180.

Lorraine (duc de), C 331, 335, 351, 352, 357, 358, 375.
Louandre (Charles), D 415.
Louis XIII, D 424.
Louis XIV, A LXVII ; B 275 ; C 330, 373, 376, 377, 378 ; D 423, 424, 425, 445.
Louis XV, A 7, 123, 128, 131 ; D 424, 425.
Louis XVI, A LXX, 133, 223. B 27, 44, 236 ; C 12 ; D 425.
Louis XVIII, A LXXIX, 207 ; F 36, 40, 236, 237, 258, 305 ; C 106 ; D 462.
Louis-Philippe, A 352 ; B 159.
Louis de Prusse (prince), B 15, 16, 17, 19.
Louis (père), A LXIX.
Louis, maréchal de logis, D 231.
Louise, reine de Prusse, A 313, 317, 343 ; D 8.
Loustau, A 50.
Louvet, C 399.
Louvois, C 377.
Lucain, D 428.
Luçay (M. de), D 457, 458, 459.
Lückner (général), A 292.
Lucques (prince de), voyez Bacciochi.
Luther, A XLIX.
Luxembourg, C 364, 371, 373.
Lycurgue, A 25.

M

Macdonald (maréchal), C 26, 27, 104, 178, 245, 271, 276, 278, 281, 283, 285, 288, 292, 296, 297, 298, 400, 407, 409.
Machiavel, A LVIII ; D. 428.
Mack, C 71, 196.
Mackau (baronne de), A 367.
Maçoudi, B 132.
Madame, (Voyez Lœtizia Ra-

molino.)
Madame Mère, (Voyez Lœtizia Ramolino.)
Mademoiselle (la Grande), C 355.
Magallon, D 130.
Mahomet, A IX, XXIII, LIX, LXXXIII, 5 ; B 127, 132, 136, 145, 148, 149, 210, 233, 385.

392, 450, 451, 452, 453, 454.
Maillebois (maréchal de), A 123, 124, 133, 134.
Mailly, D 344, 345, 346, 347. 124, 129.
Maine de Biran, B 464.
Maintenon (Mme de), C 378; D
Maison (général), C 224, 231.
Maona (compagnie de la) A 82, 83, 84, 85, 105.
Marat, B 217.
Marbœuf (M. de), gouverneur de la Corse. A XXXXIX, 213, 227, B 3, 44.
Marbœuf (M. de), archevêque de Sens, A 139, 217, 227.
Marbœuf (M. de), fils du gouverneur de Corse. B 43, 44.
Marbot (colonel), D 510.
Marceau, A LXVII.
Marchand, A LXIV; C 215, 308; D 437, 449, 480, 510, 512, 515.
Marcin, C 340, 378.
Marco de Saint-Hilaire, D 437.
Marengo, A 150.
Maret, A 304, 365; B 120, 315; C 107; D 478.
Marie-Antoinette, A XL, 225.
Marie-Louise, A XXXIV, LXXIX, 380; B 305, 307, 329, 331, 332, 333, 447; C 28, 29, 268, 276, 290, 300; D 507.
Marie-Thérèse, B 286.
Mariette, A 236, 242.
Marigny, D 40.
Marion (général), C 255.
Marius, A 43; C 308.
Marmont, A LXXIX; B 94, 114, 118, 344; C 25, 90, 102, 138, 239, 243, 269, 270, 272, 278, 279, 281, 283, 285, 301, 303; D 87, 103, 293, 403, 508.
Martel (Charles), A 63, 122.
Martel (Tancrède), A VI, VIII, LXVIII.

Martin, D 190.
Mascati, médecin, A 295.
Massa (maison de), A 66.
Massa (duc de), A 365.
Massaredo (amiral), D 394.
Masséna, A LXIII, 275; B 70, 71, 72, 74, 83, 297, 298; C 37, 58, 238, 239, 240, 241, 242, 243, 244, 245, 409, 410, 411, 422, 433, 438; D 4, 416, 503, 505.
Masseria, A 114.
Maspero, B 129, 130.
Mathilde (comtesse), A 68, 121.
Mathilde (princesse), A 249.
Matras, A 125, 126.
Mattei (cardinal), B 169, 174, 175.
Maximilien-Joseph, roi de Bavière, A 250, 251, 300, 315; 370, B 254.
Mayenne (duc de), A LII.
Mazad, B 79.
Mazarin (cardinal), C 332, 350, 352, 358, 359.
Mazis (chevalier des), A LXX.
Mazurier, B 57.
Méchain, astronome, D 89.
Mecklembourg-Strelitz (prince de), C 274.
Médicis (les), A XXXIX, XL.
Meerweldt (général), B 184.
Méhée, B 243.
Méhémet-pacha, D 280.
Mélas, C 196.
Meneval (baron de), A XIX, XXV, XLIV, 228, 260; B 36, 44, 77, 114, 117.
Menos (J.-H.), C 154.
Menou B 97; C 391, 392, 395, 400; D 86, 116, 119, 127, 134, 158, 405, 414.
Mercy (comte de), C 333, 334, 335, 336, 337, 338, 339, 341.
Mercy (baron de), C 332.

Mérimée, A LXII, 353; B 26.
Merlet, D. 479, 493.
Merlin (de Douai), A 238.
Merlin (de Thionville), A XXIII.
Mesgrigny (commandeur de), D 100.
Mesgrigny (baron) C. 107.
Mesnard (Paul), C 15.
Metternich (prince de), A 363; B 317, 325; C 18, 19, 20, 21, 23.
Méry, D 443.
Meung (Jehan de), A XXI, LXII.
Michaud, éditeur, A 3.
Michaud (général), C 105.
Michaud (général), C 303, 304.
Michel-Ange, A X; B 65; C 16.
Michelet, A 278.
Mikadi, A 3.
Milan (duc de), A 92.
Milan (duchesse Valentine de), A 93.
Millevoye, A XXXIII.
Millot, historien, D 124.
Milhaud, D. 6, 18, 51, 52, 61, 62, 66.
Miltiade, C 330.
Miollis (général), A 282.
Miot de Melito, B 328.
Mirabeau, A XLVIII, 139, 161, 230.
Modène (duc d.), B 64, 210, 222; C 38.
Moïse, B 138; C 50; D 229, 230, 233.
Moklès, B 128.
Molière, A XX, XXXIII, LII, LXII; D 416.
Mollendorff (maréchal), D 39.
Mollerus, B 293.
Mollien (comte), A 366; B 114.
Molon (rhéteur grec), C 308.
Moncey, maréchal, B 327.
Monge, A XXIX, LXX; B 94; D 89, 139, 225, 233, 370, 421.

Montaigne, A XXI, LX, LXIII.
Montalivet (comte de), A XVIII, 366; B 114.
Montbrun (général comte), C 222, 255.
Montalto (maison de), A 85, 91.
Montebello (duc de). Voyez Lannes.
Montebello (duchesse de), Voyez Mme Lannes.
Montebello (comte Gustave de), A 356.
Montecuccoli, C 374, 375, 378, 379, 380, 381, 382, 383.
Monteggiani, A 69.
Montenuovo (comte de), B 447.
Montenuovo (comtesse de), B 447.
Montesquieu, C 150.
Montesquiou-Fézensac (de), A LX; B 116, 322; C 82, 86, 87.
Montesquiou (Mme de), A 380.
Montesquiou (colonel de), C 107.
Montfort (colonel), C 298.
Montholon, A LXIV; C 405; D 506, 509, 510, 512, 514, 515.
Montholon (comtesse), D 486.
Montluc (Blaise de), A LX.
Montmorency (les), A LXIII.
Morand (général comte), C 253, 284; D 35, 36, 37, 48, 65, 275.
Morandy, D 270.
Moreau (général), A LXVI; B 189, 326; C 405, 407, 408, 409, 410, 413, 414, 415, 416.
Moreau (Mme). Voyez Mlle Hulot.
Morgon, C 366.
Morla (général) C 221, 229, 230.
Mortier (maréchal), B 165, 213, 214, 217, 265, 272, 284, 287, 292, 302, 305.
Moskowa (prince de la). Voyez Ney.
Moulin, B 346.

T. IV 32

Moustache, courrier du cabinet impérial, A 310, 353.
Mouton (général), C 28, 218, 271; D 50, 59, 62, 64, 65, 75.
Mourad-bey, D 133, 135, 137, 139, 140, 149, 150, 151, 152, 156, 157, 158, 166, 194, 195, 206, 218, 222, 237, 241, 242, 243, 245, 246, 247, 248, 249, 250, 251, 252, 254, 255, 256, 257, 258, 259, 260, 261, 262, 263, 265, 266, 268, 269, 270, 275, 277, 278, 279, 290, 291, 396, 397, 398.
Moyrio (baron de), A LXX.
Muireur (général), D 131.
Muiron, A 236, 431; D 314.

Multedo, B 58; C 191.
Murat, A VIII, LXIII, LXXVIII, 281, 286, 302, 312, 357, 364, 379; B 65, 71, 94, 182, 183, 266, 270, 271, 325, 326; C 4, 28, 37, 84, 116, 197, 198, 204, 205, 207, 249, 253, 256, 267, 292, 395, 409; D 8, 11, 13, 18, 81, 126, 159, 204, 308, 332, 353, 381, 398, 405, 407, 408, 410, 411, 413, 416, 502.
Musset (Alfred de), A XXIV, XXV, XXXIII, LXII, LXVI.
Mustapha-pacha, D 384, 388, 395, 397, 401, 403, 404, 407, 412, 413, 414.
Mutard, capitaine, D 102.

N

Nansouty A XXXII; C 205, 213, 217, 244, 245, 294, 300, 301, 302, 305.
Naples (roi de), voyez Charles.
Naples (roi de), voyez Ferdinand.
Naples (roi de), voyez Joseph Bonaparte.
Naples (roi de), voyez Murat.
Napoléon, partout.
Napoléon II, A LXXIX, 381; B 308, 309, 329, 332, 447, 452, 508, 509.
Napoléon III, A 252, 331, 353, 359.
Napoléon des Ursins, A XXXIX, XLII.
Napoléon-Charles A 254, 258, 305, 314, 337, 323, 315, 316, 318, 323,
Napoléon Charles-Louis, A 258, 305, 359, 379.
Narbonne, ministre, B 25.

Narbonne-Fritzlar A 153, 156, 157, 158, 159.
Nasica (abbé), A XXVII.
Naudin, B 157.
Navailles (duc de), C 354.
Necker, B 19.
Negri (Ambrogio), A 97
Negri (Antonio), A 104.
Negroni de Bastia, A 135.
Neipperg (comte de), B 447.
Nelson (amiral, A 134; B 41; D 90, 91, 112, 113, 171, 172, 179, 185, 187, 188, 192, 195, 196.
Nemours (duc de), c. 354.
Néron, A 43; D. 487.
Nerval (Gérard de), A XXV.
Neuhoff, voyez Théodore, roi de Corse.
Nestor, A 89.
Neuchatel (prince de), Voyez Berthier.

Newton A XXIII, LXXXIII.
Ney A LXIII, 297, 302 ; B. 105 ; C 27, 28, 37, 93, 104, 178, 212, 213, 214, 215, 216, 249, 252, 256, 261, 264, 265, 268, 270, 271, 273, 279, 280, 281, 282, 283, 284, 285, 291, 293, 301, 303 ; D 7, 11, 18, 19, 20, 24, 28, 31, 46, 56, 64, 502.
Nicolas, colonel ; D 40.
Nicolas V, pape A 86.
Nicolino, A 221.
Niolinchi, A 88.

Nisard (Désiré), B 104 ; D 477, 478.
Normandie (duc de), A 225.
Normann (général), C 247.
Norry, architecte, D 89.
Norvins (de), A XXV, 241 ; B 183, 196, 232, 236, 457 ; C 37, 62, 86, 109 ; D 482.
Nouet, astronome, D 89.
Noverraz, valet de chambre, D 432.
Novozilzof (M. de), C 211.

O

Octave, A XXXIV.
Olympias C 3.
O'Méara A 21, 354 ; C 180 ; D 41.
Orange (prince d'), C 330, 331, 364, 372, 373, 374, 377.
Orange (prince d'), D 35, 39, 68.
Ordener (général), B 241, 242, 243, 244.
Oriani, B 38.
Orizio, A 221.
Orléans (duc d'), C 359.
Ornano (maison de), A 67 ;
Ornano (maréchal d'), voir Bastelica (Sampiero).
Ornano (Lupo d'), A 73, 74, 75, 76, 77.

Ornano (Orlando d'), A 77, 78
Ornano (général), B 119.
Orticone, A 119, 124.
Oscar I, roi de Suède, A 188, 250 ; B 300.
Oscar II, A 188.
Osiris, D 264, 392.
Osman-bey D 218, 256, 266, 274, 279, 397.
Ossian A XXVII, XXXVII, 265 ; D 427.
Otrante (duc d'), voyez Fouché.
Oudinot (maréchal), C 26, 206, 212, 213, 216, 218, 238, 239, 240, 241, 243, 246, 262, 263, 264, 265, 274, 278, 280, 281, 282, 283, 292.
Ozou, B 81.

P

Padoue (duc de), voyez Arrighi.
Paër, A XXXVIII, 323, 324.
Paget (Lord), général, D 76.
Paix (prince de la), voyez Godoy.
Pajol (général), D 48, 70.

Pankouke, éditeur, A 105.
Paoli (Hyacinthe), A 124.
Paoli (Pascal), A LXX, LXXII, 25, 31, 32, 33, 58, 126, 128, 130, 131, 132, 133, 134, 135,

136, 137, 139, 144, 146, 147, 159, 227; B 18; C 189, 190, 191, 192.
Paoli (Clemente), A 150.
Paolo (Giovan), A 93, 94, 96, 97, 98, 114.
Papirius (C), A 61.
Paravicini, B 5.
Parceval, poète, D 89.
Parme (prince de), A LXXVI.
Parme (duc de), voyez Cambacérès.
Parme (duc de), B 64, 206; C 38, 41.
Parnell, A 203.
Partounaux (général), C 263.
Pascal, A XXII, XXIII, XXIX, LII, LXII, LXXXIII.
Paterson (Mlle), A 248, 249; B 44, 45.
Patrault (père), A XIII, LXIX, 220.
Patrona-bey, D 396, 405, 415.
Paul I, empereur de Russie, B 151, 372; D 93.
Paul V, pape, A XL.
Paul (princesse), A 307.
Pausanias, A 61.
Payen, B 79.
Payerimoffe, C 239.
Pelet (général baron), D 3.
Peraldi, C 190.
Perales (marquis de), C 223.
Peregaldo, B 79.
Perchoncher (général), D 45.
Peretti, A 230.
Périclès, A LII, LIII, LIV.
Perignon (maréchal comte), B 434.
Périgord (comte de), A 258.
Périn C 399.
Permon, A 236.
Permon (Mme), A 237, 242; B 30, 31.
Permon (Laure), voyez Mme Junot.

Pernetty (général), C 251.
Perrin (amiral), D 126, 127, 134, 139, 152, 294, 328, 363, 374.
Perrotin, éditeur, C 107.
Perrier, D 421.
Perse, A XXXIII.
Perse (empereur ou scha de), B 432, D 293.
Pery (général), C 279.
Pétion, A 161.
Pétis de la Croix, B 128.
Petit (général), C 105.
Peyre (Roger), D 421.
Pharaon, D 231, 232, 233.
Phelippeaux, D 347, 349, 365, 368, 369, 370, 373.
Philippe de Macédoine, A LVIII, 149.
Philippe V, B 309.
Philippini, A 69.
Picard, D 459.
Piccini, A 49.
Pichegru (général), C 27, 387, 405, 407, 308.
Picton (général), D 45, 62.
Pie VI, B 181, 206, 371; C 41; D 509.
Pie VII, A LXXVI, LXXVII; B 175, 298, 299, D 461, 489.
Pietrallerata (Guglielmo de), A 73, 75.
Pietrallerata (Veronica de), A 73, 74, 75, 77.
Pietra Costa (Mme), B 13.
Pietra-Santa (Mme), B 13.
Pigeon (général), B 71, 73.
Pignatelli (M), B 169.
Pinelli (gouverneur général), A 115.
Piombino (seigneur de), A 93.
Piombino (prince de), A 345.
Pirch (général), D 71.
Pitt, A L, 201; B 218, 233.
Plaisance (duc de), voyez Lebrun.

Platon, D 469.
Plauzonne (général), C 255.
Plutarque, A XV, XXVII, XXXIV, XLVII; C 316.
Poë (Edgar), XLV.
Polybe, A XXVII, XLIV.
Pompée (le grand), C 98, 309; D 114, 118, 382.
Pompée (Sextus), A 62.
Poniatowsky, C 249, 250, 251, 253, 292, 296, 297, 298, 299.
Ponte-Corvo (prince de), voyez Bernadotte.
Portalis (comte Etienne), C 158.
Posonby (général), D 68.
Pougin des Rets, B 3.
Poussielgue, B 77, 81, 98.

Pozzo di Borgo, A 136; C 189.
Pradt (abbé de), B 304; D 436.
Premier consul, (voyez Napoléon.)
Prieur, B 158.
Prince Régent d'Angleterre, B 336, 337, 461.
Prince Royal de Suède, (voyez Bernadotte.)
Prioli (provéditeur), B 198.
Prony, A XXIX; D 421.
Protain, architecte, D 89.
Prusse (roi de), voyez Frédéric Guillaume.
Ptolémée, A 61.
Ptolémée Philadelphe, D 284.
Pujol, A (voyez Lavergne.)

Q

Quenza B. 25.

Quinte-Curce, A XV, XX III, LIV, LIX; C 68, 195.

R

Rabaut Saint-Etienne, A 180.
Rabelais, A. V, XX, XXXVII, XXXVI, LIX, LXIII.
Racine, A XVIII, LXII; D. 428, 445, 446, 448.
Racord, D 191.
Raguse (duc de). Voyez Marmont.
Raynouard, A XVIII; B 461.
Raffet, A LVIII; B 316.
Rambault (général), D 372, 377.
Ramolino (Jean Jérôme), A 224.
Ramolino (Maria Lœtizia), A XXXVIII, XLIX, 213, 215, 228; B. 9, 14, 16, 21, 26, 314, 330; C 37, D 510.
Rampon (général comte), B 72; D 87, 179.

Rapatel (général), C 417.
Raphaël C 46.
Rapp, A XVIII; C 4, 210; D 260.
Raynal (abbé), A XLIV, XLVI, 21, 23, 53, 139; B 6, 22; D 198.
Récamier (madame), A 237; C 154.
Redouté, peintre, D 89.
Reggio (duc de). Voyez Oudinot.
Régnaud, C 218.
Regnault de Saint-Jean d'Angely, B 327; C 115, 389.
Régnault, chimiste, D 89.
Régnauld de Mons, A 221.
Régnier (Mathurin), A LXII.

Régnier, A 365; C 288.
Reich (baronne de), B 243.
Reichstadt (duc de), voyez Napoléon II.
Reille (général comte), C 245; D 49, 74, 76.
Reinach B 470; D 101.
Rémusat (madame de), A XXVI, XXXVII, LXIII, 302, 311, 312, 379; B 103.
Renaud, D 278, 279.
Rénier (Paul), Doze B, 182.
Repnin (prince), C 210.
Rewbell, A 238, B 168; C 150, 415.
Reynier (général), C 279, 280, 281, 286, 288, 299; D 84, 86, 103, 127, 137, 148, 149, 235, 293, 295, 297, 298, 299, 300, 313, 330, 333, 338, 354, 355, 375, 381.
Ricard, B 91; C 271, 301, 203.
Richard Cœur de Lion, D 324.
Richardson, D 428.
Richelieu, A XXXV; 330, 331; D 499.
Richepin (Jean), A LXVI; B 142.
Ricord, B 158.
Rivaut (général), C 205.
Rivoli (duc de). Voyez Masséna.
Robert (général), C 434.
Robespierre (aîné), A LXXIII, 161; B 158, 159; C 385.
Robespierre (jeune), A XLIX, LXXIII, 163; B 159.
Robespierre (Mlle), B 159.
Robin (général), D 252.
Rocca (maison de), A 67, 88.
Rocca (de la) Cesari Rocca, A 135.
Rocca (Arrigo della), A 81, 83.

Rocca (Carlo della), A 93.
Rocca (Paolo della), A 85, 92, 93, 98.
Rocca (Rinuccio della), A 97, 98.
Rocca (Salnesse della), A 7, 5, 76, 77, 78.
Rocca (Sinuccello della), A 70, 71, 72, 73, 74, 75, 77, 78, 89, 105.
Rochambeau, C 99, 294.
Roederer (comte), C 8, 10.
Roger (comte), D 171.
Roger-Ducos, A. DXXN, C 116.
Rohan (grand-maître), D, 92, 96.
Rohan (prince Camille de), D 100.
Roland (Mme), A LXIV.
Rome (roi de), voyez Napoléon II.
Ronsard, A X. LXII.
Rosemberg, C 249, 244.
Rosen, C 337, 344.
Rosetti, D 494.
Rossi, A 150, 245.
Rossi, A 25.
Rostopchin, C 257, 258.
Rozière, D 89.
Rougeaud (le), voyez Ney.
Rousseau (J.-J.), A XXXIX, XLIX, XLVII; D 428, 435, 475.
Rousseau (M.), A 8.
Rousset (Camille), A 107, 108, 109, 111.
Roustan (mameluk), C 66.
Rovigo (duc de), voyez Savary.
Royou (Frédéric), A 163.
Rüchel, D 22, 32, 33.
Rutebœuf, A LXII.
Ruyter, C 372.
Ryer (du), B 128.

S

Sadah, D 205, 211, 215, 217, 218.
Sadi, B 136.
Sage de la Grande Armée. Voyez Drouot.
Sahuc (général), C 247.
Saint Amant (poète), A XXXIII.
Sainte-Beuve, A XV, XVI, XXIV, XLIII, XLVII, LXII, LXVI, 331; B 93, 298; C 7, 10, 83, 109; D 82, 423.
Sainte-Croix (colonel), C 239, 240, 247.
Sainte-Suzanne (général), C 413.
Saint-Hilaire (général), B 71; C 205, 207, 210; D 29.
Saint-Huberty (Mme de), A XXII, 49, 237.
Saint-Just, B 158.
Saint-Leu (duchesse de). Voyez Reine Hortense.
Saint Louis, A XXXVIII; C 49, 167, 168, 169.
Saint-Mégrin (marquis de), C 354.
Saint-Maime, B 82.
Saint-Martin (am.), A LXXIII.
Saint-Priest (général), B 326.
Saint-Ruf (abbé de), A XXXI; B 23.
Saint Simon, A LXVII.
Saint-Vincent (amiral), D 171, 395.
Saladin, D 216, 233, 324, 331.
Salicetti, A XLIX; B 30, 158, 159, 161; C 188.
Salle (Antoine de la), A LXII.
Salluste, A LIX; C 195.
Salomon, D 312, 336.
Samson, D 308.
Samson (général), B 97; D 338.

San Pietro Ornano, voyez Bastilica (Sampiero).
Santo, A 221.
Sardaigne (roi de), B 170, 191, 206, 210; C 41.
Sass (général de), C 277.
Sautet (abbé), A 143.
Savary (général), A XXXIV, 365; B 258, 269, 328; C 217.
Saveria, A 221, 224.
Savigny (naturaliste), D 89.
Savoie (prince Eugène de), A 119; C 364.
Savoie (Thomas de), C 331.
Saxe (électeur de), voir roi de Saxe.
Saxe (roi de), A 323, 344.
Saxe-Cobourg (prince de), B 431.
Saxe-Weimar (duc de), B 431.
Schmettau (général baron.), D 35, 37, 39.
Scherer, C 403, 406, 416.
Schulembourg, ministre, A 317.
Schwarzemberg (prince), B 118, 312, 317, 319; C 19, 20, 296.
Scipion, A 37; C 39; D 503.
Sébastiani (général), B 395; C 29, 210, 275.
Ségur (maréchal de), A LXX, B 53.
Ségur (comte de), C 12, 14.
Ségur (général de), A XVIII, XIX, LXVI; C 4, 12.
Sélim (sultan), B 151; D 197, 233, 291, 348, 413.
Senarmont, C 215, 225.
Seras (général), C 247.
Serisy, C 389.
Serrurier (maréchal comte), B 84, 228, 434; C 409.
Servan, B LXX.

Sésostris le Grand, D 280.
Sévigné (Mme de.), A XXXIX, LXII, 214; D 433, 434.
Shakespeare, A LXXXIII.
Shelley, A XXXIII.
Sheridan, B 233.
Sidem, D 397.
Sidney Smith (commodore sir), D 326, 337, 342, 347, 363, 364, 370, 396, 407, 410, 415.
Siéyès, A LXXV, 238; C 116, 149, 150, 153, 154, 399.
Simiane (Pauline de), A XXXIX.
Simone de Mare, A 84, 85.
Siouville, A 156.
Sirot (de), C 348.
Sitti Neliset, D 156.
Sixte-Quint, A LXIII.
Sobieski, C 75.
Solano, B 371.
Soliman (empereur des Turcs), A 101.
Solon, A 32, 146.
Somis, A 235.
Sommaville (de), éditeur, B 128.
Songis (général), B 29, 97; D 86, 338, 393, 405, 406.
Sonis, A 179.
Sonolet, B 81.
Sophocle, D 444.
Sorbier (général comte), C 251, 294.
Sornet, B 71.
Souham, C 405.
Soulié (Frédéric), A XXV.
Soult (maréchal), A 352; C 197, 204, 205, 207, 219, 281, 283, 284; D 7, 11, 18, 20, 24, 28, 29, 31, 32, 56, 57, 60.
Soury (M.), B 14.
Spinola, B 76; C 364.
Spinola (Antonio), A 88, 91, 92.
Spinola (ambassadeur), A 127.
Stadion (M. de), C 20.
Staël (Mme de), A LXIII, 304; C 154; D 436.
Stein, C 282.
Stendhal, A XXVII, XLII, XLVIII, LXV, 213, 233, 256; B 77, 161, 247; D 475, 476.
Stengel, B 65; D 505.
Strabon, D 430.
Subervie (général), D 48, 51, 56.
Suchet (maréchal), A 338; C 204; D 16, 24, 27.
Sucy (de), A 267; B 23, 25, 26, 35, 83; D 295.
Suétone, A LV.
Sulkouski, D 162, 213, 221.
Sully, A LII.
Sully (colonel), D 267.
Sultan Juste. Voyez Desaix.
Sultan Kébir, surnom égyptien de Napoléon, B 137; D 154, 155, 156, 198, 208, 209, 212, 217, 219, 233, 275, 383, 384, 389.
Survilliers (comte de). Voyez Bonaparte Joseph.
Suwarow, C 406.
Swift (Jonathan), A XLIX.
Sylla, A XLI, 43; C 308.

T

Tacite, A XXIII, LIX, LXXIII, 43.
Taine (H), A XI, XII, XIV, XXVI.
Tallard, C 378.
Talleyrand (M. de), A 21, 304, 306, 314, 316; B 115, 219, 258, 283, 284, 304, 308; C

149; D 8, 508.
Tallien, A 238; D 176.
Tallien (Mme), A 237, 267; D 176.
Talma, A 297, 318; D 111.
Taponier, général, C 105.
Tarquin, C 35.
Tarente (duc de). Voyez Macdonald.
Tascher de la Pagerie. Voyez Joséphine.
Tascher de la Pagerie (Joseph Gaspard de), père de Joséphine, A 262, 332, 341, 349, 378.
Tascher de la Pagerie, cousin de Joséphine, A 330, 331.
Tascher de la Pagerie (Stéphanie), A 331.
Tasse (le), A 22; D 312, 324, 428.
Taverna, B 247.
Tauenzien (comte de), D 12, 13, 14.
Térence, A XXXIII.
Tell (Guillaume), A 57.
Thælna (M. Juventius), A 62.
Thémistocle, A 92; B 336.
Théodore, roi de Corse, A 124, 125.
Thermes (maréchal de), A 99, 100, 123.
Thévenard, D 189, 191.
Théveuin, B 81.
Thibaudeau, A 210.
Thiébault, C 210.
Thielman (général), D 71.
Thiers, A XXIV, XXV, 210; B 336; C 15, 23, 29.
Thomé, grenadier, C 114.
Thraséas, A XLVIII.
Thucydide, A LIII, LIX.
Thugut, B 210.
Tilly, B 158.
Timbrune (marquis de), A 221.
Tiollier, A XLII.

Tipoo-Saïb, B 142; D 83, 287.
Tite-Live, A XLVII; D 428.
Titien, C 16.
Torita, A 221.
Toscane (marquis de), voyez Bonifazio Adalberto, Alberto II, guedo Tamberto.
Toscane (marquise de), voyez Mathilde (comtesse).
Toscane (grand duc de), voyez Ferdinand de Lorraine.
Toscane (grande duchesse de), Voyez Elisa Bonaparte.
Toscane (roi de), B 371.
Toulouse (archevêque de), B 8.
Tourguéneff, A LX.
Tournal (Sabin), A XLIX, 163, 188.
Tournon (de) chambellan, B 271.
Toussaint-Louverture, B 237, 239, 388.
Toustain le Blanc, A LVI, LVII.
Trajan, D 429, 487.
Treilhard, A 238.
Trèves (électeur de), A 301; C 376.
Trévise (duc de). Voyez Mortier.
Tripoli (bey de), B 149.
Truguet (amiral), LXXII, 256; B 31.
Tunis (bey de), A 125.
Turenne, A 159; C 184, 329, 331, 333, 334, 335, 336, 337, 338, 340, 341, 342, 343, 344, 345, 346, 347, 348, 349, 350, 351, 352, 353, 355, 356, 357, 358, 359, 360, 361, 362, 364, 366, 367, 368, 369, 370, 371, 372, 373, 374, 375, 376, 377, 378, 379, 380, 381, 382, 383; D 3, 433, 582.
Turenne (comte de), chambellan, A 342; C 107.

U

Urbain II, pape, A 66.

V

Valcin, B. 33.
Valengin (duc de). Voyez maréchal Berthier.
Valeri, B 81.
Valery, B 44.
Valette (cardinal de la), C 330, 332.
Valette, D 250.
Valhubert, C 210.
Valin (chevalier), D 100.
Valmy (duc de). Voyez maréchal Kellermann.
Valmy (comte de). Voyez général Kellermann.
Vandamme (général), C 205, 207.
Vaublanc, C 389, 401.
Vaubois (général), A 138, 290; B, 70, 71, 73, 74, C 422, 423, 424, 425, 436, 438, 439; D 84, 103, 111, 112.
Vaubrun (de), C 381.
Vautier, A 226.
Vaux (maréchal de), A 131, 152.
Vaux (général), D 87, 293.
Velly, historien, D 423, 424, 426.
Venise (prince de). Voyez Auguste Napoléon.
Venoux, D 377.
Ventura, D 155.
Vera (Fernando de la), général, C 230.
Vercingétorix, C 325, 327, 328.
Verdier (général), C 216, 424, D 87, 294.

Vergers de Sanois (Rose Claire des), A 262.
Vergès (colonel), D 40.
Vergniaud, A 179; B 161.
Vernet (Horace), B 316; C 107.
Véronèse (Paul), C 46.
Vescovato (Filippi de), A 135.
Véturie, A XXXVIII.
Veygoux (chevalier de). Voyez Desaix le grand.
Vial (général), B 83; C 294; D 86, 126, 127, 136, 148, 153, 293.
Vial, 332, 334.
Viala (colonel), 40.
Vicence (duc de). Voyez Caulaincourt.
Victor (maréchal), B 71, 72, 84, 86; C 213, 214, 215, 224, 263, 264, 265, 274, 288.
Vignolle (général), C 247, 434.
Villaret, historien, D 423.
Villate (général), C 225.
Villehardouin (Geoffroy de la), A LV.
Villemain, A XXIV.
Villemarest, B 36.
Villeneuve, A 240; D 184, 187, 187, 188, 189, 192.
Villeroi, C 378.
Villetard, B 226.
Villoteau, musicien, D 89.
Vincent (de), B 190, 286.
Vinci (Léonard de), C 46.
Virgile, A 278; D 133, 137, 140.
Vitellius, A 31.

Vinciguerra, A 93, 68.
Vivant-Denon, A XXXVIII, XIII; D 89, 244.
Volney, A 161; B 23.

Voltaire, A V, XII, XLIV, LIII, LX, LXII, 199; B 6, 124; D 428, 430, 440, 447, 448, 449.

W

Wace (Robert), A LVII.
Wacktendorf (baron), A 123.
Wagram (prince de). Voyez Berthier.
Walewska (Mme), A 327, 336.
Walter Scott, A 277.
Walther (général), C 205, 210.
Wartensleben (général comte de), D 35.
Washington, A 57; C 5, 99.
Weerdt (Jean le), C 337, 338, 339, 340, 341.
Weimar (duc de), C 331, 332.
Weimar (duc de), A 347.
Weimars (comte de), A 48.
Weiss (J. J.), A L.
Wellington (duc de), B 298; D 42, 46, 57, 70, 72.
Werneck (général), C 197.
Westphalie (roi de). Voyez Jérôme Bonaparte.
Wibicki (comte palatin), B 455.
Wieland, A 347.
Withwort (lord), A 201.
Witt (grand pensionnaire de), C 371.
Wonsowitch, C 107.
Worlée (Mlle), A 304.
Wrede (de), général, C 247; D 7.
Wright, D 350.
Wurmser (général), A LVIII, LXXIV, 274, 285, 291; B 74, 75, 82, 84, 168, 172; C 196, 418, 419, 421, 427, 429, 437, 442; D 97.
Wurtemberg (prince de), A 368, 118, 123, 124.
Wurtemberg (électeur de). Voyez Frédéric.
Wurtemberg (électrice de), A
Wurtemberg (roi de). Voyez Frédéric.

X

Xénophon, A XXVII, XLIV, LIX; B 134.
Xercès, C 80.

Y

York (maison d'), A 180.
York (général duc d'), C 279,
280, 301, 307, 410.
Yriarte (Bernardo), C 228.

Z

Zayoncheck (général), D 126, 140, 142.
Zeschau (général), C 293.
—Zietten (général), D 71.

TABLE
DU TOME QUATRIÈME

MÉMOIRES MILITAIRES

Mémoires historiques et militaires (*Suite*): Bataille d'Iéna 3
Bataille de Waterloo 41

HISTOIRE

Campagnes d'Égypte et de Syrie — Prise de Malte 81
Bataille des Pyramides. 113
Bataille navale du Nil 170
Insurrection du Caire. 199
Conquête de la Haute-Egypte 241
Conquête de la Palestine 286
Siège de Saint-Jean d'Acre 328
Bataille d'Aboukir 388

CRITIQUE GÉNÉRALE

Critique littéraire — Remerciement académique 421
Sur la manière d'écrire l'histoire de France. 423
Plan d'une bibliothèque portative 426

Opinions littéraires. 431
Etude sur Virgile 437
CRITIQUE DRAMATIQUE — Jugements sur les poëtes dramatiques. 443
Sur le *Mahomet* de Voltaire 449
LETTRES SUR L'OPÉRA. 455
FRAGMENTS DE CRITIQUE D'ART — Sur deux tableaux de David. 460
Sur la caricature. 461
Projets de monuments. 462

MORALE ET PHILOSOPHIE

MORCEAUX PHILOSOPHIQUES — Réflexions sur la vie 469
Dialogue sur l'amour. 472
Réflexions sur l'état de nature 473
Sur la mort. 475
Sur l'immortalité de l'âme 477
Le rêve et l'action 478
Un souvenir de collège. 479
Sur le suicide 480
L'amour de la gloire 482
QUESTIONS DE MORALE ET D'HISTOIRE — Sur les hommes . . 483
Sur les femmes. 485
grands capitaines. 487
Sur la religion 488
Napoléon évêque. 490
Les principes de 1789. 491
Un empire en Orient 492
Les grands hommes 493
Vie de Napoléon résumée par lui-même. 495
Maximes et pensées. 496
Dernières paroles de Napoléon 501
TESTAMENT DE NAPOLÉON 506

APPENDICE

PARTIE BIOGRAPHIQUE — Généalogie de Napoléon 519
Armes des Bonaparte 522
Sonnet de Charles Bonaparte 523
Notes de M. de Keralio 524

ŒUVRES LITTÉRAIRES DE NAPOLÉON BONAPARTE

Acte de sortie de Brienne 525
Brevet de cadet gentilhomme 525
Promotion de Bonaparte 526
Brevet d'officier 526
Première lettre de Joséphine à Bonaparte 526
Les maréchaux de Napoléon 527
PARTIE LITTÉRAIRE — Memento bibliographique 533
Œuvres attribuées à Napoléon 536
Écrits perdus et projets littéraires 537
Napoléon journaliste 538
Napoléon dans les arts et les lettres 539
Napoléon et Balzac 540
Napoléon apprécié comme écrivain 541

Index des noms cités 547

FIN DE LA TABLE DU TOME QUATRIÈME
ET DERNIER.

IMPRIMERIE GÉNÉRALE DE CHATILLON-SUR-SEINE, A. PICHAT.

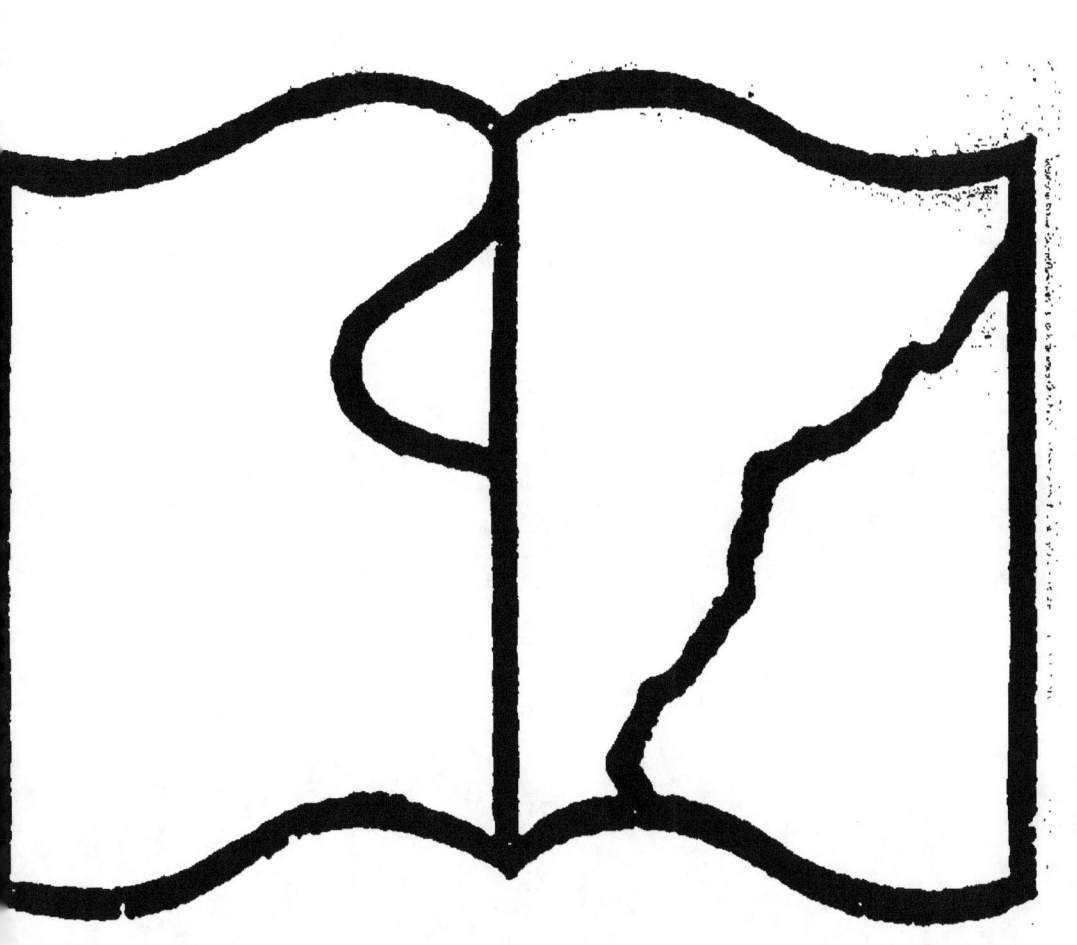

Texte détérioré — reliure défectueuse
NF Z 43-120-11

www.ingramcontent.com/pod-product-compliance
Lightning Source LLC
Chambersburg PA
CBHW060304230426
43663CB00009B/1578